U0939253

第六卷

张奎良文集

黑龙江大学出版社
HEILONGJIANG UNIVERSITY PRESS

图书在版编目（CIP）数据

张奎良文集．第六卷 / 张奎良著．-- 哈尔滨 ：黑龙江大学出版社，2017.8（2021.7 重印）
ISBN 978-7-5686-0136-8

Ⅰ．①张… Ⅱ．①张… Ⅲ．①张奎良－文集②马克思主义哲学－文集 Ⅳ．①B0-0

中国版本图书馆 CIP 数据核字（2017）第 180771 号

张奎良文集·第六卷
ZHANGKUILIANG WENJI DI-LIU JUAN
张奎良　著

责任编辑　肖嘉慧
出版发行　黑龙江大学出版社
地　　址　哈尔滨市南岗区学府三道街 36 号
印　　刷　三河市春园印刷有限公司
开　　本　720 毫米 ×1000 毫米　1/16
印　　张　22.75
字　　数　338 千
版　　次　2017 年 8 月第 1 版
印　　次　2021 年 7 月第 2 次印刷
书　　号　ISBN 978-7-5686-0136-8
定　　价　68.00 元

《张奎良文集》编委会

总　序

张奎良先生于1937年6月出生在辽宁省新民县，当代著名中国马克思主义哲学家，是黑龙江省唯一获得“20世纪中国知名科学家”这一荣誉的哲学学者，是改革开放以来马克思主义哲学实践转向的主要推进者之一，是马克思的东方社会理论与中国特色社会主义事业有机契合的倡始人之一。张先生1956年考入中国人民大学马列主义基础系学习，1960年大学本科毕业后被分配到黑龙江大学哲学系任教至今，长期从事马克思主义哲学的研究和教学工作，历任中国马克思主义哲学史学会常务理事和顾问、中国人学学会常务理事、黑龙江省哲学学会会长和名誉会长，对马克思的早期哲学思想、实践哲学、东方社会理论和晚年人类学笔记等领域有较深的研究，是学界公认的这些研究领域的国内著名专家。他具有传统知识分子那种拳拳的报国之心和强烈的社会责任感，因而他研究的特色总是把哲学的基本理论同现实结合起来，对历史的发展和中国特色社会主义建设从哲学的高度进行反思和总结，这构成了他的研究来源于生活、回应生活的重大问题的突出特色。张先生不仅具有深厚的马克思主义哲学造诣，而且具有敏锐的洞察力和开拓创新的思维，因而能够把对马克思主义理论的继承和发展在现实问题研究的基础上统一起来。他曾就马克思的异化理论、政治文明、以人为本、实践唯物主义与社会主义的必然关联、和谐辩证法等思想在国内率先提出过一些创新性的见解，在国内产生了很大的反响，推进了学界对马克思思想的研究。对于马克思晚年的东方社会思想的研究，他虽然可能不是提出的第一人，但他却是这一理论第一个完整系统的表达者，所以，国内学界总是把对马克思晚年东方社会理论的研究同张奎良的名字联系在一起，他对这一问题的研究具有开拓领域的奠基性质。通过这一研究，他在理论上说明了邓小平理论和马克思理论的内在逻辑联系，从而为中国特色社会主义的理论合法性找到了马克思理论的根据。他的研究曾4次获得国家社科基金资助，其成果2次获教育部全国高校人文社会科学研究优秀成果二、三等奖，2次获得黑龙江省社会科学优秀研究成果一等奖、1次特等奖。迄今共发表论文近200篇，其中，在《中国社会科学》上发表7篇，在《哲学研究》上发表14篇，被《新华文摘》全文转载的文章13篇。出版专著14部。正是由于他的这些研究贡献，1988年国家授予他有突出贡献的中青年专家称号，从1992年起享受国务院颁发的政府特殊津贴，1996年成为黑龙江省第一个社会科学博士点的博士生导师，2006年被授予"国家名师"称号，并最终进入了20世纪中国知名科学家的行列。

鉴于张先生突出的学术研究贡献和在国内学界的重要地位及影响，在张先生80华诞和从教56周年之际，在学校的大力支持下，黑龙江大学哲学学院决定把张先生的多年研究成果，以比较全面系统的形式展现出来，满足哲学工作者和广大读者的学习和阅读之需，以便更好地了解先生的学术思想、研究风格和学术贡献，把先生的研究在哲学学院代代传承下去。为此成立了《张奎良文集》编委会，对先生卷帙浩繁的学术成果进行全面梳理，按照年代和研究主题相统一的原则精选出有代表性的成果来反映先生的学术研究历程和内在逻辑。由于先生还在勤奋地耕耘，笔耕不辍，新的成果不断涌现，尤其是2016年先生的国家社科基金项目《马克思主义哲学的十大理论创新》结题之后，还将有一大批研究成果问世，只好把原计划的这套10卷文集分成两个阶段来编辑，先期的5卷文集编辑到2010年，2010年以后的成果于下一阶段编辑。

《张奎良文集》现在编辑的7卷，收录的是从1980年至2013年33年间的成果。1980年之前的成果，由于编辑主题的原因没有收录。第一卷收录的是1980年至1988年期间公开出版的论文和论著，共计42.3万字。从研究的主题看，主要是先生对马克思主义基本理论的理解，包括对马克思主义哲学基本概念和范畴、唯物辩证法尤其是马克思人学和异化理论的研究等内容。第二卷收录的是1989年至1993年期间的研究成果，共计58.3万字，主要内容是关于马克思晚年的东方社会理论以及与此相关的马克思晚年思想的研究，此外还收录了张先生在此期间撰写的3本论著的部分章节。第三卷收录的是1993年张先生撰写的《马克思的哲学历程》一书，全书共计53.5万字，编者尽可能地以原貌收录了全书。因为这是张先生早年的代表作，有很强的内在逻辑，阐释了张先生对马克思哲学思想发展过程的认识，以实践人学的主线贯穿了马克思哲学从早期到晚年的发展，在国内学界有较大影响，为了体现张先生的思想逻辑，没有再增加任何其他的内容。第四卷收录的是1994年至2003年的成果，共计41.9万字，以《当代中国的马克思主义》一书为核心，还收录了这一时期的30多篇系列文章，突出了邓小平理论与马克思晚年理论之间的内在逻辑渊源，以及由此涉及的当时中国特色社会主义经济、政治、文化建设等方面的问题。第五卷收录了2004年至2010年期间的成果，共计46.4万字，以《唯物主义：社会主义的思想来源与实践指引》一书为主体，还收录了相关的20多篇文章，力争体现出围绕着唯物主义与社会主义的本质关联、马克思哲学思想的当代价值、马克思哲学与社会主义和谐社会的构建，特别是和谐辩证法等诸多与当代中国特色社会主义实践密切相关的议题，张先生提出的有创见性的主张。第六卷收录了2010年和2011年的研究成果，全书共计33.8万字。在以往研究的基础上，张奎良先生致力于马克思主义哲学中国化问题，并出版了《马克思主义哲学中国化的基石与灵魂》一书，他认为，马克思主义哲学中国化是党的理论建设的最高纲领，他探讨了辩证法如何在建设中国特色社会主义过程中被中国化，他明确指出构建社会主义和谐社会是当代马克思主义哲学中国化的灵魂。本卷还收录了张先生2011年间公开发表于《哲学研究》《哲学动态》等重要报刊上的7篇学术论文，其主题涉及唯物史观、马克思晚年的多维历史观、人的本质以及马克思主义哲学中国化问题。第七卷收录的是2011年至2013年间出版的一部专著和多篇论文，主题是实践人学与以人为本，全书共计36.0万字。张先生将马克思的人学理想向社会主义延伸，开辟了社会主义社会人的价值和理想的实验园地，他从不同的视角全面地论述了以人为本的多方面含义，这是马克思实践人学和党的指导思想的提升与现实方针政策的结合的尝试，反映了张先生在这方面的敏感和哲学工作者的责任心。

这7卷的编辑，我们力图用历史和逻辑相统一的方法再现张先生的学术研究轨迹和思想原貌，但由于对张先生学术思想理解不够深入，加之编辑经验不足，在选择编辑过程中，尽管我们在两年多的时间内殚精竭虑，仍很难真实再现张先生深邃的思考底蕴和逻辑构思，不当之处，敬请学界同人指正和读者谅解。

李楠明、姜海波

2017 年 5 月

前　言

《张奎良文集》第1—5卷出版以后，我们随即开始了该文集的后续编辑工作。本卷收录的是张奎良先生2010年和2011年的研究成果。在以往研究的基础上，张奎良先生致力于马克思主义哲学中国化问题，并出版了《马克思主义哲学中国化的基石与灵魂》一书，本卷伊始即收录了该著。该著系“国家社科基金”结项成果，于2010年7月由社会科学文献出版社刊行。

在《马克思主义哲学中国化的基石与灵魂》一书的“上编”中，张奎良先生认为，马克思主义哲学中国化是党的理论建设的最高纲领，而哲学作为全部马克思主义的思想基础，其中国化尤为重要，以毛泽东思想为代表的马克思主义哲学中国化的第一阶段和以邓小平理论与“三个代表”重要思想为标志的马克思主义哲学中国化的第二阶段已告一段落，以胡锦涛为总书记的中央领导集体提出的以以人为本和构建和谐社会为标志的马克思主义哲学中国化的新征程已经开始，深入研究马克思主义哲学中国化的历史进程，阐发以人为本和构建和谐社会的哲学意义将掀开马克思主义哲学中国化的新篇章。基于此，张奎良先生系统论述和阐释了以人为本的含义和内容，并从唯物主义方面阐明了在当代中国的具体情况下，中国共产党人对马克思主义哲学的理解和推进，论述了当代马克思主义哲学中国化的基石是“以人为本”。张奎良先生指出，以人为本的思想长期以来被以阶级斗争为纲遮蔽了，并且包含马克思以人为本思想的哲学文本的缺失和对已有文本的片面理解，其结果就造成了以人为本的思想空场。一个时期以来人们只知道马克思主义哲学是唯物主义，因而是以物为本的，人完全被物或阶级湮灭了。而党的十六届三中全会解放思想，正本清源，借鉴中国传统文化中已有的以人为本的理念，回复和发展马克思的实践人本思想，创造性提出了以人为本的科学发展观。不仅为中国社会发展找到了一条全面协调和可持续发展道路,而且在思想上更新了中国的马克思主义人学观念。既然人作为中国社会发展必须坚持之本,那么人在哲学上也同时得到了提升,成为整个哲学之本。由此说明,马克思主义的唯物主义在中国化的过程中所经历的这条路径,反映了中国改革开放几十年来的深刻变化,这种变化反映在本体论上就是:旧唯物主义以物为本,马克思哲学以人的实践为本,毛泽东的实践论以中国实际为本,邓小平的改革开放以解放思想实事求是为本,以胡锦涛为总书记的中央领导集体坚持的科学发展观是以人为本。

在《马克思主义中国化的基石与灵魂》一书的"下编"中,张奎良先生探讨了辩证法是如何在建设中国特色社会主义中被中国化的这一问题,明确指出了构建社会主义和谐社会是当代马克思主义哲学中国化的灵魂。张奎良先生又进一步认识到,正因为人在科学发展观中已处于本的地位,所以"以人为本"能够成为唯物主义中国化的基石。但是光有基石是很不够的,列宁曾把辩证法特别是对立统一规律称作马克思主义活的灵魂,因为只有辩证法这一智慧之学才能进一步说明世界本原的状态和性质,赋予本体论以灵魂和生命。所以,就需要在说明以人为本是唯物主义中国化的基石之后,进一步深入探索辩证法是如何在建设中国特色社会主义进程中被中国化的。正是在这一背景下,构建社会主义和谐社会被召唤出来,成为辩证法中国化的灵魂和集中表现。基于此,张奎良先生提出,和谐社会与以人为本关系密切,是流与源的关系,以人为本是双向互动的,即首先要重视自己为本,同时也要视别人如同自己一样,也要把别人当作本。大家都是本,彼此自然就是一种和谐的关系,以这种人皆为本的关系构建的社会自然就是和谐社会。在这个意义上,以人为本是和谐社会的思想前提,和谐社会是以人为本的自然结果,没有以人为本也就不会去构建和谐社会。并且,构建和谐社会从辩证法的意义上不仅展示了马克思主义哲学中国化的另一条路径,而且构建和谐社会也承接了邓小平改革开放中实际应用的辩证法,并使之更自觉化和理论化。正如此,进入21世纪后,在全球化和中国以人为本的科学发展观的大背景下,辩证法的潜在形态即对立面的和谐和合作的需求与功能显现出来,辩证法由此而走向和谐,在保存传统的辩证法的革命与批判功能的同时，日益展示出强强联合、优势互补及互利共赢的必要性和重要性。张奎良先生进一步论述了和谐辩证法的方方面面，认为辩证法的中国化不能仅仅停留在和谐的说教上，与和谐相关联的还有另一个重要的维度，那就是和谐与自由的关系问题，和谐社会与个人自由的关系研究，也是辩证法中国化的内在要求和不可或缺的环节。可见，《马克思主义哲学中国化的基石与灵魂》是关于马克思主义哲学中国化问题的研究，提出了许多有价值和启发的理论创新见解，最难能可贵的是将马克思主义中国化问题建立在以人为本的基础上，并力图构建和揭示其内在的理论逻辑，这是张先生对马克思主义哲学思想深入研究和独特理解的研究结果。

本卷随后收录张奎良先生 2011 年间公开发表于《哲学研究》《哲学动态》《马克思主义与现实》《光明日报》等重要报刊上的 7 篇学术论文，其主题涉及唯物史观、马克思晚年的多维历史观、人的本质以及马克思主义哲学中国化问题。

为了保存历史原貌，同时，也为读者能够实事求是地分析和鉴别，本文集除个别文字修改之外，均按照发表或出版时的原样刊出。

编者

2017 年 5 月

目录（2010—2011年）

马克思主义哲学中国化的基石与灵魂

自序　自觉推进马克思主义哲学中国化进程

长久以来我就有一个坚定的信念:作为中国共产党的指导思想的马克思主义并不是原生态意义上的马克思主义,而是指经过自己消化理解的中国化的马克思主义。只有这种马克思主义才能与中国的实际情况相对接,真正发挥指导革命和建设实践的功能。出于这种信念,我一直密切关注马克思主义中国化的实际进程,而其中马克思主义哲学作为全部马克思主义的思想基础,其中国化乃是重中之重,具有特殊重要的意义。多年来由于观念落后,缺乏紧迫感,马克思主义哲学中国化的进程步履维艰,进展缓慢,迄今也未清晰地理出头绪。党的十六届三中、四中全会至十七大相继提出的以人为本和构建和谐社会的崭新命题使我感悟颇深,大受启迪,认为这是马克思主义哲学中国化的新取向和新契机,有可能为构建真正反映时代精神和具有中国特色的马克思主义哲学开启一个新的研究思路和理解视角。为此我在发表了几篇相关研究论文的基础上,于 2005 年申报了国家社会科学基金一般项目,并成功地获得批准。三年多来我一直围绕马克思主义哲学中国化的课题深入思索,拓宽研究领域。我所得出的总的认识可以表述如下:

本来意义上的马克思主义哲学是近代西方社会思潮的产物,是德国古典哲学特别是黑格尔的辩证法与费尔巴哈唯物论的合理延伸,它们作为马克思主义哲学的思想来源,直接孕育了马克思主义哲学的诞生,因此,马克思主义哲学在其思想内容和表述形态上必然会有西方文化的浓重痕迹和特

点。目前在我国通行的哲学教科书中所陈述的唯物论和辩证法等各章节，其原型早在马克思之前就已成为西欧知识阶层的普遍意识，它们与当时的历史和科学文化紧密融通，是近代欧洲人思考世界和探索人生的思辨成果。马克思经过哲学革命变革，对这些成果进行了具有伟大历史意义的提升，从此，马克思主义哲学才在众多的哲学流派中脱颖而出，并真正超越民族和地域的界限，成为放之四海而皆准的普遍真理。

但是，马克思主义哲学的世界性或国际性也并不意味着它能无条件地自动在世界各国生根、发芽和传播，正确地对待不同国度的具体国情和民族文化是马克思主义哲学世界化的前提。一切民族，不论其所处的发展阶段如何，都有自己固有的传统和文化，与马克思主义哲学的西欧背景相比，它是一种异质的存在，只有在和它的需求、交往、碰撞和融合中马克思主义哲学的普适性才能充分体现出来。马克思深刻地理解这一点，他说："理论在一个国家实现的程度，总是决定于理论满足这个国家的需要的程度。"①不同的国家和民族一般说来都是以自己特有的国情和需要为基准，来面对马克思主义哲学，确定对它的理解和取舍。这就决定了马克思主义哲学不能永远原封不动，总以一副西方文化的面孔来对待不同的国家和民族。只有把它们有机地结合起来，形成具有本土化特征的马克思主义哲学，才能最大限度地发挥马克思主义哲学的指导功用，同时也能提高民族文化的品位。所以，一切先进的、郑重的政党对于马克思主义哲学从不生吞活剥，简单套用，而是从本国实际出发，汲取传统文化的精华，致力于马克思主义哲学的民族化。

马克思主义哲学作为一种思维方式，承袭了近代西方理性主义的传统，具有实践性、逻辑性和思辨性等一系列特点。它既不断地追问世界的终极本质，又格外地重视人的生活世界，在实践中把对世界的本体追求与人的现实生活统一起来，是一种从抽象到具体、逻辑与历史相一致的现代知行观。而中国传统哲学，不论其是否具有合法性，重实证、轻思辨，重应然、轻逻辑，

① 《马克思恩格斯选集》第1卷，第11页。附注：以下凡未标明引注文本出版年者，皆为《马克思主义哲学中国化的基石与灵魂》一书出版时的最新版本，如《马克思恩格斯选集》即为"人民出版社1995年版"，《马克思恩格斯全集》第3卷，即为"人民出版社2002年版"，等等。

重技术、轻科学,重经验、轻理论,重义务、轻权利等是它挥之不去的鲜明个性。特别是在政治伦理范围内,求同略异、避争趋和,提倡中庸之道,追求天人合一,把“和为贵”和“忍为高”视为至上的精神境界,所有这一切又尽显中国哲学与马克思主义哲学迥然不同的另类特点。在这种氛围中,人们根本无从领略西方思维方式的风采,缺少对自己传统文化进行重新审视的机缘和维度,长期来一直都停留在对自己传统文化的低水平的欣赏和卫道中。马克思主义哲学,特别是以否定性为“发展原则”和“创造原则”的辩证法的传入,拓宽了学界的视野,开阔了人们的眼界,一个以中国文化为背景对马克思主义哲学的咀嚼和消化过程首先在中国共产党内部悄然进行。

中国共产党是在深厚的民族文化的沃土中成长起来的政党,中国博大精深的历史积淀赋予她无与伦比的传统文化的精粹和内涵。以毛泽东为代表的中国共产党的第一代领导人都具有较高的传统文化的素养,五四运动以来他们又如饥似渴地学习和领略了马克思主义,马克思主义哲学的中国化首先通过他们在领导中国革命的实践中体现出来。中国共产党领导的长达28年的武装斗争,是马克思主义哲学在中国的试验田,民主革命中夺取政权斗争的长期性、复杂性、严酷性和艰巨性既呼唤马克思主义哲学中适合中国革命迫切需求的相关内容,同时也对中国传统哲学的天人合一、中庸之道,以及“忍为贵”与“和为高”等儒家信条进行拷问。只有在现实需要的基础上,才能确证对马克思主义哲学与中国哲学相关内容的倾斜、选择和取舍,并经过不断的砥砺和磨合达到本土化的境界。毛泽东是马克思主义哲学中国化的杰出代表,他在抗日战争中写出的《实践论》和《矛盾论》是中国共产党人以中华文明为底蕴解读马克思主义哲学的成功尝试。《实践论》是对中国革命复杂性和艰巨性的回应,它以一种更缜密的思维,把唯物主义的客观性原则发挥得淋漓尽致,不论革命征途多么艰难,矛盾多么复杂多变,只要一切从实际出发,按客观规律办事,我们就可以沉着应对,做到从容自如,这是中国革命克敌制胜的思想法宝。毛泽东借用中国《汉书》中的名言“实事求是”加以概括。《矛盾论》是《实践论》的继续和深化,针对中国革命所面临的复杂矛盾,这本书别开生面地阐发了矛盾的普遍性和特殊性的原理,特别强调了对立面斗争的绝对性和同一的相对性,结合中国革命实际,

突出了辩证法的革命和批判本质，从更深的层次上为中国革命提供了哲学支撑。这两本不朽的哲学经典抓住了马克思主义哲学的精髓，从唯物论和辩证法的结合上浓缩了马克思主义哲学中国化的最初进程和缩影。毛泽东思想作为马克思主义与中国实际相结合的第一次历史性飞跃，就包含着马克思主义哲学中国化的标志性的成果《实践论》和《矛盾论》的贡献。

新中国成立后，马克思主义哲学作为党和国家的指导思想，更有条件和必要来加速中国化的进程。但是在当时的"一边倒"和全面学习苏联的形势下，马克思主义哲学中国化的口号没有喊出来，20 世纪二三十年代的苏联哲学教科书成了中国人学习马克思主义哲学的模本，这就堵塞了马克思主义哲学中国化的路径。后来随着中苏关系的趋冷和紧张，马克思主义哲学中国化问题自觉和不自觉地被提上议事日程，但是这条道路荆棘丛生，很不畅通，受到"左"的思潮的严重干扰。从 20 世纪 50 年代起，在中国一再掀起全党和全民学哲学和用哲学的高潮。一方面，离开马克思的哲学文本，只限于对恩格斯、列宁和毛泽东几本哲学原著的通读和讲用，不仅缺乏应有的深度，而且在很大的程度上偏离马克思的哲学革命变革的基本精神，不理解实践在世界和人的生成和存在中的决定性意义；另一方面，一段时间虽曾用中国传统文化的词语来表述过马克思主义哲学的基本原理，但最终都没有走出"左"的羁绊，吃了夹生饭，如把马克思主义哲学的基本精神概括为一分为二和斗争哲学，等等。直到邓小平理论的提出和形成，马克思主义哲学的中国化才走上正轨，取得长足进展。

邓小平有着睿智的哲学头脑，他从自己一生的学习和革命实践中获得的对马克思主义哲学实质的彻悟超越了同时代的一切人。邓小平理论作为马克思主义与中国实际相结合的第二次历史性的飞跃，建立在深厚的哲学基础之上，邓小平不是用哲学语言而是用改革开放的理论和实践表述了他对马克思主义哲学，特别是唯物论和辩证法的独到理解。正是在马克思主义精髓论、社会主义本质论、初级阶段论、发展战略论、一国两制论等思想中，融会了他对马克思主义哲学的理论创新，为社会主义新时代马克思主义哲学的中国化奠定了坚实的基础，做好了理论准备。

在上述认识的基础上，我历经将近四年时间，按照课题立项的要求，写出十多篇阶段性研究成果，分别发表在《哲学研究》《江海学刊》《现代哲学》《齐鲁学刊》和《求是学刊》等刊物上，同时又把我过去发表在《哲学研究》和《学术交流》上的三篇人学论文也收集进来，再加上课题组成员、我的博士生丁东宇和吕翠微按照写作大纲如期完成了他们所担负的关于和谐社会部分的写作，构成本课题结项成果。从2008年11月起，我开始对已有的成果进行整合、改造和加工，2009年4月初步整理完毕，并申请结项。今天，我正式收到全国哲学社会科学规划办公室的结项通知书，这个课题不仅结项，而且等级为优，总算不负我数年的辛劳。这里在正式展开本成果之前，仅把凝聚其中的整体思路、要点表述如下：

(1)马克思主义哲学中国化是马克思主义中国化的重中之重。

(2)马克思主义哲学中国化主要体现在唯物论和辩证法这两个板块上。

(3)唯物论中国化的历史传统，从毛泽东的实事求是到邓小平的解放思想、实事求是是马克思主义的精髓。

(4)辩证法中国化的历史传统，即从毛泽东的《矛盾论》强调矛盾的特殊性到邓小平改革开放中实际应用的对立面统一与和谐的辩证法。

(5)全球化和中国特色社会主义发展的新时期召唤马克思主义哲学中国化的深入和拓展，以胡锦涛为总书记的新一代中央领导集体先后提出的以人为本的科学发展观和构建社会主义和谐社会，为马克思主义哲学中国化提供了新的思想资源。

(6)以人为本是当代马克思主义哲学中国化的基石，它从唯物主义的视角揭示了人之为人是科学发展观的根本宗旨，体现了唯物主义从过去的以物为本到以人为本的历史演进。

(7)以人为本的全方位的展开。

(8)构建社会主义和谐社会是当代马克思主义哲学中国化的灵魂，它从辩证法的视角揭示了从传统辩证法强调对立斗争向对立斗争与和谐统一相结合的新的辩证法观的转变。

(9)对立面的统一、和谐、互利、双赢的新辩证法理念的具体展开。

(10)和谐辩证法的理论资源和多维向度。

(11)新时期辩证法中国化的另一翼：由构建和谐社会转而探索和谐与

自由的关系,个人自由问题是和谐社会绕不过的一道坎,深入展示对立斗争—和谐统一—个人自由的辩证法发展的历史链条。

(12)个人自由问题的深入展开,和谐社会实体化的逻辑与症结,为建立基于个性的和谐社会而奋斗。

以上陈述不仅是本书的论述要点,也是具体展开的逻辑顺序,为便于读者掌握本书的要旨,特做此说明。

最后交代一点,本书的第十五至十八章为丁东宇所写,第十三和十四章为吕翠微所写。对于他们提供的成果表示衷心的感谢,没有他们的协作本书是不可能完成的。

张奎良

于黑龙江大学

2009 年 11 月 17 日

导论　以人为本与构建和谐社会开启了马克思主义哲学中国化的新篇章

马克思主义哲学中国化不能简单地理解为马克思主义哲学的通俗化，只是希冀它能为中国老百姓喜闻乐见，能用中国本土化的思维和表述方式，使深奥的哲学思辨易于为广大群众所理解。这只是马克思主义哲学中国化的一方面意义，更多的是涉及翻译和解读的问题。马克思主义哲学中国化的根本目的在于统揽中国革命和建设的实际，实现马克思主义哲学的理论创新。这种创新的成果必须符合以下规范：(1)突破过去对马克思主义哲学的扭曲理解，符合马克思主义哲学本性，在实践中对马克思哲学内蕴的哲学革命变革实质进行新的创造性的揭示和深入阐发。(2)与中国传统文化接轨，又与马克思主义哲学相融通，处在马克思主义哲学与中国哲学的交会点上。(3)符合中国现实需要，能够解决和回应中国社会发展所遇到的实际问题。(4)通过实践的总结和提升，能为马克思主义哲学增添新的要素，涌现一批新的研究成果。毛泽东的《实践论》和《矛盾论》、邓小平理论的哲学意蕴、"三个代表"重要思想等一脉相承，完全符合上述规范，都为马克思主义哲学中国化做出了自己应有的贡献。至此应该说，马克思主义哲学的中国化已经迈出了坚实的步伐，积累了相当多的素材，具备了全盘深入和总体推进的条件，只是欠缺一定的机缘和能够统领这些素材的标志性的口号和纲领。党的十六大确立的以胡锦涛为总书记的新一代中央领导集体承前启后，立志图新，开辟了把社会主义彻底地引向关注民生和亲民、爱民的新时代，其推出的崭新命题就是以人为本和构建和谐社会，为马克思主义哲学中国化提出了划时代的纲领。

一、以人为本与构建和谐社会提供了马克思主义哲学中国化的新的思想资源

以人为本在马克思主义哲学中的意义和地位是无可置疑的，在哲学的

任何层次上，人在马克思那里都是“本”。“人就是人的世界，就是国家，社会”①，“人是人的最高本质”，“人的根本就是人本身”②，等等，类似话语在马克思文本中比比皆是。正因为人是“本”，是目的，而不是手段，马克思才把人的解放和人的全面发展确定为历史演进的终极目标。在中国哲学中，人本思想的形成经历了一个曲折的过程。长期以来，人作为一个与动物相区别的、相互平等的“类”的意识在中国一直没有确立起来，因此不可能形成“人本”的概念。但是与封建等级制相呼应的“民”的意识却与“官”的意识平行发展起来，“官”们为了自己统治的长治久安，必须取得“民”的认同和服从，“民”的安定是“官”的统治的根本。因此在中国不仅有“官本位”，也有源远流长的“民本”思想。“人本”与“民本”的区别是显而易见的，“人本”是人自我的平等意识，“民本”是“官”们的开明意识，这是两个时代的思想的交错，中国共产党经过艰难曲折的过程才完成了由“民”到“人”的意识上的转变。共产党一向以为人民服务为宗旨，新中国成立前的革命党的地位从根本上排除了党与群众的官民关系，只存在领导与被领导的关系。新中国成立后，共产党作为执政党，与群众的关系有了官民的一面，与此同时全心全意为人民服务的公仆思想和人与人之间的同志式的平等意识也牢固地确立起来。在“民”与“人”的两难选择中，中国共产党本着自己的宗旨，把“人”与“民”结合在一起，再恰当不过地统称为“人民”。这样，广大劳动群众就有了双重身份，既是被领导和被管理的“民”，要服从领导，尽自己公民的义务，又是当家做主的“人”，享受一系列基本权利。然而，在改革开放前的“左”的路线时期，人民被特权化和狭义化了，只有政治上合格或起码不被专政的人才能享受人民的待遇，一大批人被排除在人民这个群体之外，如果出现问题能够对其按人民内部矛盾处理，就被认为是极大的荣幸和宽宥。总之，人还不行，还得问问是什么样的人，只有人民才是真正的人，那是一个谈人色变的时代。

经过邓小平理论和“三个代表”重要思想的沐浴和改革开放的实践，政

---

① 《马克思恩格斯选集》第1卷，第1页。

② 《马克思恩格斯选集》第1卷，第9页。

治上的人民概念越来越向人这一“类”的概念回归,人民即法律上的公民,公民也就是“类”意义上的人。这里说的人不是少数或局部,是指具有中国国籍并享有公民权的所有人。随着社会主义的阶级基础的扩大,党和国家全部工作所关注和惠及的重心逐渐由阶级、人民转向人,特别是弱势群体的冷暖与安危受到了格外的关注,“三农”问题和下岗职工就业问题成为党中央和全社会瞩目的焦点。正是在这种逐步强化的对人的空前关切的浓郁氛围中,十六届三中全会适时地提出了以人为本的科学发展观,对历史上长期存在的关于人的分歧和争议做出了最终的了断,人第一次在哲学意义上被提升到“本”的地位。

构建和谐社会是以人为本的升华和合乎逻辑的延伸。在马克思哲学中,社会性是人的根本属性,社会与实践、文化等一样,是人的存在形式。人的存在样态决定社会的样态。在阶级社会中,人是区分阶级的,阶级性是人的根本属性,因此,阶级对立和阶级斗争是人的存在常态。人与人之间的这种对立关系,决定了阶级社会必然是对立、抗争和极不和谐与极不稳定的社会。社会主义社会是以公有制为基础和消灭了阶级对立的社会,人与人之间根本利益的一致性为构建和谐社会奠定了坚实的基础,社会主义在人类历史上第一次使构建和谐社会成为现实可能。

构建和谐社会一直是先进哲人的崇高理想,法国伟大的空想社会主义者傅里叶就曾把他所描绘的未来理想社会的基层单位“法郎吉”称为和谐社会或和谐制度。和谐社会必须以制度和谐、利益和谐、机制和谐、秩序和谐等为前提,但是,人际和谐是一切和谐的基础和根本,只有人与人之间的相互关系是和谐的,才能在制度、利益、机制和秩序等方面建立起和谐的关系。在社会主义社会中,人与人之间的关系本来应是和谐的,但是理论与现实之间总是存在反差,只有经历实践的反复和磨合才能对人际和谐与社会和谐有所领悟。在改革开放前,中国长时期奉行“以阶级斗争为纲”,人际关系极不自然,被人为地激化和扭曲,这种紧张的人际关系自然造成了极不和谐的社会局面。与“以阶级斗争为纲”相适应,社会也被引领到斗、批、乱的地步。当时的口号是天下大乱才能达到天下大治,乱了敌人,壮大了自己,因此不断地发动运动,大批判,瞎折腾,直到付出了惨重的代价,才意识到要安定团

结，保持稳定。这段历史昭示我们，人与社会是紧密相连、不可分离的，有什么样的人的状态，也就相应地有什么样的社会状态，紧张的人际关系必然导致社会的不和谐。

十六届三中全会提出的以人为本是对从前的“以阶级斗争为纲”的人际关系的彻底的反思和清算。它的直接成果就是十六届四中全会提出的构建和谐社会。以人为本是人际关系的最高境界，它所揭示的人际关系是双向互动的，以人为本既说明人要珍重自己，要把自己视为“本”，同样也要尊重别人，也要把别人视为“本”。如果自己都不自重，视自己为“非本”，那么也就不可能尊重别人，视别人为“本”；如果不尊重别人，否定他人的“本”的地位，那么，他人也可依照同样的逻辑，视你为“非本”。以人为本的最终结局是形成人皆为本的相互关系，铸就一个新型的社会，在这个社会里人人彼此尊重，各种制度、利益、机制、秩序相互协调，矛盾纷争虽然依旧存在，但已化解到最低的程度，在这种人皆为本的相互关系中，每一个人都能够各尽其职，各得其所，既保持社会的稳定，又能最大限度地发挥每一个人的创造力，这个社会就是和谐社会。当前我国社会的现实与和谐社会的目标还有很大的距离，在经济、政治、文化和社会许多方面都还存在不和谐的因素，还有相当多的工作要做。但是，不论现实多么不理想，差距有多大，都必须坚定不移地确立和谐社会的发展目标，这不仅是以人为本的必然要求和结果，同时也让在斗、批、乱等“左”的思潮长期影响下的中国人民最终了结一段历史存疑，并还以一个稳定和谐的正确的思想取向。

二、以人为本对马克思主义哲学中国化的纲领性的意义

以什么为“本”的问题是哲学对世界本质的终极追问，在哲学体系的建构中具有根本性的意义。在马克思主义以前，唯物主义、唯心主义和宗教神学实际上是以物为本、以心为本和以神为本的哲学。在这里“本”首先是本体论，指的是世界的基础和本原，同时也具有认识论和方法论的意义，因此，哲学上的“本”具有总体性，构成不同哲学流派的生成基础。马克思哲学的产生彻底地打破了传统的哲学格局，它虽然归属于唯物主义阵营，站在唯物主义旗帜下，但它对“物”的理解与旧唯物主义相比，已经发生了根本的变

化。马克思在承认科学意义上的作为纯粹客观实在的“物”的同时，又把“物”与人的主体活动相连接，既表明人的活动必须遵循客观性的原则，又揭示一切现实的“物”都是作为人的活动的对象、工具和资料，都是人的活动的结果。因此，“整个所谓世界历史不外是人通过人的劳动而诞生的过程，是自然界对人来说的生成过程”①，“在人类历史中即在人类社会的形成过程中生成的自然界，是人的现实的自然界”②。所以，马克思的唯物主义不是“唯物质”的唯物主义，而是如他自己所说，是实践的唯物主义。人是实践的主体，实践是人的存在形式，实践唯物主义突出的是人，即主体，人与实践构成一种双向互动的机制，没有人就无所谓实践，没有实践，也就不会有人的生成和存在。正是在这个意义上，马克思既承认人对世界的终极意义，指出：“被抽象地理解的，自为的，被确定为与人分隔开来的自然界，对人来说也是无”③，又经常强调实践对世界的本原和基础的意义，指出：“这种活动、这种连续不断的感性劳动和创造、这种生产，正是整个现存的感性世界的基础。”④实际上，人与实践是完全统一的，人是实践着的人，实践是人的实践，两者统一的基础就在于人“是有生命的个人的存在”⑤，正是人的生命特性决定了人必须有满足生命需求的生活资料，而人获取生活资料的途径不同于动物，不是依附于自然，而是要否定自然，因为“自然界，无论是客观的还是主观的，都不是直接同人的存在物相适合地存在着”⑥。这就决定了人必须按照自己的需求进行改造自然的活动，正是这种实践活动导致了人与世界和历史的同时生成。所以马克思一直把人与实践活动结合在一起来说明新哲学的出发点，一再强调，“我们的出发点是从事实际活动的人”⑦，现实的、历史的、具体的、从事实际活动的人就成为马克思哲学之本。

历史上视人为本的思想并不是马克思的新创，早在马克思之前，费尔巴

① 《马克思恩格斯全集》第3卷，第310页。
② 《马克思恩格斯全集》第3卷，第307页。
③ 《马克思恩格斯全集》第3卷，第335页。
④ 《马克思恩格斯选集》第1卷，第77页。
⑤ 《马克思恩格斯选集》第1卷，第67页。
⑥ 《马克思恩格斯全集》第3卷，第326页。
⑦ 《马克思恩格斯选集》第1卷，第73页。

哈就已经系统地提出和论证了他的人本学唯物主义。费尔巴哈的人本学是欧洲唯物主义思想史上的一个重要发展阶段,它承前启后,既继承了培根、霍布斯等人的重视物质自然界的历史传统,又把人纳入哲学视野,认为自然和人都是哲学研究的最高对象,开启了人学研究的新方向。马克思的以实践为基础的崭新哲学就是在批判费尔巴哈的人本学的局限性的基础上产生的,实践唯物主义作为马克思哲学革命变革的产物,就是马克思人本思想的集中体现。对马克思来说,人作为本首先是指人是本体论意义上的世界之“本”,理解马克思这一思想的关键在于必须把世界二重化,区分为自然科学所研究的、人未染指的、纯粹状态下的自在世界与人生活在其中的、属人的现实世界。以此为前提就可以理解人及其实践在属人世界和历史的生成中的基础和决定意义。其次,在马克思视域中的人作为“本”是指人是价值意义上的“本”,人不仅是自然界长期发展的产物,而且是自然界甚至是宇宙演化的决定性的转变和产生的最高成果,人的出现才使世界绽放精神和文明的花朵,世界才如此绚丽多姿。所以人与其他一切存在物都不同,他不是作为手段由他物派生出来并受他物支配的,而是作为目的自我生成的,因而具有终极至上的意义。因此,必须高度重视人,把人的解放和全面发展作为共产主义革命的根本目标和人的价值的彻底实现。马克思有时还把共产主义定位在人的自我异化的扬弃和人的本质向人的自身回归,这也是他在价值意义上对人之为本的充分肯定。

马克思确定了实践的人本理念以后,终生矢志不移,一直在各种场合下坚持自己的哲学革命变革的基本立场,抒发以人和实践为根基的哲学理想。在《1857—1858 年经济学手稿》中,马克思以人作为历史划分之“本”,用人身的发展水平区分了人类历史发展的三形态,即人的依赖关系阶段、以物的依赖性为基础的人的独立性阶段和建立在人的全面发展基础上的自由个性阶段。在《哥达纲领批判》中,马克思又具体地描绘了共产主义社会中人的全面发展的宏伟蓝图和实现共产主义的条件和必经的发展阶段。1880 年马克思在《评阿·瓦格纳的〈政治经济学教科书〉》一文中依然坚持自己的实践理念,批评瓦格纳所认为的“人对自然的关系首先并不是实践的即以活动为基础的关系,而是理论的关系"[①],等等。可是,由于马克思一生的大部分时间都在忙于写作《资本论》和领导欧洲的工人运动,他一直没有时间和精力来完成预定要写作的哲学史和辩证法,因而也就没有机会来系统表达自己对人的崇高理想。按照马克思和恩格斯之间的分工,哲学的论战和写作任务主要由恩格斯来承担,恩格斯也确实写出了《反杜林论》和《费尔巴哈论》等脍炙人口的哲学名著,但是,由于主题和论战内容的限制,恩格斯在这些著作中都没有机会去深入阐发马克思的人学思想。只是在 1888 年,恩格斯在把马克思的《关于费尔巴哈的提纲》作为《费尔巴哈论》(《路德维希·费尔巴哈和德国古典哲学的终结》)的附录首次发表时,称这篇短文为"包含着新世界观的天才萌芽的第一个文件"[②]。这里所说的新世界观估计就是指全部 11 条的核心思想,即对费尔巴哈的直观唯物主义的批判和在此基础上对"把感性理解为实践活动的唯物主义"的论证。马克思在第 10 条中称这种唯物主义为新唯物主义,即实践的唯物主义,而这种唯物主义的立脚点恰恰是人类社会或社会的人类,这就不仅肯定了支撑人本学的实践唯物主义,而且直接点出人本哲学的价值追求,即未来真正的人类社会或扬弃了异化的真正的人类。虽然恩格斯在《反杜林论》中出于论战的需要,曾在"世界模式论"一章中谈及世界统一性的问题,并说"世界的真正的统一性在于它的物质性"[③],似乎保留有物本论的痕迹,但仔细分析不难发现,这只是就自然科学的意义而言,如果从实践哲学的意义上来分析,那么如前所述,恩格斯还是肯定马克思的实践人本思想的。

列宁终生都没有读过马克思的《1844 年经济学哲学手稿》和《德意志意识形态》,虽然他见到过《关于费尔巴哈的提纲》,但是由于 11 条过于简短,而且没有以上两本著作做底衬,他难以明了《关于费尔巴哈的提纲》的要义。加之列宁处在夺取政权的激烈的阶级斗争的时代,在这个特定的历史背景中,既要突出阶级和阶级斗争,又要不断地酝酿和制造革命形势,这就根本不可能形成人皆平等的人本思想,也更不可能提出和谐社会的问题。

① 《马克思恩格斯全集》第 19 卷,人民出版社 1963 年版,第 405 页。
② 《马克思恩格斯选集》第 4 卷,第 213 页。
③ 《马克思恩格斯选集》第 3 卷,第 383 页。

毛泽东在民主革命时期的处境与列宁大体相似,但他提出的全心全意为人民服务的口号却与人本思想有相通之处,特别是有统一战线政策做补充,能够团结和服务的对象就相当广泛了。如果说为人民服务与以人为本在理论境界上还有差距,那么,这种差距主要不是理论本身的缺陷和不足,而是体现在能否跟上历史的转折,体现鲜明的时代感。在民主革命时期和社会主义改造的年代,强调阶级和阶级斗争,承认社会震荡的适当性与合理性是必然的。但是随着社会主义制度的建立和社会共同利益的扩大和增强,人民逐步向人的方向转化,社会也逐步趋向稳定。在这种情况下就要有足够的敏感,适应时代的发展,转变认识和思路。邓小平敏锐地感悟到了时代变化,邓小平理论和在这一理论指导下的中国的改革开放是迈向以人为本与和谐社会的第一步,从改革开放时起,关于人的共同富裕和社会稳定的呼声逐渐被强有力地喊出来,并理直气壮地成为时代的主调。经过多年实践"三个代表"重要思想的积淀,各方面条件都已成熟,以胡锦涛为总书记的新一代中央领导集体用中国传统文化中的语词,适时地提出以人为本和构建和谐社会的口号和目标,标志着中国在人的问题和社会状态的追求上已经告别过去,进入了一个新的发展境界。

中国理论界向来就有与党中央保持一致的历史传统,党中央重大的思想建树和实践决策一直是哲学社会科学理论创新的不竭源泉。改革开放前,哲学社会科学捆在政治战车上,对政策决策亦步亦趋,那是哲学与政治关系的扭曲形态,不足为取。改革开放以来,哲学社会科学与政治的关系已进入最佳的互动状态。一方面,哲学社会科学为政治提供了思想支持、理论论证并具有决策咨询的作用;另一方面,哲学社会科学也不断地从政治决策和运行中获取滋养,还社会科学源于生活、植根于实践的本真样态。邓小平理论和"三个代表"重要思想早已成为中国哲学社会科学理论创新的策源地,比较起来,经济、政治、文化、管理等各领域都从中吸收灵感,认真反思过去,谋划未来发展,极大地改变了自身状态。唯独马克思主义哲学没有很好地抓住机遇,在邓小平理论和"三个代表"重要思想的实践中大力创新,虽然在其他许多领域也有很大的进步,但总的来说,与时代和实践的需要很不相称。现在,新一代中央领导集体以其以人为本和构建和谐社会的巨大理论创新为马克思主义哲学的中国化重建提供了新的契机,一方面,以人为本和构建和谐社会的崭新命题是对邓小平理论和“三个代表”重要思想的继承、发展和最终的归结,给了马克思主义哲学以加速发展的机会;另一方面,以人为本和构建和谐社会又以其在马克思哲学中的极端重要的地位给了中国的马克思主义哲学以向马克思回归的机会。这样,就会在马克思哲学、邓小平理论、“三个代表”重要思想与当今的时代和建设中国特色的社会主义的大背景的全面综合中取得一种新的平衡,给了当代马克思主义哲学中国化新契机和新取向。中国的马克思主义哲学工作者应该吸取教训,重振精神,抓住难得的契机,为马克思主义哲学的中国化做出新的贡献。

三、以人为本与构建和谐社会对马克思主义哲学中国化的具体启示

马克思主义哲学中国化是一项庞大的系统工程,当下这项工程的开端和起点就是以人为本和构建和谐社会。以人为本这个命题本身就已昭示,人应该是马克思主义哲学中国化之“本”,而这个作为“本”之人不是阶级社会中彼此争斗、原子式的人,作为和谐社会的细胞,他们组合构成和谐社会。有了人这个和谐之“本”做基础,再上溯到自毛泽东以来中国共产党人为马克思主义哲学中国化所做出的努力,整个马克思主义哲学中国化的体系建构就可以围绕人这个中心加以运思。其总的原则应是:承袭传统马克思主义哲学的核心和精华,站在时代的高度对原有哲学中的主要部分加以辨析,剔除其内蕴的旧哲学的遗迹,把它放到哲学史中,用中国传统文化的精华加以填充,促成马克思哲学、中国传统哲学、时代精神和建设中国特色社会主义实践的思想积淀,在以人为本和构建和谐社会基础上辩证统一和融合,真正搭建起具有本土特点、为广大民众所喜闻乐见的中国化的马克思主义哲学平台。其具体构思大致如下。

(一)唯物主义部分

1. 用以人为本的人本论补充物本论

马克思主义以前的唯物主义哲学坚持以物为本有其深刻的原因和道理,反映了那个时代最高的哲学水平,特别是18世纪的原子论唯物主义作为自然唯物主义的表现形式已经相当接近当时自然科学的实际水准。但是从

哲学的视野研究世界的物质性总有其局限性，由于缺乏实验手段，哲学的物质本体论充其量只能跟随在自然科学后面，而不会有大的作为。所以马克思一生都很少一般地谈及物质问题，因为这不是哲学的长项。相反，马克思把自己的哲学革命变革聚焦在人及其实践上，他通过《1844年经济学哲学手稿》《关于费尔巴哈的提纲》和《德意志意识形态》三本力作雄辩地证明，人及其实践是现实世界的真正之"本"，如果马克思主义哲学也有自己的本体论的话，那么，它只能是以实践为根基的人本论。党的十六届三中全会提出的以人为本的科学发展观，不仅是对马克思的人本论的认同，而且是对中国传统文化由民本到毛泽东的为人民服务，再到邓小平的社会主义本质论和"三个代表"重要思想历史转变的首肯和提升。以人为本具有深刻的哲学基础和实践基础，是当今中国时代精神精华的集中体现。所以，马克思主义哲学中国化的首要的基础和前提是要对传统的物质本体论加以辨析和补充，既要从历史的角度承认物本论的合理性，又要指明哲学上的物本论的局限性，要把世界的"本"或统一性问题延伸到人，只有基于实践的人和坚持以人为本才能把唯物主义提高到现代形态。

2. 用实事求是补充唯物主义的客观性原则

唯物主义不仅是一种以物质为终极本原的本体论，也是在倡导一种精神，即认识和观察的客观性原则。马克思把这种原则称为社会存在决定社会意识，恩格斯认为"原则不是研究的出发点，而是它的最终结果"①，列宁称之为观察的客观性，此外还有许多说法，如人们不能随心所欲地创造历史，人的活动总要遇到先前留下的条件和资料的制约，要按照事物的本来面目来认识事物，等等。所有这些说法都正确，也都贯彻了一种精神，即决定论，为了避免用机械性和绝对性的观点来理解这种决定性，还得同时强调主观对客观、意识对存在的反作用，而这种决定作用和反作用的最佳结合点是什么，就很难一下子说清了。毛泽东在领导中国革命的实践中用中国的成语——实事求是——对这套繁杂费解的唯物主义客观性原则做了最简明、精确和通俗的概括。

① 《马克思恩格斯选集》第3卷，第374页。

实事求是精妙绝伦，既贯彻了客观性的原则，一切从实际出发，按客观规律办事，又体现了马克思在《关于费尔巴哈的提纲》中所说的“从主体方面去理解”，“求”就是主客观相结合的基本维度。经过毛泽东的大力推广，实事求是这个唯物主义的基本原则已经在中国人民中普及，成为马克思主义哲学中国化的典型话语。中国革命和建设的成功归结于马克思主义与中国革命实际相结合，实事求是功莫大焉，中国在改革开放前的一系列失误，也在于违背了实事求是的原则，有违中国的国情。经过正反两方面的经验教训的锤炼，实事求是的思想内涵已经得到升华，邓小平把实事求是与解放思想结合起来，指出没有解放思想难以做到实事求是，没有实事求是的解放思想，往往会导致胡思乱想。只有在解放思想的同时实事求是，才是马克思主义的精髓和活的灵魂。在中国只讲唯物主义的客观性原则远远不够，必须引申到实事求是，从中国历史和现实的文化积淀中进一步深入挖掘实事求是的深刻内涵，使之成为马克思主义哲学中国化的典范。

3. 用以人为本的实践时空观来深化传统的物质时空观

时空观是唯物主义哲学的重要板块，它与本体论密切结合，是对世界本原的存在形式的基本表述。时间表明存在的持续性，空间表明存在的广延性。按照马克思主义以前的物本论的理解，物质是世界的基础和本原，整个世界都是物质的不同表现形式。因此，时间和空间作为物质的属性，是物质存在的基本形式，是物质存在的持续性和广延性的哲学抽象。马克思的哲学革命变革使物质特别是自然界人化，真正现实的物质自然界都是人的实践活动的结果，人和人的实践活动作为物质的奠基使时间和空间向人的实践活动靠拢，由物质存在的基本形式变为人的实践活动的基本形式，时间是人的实践活动的持续，空间成为人的实践活动的广延。这样，伴随着马克思的哲学革命变革继物质时空之后出现了实践时空。物质时空依然存在，由于它是无人参与的纯粹的物质存在形式，因此只对自然科学的研究有意义，对人的现实活动只有间接的、终极的意义。而实践时空是人的实践活动的构成部分，如何确定实践活动的时间持续的长短和空间规模的大小，是领导和决策的水平和艺术的体现，在现代，时空调控问题已成为关系到每一个人的实践活动能否成功的重要因素。

随着全球化和信息化时代的到来，当代已出现信息时空的新趋势。信息时空反映全球化时代交通和信息高速运转和传播的特点，由此带来地球变小、时间变慢、效率增大的新局面。信息时空是个新鲜事物，惠及每一个人，马克思主义哲学应该自觉地实现由物质时空到实践时空和信息时空的转变，赶上时代飞速前进的步伐。

（二）辩证法部分

1. 唯物辩证法的总体定位

辩证法是人类智慧的花朵，马克思主义哲学就是以黑格尔的辩证法为出发点的。黑格尔生活在经典力学占统治地位的时代，二体作用与反作用并产生一个新的结果，这个结果作为一体再与另一体发生作用，再产生一个新的结果，如此不断斗争，不断进行否定，不断产生新的结果，构成事物发展的链条，这是那个时代占主导地位的思维方式。这种思维方式的特点是突出否定性，以斗争性为契机，一方克服另一方，实现事物由一种形态到另一种形态的发展和转化，马克思就曾把否定性称为黑格尔辩证法的“推动原则和创造原则”[①]。马克思在哲学革命变革过程中，对黑格尔辩证法的唯心主义基础进行了彻底的颠覆，同时又继承了其否定性的合理内核，创立了唯物辩证法。在当时资本主义社会激烈的阶级对抗的条件下，马克思理所当然地十分重视和强调辩证法的斗争性和否定性，着力发掘辩证法的批判和革命的本质，他精辟地指出：“辩证法在对现存事物的肯定的理解中同时包含对现存事物的否定的理解，即对现存事物的必然灭亡的理解……辩证法不崇拜任何东西，按其本质来说，它是批判的和革命的。”[②]马克思个人也富有斗争的天性，如同恩格斯所评价的那样，“马克思首先是一个革命家……斗争是他的生命要素。很少有人像他那样满腔热情、坚韧不拔和卓有成效地进行斗争”[③]。马克思在回答他女儿提问的《自白》中也把幸福理解为斗争，把不幸理解为屈服。后来列宁在无产阶级夺取政权的生死较量中，适时地把否定辩证法进一步推向以矛盾和斗争为核心的矛盾辩证法。列宁说：“辩

① 《马克思恩格斯全集》第3卷，第320页。

② 《马克思恩格斯选集》第2卷，第112页。

③ 《马克思恩格斯选集》第3卷，第777页。

证法就是研究对象的本质自身中的矛盾”①,对矛盾“以及矛盾着的部分的认识,是辩证法的实质”②,但是矛盾辩证法对矛盾的认识也有自己突出的特点和倾向,即将矛盾的同一性相对化,最大限度地向斗争性倾斜。列宁的名言是:“对立面的统一(一致、同一、均势)是有条件的、暂时的、易逝的、相对的。相互排斥的对立面的斗争是绝对的,正如发展、运动是绝对的一样。”③也正是在这个意义上,列宁又说:“发展是对立面的‘斗争’。”④毛泽东是辩证法的大家,是在中国大力倡导和成功推广辩证法的第一人。毛泽东是通过列宁的《哲学笔记》接触到辩证法的,他与列宁处于相同的夺取政权的处境使他深谙矛盾问题在辩证法中的核心地位。他独具匠心写出的《矛盾论》是中国共产党人学习辩证法、掌握对立统一规律的典范。和列宁一样,毛泽东也格外重视对立面的斗争,他的“与天斗其乐无穷,与地斗其乐无穷,与人斗其乐无穷”的豪迈情怀也是他勇于斗争的英雄气概的真实写照。

马克思、恩格斯、列宁和毛泽东特别重视矛盾的斗争性是时代精神的体现和无产阶级革命斗争的需要,是完全正确的,正是在这种认识的指导下,才取得了十月革命和中国革命的胜利。但是必须指出,这只是对辩证法理解的一种自觉倾斜,并不是辩证法博大精深内涵的全部。正如列宁所说,本来意义上的辩证法是“最完整深刻而无片面性弊病的关于发展的学说”⑤,无论是马克思、列宁或毛泽东,他们在重视矛盾斗争性的同时,丝毫没有轻视对立面的同一性。列宁还说过:“发展是对立面的统一”⑥,在对待布列斯特和约和“左”派幼稚病的问题上,他充分理解妥协和退让的必要性,不轻易地撕破对立面的统一体。毛泽东深刻理解斗争性与同一性的相互依赖关系,没有同一性也就不可能有斗争性,所以他把同一性定义为对立面的相互依存和相互转化,提倡在对敌斗争中讲求策略,做到有理、有利、有节,注意化敌为友,不断发展统一战线,等等。正是在这个意义上,列宁又说:“可以把

① 《列宁全集》第38卷,人民出版社1959年版,第407页。
② 《列宁选集》第2卷,第556页。
③ 《列宁选集》第2卷,第557页。
④ 《列宁选集》第2卷,第557页。
⑤ 《列宁选集》第2卷,人民出版社1972年版,第442页。
⑥ 《列宁选集》第2卷,第557页。

辩证法简要地规定为关于对立面的统一的学说"①，这是对辩证法的总体定位。但是它在无产阶级革命的特定阶段又确实表现为向对立面斗争性倾斜，这是对唯物辩证法现实内容和性质的正确解说。

2. 时代的变迁和辩证法向同一性的回归

社会主义制度的建立开辟了人类历史的新时代，公有制拓宽了人们共同利益的空间，人与人之间对抗的机制和余地都空前地缩小了，社会主义开创了人人平等的新机遇，为实现各尽其职、各得其所的美好未来提供了日益坚实的基础和保障。十六届三中、四中全会提出的以人为本和构建和谐社会是改革开放以来社会深刻变化的总结和回响，它拷问一切社会科学理论，其中也对辩证法在新形势下是否继续向斗争性倾斜提出严肃的质疑和挑战。历史是最好的教科书，苏联在20世纪30年代的肃反扩大化曾给人留下不尽的沉思，改革开放前的中国奉行"以阶级斗争为纲"，不断地斗、批、改，瞎折腾，特别是十年"文化大革命"中的清理阶级队伍，挖地三尺，斗字当头，人人自危，涣散了思想，搞乱了队伍，是斗争哲学恶果的充分显现。严酷的现实发人深省，如果说在夺取政权的革命时期辩证法向斗争性倾斜是正确和必要的话，那么在和平建设时期是否依然要坚持这种理解？我们对辩证法的认识是否应该与时俱进？辩证法不仅倡导斗争精神，对立统一规律还有同一性的一面。列宁曾经说过，随着具体的社会政治形势的改变，"马克思主义这一活的学说的各个不同方面也就不能不分别提到首要地位"②。现在，在以人为本和全面建设小康社会的新形势下，辩证法是否应该向同一性倾斜，同一性一面是否应当提到首位呢？思维进程的这种转向是艰难的和渐进的，经过几十年邓小平理论和改革开放实践的耕耘和积淀，特别是"三个代表"重要思想的提升，和谐理念呼之欲出，以十六届四中全会提出的构建和谐社会的目标为标志，带动了辩证法向同一性的全面回归。既然要构建和谐社会，那么就要有和谐的思维范式、和谐的制度机制、和谐的利益分配、和谐的人际关系、和谐的社会秩序。而诸方面的和谐绝不是安于现状、

---

① 《列宁选集》第2卷，第412页。

② 《列宁选集》第2卷，人民出版社1972年版，第398页。

不思进取,恰恰相反,这是在加速发展和谋求进取中的和谐,是真正体现发展是硬道理的和谐。而这就意味着辩证法向同一性的回归,从而导致和谐辩证法的诞生。

3. 和谐辩证法对中国传统和谐思维方式的综合与提升

和谐辩证法是适应中国社会向和谐社会的转型而产生的以强调同一性为主要特征的辩证法,是由从前的向斗争性倾斜而转为现在的向同一性的回归,这也是辩证法的转型,社会转型伴以辩证法的转型反映了辩证法的时代感和历史感。辩证法的转型是对矛盾的斗争性和同一性相互关系重新定位的一种回应。对立面的斗争依然存在,在某些领域还相当激烈,有问题就有矛盾,矛盾无时不在,无处不有,运用斗争手段解决矛盾,实现对立面的转化,这是万古不变的规律。但是当代社会发展确实出现了新的趋势和转机,突出表现为人们的共同利益面增大,给协作和联合提供了更多的机遇。相对而言,社会生活中各个方面的对立逐渐削弱,矛盾化解的机会增多,运用斗争的手段解决矛盾已不是唯一的选择,对立面的结合与合作往往能够带来比斗争和排斥更有利的双赢局面。现代思维虽不排除对对立面的抑制,甚至是打击,但在对立面的发展中求得自身的发展,这已成为普遍的共识,优势互补和强强联合已成为交往中通行的话语。所有这一切都呼唤中国传统的和谐思维,要求以马克思主义为指导,对中国古老而朴素的辩证法的精华进行整合和提升,形成反映时代精神、具有中国特色的和谐辩证法。

古老的中国是东方文明的发祥地,在她博大精深的传统文化中焕发着与西方文明迥然不同的另类辩证法的光芒。中国的儒家思想主宰传统文化两千年,它所倡导的天人合一、仁者爱人给传统的思维方式打上了深深的和合烙印。以群体为本位的社会生活,要求通行以和为中心的纲常伦理,以建立起超稳定的社会结构。家庭中父子、夫妻的关系是整个社会关系的缩影,君为臣纲,父为子纲,夫为妻纲,是为三纲,仁义礼智信,是为五常,其最终目的在于防止统一体的分裂,维护对立面的同一。为此和合理念大行其道,倡导和为贵、忍为高,将对立面斗争局限在一定的限度内,既不及,也不过,叫作中庸之道。如果说中国古代也有思维意义上的辩证法的话,那么只能称其为和合辩证法或中庸辩证法。这种辩证法虽有其保守、中庸的一面,缺乏

创新性，不利于对立面的转化和新生事物的出现，但它牢固地保存了辩证法的同一性的意义，在西方以否定性为核心的矛盾辩证法通行几个世纪之后，特别是当下的中国正在努力建设和谐社会之际，中国传统的以强调同一性为核心的辩证法就成为极其宝贵的思想资源。今天只要理性地对待中国传统的辩证法，无论是其天人合一，还是和贵忍高、中庸之道等，人们都可以从中汲取和谐团结、安定有序、生态伦理、人际协调等方面的有益经验。由于这些思想资源是本土的，已经深深地融化在中华文化的沃土中，成为中国传统思维的因子，因而易于为广大民众所接受。如何用马克思主义哲学来识别、整合中国传统的辩证思维，构建与和谐社会目标相适应的新时代的和谐辩证法是马克思主义哲学中国化的重要使命。

（三）唯物史观部分

1. 唯物史观的“物”与以人为本

唯物史观是马克思主义哲学的重要板块，其价值在于用唯物主义观点科学地揭示历史的传承和发展。历史是逝去了的现实，现实向过去延伸就是历史，科学地解释历史也就是对现实的正确解释，在这个意义上，历史与现实是统一的，唯物史观也就是科学的世界观，在马克思主义哲学中占有特殊重要的地位，难怪有不少人把马克思主义哲学最终归结为唯物史观。可是唯物史观的“物”是指何而言呢？显然，它不是指作为实体的物质，而是指唯物主义的基本精神，即用客观性原则而不是用主观的精神、意识等“怪影”来随心所欲地解释历史，这个客观性原则的基础就是马克思所说的社会生活条件，即生产力和生产关系及其在此基础上产生的经济基础与上层建筑的矛盾运动。正因为历史是按照社会基本矛盾运动的规律依次展开的，所以历史的发展又是一个自然历史过程。所有这些唯物史观的基本观点完全符合马克思的文本论述，过去所有的哲学教科书也都是按照这些基本观点来阐发唯物史观的。现在提出的问题是，在十六届三中全会提出以人为本的科学发展观以后，可不可以用以人为本来重新审视和整合唯物史观，以作为唯物史观中国化的起点。从逻辑上来说，既然以人为本可以作为现实社会发展的指导思想，那么当然也就可以向历史探伸，用以人为本来解释和说明历史的演进。因为无论是生产力和生产关系还是经济基础与上层建筑的矛盾运动，归根结底都是人和人的社会关系在运动，离开人这些范畴都是空洞的、抽象的、毫无内容的。马克思就曾经以人自身的发展水平来划分历史的发展阶段，提出过著名的人与社会相对应的历史发展三阶段原理①，这是马克思以人为本对历史观的经典表述。唯物史观从客观性原则出发来揭示历史发展规律实际上是把人既当作主体，也当作客体，因此也包含着从人出发的含义。马克思在《德意志意识形态》中初次系统地阐发唯物史观的出发点时多次指出："不是意识决定生活，而是生活决定意识。前一种考察方法从意识出发，把意识看作是有生命的个人。后一种符合现实生活的考察方法则从现实的、有生命的个人本身出发，把意识仅仅看作是他们的意识。"②又说："这种考察方法不是没有前提的。它从现实的前提出发，它一刻也离不开这种前提。它的前提是人……是处在现实的、可以通过经验观察到的、在一定条件下进行的发展过程中的人。"③所以，以人为本和从人出发对历史加以表述并非始自今日，早在马克思那里就已有深厚的思想积淀，马克思并不认为以人为本和从人出发与从社会基本矛盾出发来解释历史会有什么矛盾和对立，相反它们在思想内容上是完全一致的，只不过是切入的视角有所区别罢了，这就为我们用以人为本来理解唯物史观，从而实现唯物史观的中国化提供了根据和条件。

2. 以人为本与社会和谐在历史发展中的作用

唯物史观实质上是唯人史观，历史是人的实践活动史，人的不同发展阶段和人的素质水平决定了人的实践活动的水准和成效的高低。马克思曾经用所有制、生产工具、生产关系、生产方式和社会形态区分过历史发展阶段，但最终还是用人自身发展的三阶段整合了全部历史，因为无论是所有制、生产关系还是生产力及其生产方式归根结底都不过是人的素质的终极体现，是不同的人铸就不同的历史的各个侧面。但是在阶级社会中，人创造历史特别是社会制度的更迭主要是通过阶级斗争来实现的，社会和谐在历史发展中的作用还没有充分体现出来。其实，社会和谐不仅是社会主义社会追

① 《马克思恩格斯全集》第46卷(上)，人民出版社1979年版，第104页。
② 《马克思恩格斯选集》第1卷，第73页。
③ 《马克思恩格斯选集》第1卷，第73页。

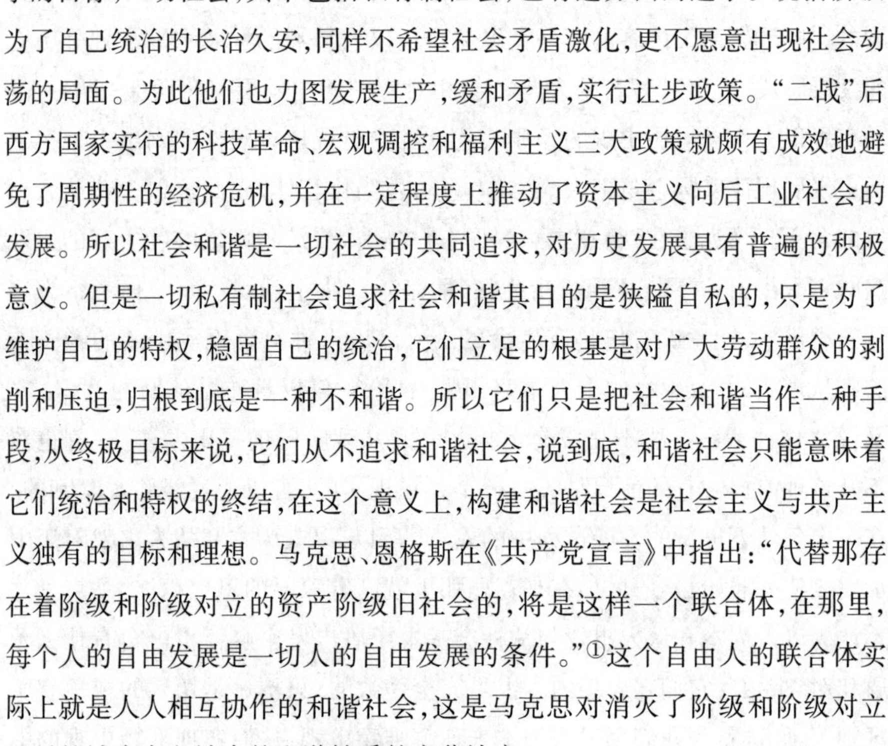

求的目标，一切社会，其中包括私有制社会，也有这方面的追求。统治阶级为了自己统治的长治久安，同样不希望社会矛盾激化，更不愿意出现社会动荡的局面。为此他们也力图发展生产，缓和矛盾，实行让步政策。“二战”后西方国家实行的科技革命、宏观调控和福利主义三大政策就颇有成效地避免了周期性的经济危机，并在一定程度上推动了资本主义向后工业社会的发展。所以社会和谐是一切社会的共同追求，对历史发展具有普遍的积极意义。但是一切私有制社会追求社会和谐其目的是狭隘自私的，只是为了维护自己的特权，稳固自己的统治，它们立足的根基是对广大劳动群众的剥削和压迫，归根到底是一种不和谐。所以它们只是把社会和谐当作一种手段，从终极目标来说，它们从不追求和谐社会，说到底，和谐社会只能意味着它们统治和特权的终结，在这个意义上，构建和谐社会是社会主义与共产主义独有的目标和理想。马克思、恩格斯在《共产党宣言》中指出：“代替那存在着阶级和阶级对立的资产阶级旧社会的，将是这样一个联合体，在那里，每个人的自由发展是一切人的自由发展的条件。”[①]这个自由人的联合体实际上就是人人相互协作的和谐社会，这是马克思对消灭了阶级和阶级对立以后的社会主义社会的和谐性质的充分认定。

3. 和谐社会是唯物史观理论建构的基石

用社会基本矛盾运动，特别是用阶级斗争理论来揭示社会更迭的自然历史过程，对以西欧为背景的私有制社会是十分适用的，但是对阶级分化不太明显的中国，就遇到了一些特殊的问题。中国自原始公社瓦解以来就一直处在亚细亚生产方式下，科学和生产力发展缓慢，以地主经济为特征的生产关系长期延续，社会基本矛盾运动不明显，虽然不断地改朝换代，但社会形态一直没有变化，就像马克思描述印度那样，“从遥远的古代直到19世纪最初10年”，无论“过去在政治上变化多么大，它的社会状况却始终没有改变”[②]，这是东方社会的普遍特点。在这种情况下政治变化似乎很难与社会基本矛盾相挂钩，倒是利益争夺、生存危机等引发了改朝换代。近代以来，

① 《马克思恩格斯选集》第1卷，第294页。

② 《马克思恩格斯选集》第1卷，第763页。

随着资本主义的入侵，中国逐渐与世界相接轨，走上世界历史进程，社会基本矛盾和阶级斗争在中国政治变动中发挥了越来越大的主导作用。中国共产党领导的28年的武装斗争把辩证法的否定性和斗争性发挥得淋漓尽致，并以阶级斗争的胜利和社会基本矛盾的转化呼唤社会主义的社会形态。新中国的成立标志着千百年来不断争斗和无休止冲突的旧社会的终结，经过半个世纪的曲折坎坷，终于迎来了和谐社会的黎明。

按照唯物史观的理解，以阶级斗争为主导的不和谐的社会只不过是人类历史长河中短暂的一瞬，永恒的和谐社会将主导今后中国的历史。因此，必须以和谐社会为坐标，规划中国当前和今后长远的历史发展，社会生活的各个方面都要以和谐社会的需求为取舍，在这个意义上，离开和谐社会的追求就不可能理解中国当前的社会和今后的历史，也就不会有中国化的科学的唯物史观。胡锦涛同志在2005年2月19日的一次讲话中指出："实现社会和谐，建设美好社会，始终是人类孜孜以求的一个社会理想，也是包括中国共产党在内的马克思主义政党不懈追求的一个社会理想。根据马克思主义的基本原理和我国社会主义建设的实际经验，根据新世纪新阶段我国经济社会发展的新要求和我国社会出现的新趋势新特点，我们所要建设的社会主义和谐社会，应该是民主法治、公平正义、诚信友爱、充满活力、安定有序、人与自然和谐相处的社会。"[①]它同建设社会主义物质文明、政治文明、精神文明相统一，通过深化改革和安定团结来实现。构建和谐社会的这些丰富内涵提供了理解当前和今后中国历史发展的钥匙，是新时代唯物史观建构的基石，只有把传统的以社会基本矛盾运动为基础的唯物史观提升到构建和谐社会的高度，发掘和谐社会所具有的经济、政治、文化、法制、伦理、生态等多方面的唯物史观的新内蕴，马克思主义哲学的中国化才能迈出新的一步。

总之，从毛泽东的实事求是开始，中间经过邓小平的解放思想、开辟特区、一国两制等，再到"三个代表"重要思想中的先进文化，直至新一代中央领导集体的以人为本和构建和谐社会，这个一以贯之的发展链条中不管哲

① 2005年2月19日《人民日报》。

学术语是否出现,在实质上都贯彻了不断深化和发展着的哲学主线,其重要特征就是用中国化的术语诸如实事求是、以人为本和和谐社会等来统领这些充满创造活力的哲学内涵,这个事实本身就为马克思主义哲学中国化提供了表率和借鉴。

上　编

马克思主义哲学中国化与以人为本的科学发展观

马克思主义是一个博大精深的科学体系，马克思主义的中国化不可事无巨细，面面俱到，必须依据马克思主义的构成和中国的国情与需要对马克思主义做出有针对性的理解和选择。马克思主义虽然包含许多板块，但其主要部分是唯物论和辩证法，这已经是人所公认的事实。因此，马克思主义中国化必须首先着眼于唯物主义，因为唯物主义是整个马克思主义的基石，是表明马克思主义基本性质的最重要的学说。马克思一再声称自己和黑格尔不同，因为自己是唯物主义者，而黑格尔是唯心主义者，以他命名的学说他自己就称为新唯物主义或者实践的唯物主义。所以，马克思主义中国化不仅绕不开唯物主义，而且必须首先从唯物主义开始。传统理解的唯物主义是一种观察和认识的客观性原则，就是说我们的认识不能随心所欲，必须从实际出发，按客观规律办事，这是唯物主义的基本原则和主要之点。在马克思主义哲学中国化的第一次历史性飞跃即毛泽东思想的形成中，唯物主义中国化为实事求是；在邓小平理论即马克思主义哲学中国化的第二次历史性飞跃中，这个原则升华为解放思想实事求是；在全球化和建设中国特色社会主义事业的进一步深化和发展中，这个原则体现为以人为本的科学发展观。过去一般的唯物主义无不带有客观本体论的性质，认为我们认识和观察的出发点要么是自然物质，要么是客观实际。新一代领导集体提出的科学发展观则坚持马克思的实践唯物主义原则，认为全部世界都是人的感性活动即人化的结果，人是最大的实际，必须以人为本，从人的需要、利益、价值出发才能真正体现马克思主义哲学中国化的宗旨。所以本书上编选取以人为本的独特视角，把以人为本作为马克思主义哲学尤其是唯物主义中国化的新起点。

第一章　马克思主义哲学中国化的新起点

马克思早在博士论文中就提出过一个著名的命题:世界哲学化和哲学世界化。虽然这个命题的本意是说明理论和现实的互动关系,但也不无哲学必须走出国门进而覆盖整个世界之意。在《黑格尔法哲学批判》导言中,马克思把这个思想进一步升华,表述为:“理论在一个国家实现的程度,总是决定于理论满足这个国家的需要的程度。”[①]中国是近代东方各种矛盾的集合点,它所孕育的革命形势最需要马克思主义哲学来哺育和滋润。历史没有辜负哲学,经过半个多世纪的奋斗和积淀,马克思主义哲学的中国化进行得有声有色,经历了一个无比生动的辉煌历程。现在,以毛泽东思想为代表的马克思主义哲学中国化的第一阶段和以邓小平理论与“三个代表”重要思想为标志的马克思主义哲学中国化的第二阶段已告一段落,以胡锦涛为总书记的新一代中央领导集体提出的以以人为本和构建和谐社会为起点的马克思主义哲学中国化的新的征程已经开始。深入考察马克思主义哲学中国化的历史进程,阐发以人为本和构建和谐社会的哲学意义将掀开马克思主义哲学中国化新的一页。

一、毛泽东对马克思主义哲学中国化的开创性的贡献

马克思主义哲学从本质上说是一种西方的哲学形态,它的直接的思想来源就是德国古典哲学,特别是黑格尔哲学和费尔巴哈哲学。马克思经过哲学革命变革批判地继承和改造了其前驱者的哲学思想,创立了“把感性理解为实践活动”的“新唯物主义”[②]即实践唯物主义哲学。马克思的实践唯物主义就内容来说,已经摆脱了先前哲学的民族、地域和哲学家个人所具有的局限性,它所开启的是哲学共性,创立的是放之四海而皆准的实践哲学。但就实践唯物主义的现成形式和表述方式来说,又不能不具有西欧和德国文

① 《马克思恩格斯选集》第1卷,第11页。

② 《马克思恩格斯选集》第1卷,第56—57页。

化的特点。马克思一生都没有写出系统阐发自己思想的哲学专著，最能表明他哲学革命变革实质的《1844年经济学哲学手稿》和《德意志意识形态》又一直没有能出版，他的学生和弟子们很难准确地把握他的哲学观点。就是在这种背景下，20世纪二三十年代苏联的哲学教科书，特别是斯大林的《辩证唯物主义和历史唯物主义》被确定为马克思哲学思想的模本。这些有着严重缺点的著作被冠以马克思主义哲学的称号，以第一个社会主义国家的意识形态的身份被推到了中国革命的面前，考验着中国共产党人的思想风范和理论水准。

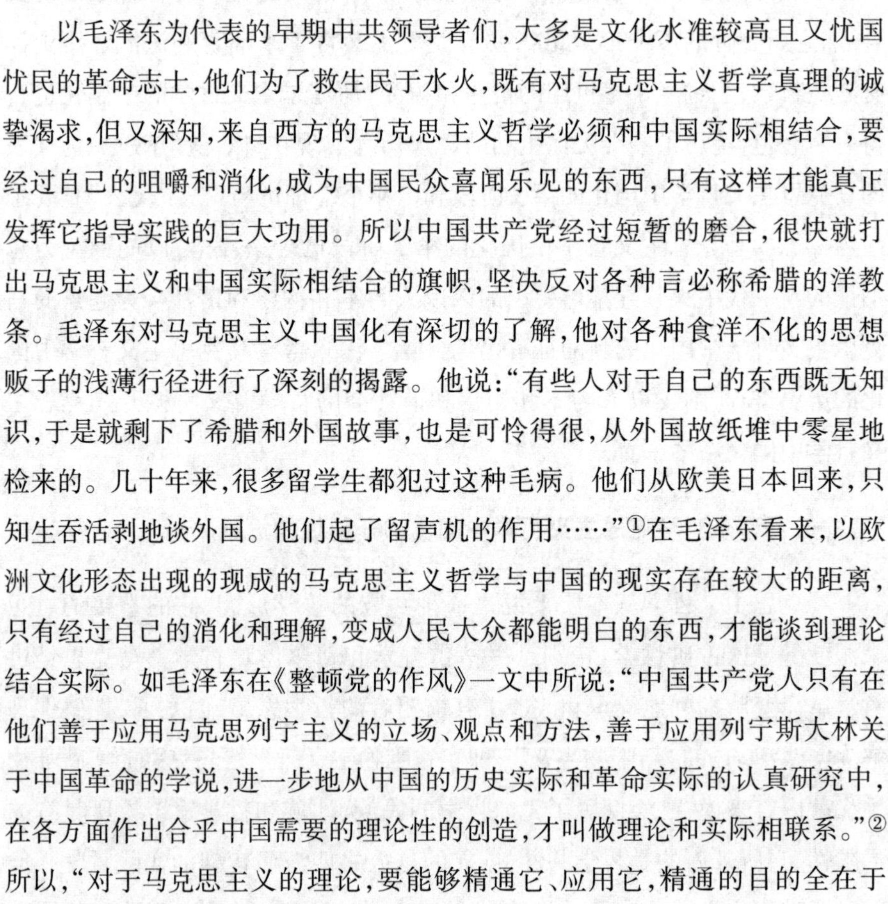

以毛泽东为代表的早期中共领导者们，大多是文化水准较高且又忧国忧民的革命志士，他们为了救生民于水火，既有对马克思主义哲学真理的诚挚渴求，但又深知，来自西方的马克思主义哲学必须和中国实际相结合，要经过自己的咀嚼和消化，成为中国民众喜闻乐见的东西，只有这样才能真正发挥它指导实践的巨大功用。所以中国共产党经过短暂的磨合，很快就打出马克思主义和中国实际相结合的旗帜，坚决反对各种言必称希腊的洋教条。毛泽东对马克思主义中国化有深切的了解，他对各种食洋不化的思想贩子的浅薄行径进行了深刻的揭露。他说："有些人对于自己的东西既无知识，于是就剩下了希腊和外国故事，也是可怜得很，从外国故纸堆中零星地检来的。几十年来，很多留学生都犯过这种毛病。他们从欧美日本回来，只知生吞活剥地谈外国。他们起了留声机的作用……"①在毛泽东看来，以欧洲文化形态出现的现成的马克思主义哲学与中国的现实存在较大的距离，只有经过自己的消化和理解，变成人民大众都能明白的东西，才能谈到理论结合实际。如毛泽东在《整顿党的作风》一文中所说："中国共产党人只有在他们善于应用马克思列宁主义的立场、观点和方法，善于应用列宁斯大林关于中国革命的学说，进一步地从中国的历史实际和革命实际的认真研究中，在各方面作出合乎中国需要的理论性的创造，才叫做理论和实际相联系。"②所以，"对于马克思主义的理论，要能够精通它、应用它，精通的目的全在于

① 《毛泽东选集》第3卷，人民出版社1991年版，第798页。
② 《毛泽东选集》第3卷，人民出版社1991年版，第820页。

应用”[1]。但是要应用就必须“在各方面做出合乎中国需要的理论性的创造”,这是能否理论联系实际的前提。正是在“理论性的创造”上,毛泽东显示了自己对马克思主义的精湛的理解,并成为马克思主义哲学中国化开天辟地的第一人。

马克思哲学本来是实践唯物主义,但是传到中国来的马克思主义哲学的权威版本只是20世纪二三十年代的苏联哲学教科书和斯大林的《辩证唯物主义和历史唯物主义》。在这种情况下,马克思主义哲学的中国化就确实需要从中国革命的实际需要出发,在理论上进行重新的理解和创造。中国革命面临的问题成堆,各种矛盾性质不同,互相交错,最需要的是一个能够统揽全局的总的指导思想,这是任何具体的原理所不能取代的。毛泽东凭着他超人的睿智,首先对马克思哲学的唯物主义的精神和实质进行了新的理解和整合。在毛泽东看来,不论对马克思主义哲学怎样界说,它的唯物主义基础是不可动摇的,而唯物主义的精华和基本精神并不一定非得归结到什么世界的物质统一性,这对自然科学和一般哲学也许是必要的,而对于中国革命来说,最切合实际的归结就是能够应对一切的实事求是原则。为了阐发实事求是,毛泽东专门写了《改造我们的学习》和《实践论》,从认识论的视角强调了一切从实际出发和按客观规律办事的重要性,以此来体现自己对唯物主义的理解。恩格斯曾说:“原则不是研究的出发点,而是它的最终结果;这些原则不是被应用于自然界和人类历史,而是从它们中抽象出来的;不是自然界和人类去适应原则,而是原则只有在符合自然界和历史的情况下才是正确的。这是对事物的唯一唯物主义的观点。”[2]对中国革命来说,实事求是就是唯物主义的生动体现,也是毛泽东对马克思主义哲学中国化的最大贡献,无论中国革命任务多么艰巨,面临的问题多么复杂,只要有了实事求是这一强大的思想武器,就可以针对不同的问题,找出不同的解决办法,永远立于不败之地。

对于马克思哲学来说,除了唯物主义之外最重要的就是辩证法了,辩证

① 《毛泽东选集》第3卷,人民出版社1991年版,第815页。

② 《马克思恩格斯选集》第3卷,第374页。

法是马克思哲学的发祥地，马克思就是从黑格尔的辩证法出发，借助费尔巴哈的唯物主义对黑格尔唯心主义辩证法的批判，然后对费尔巴哈的直观唯物主义进行再批判，才走向实践唯物主义的。因此，实践唯物主义本身就具有辩证法的性质，马克思的历史唯物主义也就是历史的辩证法，因为唯物史观也是立足于社会基本矛盾的运动和转化上，带有鲜明的辩证法的特征。所以，毛泽东的马克思主义哲学中国化的历程绕不过辩证法，必须结合中国革命的实际，对带有黑格尔印记的唯物辩证法进行新的理解和整合，毛泽东为此而专门写作的《矛盾论》就是中国共产党人对辩证法和唯物主义的伟大创新，同时也是马克思主义哲学中国化的标志性成果。

《矛盾论》作为辩证法的专著，没有一般地谈论辩证法的唯物主义基础和三大规律与五大范畴，而是专门选取矛盾的视角，对辩证法做了非同寻常的阐述。《矛盾论》适应中国革命夺取政权斗争的需要，在论述矛盾的普遍性和同一性的同时，格外地强调了对立面的斗争性和特殊性，尤其是对主要矛盾和矛盾的主要方面的论述都是为了强调中国的特殊国情，从辩证法的视角观照了实事求是和一切从实际出发的重要性。这是把唯物论与辩证法结合的卓越范例，是对唯物辩证法的特殊贡献。没有《矛盾论》，马克思的中国化就不会是今天的样子，毛泽东思想作为马克思主义与中国实际相结合的第一次历史性的飞跃就包含着《矛盾论》对唯物论和辩证法的伟大贡献。

二、邓小平开启的马克思主义哲学中国化的新征程

马克思主义哲学中国化的进程并不是永远一帆风顺的，如果说在民主革命中马克思主义哲学中国化的进展还比较顺利，那么，在新中国成立后由于“左”的思潮的影响，这个进程就颇为坎坷了。在中国，马克思主义哲学的中国化始终是和党的思想路线与事业的发展并行不悖的。当革命和建设事业蓬勃发展，指导思想也比较正确的时候，马克思主义哲学就能从中汲取不竭的思想资源，从而丰富和加快中国化的进程。而当“左”的思潮泛滥，党的思想路线被扭曲的时候，马克思主义哲学中国化的进程也会相应受到损害。从1957年反右时起，我国开始偏离正常轨道，进入新的认识误区，特别表现为逐渐淡化了经济建设的主旋律，在过分地强调原有的阶级斗争的同时，又

突出了政治思想上的阶级斗争，并不适当地渲染到关系党和国家前途命运的地步。这种“左”的思潮的进一步发展就是在各条战线上全面落实以阶级斗争为纲和长达十年之久的“文化大革命”。本来这一切都与马克思主义哲学背道而驰，可是在相当长的一段时期内，它却打着发展马克思主义哲学的旗号，并极力纳入中国化的范畴之内。当时最为拙劣的表演就是一些“左”的理论家对于马克思主义哲学实质的概括，说什么马克思主义哲学其实就是三个字：分、斗、变，即一分为二，斗争哲学，物质变精神和精神变物质，并把这种概括附在毛泽东的名下，说成是中国共产党人用自己的民族语言对马克思主义哲学的新提炼。不要说这种所谓的提炼该是多么的牵强附会，单就其简单化和片面性就足以使人望而却步，根本不能与马克思主义哲学同日而语。

邓小平在中国社会转折的关键时期以第二代领导集体核心的强有力地位推出了改革开放的伟大创举。中国的改革开放是一个全方位的系统工程，其核心是建设中国特色的社会主义。苏联和改革开放前的中国虽然进行了长期的社会主义建设，并且也取得了可圈可点的成就，但是总体说来并不十分成功，苏联最后以剧变解体而告终，中国的“文化大革命”也把国家弄到经济破产的边缘。造成这种悲剧性后果的原因可以归结为经济和政治上的一系列重大失误。但是更进一步地追问一下，为什么会出现经济上体制僵化、政治上以阶级斗争为纲这类清一色的“左”的错误呢？思考至此不难发现，支撑这种僵化的社会主义模式的是一系列扭曲了的哲学理念，尤其是不从实际出发，脱离具体国情，过分看重矛盾斗争性的意义，等等，起了关键性的作用。正是有鉴于此，邓小平的改革开放首先是从变革思想观念出发，以解放思想、实事求是为先导，在破除旧的僵化的社会主义观念的基础上，逐步确立中国特色的社会主义理念。邓小平以其社会主义初级阶段论、社会主义本质论、发展战略论等大力倡导了实事求是和一切从国情出发的唯物主义原则，与毛泽东时代不同的是邓小平在实事求是之前又加上了“解放思想”四个大字，并把它提升为马克思主义的精髓和灵魂，用以表明实事求是与解放思想的互动关系。邓小平力主的经济上的多种所有制成分共同发展、按劳分配与非按劳分配相结合，政治上的多党合作制度以及一国两制

论、当代世界的和平发展主题论,等等,实际上是在倡导一种新的发展理念,构建一种新型的对立面的关系,力求在对立面的合作、联合中求得自身的发展。这是一场深刻的哲学革命,是不用哲学语言进行的一次划时代的哲学革命变革,这场革命变革的使命就是适应时代精神的转换,确立向对立面同一性倾斜并以互利共赢为目标的新的辩证法。虽然邓小平没有写出任何哲学著作,使用的哲学话语也不多,但是在我国改革开放的实践中人人都可以感受到来自哲学的心灵震撼,没有一种强有力的恒久的哲学支撑和由此引发的巨大的观念变革,就不会有今日的中国特色社会主义的宏基伟业。现在,经过邓小平理论的熏陶,人们的哲学观念已经发生了巨大的变化,表明对立面的新型关系的一些话语如优势互补、强强联合、互利双赢等已经深入人心,运用如常。与毛泽东的马克思主义哲学中国化相比,这是新时代以辩证法的同一性转向为特征的马克思主义哲学中国化的新征程。

毛泽东开创的马克思主义中国化进程是以在民主革命时期的夺取政权为背景,其主题是应对各种复杂矛盾所必需的实事求是原则和确立符合中国革命斗争需要的矛盾辩证法,强调的是从中国国情出发,向矛盾的特殊性和对立面的斗争性倾斜。邓小平继续深化的马克思主义哲学中国化进程是在社会主义实践经验教训深刻积淀的背景下,为了更新社会主义观念而向哲学深入的一种合理的探寻和延伸,其主题是如何建设和发展中国特色的社会主义,强调的是解放思想实事求是和在全球化的趋势下对新型的对立面关系的全面理解和确认。

从毛泽东和邓小平对马克思主义哲学中国化所做出的贡献中可以看出,我们所说的马克思主义哲学中国化其实就是马克思主义哲学的现代性和时代化,是站在时代的高度对马克思主义哲学的一种提升,真正体现时代精神的精华。毛泽东在他所处的年代,以中国革命的实际需要为大背景,从唯物论和辩证法两个视角,对马克思主义哲学进行了别开生面的阐释。邓小平也是在全球化和信息化的大背景下,充分考虑到对立面广泛合作的可能性,才在国内和国外两个方面同时提出了一系列旨在加强联合与合作的路线和政策。但是马克思主义哲学的这种现代性和时代化必须与中国传统文化相结合,反映中国思维方式和话语表述的特点,易为中国老百姓所理解和接受,真正体现为一种中国化的马克思主义哲学。毛泽东用实事求是这一《汉书》上的成语来表达他对唯物主义的理解,比起用烦琐的语言所表示的客观性原则要鲜明、确切和透彻得多。他用中国革命和历史上的许多事例来解说矛盾理论,特别是对矛盾的特殊性与主要矛盾的思想的阐发,实际上已经把辩证法彻底时代化和中国化了。邓小平虽然哲学话语不多,但他的摸石头过河和一国两制等提法已经尽显中国语言和文化的风采。当然,马克思主义哲学的中国化还包含有向马克思文本回归的责任,目的在于纠正过去对马克思哲学扭曲化的理解,是真正的马克思主义哲学的中国化,而不是被歪曲理解的苏联哲学的中国化,这里就不再赘述了。

三、以人为本是当代马克思主义哲学中国化的新开端

当今的中国,人的问题凸显出来,而这首先是由人的概念的逐渐确立开始的。在中国,由于商品经济发展的滞后,长期以来一直没有形成以平等性为基础的人的概念,如果说人字到处都在使用的话,那么它绝不是在马克思所说的以自由自觉活动而与动物相区别的类概念的意义上来使用的,而主要指的是民,即与官相对立并构成人口绝大多数的平民百姓。中国自古以来抽象思维水平不高,从直观表象出发,最容易看到的就是官与民区分,而官又分为君和臣,与君相对应的是广大臣民。这个金字塔形的社会结构的基础就是民,民是人的主体。由于意识到民作为基础和主体对社会长治久安的极端重要性,所以中国民本思想源远流长,春秋时期管仲就提出过以人为本的口号,可见人与民在多数场合下是通用的。

但是在本来的意义上,人与民是不同的,这不仅是因为它们的外延不同,人是指所有的人类,民是指被官治理下的百姓;而且其内涵也不同,人之间都是生而平等的,而民本身就以和官的不平等为前提。说到底,"民"首先是官的一种意识,如果说民也意识到自己是民,并安于自己的小民和草民的地位正说明了民之不觉醒。中国共产党坚持人类平等和解放全人类的伟大理想,但同时又必须首先面对广大民众被压迫和被剥削的现实,既要承认马克思所坚持的作为类的相互之间平等的人,又要依靠和解放被压迫的民,于是就破天荒地把人与民结合起来,推出了"人民"这一崭新的概念。人民是

个政治范畴,是中国共产党所依靠和服务的唯一力量,人民享有法定的各种权利,中国共产党依靠人民对敌人实行专政。而敌人则被排除在人民之外,是实行专政的对象。

经过几十年的改革开放,中国社会已经发生了深刻的变化,随着剥削阶级的消灭和社会共同利益空间的扩展,人民作为一个历史上长期起作用的政治概念由于敌人和敌对阶级的消灭已经完成了自己的历史使命,并在新的基础上向马克思的作为类概念的人回归。正是基于我国社会日益凸显的人的全面平等和全面发展的迫切要求,党的十六届三中和四中全会才适时地提出以人为本和构建社会主义和谐社会的基本纲领。

以人为本与构建和谐社会具有无比深远的哲学意义,它掀开了马克思主义哲学中国化的新篇章,是毛泽东和邓小平的马克思主义哲学中国化进程在新的条件下的继续。如果说过去的马克思主义哲学的中国化都是以夺取政权和改革开放为背景,主要是围绕实事求是和矛盾辩证法以及对立面的联合和合作为中心进行的,那么,今后的马克思主义哲学中国化就要以以人为本和构建和谐社会为永恒的大背景,继往开来,谋划马克思主义哲学中国化的新思路和新天地。

人本来就是马克思哲学关注的中心,在马克思看来,人的存在有三个维度,即个体的人、群体的人和类的人,坚持以人为本就要把对人的关注落实在这三个维度上。没有对于个人的关心以人为本就是一句空话,关注不同群体的人是以人为本的侧重点,以人为本的最终目标是解放全人类。从这三个维度上全面实施以人为本就必然营造出和谐的社会关系,即每一个人不仅把自己视为本,而且也把别人看成和自己一样的本,这样的社会就是社会主义和谐社会,如同马克思、恩格斯在《共产党宣言》中所说:"代替那存在着阶级和阶级对立的资产阶级旧社会的,将是这样一个联合体,在那里,每个人的自由发展是一切人的自由发展的条件。"①所以,以人为本与和谐社会相互规定,以人为本的人是和谐社会中的人,和谐社会是以人为本的社会,二者的结合和互动,成为今后建设中国特色社会主义的基本取向,也为马克

① 《马克思恩格斯选集》第1卷,第294页。

思主义哲学的中国化提供了根本的思路。

面对以人为本和构建和谐社会的长远目标，马克思主义哲学的中国化当下只能是规划一个蓝图，勾勒出基本的走向。显然，以人为本为中国化的马克思主义哲学奠定了本体论和价值论的基础，从时代的新视角的多方面触动了传统的唯物论，使唯物主义哲学逐步向马克思文本中内蕴的唯人和唯实践的方向发展。与此相对应，物质论也应该向属人性和人的实践创生性倾斜，时空不仅是物质存在的基本形式，更应该是人的实践活动的基本形式，在物质时空的基础上更加关注实践时空和信息时空。

辩证法显然是马克思主义哲学中国化关注的重点，构建和谐社会给辩证法的存在形态提出了新的增长空间。过去在以私有制为基础的阶级对立的社会里，有指导解决对立面斗争的矛盾辩证法，现在，在社会主义和谐社会里自然要求产生指导人们和谐生活与和谐相处的和谐辩证法。在中国传统文化中包含有丰富的和谐辩证法的要素，天人合一、中庸之道、和为贵、忍为高等一系列儒家信条，在批判地改造其保守性的基础上，都能够为构建和谐辩证法提供可资借鉴的思想资源。邓小平理论已经为和谐辩证法奠定了合法性的基础，中国改革开放的伟大成功，特别是共同富裕论、一国两制论、多种经济共同发展论等对立面联合和合作的思想和实践，呼唤我们承前启后，逐步建立和完善真正反映时代精神精华的和谐辩证法。

马克思主义哲学的中国化是哲学发展的伟大创新，党中央提出的以人为本与构建和谐社会为新时代哲学的发展提供了难得的历史机遇和理论取向。现在虽然只是提出了马克思主义哲学中国化的课题和初步轮廓，一切都有待于今后的努力，但是我们有理由坚信，只要我们坚持马克思主义哲学中国化的大方向，锐意进取、立志创新、刻苦钻研、脚踏实地，就一定能够取得马克思主义哲学中国化的新胜利。

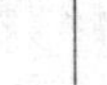

第二章　马克思以人为本的哲学发展脉络

在当前,马克思主义哲学中国化首要的问题是确立以人为本的科学发展观,以人为本不仅是我国当前和今后社会发展的根本理念,同时也是马克思主义哲学中国化要遵循的基本路径。只有在以人为本的理念指导下,马克思主义哲学才能与中国特色社会主义实践紧密结合,走出中国化的路径。为此就必须全面解读以人为本的发展理念,以下首先从马克思对以人为本的基本观点谈起。

哲学作为一种理论化和系统化的世界观,很大程度上取决于理解世界的方式。可以说不同的理解世界的方式就决定了不同的世界观。历史上,凡是注重从外在方面来理解世界的,往往把世界的本质归结为客观的物或超人的神,从而导致了各种形式的唯物论和宗教神学;而注重从人的内在方面来理解世界的,则往往把世界的本质归结为主观的精神或自我意识,从而导致了形形色色的唯心主义哲学。黑格尔的客观唯心主义是二者的集大成。黑格尔表面上把世界的本原归结为超越人和自然的“绝对精神”,而实际上,“绝对精神”既是神的代名词,又是把意识加以神化了的绝对,他只不过以曲折晦涩的方式表达了从人的内在和外在相结合的方式上来把握世界的一种模糊意向罢了。列宁一再说黑格尔只不过是“猜到了”世界的辩证运动的寓意也正源于此。真正把这两种方式统一起来理解世界的首推费尔巴哈,他既强调外部的自然存在,又重视人的内在的意识和情感,认为世界的主体是人,而人是“思维与存在的统一”,是“灵魂与肉体的统一”,他的人本主义就是在人的内在与外在两方面相统一的基础上对世界的一种理解。众所周知,马克思对费尔巴哈评价很高,认为:“费尔巴哈的伟大功绩在于:(1)证明了哲学不过是变成思想的并且通过思维加以阐明的宗教,不过是人的本质的异化的另一种形式和存在方式……(2)创立了真正的唯物主义和实在的科学,因为费尔巴哈也使‘人与人之间的’社会关系成了理论的基本原则。”①可见，马克思这样评价费尔巴哈其原因正在于他的主客观相结合的理解世界的方式。

在哲学史上，由于不同的理解世界的方式，先后出现了神本、物本、心本、人本等哲学派别。这里所说的本有两种含义：一是本体论意义上的本，指世界存在的基础和本原；一是语义学意义上的本，指哲学研究的基本内容和实际对象。那么，马克思哲学是以什么为本呢？在前一种意义上，马克思哲学被理解为唯物主义世界观，这已是确定不移的真理，为人们所公认。在后一种意义上，马克思哲学是围绕什么主题展开的？在这个问题上，人们的理解就有颇多歧见了。目前在马克思哲学唯物主义这个总的前提下，就有自然本体论、实践唯物主义、实践本体论、唯物史观等不同的理解。不可否认，所有这些见解都揭示了马克思哲学的某一方面的特点，但若就马克思哲学的形成和发展的实际历程来说，不能不承认，对人的全面正确的认识和理解是贯穿马克思一生各时期哲学研究的中心线索。马克思早期的哲学革命、中期《资本论》所达到的新的制高点、晚期唯物观的新升华，都是以深化对人的正确理解为契机而实现的。揭示和辨析马克思哲学以人为本的发展轨迹，有助于我们拓宽视野，开辟一个深入理解马克思哲学实质的新天地，同时也会为解决历史和现实中的某些哲学难题提供一个新的解答。

一、从作为类的人到现实的人

人类的自我意识是随着人在自然界中的地位的变化而不断改变的。在人类历史的早期阶段，由于生产力的落后，人类征服自然的能力低下，在人与外部世界的关系上，人总是处于被动附属的地位。人类童年时期的哲学反映了外部世界对人的强制和人对外部世界的依赖。自然界的强大和人的弱小使人作为主体在客体面前疲软无力，根本不可能掌控自己的命运。必须有一个凌驾于我之上的实体做依靠，由它来掌握对人的统治权和支配权。正是这种时代观念决定了人类早期的哲学具有强烈的外在性，缺乏主体意识，进而把整个世界理解为超人的纯粹客体。宗教神学臆想了一个万能的

① 《马克思恩格斯全集》第3卷，第314页。

上帝，人不过是上帝的作品。早期的唯物主义哲学家意识到了外部世界不以人的意志为转移的客观实在性质，并且在不同时期以不同的物质存在形态概括了世界的本质。这虽然在科学形态上远远超出于宗教神学，但在把握世界的方式上却与宗教神学有相似之处，它们都抛开人和自我，把外部世界看成一个与自己完全无关的自在的天国。如马克思所说，他们"对对象、现实、感性，只是从客体的或者直观的形式去理解，而不是把它们当作人的感性活动，当作实践去理解，不是从主体方面去理解"①，结果，世界失去了属人的性质，成了完全客体化的东西。唯心主义则与此不同，它不是在人之外来理解世界，而是从人的主观出发，把世界融会在精神和意识之中，认为世界不过是感觉的复合，是人的主观创造的结果。"因此，结果竟是这样，和唯物主义相反，唯心主义却发展了能动的方面，但只是抽象地发展了，因为唯心主义当然是不知道现实的、感性的活动本身的。"②

从15世纪开始，随着"历史向世界历史的转变"，空前强大的生产和交往能力以及与之相适应的全新的生产方式被创造出来了，它以不可抗拒的力量改变了人与自然界的关系，人在自然界面前空前地强大和硬朗起来了。现实和实践使人意识到，人不仅应该成为自然界的主人，而且确实能够征服自然界，从而在人作为主体的前提下，建立起人与自然的新的统一关系。这样，基于生产力飞速发展和人与自然关系的改变，从15世纪开始，一种前所未有的人文主义思潮兴起来了。

人文主义亦称人道主义，它强调人的主体地位，要求以人为中心，对社会的政治、经济和文化实行全方位的改造，建立起充分肯定人的价值的新的社会秩序来。与中世纪高扬神的地位、贬损人的价值、将人动物化的封建社会相比，这是历史的巨大飞跃，是时代精神的根本转换。自文艺复兴以来，各种哲学流派，都适应时代精神的进步，都向人倾斜，各种著作都充满了人学内容，从著作的名称中就可以看出来：诸如洛克的《人类理智论》、贝克莱的《人类知识原理》、孔狄亚克的《人类知识的起源》、休谟的《人性论》和《人

① 《马克思恩格斯选集》第1卷，第18页。
② 《马克思恩格斯选集》第1卷，第58页。

类理智研究》、莱布尼茨的《人类理智新论》、卢梭的《论人类不平等的起源》以及康德的“人是目的”“人为自然立法”等命题。所有这一切都说明，与神相对立的人和人文主义已经深入人心，人对自身的研究已经不可阻挡地冲入一向静谧的哲学王国，掀起了喧嚣的人学大潮。这股潮流来势之猛，连鼓吹超人的“绝对精神”的哲学集大成者黑格尔也抵挡不了，他无论怎样的超人，最后还要回到尘世中来，落实到市民社会和政治国家等一系列非常现实的题目上。费尔巴哈是近代哲学史上自觉地研究人学的伟大学者，是唯物主义和人本主义相结合的典范。尽管他对人的理解是抽象的，但是费尔巴哈相信人类理性的力量，并倡导把人当作哲学研究的主题，这在哲学史上是具有划时代意义的。

费尔巴哈哲学是近代唯物主义哲学发展的第三个里程碑，他开哲学人学主题的先河，首先举起直观唯物主义的大旗，虽有不理解实践的局限性，但他的人学理想毕竟充当了马克思哲学思想的引路人。他的人本主义哲学横在黑格尔和马克思之间，是马克思借以摆脱黑格尔影响的中间环节。特别是费尔巴哈对人的坚定信念和美好理想的执着追求，深深地打动了马克思，在青年马克思的哲学思想建构过程中刻下了鲜明的印记。马克思早期的人的理想就是直接从费尔巴哈那里承袭来的。

马克思在人与自然的关系上一直认为：“主体是人，客体是自然。”①人的主体性既体现为把自身作为衡量一切事物的尺度和标准，视自己类的需求为一切活动的出发点，同时又不断使客体主体化、自然人化。所以马克思一登上哲学舞台就庄严宣布：“人是人的最高本质”，“人的根本就是人本身”②，不能在人之外确立神或自然的标准。在马克思看来，传统哲学经过神本、物本和心本的发展阶段以后，必须突破对人的抽象理解，进入以“关于现实的人及其历史发展的科学”③为特征的人本阶段，实践唯物主义和历史唯物主义就是马克思对人的认识的空前突破，是马克思以人为主要研究对象的集中体现。

---

① 《马克思恩格斯选集》第2卷，第3页。
② 《马克思恩格斯选集》第1卷，第9页。
③ 《马克思恩格斯选集》第4卷，第241页。

马克思超越旧哲学,对人的认识和理解达到了一个全新的境界。旧哲学中费尔巴哈对人的认识高于以前的一切哲学家,在近代史上以直观唯物主义形态超越纯粹唯物主义,首先推出了人。马克思在《德意志意识形态》中说:"费尔巴哈比'纯粹的'唯物主义者有很大的优点:他承认人也是'感性对象'。"①但是费尔巴哈对人的理解也有缺欠,那就是他不懂得人在实践中存在,对人的理解带有自然主义倾向。他只强调人的本质的内在方面,把人作为"类"。企图在人与动物的区别中,追求人的不变的本性实体,当费尔巴哈突破宗教神学和黑格尔主义的影响,把感情、意志和爱当作人的本质的时候,如马克思所指出的,这虽然也不乏"实证的人道主义和自然主义的批判"价值,但他对人的认识和人的本质的概括毕竟脱离了人的实践和人的现实生活,带有抽象的和约定的性质。实际上,费尔巴哈离开了人的社会关系和物质生活条件,将人的本质理想化了。马克思在对人的本质的把握过程中,也曾经过早期的理想主义阶段。青年马克思就曾一度把"需要""有意识的生命活动""自由自觉活动"看作人的类本质。马克思对人的本质的这种理解,显然高于费尔巴哈。它表明,马克思已经不满足于对人的内在本性的抽象静观,而是能从人的实践活动这一更深的层次上来反映主体的特性。但是这种表述人的本质的方式仍侧重于对人的孤立内在的考察,未能彻底跳出费尔巴哈的局限,仍带有一定程度的抽象性。但是马克思很快就发现,人的本质问题,不仅是个理想问题,它首先是个科学问题,研究它不仅需要激情和理想主义,更需要科学精神,以现实的科学态度来对待。为此,就要把人放在现实生活中,从外在方面即人际关系中来研究人的现实规定性。当马克思的视野转向现实生活时,他立即发现了"历来为繁芜丛杂的意识形态所掩盖着的一个简单事实"②,即人要生活就需要生活资料,就需要进行生产劳动,而在劳动中,人们必然要结成不以人的意志为转移的生产关系和社会关系,只有在这种关系中,人才能生活和生产。思维一进入这里,人的本质问题就清晰了。从理论意义上来说,人的本质问题是从人自身探索人的内

---

① 《马克思恩格斯选集》第1卷,第77页。

② 《马克思恩格斯选集》第3卷,第776页。

在特性的问题。这是一种形而上学的追问,一千人就有一千种回答,谁也说服不了谁,永远也不能最后说清楚,因为它没有一个现实确定的标准。但是如果从现实或哲学意义上来研究,那么对人的本质的争论就不再是个游移不定的问题了。既然人作为认识和实践的主体,一步也不能离开实践和实践所形成的社会关系,人的现实性主要是由社会关系决定和体现的,那么,对人来说,社会关系也就成为把握人的本质的突破点了。正是在这个意义上,马克思说:“人的本质不是单个人所固有的抽象物,在其现实性上,它是一切社会关系的总和。”[①]这是马克思早期人学研究得出的最重要的结论,它展示了研究人及社会历史的新视角。

二、在现实和历史中展示人的经济和历史维度

马克思一生的哲学思想可以分为三个时期,即早期的哲学思想的形成期,这个时期以《德意志意识形态》为标志,是马克思早期哲学思想发展的终结,从此马克思进入了一生创作的旺盛时期,即中期。如果从总结 1848 年革命经验时算起,直到 1873 年写作《哥达纲领批判》算作中期的话,那么在这一时期里,马克思的理论活动主要集中在三个方面:一是总结 1848 年革命和 1871 年巴黎公社革命经验,推进科学社会主义学说的发展和完成;二是为《纽约每日论坛报》撰稿,评论这一时期欧亚美大陆发生的重大政治事件;三是写作《资本论》,完成对资本主义社会的经济解剖。事实证明,马克思中期的作品尽管在内容上不是直接为了阐发哲学却充满了哲学思想,是他早期哲学思想发展的继续,只不过在表现形式上与早期有所不同,没有采用哲学专著的形式,而是通过对资本主义和许多重大事件的经济和历史的分析来阐述自己的哲学思想。

不仅如此,马克思中期的哲学思想和早期是一脉相承的,是他早期所得出的“人的本质是社会关系的总和”这一结论的继续贯彻和展开。其核心仍然是人,目的仍在于进一步揭示人的本质。只不过研究的取向改变了,从理想的类人走向现实的人,从内在本质的揭示转向外在本质的探讨,而对人的

① 《马克思恩格斯选集》第 1 卷,第 56 页。

经济解剖和贯彻其中的历史分析正是这一时期马克思把握现实人的两大杠杆。

在马克思看来,既然人的本质存在于人的社会关系中,那么,为了揭示人的本质首先就要对社会关系进行解剖。正如列宁所说,马克思的基本思想"是把社会关系分成物质关系和思想关系。思想关系只是不以人们的意志和意识为转移而形成的物质关系的上层建筑,而物质关系是人们维持生存的活动的形式(结果)"①。具体说来,马克思"所用的方法就是从社会生活的各种领域中划分出经济领域来。从一切社会关系中划分出生产关系来,并把它当做决定其余一切关系的基本的原始的关系"②。抓住经济关系,特别是生产关系,就把握住了现实人的生存和利益的基础,就可以使社会关系这个概念继续深化,从而更深刻地揭示出人的本质来。生产关系在人的本质的揭示中能够起这样大的作用,是因为:

第一,现实的人首先是经济的人,经济维度展示人类生存的基础,标志人的社会根本利益之所在。而生产关系正是经济活动的依托。一般来说,不同的生产关系或在生产关系中的不同地位就形成了不同的阶级,从而形成了不同的人。马克思说,现实的人"只是经济范畴的人格化,是一定的阶级关系和利益的承担者","不管个人在主观上怎样超脱各种关系,他在社会意义上总是这些关系的产物"③。这就告诉我们,人的本质绝不是虚无缥缈的,现实的人具有现实的本质,而决定人的现实本质并把人们区别开来的首先是生产关系。

第二,任何生产关系都不是随意建立起来的,它作为生产力的实现形式总是与一定的生产力水平相适应,通过生产关系,可以透视生产力,并把现实的人的本质的探讨与一定的生产力水平联系起来。马克思十分重视从生产力角度来揭示人的本质和素质,认为不同的生产力造就了不同的人,所以他说人"既和他们生产什么一致,又和他们怎样生产一致。因而,个人是什

---

① 《列宁选集》第1卷,人民出版社1972年版,第18页。
② 《列宁选集》第1卷,人民出版社1972年版,第6页。
③ 《马克思恩格斯选集》第2卷,第101—102页。

么样的，这取决于他们进行生产的物质条件”①。

第三，生产关系是个历史范畴，生产关系的历史发展决定了人的本质的历史演变。马克思一向认为，人具有历史性，都“是从历史中产生的”，是“一定的历史的结果”。这种历史的个人，并不是来自“人类的天性”，而是由不同时期生产力和生产关系的变革所决定的。马克思曾经抨击封建生产关系及由此形成的社会等级制度遵从“动物的世界观”，因而封建社会的人遵循动物的先天血缘原则，具有强烈的等级观念和奴性。而资本主义社会里以雇佣劳动为基础的生产关系通行等价交换原则，人不仅是平等的，而且人的地位很大程度上是由后天决定的，这就形成了资本主义时代人的平等观念和竞争性与进取性。十分明显，这两种不同的人是由两种不同的生产关系和社会制度造就的，因此，通过对生产关系的历史考察就可以把握在历史中形成的人。

《资本论》是马克思对资本主义社会的人进行经济解剖的典范。但是，经济解剖仅仅是该书的一方面功能，透过它可以看到人的存在的现实基础，看到活生生的现实的具体的人，资产阶级经济学家总是不理解人与物之间的真实关系，总是以为商品就是单纯的物，在它后面不可能隐藏着人与人之间的关系。马克思则相反，列宁指出，“凡是资产阶级经济学家看到物与物之间的关系的地方（商品交换商品），马克思都揭示了人与人之间的关系”②。

通过经济解剖，马克思提供了理解资本主义社会里的人的钥匙。把马克思对资本主义不同历史阶段的人所做的描述贯穿起来，就会得到资本主义制度下各种不同阶段的人的完整形象。在资本原始积累时期，资产阶级的残忍本性充分暴露，他们对直接生产者的剥夺是“用血和火的文字载入人类编年史的”③。在资本主义工业化初期，资本家的贪婪本性大暴露，为了榨取利润，各种卑鄙手段无所不用其极：暴力掠夺、雇佣童工、贩卖黑奴、鸦片贸易，一句话，资产阶级及其辩护士们已经“丢掉了最后一点羞耻心和良

① 《马克思恩格斯选集》第1卷，第68页。
② 《列宁选集》第2卷，人民出版社1972年版，第444页。
③ 《马克思恩格斯选集》第2卷，第261页。

心”[①]。工业革命以后，资产阶级的政治统治已经牢固地确立起来，为了长治久安，维护自己的根本利益，资产阶级对先前统治的卑鄙行径不得不有所收敛，“撇开较高尚的动机，现在的统治阶级的切身利益也要求把一切可以由法律控制的、妨害工人阶级发展的障碍除去”[②]。这就告诉我们，经济分析虽然是揭示人的本质的一把钥匙，但是这把钥匙不是万能的、无条件的、不许把它放到历史发展中，就是说，经济分析本身必须是历史主义的，要在历史的发展中考察发展变化了的人性。

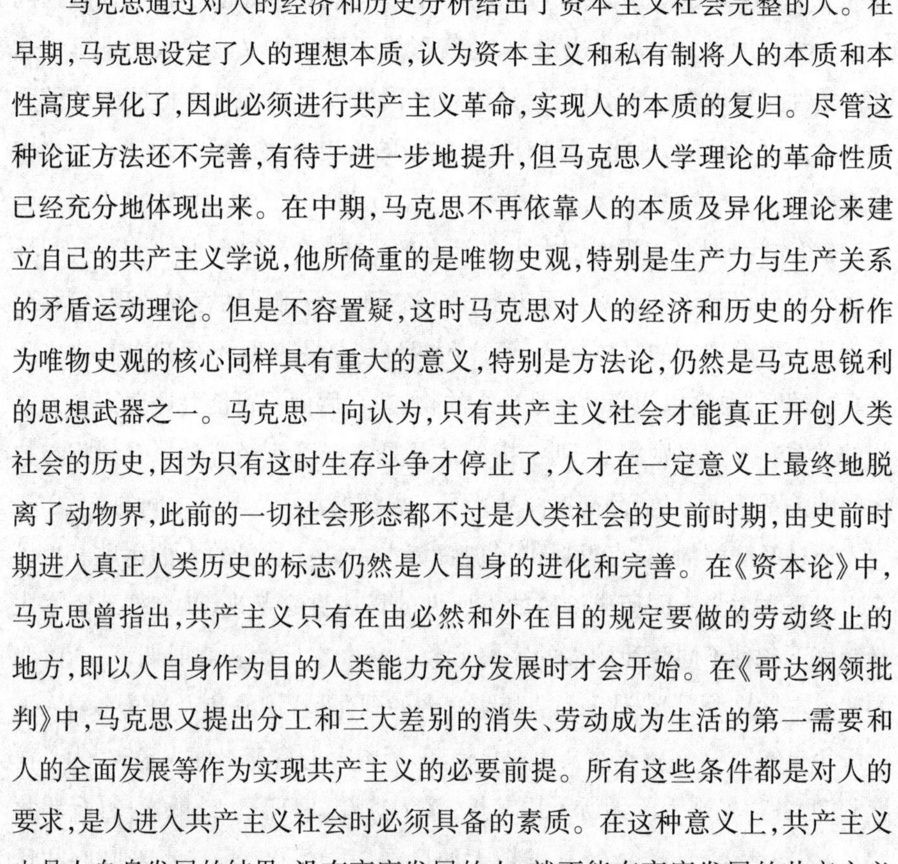

马克思通过对人的经济和历史分析给出了资本主义社会完整的人。在早期，马克思设定了人的理想本质，认为资本主义和私有制将人的本质和本性高度异化了，因此必须进行共产主义革命，实现人的本质的复归。尽管这种论证方法还不完善，有待于进一步地提升，但马克思人学理论的革命性质已经充分地体现出来。在中期，马克思不再依靠人的本质及异化理论来建立自己的共产主义学说，他所倚重的是唯物史观，特别是生产力与生产关系的矛盾运动理论。但是不容置疑，这时马克思对人的经济和历史的分析作为唯物史观的核心同样具有重大的意义，特别是方法论，仍然是马克思锐利的思想武器之一。马克思一向认为，只有共产主义社会才能真正开创人类社会的历史，因为只有这时生存斗争才停止了，人才在一定意义上最终地脱离了动物界，此前的一切社会形态都不过是人类社会的史前时期，由史前时期进入真正人类历史的标志仍然是人自身的进化和完善。在《资本论》中，马克思曾指出，共产主义只有在由必然和外在目的规定要做的劳动终止的地方，即以人自身作为目的人类能力充分发展时才会开始。在《哥达纲领批判》中，马克思又提出分工和三大差别的消失、劳动成为生活的第一需要和人的全面发展等作为实现共产主义的必要前提。所有这些条件都是对人的要求，是人进入共产主义社会时必须具备的素质。在这种意义上，共产主义也是人自身发展的结果，没有高度发展的人，就不能有高度发展的共产主义社会。共产主义标志着人的全面发展，是人的真正彻底的解放。

① 《马克思恩格斯选集》第 2 卷，人民出版社 1972 年版，第 263 页。

② 《马克思恩格斯选集》第 2 卷，第 101 页。

三、人学理论的新升华

从1875年写作《哥达纲领批判》到1883年马克思逝世，这是马克思一生中辉煌的晚年时期。马克思晚年生活并不如意，贫病交加，身体也受到了很大的损害。但他生命不息，笔耕不止，仍以巨大的热情和充沛的精力从事哲学研究。这个时期马克思哲学思想的最大特色是从《资本论》转向人类学的研究，打开了一片新的研究领域。马克思晚年的人类学笔记就有关于东方前资本主义土地所有制性质、前途，东西方社会历史演进的关系，原始社会结构、氏族，家庭和婚姻形式在原始社会中的作用等问题的摘记和评述。此外，马克思对古代法制、国家及宗教等问题也表现了浓厚的兴趣。但是，凝聚在这些内容中的最大的思想成果是马克思人学理论的新升华，而这是与当时的世界革命形势密切相关的。

19世纪70年代中期以后，世界革命形势发生巨大变化，与马克思原来的估计明显地错位。一方面，西方革命形势消退，到80年代初期马克思已认定，在他有生之年，已不能亲眼看到西方革命；另一方面，东方特别是俄国革命形势却正在形成，马克思和恩格斯都多次预断，俄国革命有可能在可以预见的时期内发生。于是，一个尖锐的问题，即俄国革命胜利后应该走什么道路的问题提到马克思面前。正是在对这个问题的思索中，马克思关于人的理论得到了进一步的提升。

按照19世纪五六十年代的看法，人的问题虽然十分重要，并且人的价值问题是马克思一贯所关注的中心，但是在历史发展中，它并不构成一个独立的尺度，相反，人的利益和价值只是第二位的，必须服从历史的发展。马克思1853年在《不列颠在印度的统治》和《不列颠在印度统治的未来结果》两篇文章中表述了这一思想。

英国对印度的侵略和征服，是近代历史上的一件大事。由于英国的侵略暴行令人发指，所以它一直遭到一切有正义感的人们的愤怒谴责。马克思作为现代真正人学理论的开山鼻祖，自然也对印度人民的苦难遭遇充满同情，对英国的侵略罪行发出了愤怒声讨的最强音。但是马克思作为唯物史观的创始人，远远超越一般的人道主义者，他还用科学的眼光和历史的态

度来观察这个问题本身及其后果。马克思认为,从历史发展的角度来看,英国的侵略不只是带来了巨大的社会灾难,与此同时,它还带来了资本主义因素,这"就破坏了这种小小的半野蛮半文明的公社,因为这摧毁了它们的经济基础;结果,就在亚洲造成了一场前所未闻的最大的、老实说也是唯一的一次社会革命"①。所以,马克思认为:"英国在印度要完成双重的使命:一个是破坏的使命,即消灭旧的亚洲式的社会;另一个是重建的使命,即在亚洲为西方式的社会奠定物质基础。"②马克思对英国侵略的这种特殊的观察视角本身就包含着一个内在的矛盾:在亚洲建立西方式的社会要以破坏旧的亚洲式的社会为前提。而这种破坏性的使命伴随着剑与火,是在残忍的野蛮征杀中实现的,那么,如何看待这个过程中人的价值的贬损呢?马克思无论从逻辑上或事实上都充分地注意了这个问题,并从当时的世界历史思想出发,给予了明确的回答。他说:"从人的感情上来说,亲眼看到这无数辛勤经营的宗法制的祥和无害的社会组织一个个土崩瓦解,被投入苦海,亲眼看到它们的每个成员既丧失自己的古老形式的文明又丧失祖传的谋生手段,是会感到难过的。"③"的确,英国在印度斯坦造成社会革命完全是受极卑鄙的利益所驱使,而且谋取这些利益的方式也很愚蠢。但是问题不在这里。问题在于,如果亚洲的社会状态没有一个根本的革命,人类能不能实现自己的命运?如果不能,那么,英国不管干了多少罪行,它造成这个革命毕竟是充当了历史的不自觉的工具。总之,无论一个古老世界崩溃的情景对我们个人的感情来说是怎样难过,但是从历史观点来看,我们有权同歌德一起高唱:'我们何必因这痛苦而伤心,既然它带给我们更多欢乐?难道不是有千千万万生灵曾经被帖木儿的统治吞没?'"④

马克思的这个答案牵涉到了一个令人困惑的历史难题:社会进步为何伴之以人的价值的沦丧?现在,马克思正面对这个难题:英国的侵略和随之而来的资本主义对亚洲社会的冲击,一方面具有社会进步的意义,但同时也

---

① 《马克思恩格斯选集》第1卷,第765页。
② 《马克思恩格斯选集》第1卷,第768页。
③ 《马克思恩格斯选集》第1卷,第765页。
④ 《马克思恩格斯选集》第1卷,第766页。

给印度和东方各国人民造成巨大的痛苦和牺牲。那么,怎样来揭示这个历史之谜呢?

马克思认为,在私有制社会中,社会进步与人的价值成反比,这是历史的基本规律。他说:“英国资产阶级将被迫在印度实行的一切,既不会使人民群众得到解放,也不会根本改善他们的社会状况,因为这两者不仅仅决定于生产力的发展,而且还决定于生产力是否归人民所有。但是,有一点他们是一定能够做到的,这就是为这两者创造物质前提。难道资产阶级做过更多的事情吗?难道它不使个人和整个民族遭受流血与污秽、蒙受苦难与屈辱就实现过什么进步吗?”马克思的结论就是:“在大不列颠本国现在的统治阶级还没有被工业无产阶级取代以前,或者在印度人自己还没有强大到能够完全摆脱英国的枷锁以前,印度人是不会收获到不列颠资产阶级在他们中间播下的新的社会因素所结的果实的。”[①]为社会进步而付出巨大的代价和牺牲,这就是私有制社会中广大人民群众所遭受的厄运。所以,在私有制社会中,衡量社会进步的尺度绝不能是人的价值,而只能是生产力的发展。只要有利于提高生产力,即使人的价值遭到贬损和沦丧,这也是必须肯定的历史进步。

但是到了19世纪70年代中期以后,整个世界革命形势变了,东方特别是俄国革命危机来临,现实向马克思重新提出俄国革命后选择什么样的社会发展方向和道路问题。如果说此前马克思曾经肯定过俄国等东方国家未来的西化或资本主义化的取向,那么现在,当“资本主义生产向一切人……表明了它的纯粹的暂时性”,当“欧洲和美洲的一些资本主义生产最发达的民族,正力求打碎它的枷锁,以合作生产来代替资本主义生产,以古代类型的所有制最高形式即共产主义所有制来代替资本主义所有制”[②]的时候,马克思就再也不能同意俄国重蹈资本主义的历史覆辙了。因为资本主义的“历史今后只是对抗、危机、冲突和灾难的历史”[③],投入资本主义的怀抱无异于使人民跳进火坑,这是对人的价值的最大的否定。从前,当世界还处在自

① 《马克思恩格斯选集》第1卷,第771—772页。
② 《马克思恩格斯全集》第1卷,人民出版社1963年版,第443—444页。
③ 《马克思恩格斯全集》第19卷,人民出版社1963年版,第443页。

由资本主义发展阶段时，在东方，以贬损人的价值为代价来发展资本主义还可以换取社会的进步，为未来的新世界奠定物质基础；现在，当资本主义已"表现出它同自己所产生的社会生产力本身是不相容的"①时候，即使人民群众付出更大的代价也丝毫不能促进生产力的发展，推动社会的进步。在这种情况下，马克思提出了俄国等东方国家跨越资本主义卡夫丁峡谷的设想。

这个设想的深刻基础就是对人的价值和命运的充分关心。在给《祖国纪事》杂志编辑部和查苏利奇的信中，马克思再三指出，俄国之所以要跨越卡夫丁峡谷，首先是考虑怎样"不经受资本主义制度的一切苦难而取得它的全部成果"，避免"遭受资本主义制度所带来的一切极端不幸的灾难"，"不通过资本主义生产的一切可怕的波折而吸收它的一切肯定的成就"②……于是避免使人民陷入资本主义的"苦难""灾难"和"波折"，就成了跨越卡夫丁峡谷设想的出发点。

在马克思看来，跨越卡夫丁峡谷的结果将是：一方面吸取资本主义的肯定成果，将它神奇地发展了的社会生产力承袭过来；另一方面也避免了资本主义的痛苦、灾难和牺牲，实现了人的价值追求。这样，人的价值和社会进步在历史上第一次统一和协调起来，它与生产力尺度一起成为衡量社会发展的历史尺度。马克思的跨越卡夫丁峡谷的设想启示我们：如果我们观察私有制社会的发展可以不考虑人的价值尺度，而专注于生产力的发展，那么在旧资本主义或前资本主义向共产主义的过渡中，则必须坚持人的价值标准，把它视为历史的尺度，因为共产主义革命本身就是为了高扬人的价值，在向共产主义转变中贬损人的价值是与共产主义的宗旨相悖的。这是马克思晚年对人的价值理想的空前的提升。

至此，对于长期以来困扰人们的一个历史难题，即社会发展何以伴以人的价值贬损的问题，马克思给出了最终的解。原来，社会进步与人的价值的背离，这只是存在于以私有制为基础的异化社会中，它是由此机制所造成的，而在共产主义社会和向共产主义的转变中，这种现象并不存在，相反，在

① 《马克思恩格斯全集》第19卷，人民出版社1963年版，第443页。
② 《马克思恩格斯全集》第19卷，人民出版社1963年版，第129页。

这里,生产力的发展和社会的进步以提高人的价值为目的,它们是完全统一和一致的。

纵观马克思一生思想发展的脉络,我们可以看出,马克思对人的本质和价值的揭示过程确实是理解马克思哲学的一个新视角。早期的人是理想的、内在的,因而也是抽象的人,这种人由于被赋予了理想的色彩,因而具有批评现实的价值,但在方法论上离开人的实践及其实践所形成的现实生活和社会关系来研究人,却具有思辨的性质。中期的人是经济的人、历史的人,对人的经济和历史的分析使人外在化了,正是这种外在的联系,使人具有多方面的规定性,因而使人成为现实生活中的具体人。无论是内在的抽象人或外在的具体人都是人的本质的局部,它们之中的任何一个都不能独立地体现人的本质。只有把这两方面有机地结合起来,才是探求人的本质和价值的正确出路。马克思晚年突出了理想主义和科学精神的完美结合,他既面对资本主义世界和东方社会中人的痛苦的现实境遇,又把对人的价值和命运的理想与跨越资本主义卡夫丁峡谷的实践联结起来,指出共产主义是人的问题的最终解决。马克思一生这三个时期对人的本质的价值的认识和解决过程,反映了他一生哲学思想发展的轨迹。但是必须指出,这个轨迹实际上就是确立和完善唯物史观的同一线索。唯物史观以生产力和生产关系的矛盾运动来揭示历史发展的机制和规律,但是无论是生产力还是生产关系都不是超人的,归根到底都体现在人的实践活动中。所以历史奥秘的真实的解不是存在于人之外,而只能是存在于人本身,人就是解开历史奥秘的钥匙。在这个意义上,恩格斯又把唯物史观称为“关于现实的人及其历史发展的科学”。所以,唯物史观的形成和发展以对人的深刻揭示为内容;同时,对人的本质和价值的揭示过程,也就体现了唯物史观演进的基本线索。研究马克思的以人为本的哲学轨迹,不过是为了从一个新的视角更深刻地展示唯物史观形成和发展的机制和过程罢了。

第三章 从物本到以人为本的历史演进

本章从历史生成的视角探讨以人为本提出的必然性，展示以人为本思想的历史路径。

哲学一向重视“本”的问题，本体论是一切哲学的构成板块。在马克思主义哲学中，“本”也具有异乎寻常的重要意义。“本”之重要源于两个方面：一是它系之于理论和认识的出发点，具有本体论的意义；二是它体现了实践的方向，意为本着、遵循，因而十分重要，具有价值论的意义。凭此两点，一切思想理论和工作实践都离不开“本”的指导。所以我们看到，我国不同时期都有自己不同的“本”，其公式便是以什么为纲、为本、为指导之类。新中国成立以来我们就先后提出过以农业为基础、以工业为指导、以粮为纲、以阶级斗争为纲等口号，其核心都是解决“本”的问题。现在中央提出以人为本的科学发展观，并且在实践中格外关注日常民生，花大力气解决“低保”“三农”和再就业问题，取得了实效，这是指导思想的新的飞跃，是又一个伟大征程的起始。为了理解以人为本蕴涵的巨大的思想跨度，有必要把它和传统的物本思想及现代的人本主义思潮联系起来，加以比较对照，以揭示其深邃的哲学意义。

一、物本的功过

哲学史上有各种各样的“本”的学说，从大的方面来说，有什么物本、心本、神本、人本、实践本、社会本等等。从细微方面来说，又有什么金木水火土本、气本、数本、原子本等等，这些本的学说都反映了不同时期对于世界本原和哲学研究重心的看法。在形形色色的关于“本”的观点中，人本和物本的关系密切，它们都来自历史不同时期持进步立场的派别。所谓物本就是指把物或者自然界视为世界的基础和本原，认为世间的一切都是由物或者自然界派生出来的，这实际上是一种物质或自然本体论，在哲学史上是屡见不鲜的，马克思以前几乎所有的唯物主义派别都持这种观点。但是，对于“本”的具体理解，不同时代的唯物主义者却又不尽相同。古代素朴的唯物主义者把世界之本归结为物质的具体形态，认为金、木、水、火、土、气等是世界的始基和最基本的构成单位。到了近代，人们的抽象思维水平进一步提高，对世界本原的理解逐渐摆脱直观的实物形态，把具有广延性、持续性、运动性而又不可直接观察到的原子视为不能再分割的最基本的粒子。恩格斯彻底摆脱了世界本原的具体物质形态，指出："物、物质无非是各种物的总和，而这个概念就是从这一总和中抽象出来的。"①到了列宁那里，世界的物质基础被进一步抽象，物质被定义为"标志客观实在的哲学范畴，这种客观实在是人通过感觉感知的，它不依赖于我们的感觉而存在，为我们的感觉所复写、摄影、反映"②。上述这些物本论虽然思想深度有所不同，但在最基本的观点上是相同的，即都承认世界本原是客观的，是超越人之外、不以人的意志为转移的。对世界本原的这种超人理解有其客观必然性，是时代和哲学自然科学状况的结果。

追问世界的本原是人之为人的本性，这正反映了人所独有的不满足于对世界的感性直观而力求探寻世界终极本质的特点。唯心主义和宗教神学也有自己的本体论，他们把意识和神当作世界的本原。这种心本论和神本论虽然也有其被夸大和扭曲了的片面根据，但是，由于他们根本不承认世界的客观存在，一切都以自我的感觉、意识和虚构的神为转移，这就使他们"抽象地发展了"人的"能动的方面"③，毫无任何现实根基和实际意义，人们只能从中体味到主观随意性。比较起来，物本论尊重客观现实，把自我融化在外在事物中，体现了存在第一、意识第二的唯物主义原则。

世界本来就具有先在性，在任何情况下"外部自然界的优先地位仍然会保持着"④，这是人的常识和唯物主义哲学的基本立足点，不承认这一点就从根本上否定了人的产生和存在的物质前提，人的一切生活和意识也就无从谈起。在这个意义上，物本论具有先天的优势，它的客观、质朴和实在性是一切其他的本体论所不能比拟的。物本论的最大优长在于它坚持了观察和

① 《马克思恩格斯选集》第4卷，第343页。
② 《列宁选集》第2卷，人民出版社1972年版，第128页。
③ 《马克思恩格斯选集》第1卷，第58页。
④ 《马克思恩格斯选集》第1卷，第77页。

实践的客观性的原则，既然世界的基础和统一性在于客观的物质及其实在性，物质运动及其规律就成为人的实践必须遵循的维度，谁要是违背了客观性的原则，不从实际出发，不按客观规律办事，就必然会碰得头破血流。这已经是千百年来无数事实一再证明了的颠扑不破的真理，毛泽东把这个原则概括为实事求是，邓小平又把实事求是提升为马克思主义的精髓，这是我们的最宝贵的思想财富和锐利的理论武器，我们必须倍加珍惜。

唯物主义是我们的思想旗帜，马克思多次表明自己的唯物主义立场，声言，自己和黑格尔不同，“是唯物主义者”①，因此，“当我们真正观察和思考的时候，我们永远也不能脱离唯物主义”②。唯物主义就要坚持物本论，它作为哲学构成的基本板块，是唯物主义的基石，在一定的意义上和唯物主义哲学是同义语，唯物主义的一切有价值的重大思想和结论都是在物本论的基础上建立起来的。承认世界的客观实在性就必须反对虚构出来的、虚无缥缈的神灵鬼怪，坚持无神论立场；承认世界的物质本质，就必须承认物质第十性和意识第二性，反对一切形形色色的唯心主义；承认世界的物质先在性就必须正确地看待社会和历史，物质自然界经过长期发展才产生了人，有了人才有人类社会和历史，一切否定社会历史的自然物质根基的说法都是错误的。所以物本论尽管不是马克思独创的思想，它还留有巨大的发展空间，但是我们不能因此而否认它的历史地位，和同时期其他一切本体论相比，它毕竟还是最有价值的，而且就是在今天它内蕴的合理内核仍具有不可忽视的现实意义。在各种唯心主义的喧扰中，坚持世界的客观实在性，这不仅是唯物主义哲学安身立命的基础，而且它还提供了一个重要的方法论原则，即一切研究必须以对象的真实存在为前提，要首先确定研究对象的存在，在客观实在性上下功夫，否则就只能走弯路或是白费力气，历史上的以太、燃素、电素等学说的命运就是深刻的教训。今天的野人、UFO（不明飞行物）、空间隧道等假说仍面临这个问题。

总之，我们不是以虚无主义态度来对待物本论，而是在与神本和心本论

---

① 《马克思恩格斯全集》第32卷，人民出版社1974年版，第526页。

② 《马克思恩格斯全集》第32卷，人民出版社1974年版，第213页。

的比较中，充分肯定其历史贡献和现实意义。明确了这个前提，我们就可以进一步探讨物本论的局限性和它发展到人本论的必然性。

二、由物本到人本

物本论有历史功绩，不容否定，但它也有巨大的局限性，我们绝不能停留在物本论的水平上。物本论的致命弱点在于它在回答世界本原的问题时，忽略了人，在人自身之外去寻求世界本原的答案。这种答案最大缺点在于由于与人的现实生活无涉，只具思辨性，不具实证性，因而难以公认和确定，是怎么说都行的。物本论虽然有唯物主义作为依托，但它对世界本原的回答也是抽象的，无论是原子论或是客观实在性都只是说明了世界的一个侧面，即它的客观性，并未回答这个世界的全貌，特别是世界从哪里产生出来的问题。自然科学能够说明包括地球在内的宇宙的生成和演化的历史，哲学本身却承担不了这个使命，只能从中概括出自然的先在性，旧唯物主义正是由此才得出人是自然界长期发展产物的结论。这个结论虽然告诉我们世界是本来就有的，但由于它先于人而存在，这个世界就只能是自然科学研究的对象，对哲学来说既无研究的手段，也没有研究的意义。这就表明，我们在思考世界时必须首先确立一个前提，即我们所说的世界，是指现实而不是抽象的世界，是人在其中生活的感性世界，抛开这种现实世界而去追求先于人或者在人之外的世界，除了能够满足唯物的逻辑思辨需求以外，解决不了任何实际问题，现代西方哲学界甚至说这是一个伪问题。马克思也这样认为，他说："被抽象地理解的，自为的，被确定为与人分隔开来的自然界，对人来说也是无。"[①]马克思曾批评费尔巴哈不理解这一点，指出，他所追求的自然界，即"先于人类历史而存在的那个自然界，不是费尔巴哈生活其中的自然界；这是除去在澳洲新出现的一些珊瑚岛以外今天在任何地方都不再存在的、因而对于费尔巴哈来说也是不存在的自然界"[②]。所以，必须将世界现实化、生活化，抛弃对无人世界或先于人的世界的虚妄追求，把我们的视

① 《马克思恩格斯全集》第3卷，第335页。
② 《马克思恩格斯选集》第1卷，第77页。

野移到人的生活世界中来，这一点应该是讨论物或人到底谁应成为世界之本的出发点。

自然科学比如物理学所面对的宏观或微观世界都是无人的，但哲学所面对的世界只能是人生在其中的世界，世界有了人才有现实性，人使世界增辉，扬弃了世界的自在性和抽象性而具有现实性和人性。这种世界是对先于人而存在的自在世界的重塑、改造和人化，人按照自己的意志、需求和审美情趣重新安排了自然和世界，所以，按照马克思的说法，这是人化的自然和人化的世界，已经不是原来自在的自然和世界了。费尔巴哈就不了解这一点，马克思曾批评他说："他没有看到，他周围的感性世界决不是某种开天辟地以来就直接存在的、始终如一的东西，而是工业和社会状况的产物，是历史的产物，是世世代代活动的结果"①，是人使世界发生变化，改变面貌，成了现在这个样子。在这个意义上，人及其实践是现实世界的驱动力量和真正本原，"作为自然界的自然界……是无意义的，或者只具有应被扬弃的外在性的意义"②，只有"在人类历史中即在人类社会的形成过程中生成的自然界，是人的现实的自然界；因此，通过工业——尽管以异化的形式——形成的自然界，是真正的、人本学的自然界"③。这样，继物本论之后，人作为世界之本被突出来，人既是物或自然界进化的最高成果，而与此同时，"历史本身是自然史的即自然界生成为人这一过程的一个现实部分"④，即马克思的另一个说法："整个所谓世界历史不外是人通过人的劳动而诞生的过程，是自然界对人来说的生成过程。"⑤这两个过程是统一和互补的，既是自然界生成了人，也是人创生了现实的自然界和世界，就是在物和人的相互关系中，人本论既作为物本论的合理继承，又作为一场深刻的哲学革命而诞生。

人化自然的过程是个对象化的过程，人在对象化过程中不断地把自己的本质外化于对象，使对象具有自己的本性，并按自己的面貌生成，如马克

① 《马克思恩格斯选集》第1卷，第76页。
② 《马克思恩格斯全集》第3卷，第336页。
③ 《马克思恩格斯全集》第3卷，第307页。
④ 《马克思恩格斯全集》第3卷，第308页。
⑤ 《马克思恩格斯全集》第3卷，第310页。

思所说："随着对象性的现实在社会中对人来说到处成为人的本质力量的现实，成为人的现实，因而成为人自己的本质力量的现实，一切对象对他来说也就成为他自身的对象化，成为确证和实现他的个性的对象，成为他的对象，这就是说，对象成为他自身。"[①]这样，人本论不仅意味着人为现实世界之本，而且表明人的本质对象化于世界，世界也体现着人的本质，世界的一切都是人自身。所以马克思说，世界的一切对象"是他需要的对象；是表现和确证他的本质力量所不可缺少的、重要的对象。……这就等于说，人有现实的、感性对象作为自己本质的即自己生命表现的对象；或者说，人只有凭借现实的、感性的对象才能表现自己的生命"。反过来说，一切对象化的事物也都体现了人的生命和本质，人的本质在对象中永存。自然界是人化的，马克思说只有在社会中"自然界的人的本质"和"自然界的实现了的人道主义"才能够体现出来。而社会是人的集合，"社会也是由人生产的"[②]，"社会本身即处于社会关系中的人本身"，所以马克思又说，"人始终是这一切实体性东西的本质"[③]，"人就是人的世界，就是国家，社会"[④]。至于精神世界不必赘言，精神和意识本身就是人的高度进化的产物，是人的思维的结晶，它的产生和存在皆以人为载体，自然是以人为本的。这样，马克思就对世界的三维即自然、社会和精神领域进行了一次总体整合，把它们现实的终极之本统统地归结为人，人就是世界，人就是一切。而人的本质又归结为什么呢？马克思在《黑格尔法哲学批判》导言中说了一句名言："人是人的最高本质"，"人的根本就是人本身"[⑤]。过去这句话常不被人理解，要么被认为是费尔巴哈的思想表述的遗迹，要么被认为是同义语的反复，其实这些说法都没有理解马克思这句话的深刻寓意。在马克思看来，人的本质有一般和高低之分，自然、社会、意识、审美都是人所独有并与动物相区别的本质，但它们都不能离开人这个整体而自立，它们的存在依赖于一个更高的本质，即把它们统一起

① 《马克思恩格斯全集》第3卷，第304页。
② 《马克思恩格斯全集》第3卷，第301页。
③ 《马克思恩格斯全集》第3卷，第52页。
④ 《马克思恩格斯选集》第1卷，第1页。
⑤ 《马克思恩格斯选集》第1卷，第9页。

来的类本质。马克思说,"自由的有意识的活动恰恰就是人的类特性",而"生产生活就是类生活"①,人在生产和实践活动中不仅为人的各方面本质提供了根据和依托而且还把它们整合起来,使"人以一种全面的方式,就是说,作为一个总体的人,占有自己的全面的本质"②,这样,马克思就以人的实践为主轴,排除了对人本质的一切对象性和外在性的理解,人的根本和本质只能是以实践为其存在方式的人自身。所以,人本论的含义是双重的,一方面它意味着人是生活世界之本,同时,它又表明世界已被人化,世界的本质存在于人的本质中,人的本质也就是世界的本质,如马克思所说:"只有在社会中……自然界对他来说才成为人。因此,社会是人同自然界的完成了的本质的统一,是自然界的真正复活,是人的实现了的自然主义和自然界的实现了的人道主义。"③马克思的这些话语告诉我们,既然人是世界的基础和本质,世界是为人而产生和存在的,那么我就要坚持主体性,用人的观点、视野、需求去看待世界。物本论与人本论的最大区别就在于,前者"对对象、现实、感性,只是从客体的或者直观的形式去理解"④,像费尔巴哈那样,"一方面仅仅局限于对这一世界的单纯的直观,另一方面仅仅局限于单纯的感觉"⑤。而后者对世界是"从主体方面去理解"⑥,带着自己的本质即人的意志、情感和价值评断去认识和改造世界。这个区别和转换标志着人向人自身的回归。

三、由人本到以人为本

人本论其实就是人本主义思潮的哲学回响,它在历史上源远流长,无论是在本体论的意义上,或者是在人的本质对象化于世界的意义上,古今中外都不乏见。中国早在战国时代就有以人为本的古训,虽然它具有工具性的含义,不是被当作目的追求而是被当作实现王霸的手段,但它毕竟表达了对

① 《马克思恩格斯全集》第3卷,第273页。
② 《马克思恩格斯全集》第3卷,第303页。
③ 《马克思恩格斯全集》第3卷,第301页。
④ 《马克思恩格斯选集》第1卷,第54页。
⑤ 《马克思恩格斯选集》第1卷,第75页。
⑥ 《马克思恩格斯选集》第1卷,第54页。

人的重视和善待，中国后来系统的民本思想就是由此发展而来的。在西方，自文艺复兴以后，神的专权逐渐被人权所取代，在哲学思想上也相应实现了由神到人、由天国到尘世、由彼岸到此岸、由教会到世俗的历史转变。特别是从18世纪法国唯物主义起，人的地位被空前地提升，如马克思所说："关于人性本善和人们智力平等，关于经验、习惯、教育的万能，关于外部环境对人的影响，关于工业的重大意义，关于享乐的合理性等等的唯物主义学说……诸如此类的说法，甚至在最老的法国唯物主义者的著作中也可以几乎一字不差地找到。"[①]费尔巴哈是人本学的思想大家，他以人和自然作为哲学研究的最高对象，他把自己的哲学就称为人本学，他的唯物主义也被称为人本学唯物主义。19世纪中期以后，西方伴随着市场经济和民主政治的发展，其人学思想发展势头也特别迅猛，"二战"以后与科学主义并行，掀起一股势头强大的人本主义思潮。以霍克海默和萨特为代表的法兰克福学派与存在主义学派等，针对当代资本主义社会中人的全面异化的事实，重视人的本真存在，把重新认识人的生存和活动的价值及意义作为全部哲学的出发点。他们反对把人工具化，强调人作为完整的人只能是目的而不能是手段，任何对人的存在的忽视和遗忘，都会使哲学走上歧路。现代西方哲学或者西方马克思主义的人本主义思潮具有鲜明的时代性，他们不是一般地重复历史上的人性和人道主义，而是针对当代资本主义社会中科技理性过分张扬而带来的人的高度异化现象，主张重视人的现实存在，具有鲜明的价值论的色彩。所有这一切无疑都为中国特色的社会主义向人回归提供了极有价值的思想资源。

中国的社会主义事业经历了曲折的发展历程，工业、农业、粮食、阶级斗争都曾被视为本或纲，唯独人在长时期内被忽视，一直没有被提到应有的地位。苏联经历了骇人听闻的肃反扩大化，中国发生了灾难深重的"文化大革命"，其间都对人进行了悲剧性的摧残和迫害，不仅损害了社会主义的声誉，而且也触发了人们对社会主义与人的关系的深入思考。中国在"文化大革命"结束不久后就进行了异化和人道主义的大讨论，初步反思了社会主义社

① 《马克思恩格斯全集》第2卷，人民出版社1957年版，第166—167页。

会人的价值问题。党的十一届三中全会是个起点,由此发起的对马克思主义和社会主义扭曲理解的拨乱反正和正本清源,开阔了视野,澄清了思想,人在社会主义社会中的主体地位和崇高价值得到了确认。特别是邓小平对贫穷社会主义的批判和他对社会主义本质的概括,使得人本应具有的生存状态即共同富裕的问题突出来。邓小平说:“贫穷不是社会主义,社会主义要消灭贫穷。不发展生产力,不提高人民的生活水平,不能说是符合社会主义要求的。”①他的社会主义本质论在历史上第一次把人民的共同富裕当作社会主义的最终追求目标。从此开始,社会主义社会人的问题被提到了核心地位,新一代中央领导集体都沿着这个思路把对人的生存和价值问题的理解不断地加以拓展和深化。江泽民同志的“三个代表”重要思想把人民的根本利益与先进的生产力和先进的文化联系起来,站在时代的高度,把如何代表人民的根本利益问题进一步深化和现实化。以胡锦涛为总书记的新一代领导集体更进一步地发展了“三个代表”重要思想,把民生问题摆在工作的突出地位,时刻关注人民的安危冷暖,其中蕴涵的基本精神,十分具体,十分实际,也十分深刻,那就是以人为本。

以人为本关注的是民生问题,呼唤实际政策的具体落实,在这个层面上不应把以人为本思辨化,作为纯粹理论问题来探讨。但是以人为本又离不开精神层面的观照,只有从思想上认清以人为本的意义和内涵,才会有实际行动上的以人为本。在这个意义上以人为本是对中国传统民本思想和西方人本主义思潮的整合,它既继承人本论的精华和合理内核,又从中国国情出发,以马克思主义和时代精神为依据,是对它们的新的超越。以人为本虽然沿用中国传统的概念,但它已经完全扬弃了其工具性的含义,不是把人当作实现外在性目的的手段,而是以实现人的价值和尊严为目的,这是它与传统的民本或以人为本思想的根本区别。以人为本也不完全等同于一般的人本主义思潮,它包括人本主义的理想和追求但又不囿于人本主义的空洞泛议,其最大的特点是从当下中国的具体国情出发,格外关注迫切的民生问题,具有鲜明的实践意义。中国自改革开放以来,虽然人民的生活水平有了很大

---

① 《邓小平文选》第3卷,人民出版社1993年版,第116页。

的提高，但由于历史和现实的诸多原因，还存在大量“低保”“三农”和下岗再就业的问题。这些问题随着我国社会的进步和经济的发展而变得越来越醒目和突出，以人为本首先就是针对这些问题而提出来的，这里，既充分显示了共产党立党为公、执政为民的本色，同时也从中体现出以实现人民共同富裕为目的的社会主义的本质使命。

当然，以人为本的发展观绝不局限于现实的功利目的，它还包含着崇高的思想境界和寄寓了人全面发展理想的高远情怀。人的全面发展是共产主义的伟大理想，也是消灭分工实现人的自由个性的基本条件。过去总把它推向遥远未来，认为是与现实无涉的事情。当代世界科技的发展和经济的竞争，把人的问题突出出来，说到底，科技和经济的竞争其实质就是人才的竞争。但是一切竞争所需要的人都不是片面、狭隘的庸人，而是具有健康的体魄、渊博的学识、专业的技能、高尚的道德和广泛的交往的总体性的人，即全面发展的人。这种人不仅为社会所需求，也是个人自身应该修炼的目标和应该达到的境界，社会只有成为这种人的联合体，人类才能走出“史前”时期，进入真正的人类社会。这个目标看似遥远，但在当代却实实在在地被提出来了。2001 年江泽民同志在建党 80 周年纪念会上就明确提出人的全面发展问题，要求重视这个问题的现实和长远的意义。对于我们国家来说，没有一大批和一代、几代全面发展的新人，我们就不能立足于世界民族之林，也不可能完成建设中国特色社会主义的伟大历史使命。就这一意义来说，人的全面发展是现实需求和长远使命的辩证统一。

总之，全面理解以人为本就不仅要在“本”上加以释义，而且要对人进行分析。要指明，我们要以什么样的人为本，要培养什么样的人，为什么样的人服务。在马克思主义以前，哲学家们包括费尔巴哈这样杰出的唯物主义哲学家对人的理解都是抽象的，马克思在历史上第一次提出了以实践为基础的现实的人，并确认这种人为现实世界之本。马克思的巨大历史功绩在于他完成了从物本到人本的历史性的转换，同时又对现实人的本质、本性、交往、发展前景做了全面的解说。从那时到现在的一个半多世纪里，中间经过革命时期的腥风血雨和人与人之间的阶级搏战，世界终于进入了以和平发展为主题的新时代，与这个时代相适应，人与人之间的关系也发生了巨大

的变化。在我国,从毛泽东的为人民服务,到邓小平的培养“四有”新人,从江泽民的“三个代表”重要思想到新一代中央领导集体的以人为本,一直贯穿着一条鲜明的人学主线。人不仅处于本的地位,人本身及其相互关系也由过去的对立、斗争转化为平等、合作和协调。整体推动人的全面素质的提高将是实现以人为本的康庄大道。

第四章　马克思以人为本思想的实践意蕴

以人为本作为一个口号和信条，在表述上，是纯粹的中国用语。但在思想上却和马克思哲学一脉相通，在马克思哲学中也存在一个以人为本的主题和发展脉络。本书第二章专门从历史走向上探讨了马克思以人为本的哲学发展轨迹，这里我们则转换视角在静点上进一步研究马克思哲学中以人为本的基本内涵。

一、统治阶层的开明意识

以人为本是马克思哲学的真谛，但它作为一种观念和意识首先是在统治阶层中酝酿产生的，是统治者维护自己长治久安的统治的理念和举措，马克思主义哲学首先认可了以人为本的这种实际寓意。

近代以前，在宗教神学氛围的笼罩下，人的自我意识还很薄弱，只有有闲阶层中的少数哲人和思想家才可能在观念中反思人自身。由于生产力水平低下，生存竞争激烈，加之存在着形形色色的等级制度和人身依附关系，因此就决定了在人的观念中残存着许多动物性的意识。霍布斯就认为，他那个时代，"人对人就像狼"一样，总是处于"一切人对一切人的战争"状态。而马克思对封建制度动物本性的概括则最为精彩。在马克思看来，封建制度具有明显的兽性特征："由于出生，某些个人同国家要职结合在一起，这就跟动物生来就有它的地位、性情、生活方式等等一样，国家在自己的要职中获得了一种动物性的现实。"①而"主权、君主的尊严会与生俱来。君主的肉体决定了他的尊严。这样一来，在国家最高层作决断的就不是理性，而是单纯的肉体。出生像决定牲畜的特质一样决定君主的特质"②。因此，"贵族的秘密是动物学"③，至于"庸人所希求的生存和繁殖……也就是动物所希求

① 《马克思恩格斯全集》第1卷，人民出版社1956年版，第376页。

② 《马克思恩格斯全集》第3卷，第44页。

③ 《马克思恩格斯全集》第3卷，第132页。

的……庸人的世界就是政治动物的世界”[①]。所以马克思说,“专制制度必然具有兽性,并且和人性是不相容的”[②],“这种制度的原则就是使世界不成其为人的世界”[③],“哪里君主制的原则是天经地义的,哪里就根本没有人了”[④]。

马克思对封建制度轻蔑人的精彩描述反映了人的实际境遇。但这只是事情的一个方面,与这种蔑视人的动物性意识相平行,历史上还一直涌动着一股重视人的生存和价值的溪流。不论等级制度多么森严,人与人之间的主奴差别和人身依附关系多么令人窒息,都改变不了一个基本事实:人都是人,人作为一个类,彼此是相同的。因此,人与人之间不仅存在着冷漠、轻蔑和敌视,也存在着怜悯、同情、尊重和爱。没有这种情感,人之间只是贬损、伤害和争斗,那么,人必然会在无休止的斗争中同归于尽,人和人的历史就不可能存在了。以人为本就是发自统治者、管理者和决策层对人的倚重和青睐。

以人为本在中国本是个工具性的口号,是春秋时期齐国政治家管仲提出的治国原则。他说:“夫霸王之所始也,以人为本。本理则国固,本乱则国危。”在管子看来,成就王霸之业,必须从人做起,把人的问题理顺了,国家也就强固了。这段说明确地宣示,称王称霸是根本目的,以人为本不过是达到这一目的手段。对以人为本的这种工具性的理解,后来演化为系统的民本思想,即当官一定要为民做主,造福一方,官作为民之父母,就要爱民如子,因为民贵君轻,民既可载舟,亦可覆舟,如此等等。于是,重视民众的生计问题,并以此为手段最终达到夺取政权或稳固自己统治的目的,这就成了以人为本口号的最初也是最低层次的含义。

源于中国的这种对以人为本的工具性的理解,在马克思那里也是绝对行不通的。如马克思在《关于费尔巴哈的提纲》中所指出的,这种把人当作

---

① 《马克思恩格斯全集》第1卷,人民出版社1956年版,第409—410页。
② 《马克思恩格斯全集》第1卷,人民出版社1956年版,第414页。
③ 《马克思恩格斯全集》第1卷,人民出版社1956年版,第410页。
④ 《马克思恩格斯全集》第1卷,人民出版社1956年版,第411页。

工具的理解,“必然会把社会分成两部分,其中一部分凌驾于社会之上”[①],即它把人分成两部分,一部分是官,即作为目的的提出者和实现者的主人、超人、人上之人,他们在实践中体悟出人之重要,感到一切必须以人为本才能达到自己的目的;另一部分是民,即被主人驱使作为实现其目的的工具的仆人、下人、一般人,他们在以人为本的口号中失去了自己作为目的性存在的意义,其全部价值就是为官或为主人而存在。马克思在与此相关的教育问题上也批评了旧唯物主义者把人分成只受教育和只教育别人的两部分人的做法,指出:教育者本人也一定是受教育的。

以人为本的工具性含义虽然是始初的,低层次的,仅仅反映了上层的开明意愿,但是它在人类思想史上却是个巨大的进步,对人类生存和发展的积极意义是不可估量的。恩格斯说过:“人来源于动物界这一事实已经决定人永远不能完全摆脱兽性,所以问题永远只能在于摆脱得多些或少些,在于兽性或人性的程度上的差异。”[②]人类历史就是从兽性到人性、从野蛮到文明的发展史。兽性与人性、野蛮与文明的界限就是人与人之间的社会交往关系的层次和水平,即人如何对待他人和自己,能不能像对待自己那样对待他人,这也就是后来演绎出来的所谓的人道主义和人的价值问题。在这一问题上起主导作用的显然是各个时代的统治者,如马克思所说“统治阶级的思想在每一时代都是占统治地位的思想”[③],而统治者的财富和权力使他们在如何对待被统治者的问题上起着决定和关键性的作用。以人为本能够从近代以前的动物性的等级制度和人身依附关系中脱颖而出,体现了人类历史演进中人性和理智的一面。正是由于历史不是持续不断的暴政史,还有明君、德政、善举等让步政策和体仁恤德的另一面,人才没有被自身的动物性所吞没,才得以在饥饿、战乱、暴政的缝隙中生存、繁衍和发展。所以,以人为本对人类历史是不可或缺的,没有以人为本,人类历史也就不堪想象。诚然,以人为本也是统治者自身的利益所要求的,就像今天人类要求善待自然,确立生态伦理观念一样。但是统治者也并非全体都信奉以人为本,而只

① 《马克思恩格斯选集》第1卷,第59页。
② 《马克思恩格斯全集》第20卷,人民出版社1971年版,第110页。
③ 《马克思恩格斯选集》第1卷,第98页。

是其中少数智者和贤能之士才能想到做到。单就这一事实本身就足以说明,以人为本是历史长夜中不断闪烁的人性和理智的火花,是有望在历史发展中不断升华的人类文明的希望之光。

二、人与人之间的平等性理念

工具性的开明意识是以人为本的始初阶段,它是与人与人之间的高低贵贱的依赖性区分相适应的,这只能兴起于封建等级制度中。从近代的商品经济开始,以等价交换原则为基础,以人为本就发展到它的第二个形态,即所有人之间的相互平等关系,这个思想首先在马克思的早期文本中有经典的表达。1844 年,马克思在《黑格尔法哲学批判》导言中提出一个著名的命题:"人是人的最高本质","人的根本就是人本身"①。这两句话与中国的以人为本的古训字面相近,但意思不同,是对以人为本的进一步深化和补充。

以人为本不是一个完整的用语,明显地隐去了"以"前面的主语,没有说明是谁以人为本。在中国以人为本实际是说官员们要以人为本。因此,这里表述的不是普适性的人与人之间的关系,而是特指的少数人即统治者、管理者与大多数被统治、被管理的民众之间的关系。马克思的"人是人的最高本质"和"人的根本就是人本身"则突破了以人为本的单纯囿于从主从关系来看人的狭隘眼界,把人摆到了彼此相同、相互平等的历史平台上。

怎样理解"最高本质"和"人的根本"?按照马克思的原意,人的最高本质等同于人的根本,或者说人的根本就在于人的最高本质。最高本质相对于人的局部本质,人的局部本质包括人的自然本质、意识本质、社会本质和审美本质,人凭借这些本质或本性而与动物区别开来。但是这些本质中每一个单个本质都是片面的,它们的存在和自立都依赖于一个更高的本质,即类本质。如马克思所说:"有意识的生命活动把人同动物的生命活动直接区别开来。正是由于这一点,人才是类存在物。"②因此,人的类本质即"通过实

---

① 《马克思恩格斯选集》第 1 卷,第 9 页。
② 《马克思恩格斯全集》第 3 卷,第 273 页。

践创造对象世界,改造无机界”[1]的自由自觉活动不仅为人的自然、社会、意识和审美本质提供了根据和依托,而且还把它们整合起来,使“人以一种全面的方式,就是说,作为一个总体的人,占有自己的全面的本质”[2]。

那么,人的最高本质即类本质为什么只能到人本身而不到人之外去寻找?对这个问题历来没有一个圆满的回答。其实,人的最高本质是个自然天成、自满自足的概念,它排除了一切外在性或对象性的理解,只能到人自身中寻找答案,这就叫作人的根本就是人本身。人自身之外还有什么?首先想到的是神,但是神是虚幻的,它不但不能寄寓人的本质,相反,神倒是人的本质的异化;其次想到了自然,马克思说,“被抽象地理解的,自为的,被确定为与人分隔开来的自然界,对人来说也是无”[3],“或者只具有应被扬弃的外在性的意义”[4],它不但不能从自身获得意义和理解,相反,只有从自然的外在方面即从人那里才能提供对自然界的真正理解和说明。现实的自然界不是脱离人的,而是人化的,人与自然界的关系也就是人自身的关系。所以,人的类本质既不是神赋予的,也不是自然界生成的,而是内在于人的自身实践活动中,人通过实践和生产这种“能动的类生活”,才创造出自己的类本质。所以,人的根本或人的最高本质不能是别的什么,只能是人或人自身。

当然,说到这里还要进一步追问:人自身又是什么?费尔巴哈说人自身就是人的自然本质,特别是理智、意志力和爱。马克思则相反,认为人之为人在于人是实践的动物,自然都是人化的,所以人自身只能指实践。这就把马克思与费尔巴哈区别开来,站到了马克思的实践唯物主义的立场。

这样,马克思的“人是人的最高本质”或“人的根本就是人本身”的命题就是与上述工具性理解完全不同的全新的论断:人不是超越于自身之上的外在主宰的工具或手段,人至高无上,顶天立地,人自身就是终极目的和最高的价值存在;人至大无边,人是世界的全部和一切,如马克思所说:“人就

① 《马克思恩格斯全集》第3卷,第273页。

② 《马克思恩格斯全集》第3卷,第303页。

③ 《马克思恩格斯全集》第3卷,第335页。

④ 《马克思恩格斯全集》第3卷,第336页。

是人的世界,就是国家,社会"[1],"社会本身,即处于社会关系中的人本身"[2]。在这个意义上,人不应被超人的主宰当作"本",被"以"为是"本",人作为一个类,与生俱来,本来就是"本"。"人为本"与"人是本"表面上一字之差,但已进入两种不同的境界:"人为本"反映的是超人主宰与人的工具性的外在关系,"人是本"表明的是至高无上、至大无边的人的内在关系。在这里,人不是被视为本,而是人本来就是本。所以,人在根本上彼此相同,人与人之间只能相互平等,这就扬弃了以人为本蕴含的主从关系而进入到人皆为本的平等境界。

马克思强调以人为本的平等意蕴是与当时德国历史的大背景密切相关的,其矛头直指宗教和等级制度,目的在于揭露封建等级关系的动物性的机制和实质,恢复"人作为人"的尊严和价值。而这只能以人与人之间的平等关系为基础,把自然、世界、社会、国家都交给人,把人的类本质归还给人,使人能够平等地享受社会和自然的一切恩惠。社会不平等是一切压迫制度,特别是封建专制的最鲜明的特征,反封建首先就要反对封建等级制度和人身依附关系,把人从等级的重压下解放出来。而平等就必然带来自由和人与人之间的关爱,所以资产阶级革命喊出自由、平等、博爱的口号不是偶然的,它抓住了封建制度的要害,是对封建主义的致命一击和根本性的颠覆。

而当时的德国社会政治生活尤其需要平等的发酵。德国在当时的欧洲是尚未完成资产阶级革命的国家,与法国相比,它不仅经济落后,而且宗教与封建等级制度纠合在一起,广大民众地位卑微,人身依附关系严重,社会平等问题特别突出。在德国无论是批判宗教或是反封建斗争都需要有一个体现平等要求的口号和纲领来指引,如马克思所说,最后都必然要"归结为人是人的最高本质这样一个学说,从而也归结为这样的绝对命令:必须推翻那些使人成为被侮辱、被奴役、被遗弃和被蔑视的东西的一切关系"[3],实现以人与人之间的相互平等为目标的社会解放。

按照马克思的理解,当时德国的解放有两种。一种是人类解放,这是指

① 《马克思恩格斯选集》第1卷,第1页。

② 《马克思恩格斯全集》第46卷(下),人民出版社1980年版,第226页。

③ 《马克思恩格斯选集》第1卷,第9—10页。

彻底消灭异化和私有制,使人作为一个“类”真正获得完全平等的解放,它相当于共产主义革命和理想社会的实现。“在现实中将经历一个极其艰难而漫长的过程。”[①]另一种是政治解放,即马克思所说的“同人民相异化的国家制度即统治者的权力所依据的旧社会的解体”[②],而这个“旧社会的性质是怎样的呢?可以用一个词来表述。封建主义”[③]。但是,不论哪一种,“任何解放都是使人的世界和人的关系回归于人自身”[④]。所以,政治解放“尽管它不是一般人的解放的最后形式”[⑤],但它仍然是社会的巨大进步。这尤其表现在它推翻了专制权力,摧毁了人身依附关系和等级制度,使市民社会从政治国家中分离出来,使人变成彼此权利平等的个人。因此,政治解放相当于资产阶级革命,法国大革命就是政治解放的典范,它所开创的人与人之间的平等关系掀开了历史的新的一页。德国的现实还远谈不到人类解放问题,马克思说:“德国唯一实际可能的解放是以宣布人是人的最高本质这个理论为立足点的解放”[⑥],也就是争取社会平等、政治解放。法国是德国的榜样,所以,马克思认为,“一切内在条件一旦成熟,德国的复活日就会由高卢雄鸡的高鸣(意即法国革命——作者)来宣布”[⑦]。

政治解放不是虚妄的,它所铸就的社会平等也需要一系列“物质要素”和“精神要素”来保证。马克思说:“封建社会已经瓦解,只剩下了自己的基础——人,但这是作为它的真正基础的人,即利己的人……这种人,市民社会的成员,是政治国家的基础、前提。他就是国家通过人权予以承认的人。”[⑧]法国1793年的《人权和公民权宣言》把平等、自由、安全、财产规定为每个人的“自然的和不可剥夺的权利”。按照马克思的说法,国家承认利己的人和他的人权与自由,“更确切地说,是承认构成他的生活内容的那些精

① 《马克思恩格斯全集》第3卷,第347页。
② 《马克思恩格斯全集》第3卷,第186页。
③ 《马克思恩格斯全集》第3卷,第186页。
④ 《马克思恩格斯全集》第3卷,第189页。
⑤ 《马克思恩格斯全集》第3卷,第174页。
⑥ 《马克思恩格斯选集》第1卷,第16页。
⑦ 《马克思恩格斯选集》第1卷,第16页。
⑧ 《马克思恩格斯全集》第3卷,第187—188页。

神要素和物质要素的不可阻挡的运动”①。平等、自由、安全、财产就是构成人的生活内容的不可或缺的精神要素和物质要素，政治解放对人权和这些要素的肯定使资产阶级革命开创的人与人之间的平等关系具有实实在在的内容，并构成以人为本的坚实基础。

三、崇高的服务意识

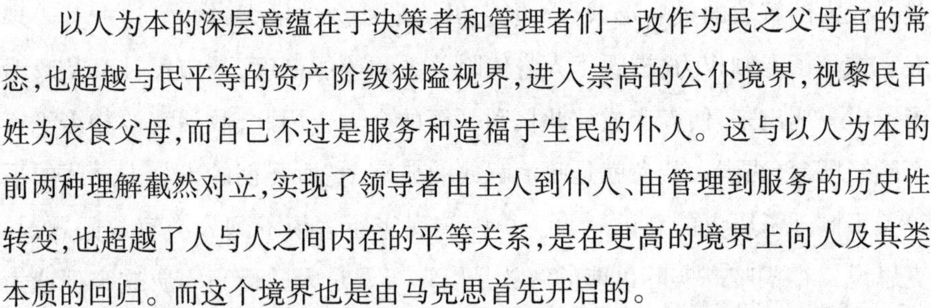

以人为本的深层意蕴在于决策者和管理者们一改作为民之父母官的常态，也超越与民平等的资产阶级狭隘视界，进入崇高的公仆境界，视黎民百姓为衣食父母，而自己不过是服务和造福于生民的仆人。这与以人为本的前两种理解截然对立，实现了领导者由主人到仆人、由管理到服务的历史性转变，也超越了人与人之间内在的平等关系，是在更高的境界上向人及其类本质的回归。而这个境界也是由马克思首先开启的。

马克思学说的终极使命是解放全人类，实现人的自由和全面发展。这项事业是崇高的，需要无数仁人志士无私的奉献。马克思是自觉地为共产主义事业献身的典范，他困苦的、颠沛流离的一生就是他为全人类彻底解放的崇高事业而不懈努力的真实写照。早在《共产党宣言》中马克思、恩格斯就提出一个观点，认为，共产党作为工人阶级的先锋队，“他们没有任何同整个无产阶级的利益不同的利益。……在无产阶级和资产阶级的斗争所经历的各个发展阶段上，共产党人始终代表整个运动的利益”②。这是马克思、恩格斯对共产党作为领导者与它所领导的工人阶级之间的代表和服务关系的纲领性的说明。在马克思一生唯一经历的、仅存 72 天的巴黎公社伟大实践中，他看到了新社会的曙光，紧紧抓住这个珍贵的典型，从中总结出未来理想社会中管理者与被管理者之间的新型关系的原理。马克思认为，千百年来的阶级统治完全颠倒了政府与民众的真实关系，国家一直凌驾于社会之上，而把民众置于被支配和被统治的服从地位。马克思说：“无产者在全社会面前负有消灭一切阶级和阶级统治的新的社会使命，只有在这一使命激

① 《马克思恩格斯全集》第 3 卷，第 188 页。

② 《马克思恩格斯选集》第 1 卷，第 285 页。

励下的无产者才能够把国家这个阶级统治的工具,也就是把集权化的、组织起来的、窃据社会主人地位而不是为社会做公仆的政府权力打碎。”①这里,马克思第一次提出了新社会的组织和建构的原则,即政府及其工作人员不是凌驾于社会之上的主人,而只能是社会的公仆,是为广大民众服务的。最能体现这一根本转变的是,巴黎公社“彻底清除了国家等级制,以随时可以罢免的勤务员来代替骑在人民头上作威作福的老爷们,以真正的责任制来代替虚伪的责任制,因为这些勤务员总是在公众监督之下进行工作的。他们所得的报酬只相当于一个熟练工人的收入”②。这样,一种新型的关系产生了:政府及其各级领导者、管理者被剥夺了一切特权,他们完全以勤务员的身份出现,是地地道道的人民公仆,而广大民众却真正成了社会的主人,被赋予随时监督和罢免各级官员的莫大权力。

马克思科学总结的巴黎公社经验对后人具有极大的启示,列宁作为世界上第一个社会主义国家的开创者深感巴黎公社经验的巨大意义。他说:“在这方面特别值得注意的是马克思着重指出的公社所采取的措施:取消支付给官吏的一切办公费和一切金钱特权,把国家所有公职人员的薪金减到‘工人工资’的水平。……所有这些简单的和‘不言而喻’的民主措施完全可以把工人和大多数农民的利益结合起来,同时也就会成为从资本主义过渡到社会主义的桥梁。”③在列宁看来,只有社会主义才有可能采取这些措施,只有这些措施才能表明社会主义社会人民当家做主的实质。

巴黎公社的公仆精神是对以人为本内涵的新的揭示,它将共产党人和马克思主义者的为解放全人类而无私献身的博大胸怀和高远境界带到现实的以人为本的实践中,使以人为本在工具性和平等性含义之外又填充了忘我奋斗和无私奉献的内涵。大公无私和忘我奉献等类似思想在古今中外的文化伦理史中虽不乏见,但都局限于一般的道德教化层面,而且在私有制的条件下与之相伴的恰恰是对它的无情的违背和嘲讽。唯独马克思的公仆思想既有专门所指,即指领导和管理层,又和马克思主义与共产主义学说相接

① 《马克思恩格斯选集》第3卷,第94页。

② 《马克思恩格斯选集》第3卷,第96页。

③ 《列宁选集》第3卷,人民出版社1972年版,第207—208页。

轨,具有深的历史和理论的底蕴,是以往一切类似思想都无法比拟的。

中国共产党历经28年的革命战争,多少革命志士为了人民解放事业舍生忘死,艰苦卓绝,绘成了一幅幅悲壮、辉煌的历史画卷。先烈们的流血牺牲最有力地表明了革命事业的利他性和奉献精神。毛泽东把共产党人团结奋斗的宗旨凝聚成五个金光闪闪的大字:为人民服务。自从他以此为题,写出纪念张思德同志的著名文章后,半个多世纪以来,为人民服务不仅成为党的全部工作的出发点和归宿,而且凝聚为现代民族精神,融入一切革命者的思想和工作中。

新中国成立后,共产党执掌国家大权,为人民服务面临一系列新的情况和问题。由于地位和条件的变化,许多共产党员做了官,当了领导,虽然本质上还是人民的公仆,但在表现形式上却是人民的上级,弄不好就会走向反面,当官做老爷、官僚主义、高高在上,甚至贪赃枉法、腐败堕落、为人民所不齿。面对这个新的现实,党和毛泽东一如既往,不断地加强为人民服务的思想教育。特别是针对如何用好管好干部问题,发动了“三反”“五反”“四清”、整党等运动,目的都在于维护干部的良好形象,保持人民公仆的本色。尽管这些运动还存在一些问题,特别是最后发展为“文化大革命”中的打倒一大片,但毛泽东的初衷是好的。他深知,社会主义也有一个吏治问题,选不好干部,管不好干部就会导致贪官成片、腐败成风,而这是与马克思主义和共产党的本质不相容的。

邓小平作为第二代领导集体的核心,一开始主持中央工作,就心中装着人民,把人民的生活、利益、命运作为改革开放的出发点。针对“四人帮”散布的越富越容易产生修正主义的无耻谰言,他反复教导,贫穷绝不是社会主义,把贫穷和社会主义联系在一起是对人民利益和命运的亵渎与背叛。中国人民在新中国成立后的几十年间虽然生活水平较过去有了很大的提高,但总体上仍较贫困,温饱问题还没有全部解决,邓小平对此心中甚为不安。他说:“我们干革命几十年,搞社会主义三十多年……工人的月工资只有四五十元,农村的大多数地区仍处于贫困状态。这叫什么社会主义优越性?”①

① 《邓小平文选》第3卷,人民出版社1993年版,第11页。

摆脱贫困的出路就是改革开放,发展生产力。为此,他提出以经济建设为中心,坚持“三个有利于”和生产力标准,提出社会主义初级阶段和社会主义本质理论,构想“三步走”的发展战略……总之,邓小平作为一代伟人和改革开放的总设计师,把为人民服务的思想和宗旨推向了一个新的高度。正如江泽民同志所说:“邓小平尊重群众,热爱人民,总是时刻关注最广大人民的利益和愿望,把‘人民拥护不拥护’、‘人民赞成不赞成’、‘人民高兴不高兴’、‘人民答应不答应’作为制定各项方针政策的出发点和归宿。”[①]这就是以中国人民的儿子自称的邓小平的理论风采。

马克思的公仆理论与毛泽东、邓小平为人民服务的思想是一脉相通的。作为公仆,必须为人民服务;只有为人民服务,才能尽到公仆的职责,公仆和服务是紧密相连的。但是能够为人民服务的不仅是公仆,作为主人的人民群众做好了自己的本职工作,这也是为人民服务。在这个意义上,为人民服务是相互的,只要自己全心全意为人民服务,那么他人为人民服务也就包括了为自己服务。因此,这是一种我为人人与人人为我的双向互动关系。马克思在描述“被积极抛弃的私有财产的前提下”即未来理想社会条件下的人际关系时,曾接触到人与人之间的互助关系,即“人如何生产人——他自己和别人;直接体现他的个性的对象如何是他自己为别人的存在,同时是这个别人的存在,而且也是这个别人为他的存在”[②]。就这一点来说,为人民服务作为以人为本的高级形态比马克思的公仆思想适用范围更宽泛,意义也更为深远。

江泽民同志的“三个代表”重要思想是在新的历史条件下对为人民服务宗旨的进一步推进。“三个代表”重要思想不仅继续坚持代表最广大人民的根本利益,而且与新时代的先进的生产力和先进文化结合在一起,使之代表的人民利益更具根本性和时代性,是为人民服务思想的进一步提高和升华。在承接“三个代表”重要思想的基础上,新一代中央领导集体在推出全面建设小康社会宏伟目标的同时,出台了更多人性化的法规,更加关注人民群众

① 1993年11月4日《人民日报》。

② 《马克思恩格斯全集》第3卷,第298页。

的生活、利益、安危、冷暖。作为这一系列远思的凝聚，以人为本如期而至，终于成为新一代中央领导集体坚持的重要原则和理念，也凸显了新时期的治国方略和特点。

四、在实践中兑现以人为本

以人为本作为当今中国出场最多的话语，它言简义丰，犹如当年毛泽东提出的实事求是，充分显示了中国语言包容宏大的特点。实事求是原本是一切从实际出发、按客观规律办事之意，经过邓小平的提升和锤炼，现已成为马克思主义的精髓。以人为本只不过是对人的高度重视之意，现已成为新时期一切工作必须坚持的基本原则。当以人为本的学理层面被从各方面揭示出来以后，如何在实践中坚持以人为本就成为我们面对的迫切需要解决的课题。

马克思说过，一步实际行动胜过一打纲领，对于以人为本不能光说不练，要在具体落实上下功夫。就当前中国的现实来说，坚持以人为本其主导方面主要还是决策层、领导层、管理层的问题，要求他们在制定政策和领导与管理实践中要坚持以人为本。其间学理层面的三重内涵已化为三重要求，它们交会融通，在决策和实践中共同发挥作用。

世界上没有无代价的绝对好事，市场经济虽然在资源配置和领导管理等方面有其优长之处，但它也有负面的影响，当市场在竭力追求最大限度的利润的时候，不以人为本的现象就时有发生，而且有其不可避免性。坚持以人为本的最低要求是，不管出于什么动机和境界，也不问是否真正赤诚和崇高，都必须表现出对人的重视和善待。在三资和民营企业火爆发展的今天，这个问题尤显突出和重要。伦理泛化是当今世界的普遍趋势，现在各行各业无不举起道德的旗帜。善待对象、善待世界、善待动物甚至植物已成为共同的呼声。在这种形势下，重视和善待人已是低得不能再低的起码要求，做不到这一点，也就等于把自己降低到非人的水准。在当今人类的动物性大为消解的时代，只有非人才能做出不以人为本之事，他们还停留在前资本主义的水平，如马克思所说，他们奉行的原则“总的说来就是轻视人，蔑视人，使人不成其为人”①。

与封建等级制度相比，资产阶级革命开辟了人与人之间相互平等的新时代。这种人际关系中的平等原则在今天我们坚持以人为本的实践中仍具有不可忽视的现实意义。马克思的“人是人的最高本质”的命题揭示了人的至高无上和至大无边的特质，把人与人之间应该奉行的平等原则还给了人。人们相互之间只要能以平等为基础，能像对待自己那样去对待别人，那么，对人的重视、善待、尊重、关爱就自然随之而生，以人非本的现象也就不可能出现。所以我们看到，大规模的种族灭绝、以无辜平民生命为代价的恐怖袭击等以人非本的现象大都与轻蔑人的极端的宗教、文化背景相关；而资助科技发展、关心儿童成长、救援疾病灾害、增进人类健康等慈善福利事业在发达国家则屡见不鲜。从中可以窥见平等意识、人道观念给传统认识特别是各式各样的非人观念带来的冲击和挑战。

中国和广大的东方世界一样，是个没有经过资本主义文化洗礼的国家，这既避免了资本主义的浸染，但也失去了许多有益的发展契机，更重要的是漫长的封建统治也造成了人的意识中的平等缺陷。几十年人民当家做主的现实和马克思主义的理论熏陶虽曾有所补遗，新型的人与人的关系也正在兴起，但仍不足以完全抵挡封建等级思想流毒的弥漫。在这种氛围下，领导与被领导、管理与被管理的关系不是被首先看成是人与人之间应具有的平等关系，而是被视为上下主从和高低贵贱，把人之间的自然分工外在化、等级化，丧失了人所固有的内在的平等本性，发展至极就会导致一系列以人非本现象的重演。培养和推进平等意识，高扬人道理念是坚持以人为本的关键一环，因为平等关系是人与人之间最自然的关系，它不需要具有高远的境界和高尚的情操，是一切人都应具有的普遍的意识，也是一般民众的基本要求。作为领导者和管理者，要求他们平等地对待下属，这对他们来说，是最低的要求，也是他们应该和能够做到的。因此，把以人为本置于平等性的基础上就会获得大多数人的理解和同情，并对少数人的以人非本的行径形成高压态势，有利于以人为本的贯彻和实施。

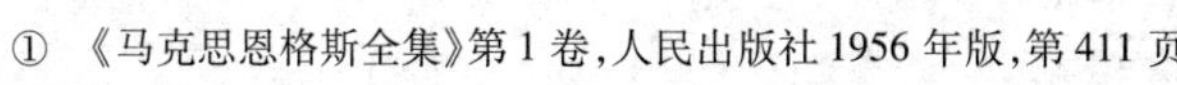

① 《马克思恩格斯全集》第1卷，人民出版社1956年版，第411页。

在分别叙述了以人为本的不同层次的含义以后,我们可以对以人为本进行一番整合,考察一下它们之间的相互关系。在以马克思主义为指导的社会主义中国,以人为本的崇高意境当属公仆观念、为人民服务的宗旨和“三个代表”重要思想。它们不仅扬弃了对以人为本的工具性理解,而且超越平等性观念,是一种忘我无私的彻底奉献精神。只有以这种精神为统领,坚持以人为本才能遵循正确的大方向,才能把我们对人的重视、善待融汇到人的素质的提高和人的全面发展的洪流中去。所以,坚持以人为本就要以公仆意识、为人民服务宗旨和“三个代表”重要思想为指引,以马克思的“人是人的最高本质”和“人的根本就是人本身”的平等性理念为基础,充分肯定工具性理解的实际意义,并不断把它提高到平等性理解的层次上去。以人为本的各个层面并非截然分开,而是彼此交错、相互融会在一起的。无论是出于什么思想水准和动机,对人的生活和境遇的终极关怀总是体现为最后的结果。但是同一结果的出发点可能是出于工具性的考虑,也可能是平等理念所驱使,也可能是天职和使命感召唤的结果。这个结果不管是以政绩、形象工程、GDP 统计数字等什么形式来体现,最终都要表现为社会保障水平有所提高,被领导和被管理的下属的生活质量实实在在有所改善。如果千千万万的领导者和管理者都能把以人为本说在口里、记在心上、落实到具体行动上,那么即使由于综合国力所限,以人为本的总体水平尚不甚高,还有许多疏漏之处,但也必将使中国的现代化能够避免重蹈西方当年代价过大的覆辙,而闯出一条以人为本的新型的现代化道路。

西方现代性的实践历经几百年,既曾创造出耀眼的辉煌,也造成了极大的灾难。当年在英国曾经历了“羊吃人”的时代,马克思曾指出:“资本来到世间,从头到脚,每个毛孔都滴着血和肮脏的东西。”[①]他还曾对资本主义现代化历程带来的人性的泯灭和人的价值贬损做过经典式的概括。他说:“难道资产阶级做过更多的事情吗?难道它不使个人和整个民族遭受流血与污秽、蒙受苦难与屈辱就实现过什么进步吗?”[②]中国新一代领导集体以睿智的

① 《马克思恩格斯选集》第 2 卷,第 266 页。

② 《马克思恩格斯选集》第 1 卷,第 771 页。

目光,汲取历史上现代化过程中的经验教训,适时地提出以人为本和全面、协调与可持续发展的新的现代化理念,这是一条人性化的现代化道路,是造福于当代和恩泽于子孙后代的光明之路。

以人为本的发展理念在细节、碎片上不能说过去完全没有遇到,但以人为本作为一个完整的发展观则是个全新的事物。以人为本所遇到的问题并不新鲜,但过去未能站在总体发展观的高度进行充分的体悟和认真的反思,因此也就拿不出足以应对现实弊病的理念和实践。现在以人为本的新的发展观已经形成,但思想理论层面的深入研讨还很不够,实际可操作性的政策举措还有待于不断地探索,特别是在以人为本的认定、监督和处置上还留有大片的空场,这就召唤我们去把一个伟大而富有远见的构想设计得更加实在而漂亮。

第五章 民、人民与人的概念解析

本章开辟一个新的视角，从民和人以及他们中间的人民的社会身份的比较和转换中来考察以人为本的历史成因及其深刻意义。

以人为本作为科学发展观的基本要义一经提出，十分自然地人的概念随之风生水起，一下子成为学界研究的热点。过去谈人色变，长时期内没有能对人的概念认真地研究和清理，现在以人为本了，不可避免地要对人的概念大说大议一番。现在，对人的说法极多，有的说以人为本的人就是指人民，人和人民是同一概念，以人为本就是以人民为本；还有的说，以人为本指的就是以民为本；还有的说以人为本的人就是指好人，以人为本就是以好人为本，如此等等。可以看出，人在中国，与民和人民彼此交错，相互包含，有时很难分清。为了更深刻地理解以人为本的科学内涵及其重要意义，有必要考察一下人与民及人民的概念的确切含义，并从历史的视角厘清我国从民到人民再到以人为本的人的历史演变。

一、以平等为核心的近代的人的概念

在马克思早期文本中我们可以毫不费力地找到许多关于人的论述，其中有关于人的本质和人性的，也有关于人的一般定义的。但是所有这些关于人的说法都带有早期的特点，具有理想性和不严整性，很难说是前后一贯的。从马克思思想发展的逻辑和历程来看，人首先是个类概念，指谓的是因自觉活动而与动物相区别的生命实体，生命是马克思理解人的基础和起点。马克思说："全部人类历史的第一个前提无疑是有生命的个人的存在"[①]，为了满足生命需求，人不是像动物那样依附自然、融于自然，而是通过实践活动，不断地改变自然，生产出自然界本来没有的东西。"一当人开始生产自己的生活资料的时候……人本身就开始把自己和动物区别开来。"[②]正是在

① 《马克思恩格斯选集》第1卷，第67页。

② 《马克思恩格斯选集》第1卷，第67页。

长期的生产活动中,形成和完善了人所独有的各方面特性,如自然性、社会性、个体性、普遍性、实践性、思维性、审美性、理性和非理性等等。在全部人类特性中,马克思最重视的是人的平等性。在他看来,“平等是人在实践领域中对自身的意识,也就是人意识到别人是和自己平等的人;人把别人当做和自己平等的人来对待”[①]。这种平等意识产生于人的类特性,即“自由的有意识的活动”。在生产力水平很低的情况下,人还没有充分地显示自己的潜能和价值,对自身和他人的意识都很淡薄,人的平等要求也很低。随着商品经济的发展和人的生产和实践水平的提高,人充分显示了自己的意义和价值,人的自我意识增强了,人不仅认识和肯定了自己,也看到了别人的存在和价值,于是,人在实践中逐渐地形成了自身和他人的平等意识。所以,马克思说,平等一方面“表明人对人的社会的关系或人的关系”[②],另一方面又表明人在实践生成基础上的“人的本质的统一、人的类意识和类行为、人和人的实际的统一”[③]。

平等是伴随商品经济而产生的相应的政治要求,它既是现实的政治权利,又是思想上的基本理念。但是马克思最初却从人的类本质的统一和人对自身本质的自我意识的视角来揭示平等生成的内在逻辑,这是对以欧洲为背景的平等发生史的深刻理解和把握。在中世纪的欧洲,等级制度森严,农奴对领主处于半奴隶式的人身依附状态,整个社会根本毫无平等可言,这时的人都是现实中相互不平等的人,因而也就不可能形成以平等为基础的一般的人的概念。马克思在《黑格尔法哲学批判》中深刻地揭示了封建等级制度的非人本性,他认为:“等级不仅建立在社会内部的分离这一主导规律上,而且还使人同自己的普遍本质分离,把人变成直接与其规定性相一致的动物。中世纪是人类史上的动物时期,是人类动物学。”[④]人光凭自己的先天的出身和血统就能决定自己后天的命运和地位,这是“一种动物学世界

① 《马克思恩格斯全集》第2卷,人民出版社1957年版,第48页。
② 《马克思恩格斯全集》第2卷,人民出版社1957年版,第48页。
③ 《马克思恩格斯全集》第2卷,人民出版社1957年版,第48页。
④ 《马克思恩格斯全集》第3卷,第102页。

观……贵族的秘密是动物学”①。正是基于对等级制度的动物本性和机制的分析，马克思认为，封建等级制度没有平等，也就不可能造就真正的人。

平等作为人之为人的必要因素，是在近代随着资本主义商品经济的发展而具体展开的。商品经济把人当作物一样推向市场，在等价交换中消灭了一切特权，实现了在交换、法律和真理面前的人人平等。商品经济作为天生的平等派，它使市场经济、民主政治和人道意识三者相互依存、完整配套，构成近代以平等为基石的人的三大基本生存维度。只有实现了经济、政治和思想文化上的平等权，人才能作为完整的人占有整个世界，并在对象世界中体现自己的类本质，这就像马克思所说的那样：“一切对象对他来说也就成为他自身的对象化，成为确证和实现他的个性的对象，成为他的对象，这就是说，对象成为他自身。”②人和对象这种占有和对象化的关系是人的能动本质的深刻体现，只有存在这种关系，人才能够成为一个类，并以相互平等显示类的内在特性。从资本主义时代起形成的人正是这种具有普遍意义的、作为类的人，如马克思所说，这种人已不像从前那样，“使人的对象性本质作为某种仅仅是外在的、物质的东西同人分离……它不认为人的内容是人的真正现实”③，“人就是人的世界，就是国家，社会”④。因此，平等并非是外在于人的恩赐物，而是内在于人的本质统一中，是人的类意识充分自觉的产物，有了这个前提，才形成近代的大写的人。

但是单纯的类平等的思想还很不够，停留在这个水平上的平等还是理想性的、虚幻的，缺乏现实根基。在现实生活中与类相对应还必须观照个体的人，只有通过个体的平等才能体现类的平等，人也只有在个体平等中才能表现出作为类的人。个体平等是实实在在的平等，它需要一系列具体保证才能实现。经济平等是个体平等的基础，近代以来，随着市场经济的发展，平等首先作为一种经济必然性而出现。商品经济的原则是等价交换，交换主体双方处于平等地位，只有商品价值相等交换才能成功。交换中的这种

① 《马克思恩格斯全集》第3卷，第132页。

② 《马克思恩格斯全集》第3卷，第304页。

③ 《马克思恩格斯全集》第3卷，第102页。

④ 《马克思恩格斯选集》第1卷，第1页。

平等地位虽然根源于人的类本质的统一，是人与人之间的类的平等关系在经济领域中的体现，但也表现了经济关系在一切社会关系中的基础和决定地位。在资本主义社会中，经济平等是普遍原则，但对每个单独的个体来说，平等可望而不可即，私有制的存在使整个社会的平等关系只能在观念和理想中实现。所以，马克思说："人民的单个成员在他们的政治世界的天国是平等的，而在社会的尘世存在中却不平等。"①因此，如果说平等是近代以来人之为人的基本要素，那么，马克思所推出的近代的作为类的人也是带引号的理想人，他与人的真正平等境界之间还相距一个时代。

马克思认为，资本主义时代真正"现实的人就是现代国家制度的私人"②，是在市民社会中生活的"利己的人"。在市民社会中，他们追求个人的利益、财产、权利和安全，"人作为私人进行活动"③，因此，马克思又说，近代"人在其最直接的现实中，在市民社会中，是尘世存在物"④，他们与作为类的人相统一反映了近代人的普遍本质。

二、中国古往今来的官民对峙

中国的国情和民情与西方存在巨大差别，主要体现在欧洲自原始公社瓦解到现代一直都是以私有制为基础的社会，而中国自周秦起就是一个亚细亚生产方式占统治地位的国家，土地公有制一直是占主导地位的所有制形态。所有制的差别导致人的社会身份的不同。当西方还处在奴隶制和中世纪封建等级制的发展阶段、社会极端缺乏民主和平等时，中国社会人际关系中却闪烁着一丝平等的曙光，格外引人注目。按照马克思的说法，印度、俄国、中国等东方国家都没有经历封建社会发展阶段，他在晚年关于柯瓦列夫斯基《公社土地占有制》一书的摘要中，坚决反对东方国家存在封建制的说法。一个醒目的事实是，马克思在他大量关于中国的论文中，只称中国政府为"天朝帝国""满族王朝""中央政府""古老帝国"，等等，从不使用"封

① 《马克思恩格斯全集》第3卷，第100页。
② 《马克思恩格斯全集》第3卷，第102页。
③ 《马克思恩格斯全集》第3卷，第173页。
④ 《马克思恩格斯全集》第3卷，第173页。

建"字样。在马克思心目中封建制的最重要标志之一是存在农奴对领主的人身依附关系,而在中国,广大农民却是自耕农或租种地主土地的自由劳动者,他们虽被捆绑在土地上,但并不依附于某一个固定的地主。农民的这种社会地位使他们大大优越于农奴,无论在农民或他们与地主之间,彼此都保持着独立的人格,存在着法定的(但并非完全事实的)平等关系,所以许多穷困的农民或知识分子经常以"君子固穷"自勉,表明自己"穷且益坚,不坠青云之志"。

但是当西方社会由封建制过渡到资本主义以后,情况发生了巨大变化。资本主义市场经济的交换平等推出了以平等为基础的人,与之相比,中国却落伍了,中国广大农业劳动者却依旧停留在纸面上的法定平等关系的水平,他们虽然社会地位高于农奴,但仍然是官府治下的民,所以他们有一个恰当的称呼,叫农民。民是个广义的泛称,与官相对立,是指一切被官所治理下的民众或百姓。民与人不同,人是个类概念,不仅一切人之间是平等的,而且人囊括了所有基于类特性而与动物相区别的生命个体。而民仅是人的一部分,是排除了官及其所代表的统治阶级以外的广大平民百姓,其中包括士农工商等各行民众。民的称呼和内涵主要不是比照人,而是比照官。在中国由于商品经济滞后,没有产生以平等内涵为基础的人的观念,更不存在把民和官加在一起的虚幻的人,缺少平等机制人就不能构成人这个统一的整体。中国日常所说的人有两重含义,一主要是指民(当然人也包括作为治理者的官),中国古语中的以人为本,其中的人就是民,所以历史上向来就有民本思想,即以民为本;二是指理想的伦理规范,大致等同于人性概念,赋予真正的人以崇高的地位,反之一个人没有人格和人性,就被指责为不是人,等等。所以在中国,民是基本人群,它要比人的概念具体而实在得多。中国传统文化赋予官民关系以深刻的哲理性,具体表现在官与民的多方面复杂的关系上。

第一,民就是官的对立面,对官及其所代表的统治阶级而言,民是管理的对象,也是统治、压迫和剥削的对象,历史上许多王朝统治的末期,官场彻底腐败,统治者失去理智与良知,残酷压榨百姓,敲骨吸髓,必欲置生民于涂炭,其结果是官逼民反,逼上梁山,导致刀兵水火,连年征战,最后统治者垮台，改朝换代。

第二，民和官既对立又统一，构成矛盾统一体。民无官不自立，官无民不为官，民和官还能通过科举考试等一系列途径在一定条件下相互转化。历史上，特别是开国初期，统治集团一般都比较开明，表现出充分的理智和清醒，意识到民的生存、安定对维护自己统治的重要性，深悟民可载舟亦可覆舟和民贵君轻的道理，因而能够采取明智的政策，大力发展生产，与民休养生息，缓解社会矛盾，让利于民，以求王权长治久安。在这种情况下，统治阶层一般都能较为充分地履行为官的管理职能，不满足于只做民之父母官、统治百姓，而是抱着为官一任、造福一方的信念，勤恳敬业，甘当清官，以"当官不为民做主，不如回家卖红薯"自律。

第三，模糊官民界限，实行愚民政策，灌输统治阶级思想，特别是儒家的"和为贵，忍为高"等一整套有利于保持矛盾统一体的忠君思想被奉为至高无上的信条，用以麻痹民众，使之安分守己，永远地做他们的奴隶，他们笃信"民可使由之，不可使知之"。

在中国，官民之间这种复杂关系，既是阶级关系，在表面上又好似单纯的治理与被治理的关系，这种关系有可能掩盖了民内部的阶级对立的实质。同为民，地主与农民就分属不同的阶级，但中国农村阶级分化的不充分和宗族血缘关系的存在，令阶级界限往往被淡化。只有官民的区分，民视官为父母或青天大老爷，官视民为一介草民或小民。正是基于这一点，我们党过去强调农村的阶级区分，这是十分必要的，特别是在土改中打土豪分田地激发了广大贫苦农民参军参战的积极性，对于解放战争的胜利起到了巨大的作用。但是也要看到，近年来随着对马克思关于东方社会文本的研读，对马克思关于东方社会不存在封建制的论断理解得越来越深刻。既然中国古代社会不存在西欧社会那种严格等级制意义上的封建制，那么，广大农村的阶级区分就只能是亚细亚式的，就是说，还存在着相对的社会平等，从事农业生产的人是民而不是奴。他们的主要对立面是经常行使行政权力来压迫他们的官，地主或富农在法定社会身份上并不存在欺压农民的权力。在中国漫长的小农经济的氛围中，行政权是日常生活的主宰，官是矛盾的主要方面，

如马克思所说："归根到底，小农的政治影响表现为行政权支配社会"①，因此，官与民的区分也是应该加以揭示的人际关系的一面，了解这一点对于揭开那个时代复杂社会生活的秘密就又多了一把钥匙。本来，阶级意识是对人的最高和最深刻的理解，但是阶级已经存在一两千年，而阶级概念产生却不到两百年，这个事实说明，对人的理解依赖一定的经济和社会条件，没有资本主义对人的有产与无产两大阶级的明显区分，就不可能产生阶级与阶级斗争的意识。同理，在中国社会商品经济落后、平等意识欠缺和宗族与家族掩盖了社会阶级区分的情况下，中国自己既不能产生人的概念，也不会出现阶级意识，唯一可能产生的就是官与民的区分和普遍的官民意识，这也是我们从中国历史中只认同民而不认同人的概念的主要原因。

三、在人与民的整合中推出的人民概念

现代的民主政治都是党派政治，中国严格意义上说的党派政治是从国共两党的出现和斗争开始的。共产党在夺取政权以前的相当一段时期内，处于一种十分独特的社会地位：对于国民党和它所代表的反动统治阶级来说，共产党连民的资格都不具备，是必欲消灭的对象；而对于广大民众来说，她虽然不是官，但与他们存在领导与被领导的关系，在根据地内，还存在一个对民众的治理问题，因此他们之间的关系还有官与民的一面。这就决定了共产党必须承袭中国社会传统的民的观念，而不能把它完全抛弃。新中国成立以后，共产党成为执政党，她虽然坚持为人民服务的宗旨，并自认为是人民的公仆，但执政的地位赋予其为官的一面，既要治理人民，又要管理国家，各级领导干部都是国家的官员。而广大群众虽然是国家的主人，享受各种权利，但对于官员来说，他们仍然是要被治理的民众，所有这一切决定了共产党无论是执政前，还是执政后，都不能舍弃民这个概念。

但是，共产党对民的理解必须突破中国历史上对民的圈定，如果她采取超然态度，仍然把民界定为与官相对立的广大被统治和治理的民众，那她就无以坚持自己的宗旨和理想，就与历史上的统治阶级毫无二致了。能够给

① 《马克思恩格斯选集》第1卷，第678页。

民这个概念注入新质的只有马克思的以平等为基石的人的概念。共产党必须坚持本民族的文化传统,承认民概念的历史遗存,但是同时她也必须秉承马克思主义的传统,坚持实践人学的原则和理想。人作为一个类概念其核心是人的范围无比广大,突破了经济和政治的种种局限,包括具有类特性的所有同时作为类的人,人与人之间在交换、法律和真理面前一律平等,这是资本主义以经济平等为基础而在政治和思想方面的合理延伸。如《共产党宣言》所描述的那样:“资产阶级在它已经取得了统治的地方把一切封建的、宗法的和田园诗般的关系都破坏了。……一切等级的和固定的东西都烟消云散了,一切神圣的东西都被亵渎了。人们终于不得不用冷静的眼光来看他们的生活地位、他们的相互关系。”①不管所有这一切是多么冷酷、虚伪甚至是无耻,但人们的地位都是平等的,大家彼此都是大写的人。共产主义社会是全人类彻底解放的社会,无产阶级要解放自己就必须解放所有的人,如果没有这种胸襟,他们也就不能获得自身的解放。所以,正像马克思的世界历史思想突破了民族和地域的界限,着眼于全世界,共产主义事业也超越了阶级、信仰、财产等界限,属于所有的人。就这个意义来说,人这个概念非同小可,不是可有可无,它事关宏旨,是共产主义政党必须坚持的概念。

这就出现了一个难题:既要承袭民,又要坚持人,二者都不能舍弃,到底何去何从?显然,非此即彼,用绝对对立的、排他的思维是不合适的,我们前面已经充分地论证过,民和人都是必需的,是缺谁都不可的。中国共产党正是在这种两难的选择中,进行了具有伟大创新意义的综合,以前无古人的理论勇气,在人类历史上第一次将人和民结合在一起,提出了人民这一崭新的概念。现在无从考据人民概念提出的历史,反正国民党在和共产党斗争的时候,从不使用人民概念,他们更多的是使用民或公民一词,如三民主义、为民先锋、开设公民课等等。而共产党对人民概念的使用几乎达到了铺天盖地的地步,如人民子弟兵、人民大救星、人民英雄、为人民谋幸福、为人民服务等等。现在我们还能看到人民概念泛化的踪迹:我们国家的名称上有人民,各级政府和法院、检察院的名称中都冠以“人民”二字,此外还有人民银

① 《马克思恩格斯选集》第1卷,第274—275页。

行、人民公安、人民大学、人民大街……总之,人民概念已经用到了极致的程度。

那么,如此广泛应用的人民概念其含义到底是什么呢?具体说来有三:

第一,“人民”继承了马克思的人作为类概念的精华,是人的主体部分,人民既包括全部人口中的绝大多数,同时又像毛泽东在《论人民民主专政》一文中所说,是享有广泛政治权利的那部分人,在人民内部实行民主和平等。

第二,“人民”又体现了中国传统文化中“民”的含义,民既十分重要,是靠山,民是胜利之本,又是共产党服务的对象,是党的全部奋斗牺牲换取的成果之寄寓所在,这就是党的为人民服务的最高宗旨。

第三,把“人”和“民”结合起来的人民概念,在党的长期革命实践中得到了进一步的升华,成为一个鲜明的政治概念。人民和敌人是统一体中相互对立的两个方面,人民是国家的主人,是对敌人实行专政的主体,人民的界定表明政权的性质。不同历史时期,人民和敌人的含义也有所不同,但人民总是指全民中除了敌人以外的所有人,其中包括可以争取的中间阶层。在这个意义上,人民不同于马克思的作为类概念的人,外延比人小,也不同于封建社会中被工具性理解的民,人民是主人、主体,是目的,而不是手段,在质上与民不同。

人民概念的界定表明了党的性质和纲领,是党的政治路线的集中体现。中国革命艰难曲折的历程一再证实,只有正确地界定了人民概念,明确了敌我友,革命和建设才能走上正轨,反之,一旦人民概念出了差错,就往往会扩大打击面,伤害广大的中间阶层和群众。民主革命时期“左”倾路线的错误和新中国成立后的反右、“文化大革命”的教训足以发人深省。

四、从为人民服务升华为以人为本

人民作为一个政治概念,其本意是指与敌对阶级相对立的革命和建设的主体,毛泽东说:“人民是什么?在中国,在现阶段,是工人阶级,农民阶级,城市小资产阶级和民族资产阶级。这些阶级在工人阶级和共产党的领导之下……向着帝国主义的走狗即地主阶级和官僚资产阶级以及代表这些阶级的国民党反动派及其帮凶们实行专政。”[①]因此，人民概念具有鲜明的针对性，一直是与对敌人的专政和镇压联系在一起的。中国共产党取得的革命和建设的伟大胜利，就是凭借人民的力量，与敌对阶级进行坚决的斗争的结果。

新中国成立后，经过半个多世纪的努力和积淀，特别是几十年改革开放的伟大成功，中国社会面貌发生了翻天覆地的变化。经济上，社会主义公有制的建立和巩固彻底地消灭了阶级和阶级剥削产生的基础，剥削阶级作为一个阶级已经不存在了。政治上，随着经济的发展，共同利益的空间增大，社会矛盾正在日益化解，除了极少数死心塌地的敌对分子和蓄意危害社会的犯罪分子外，全社会正以党的领导为核心，更加紧密地团结起来，为祖国美好的明天而奋发努力，锐意进取。由于敌对阶级的消灭和敌对势力的削弱，作为其对立面的人民正在失去原有的存在前提和基础，可以说，人民作为与敌人相对立的概念正在完成自己的历史使命，已经向作为类概念的人回归。其标志性的成果就是党的十六届三中全会提出的以人为本的科学发展观。

过去我们经常喊的口号是为人民服务，现在我们要继续强调为人民服务，这个最高宗旨任何时候也不能丢，但是今天最能反映时代精神的口号是以人为本。那么，以人为本的人指的是谁？显然不是指原来的人民，人民已经排除了地富反坏右，只是人口中的绝大部分，而不是全部。现在剥削阶级和敌对阶级已经不存在了，人民已经扩展为全体人，而一当人民成为全民，失去了敌对阶级作为对立面，人民之称也就失去原有的镇压敌人的主体的意义，于是人作为类概念也就浮出水面了。这时虽然还使用人民概念，而且今后还要经常使用甚至永远使用，但这时的人民概念已经和人的概念重合，人民即人，人即人民。之所以只提以人为本而不提以人民为本，就是因为原来的人民是和剥削阶级相对立而存在的，一提以人民为本就好似剥削阶级还存在，专门把它们排除在本之外。实际上剥削阶级已经消失，再提以人民为本就是无的放矢了，所以，如果我们要确立一个本，那就只能是以人为本。

① 《毛泽东选集》第4卷，人民出版社1991年版，第1475页。

至此,一个必然的逻辑问题被提出来,即坏人也是人,难道也以他们为本吗?我们这里说的人是指法律上的公民,即享有公民权的人。坏人的含义太宽泛,有的坏人只要是没有达到被剥夺公民权即政治权利的地步,对于这种人依然要保护他们的合法权益,尊重他们的人格,他们当然在本之列。有此说明,就可以避免产生歧义,也就可以不再提什么以好人为本了。这样就排除了以民为本、以人民为本、以好人为本等各种干扰,理直气壮地坚持以人为本了。

接着需要进一步探讨以人为本这个本是什么意思?或者说这个本在认识上和实践上要求我们做些什么?从哲学上来说,“本”有三重含义:

第一,人为世界之本,是本体论意义上创造世界的基础和力量源泉。马克思一向把世界二重化,分为自在世界与人的世界,认为与人无关的纯粹自然界比如原子内部或太空天体,那里自然是以物质为本,是物理学研究的对象。而人生活在其中的现实世界是人化的世界,人及其实践是现实世界之本,以人为本表明人在世界上的终极意义。

第二,人为人之本,人的本质不是存在于人之外,而是内化于人自身之中,马克思在这方面的说法很多,最著名的命题是“人是人的最高本质”,“人的根本是人本身”,意在指明,要从人的类特性和人的主客观要素相统一的视角来理解人的本质。

第三,人为价值之本。人作为世界和自身的创造源泉是最高的价值存在,具有至高无上的绝对意义,世界上没有什么比人更尊贵的了。所以必须高度重视人的价值,关爱生命,关心弱势群体,重视民众的冷暖安危,真正把人置于本的位置上。

以人为本的科学发展观的提出,引领中国社会走上健康和谐的发展方向。以人为本是双向互动的,人既要自尊,把自己视为本,又要把别人看成是和自己一样的人,也要把别人视为本。于是整个社会就会形成一种良性的人际关系,使社会呈现和谐状态。马克思、恩格斯在《共产党宣言》中说:“代替那存在着阶级和阶级对立的资产阶级旧社会的,将是这样一个联合体,在那里,每个人的自由发展是一切人的自由发展的条件。”这样的人皆为本的社会必然就是和谐社会。所以中央提出以人为本的发展理念,意义深远，既在理论上与马克思的思想相接轨，又在现实中极富实践价值，是今后中国社会发展的基本纲领和准绳。

从最早的民，中间经过作为中介的人民，最后走向以人为本的人，这个过程从中国共产党诞生至今天历经近一个世纪，反映了中国社会的巨变，是党的政治路线前后承接和转换的一个缩影。以人为本是这个历程的终点，又是今后中国社会走向和谐发展的起点，在这个意义上，以人为本的科学发展观的提出具有历史转折意义。

第六章　以人为本的“人”的特有含义

自从党的十六届三中全会提出以人为本的科学发展观以后，人的概念成了理论界关注的热点。人们不会忘记，在以阶级斗争为纲的年代，谈人变色，“人”是荆棘丛生的研究禁区；今天，人却大行其道，成为科学发展观之本。这个巨大的转折和反差自然引起人们的疑惑：以人为本的人指的是什么人？他们何以跃升为本？与人概念密切相关的还有民和人民，为什么不能提以民为本或以人民为本？为了深刻理解以人为本的确切含义，有必要对这些问题逐一考察和解说。

一、以人为本的人是指生而平等的作为类的人

人字一撇一捺，看似简单，实际上内涵丰富，还有一段颇不平凡的生成史。在近代以前，严格地说，没有关于“人”的意识，那时社会等级森严，一切个体的人都是作为某个等级的人而存在的，比如你是贵族领主或是农奴、第三等级等等，根本不存在超越等级的一般人，所以也就没有普遍的人的概念。马克思曾经深刻地揭露过那个时代，他指出，当时社会通行的是动物界的法则，只凭出身血统就注定了人的后天的地位，“他的肉体成了他的社会权利”①。从哲学上说，这是“使人同自己的普遍本质分离，把人变成直接与其规定性相一致的动物”②。

真正结束动物时期、开启人类历史的是资本主义的商品经济。马克思说，商品是天生的平等派，商品生产的目的是为了交换，而交换只有在商品的价值相等的条件下才能进行。商品交换的等价原则消除了交换双方的一切特权，使买方和卖方处于完全平等的地位，正是这种经济上的平等性彻底摧毁了一切等级壁垒，人开始具有生而平等的普遍价值，真正成为彼此相同的作为类的人。

① 《马克思恩格斯全集》第 3 卷，第 132 页。

② 《马克思恩格斯全集》第 3 卷，第 102 页。

类是费尔巴哈的哲学用语，是在自然属性基础上对人的本质的一种归结，指的是“内在的、无声的、把许多个人自然地联系起来的普遍性”[①]。马克思也使用类概念，但是他使用类概念主要是为了区别生命活动的性质，他说：“一个种的整体特性、种的类特性就在于生命活动的性质，而自由的有意识的活动恰恰就是人的类特性。”[②]马克思把自由的、有意识的活动理解为实践，并把它看成是人所独有的生命活动的特性，而“有意识的生命活动把人同动物的生命活动直接区别开来。正是由于这一点，人才是类存在物”[③]。所以，类直接相对于动物而言，是指人基于实践而对动物的超越。这里的人是指人类，即“一个种的整体”，个体的人都随着类对动物的超越而价值相同，人格平等，这就由类引申出人与生俱来的最基本的内在特性，即平等性。由于这种平等性源于人的共同本质，即自由自觉活动的类特性，所以马克思、恩格斯说：“平等是法国的用语，它表明人的本质的统一、人的类意识和类行为、人和人的实际的同一。”[④]

但是由类推导出的平等只是一种超实践的逻辑平等，只有在类基础上产生的意识平等才开启平等的真实的生成过程。在人类实践水平很低的情况下，人的自我意识也很薄弱，还意识不到自我和他人的价值，人与人处在一种天然平等的状态下，平等作为人的觉醒了的意识还没有产生出来。随着生产力水平的提高，以及人在社会生活中的价值的全面凸显，人开始意识到自身和他人的价值，逐渐萌生平等意识和平等要求。但是最初出现的平等意识只能是一种类意识，即意识到只要作为人，都应该是生而平等的，没有什么真正立得住脚的理由支持人的不平等状态。这种意识最朴实，也是人作为一个类最容易产生的。所以我们看到近代最伟大的平等论思想家卢梭就是从人的自然状态出发来论证人的与生俱来的平等要求的，而与生俱来的自然状态正是类。由此马克思才对平等与自我意识的关系做了两个层

① 《马克思恩格斯选集》第1卷，第56页。
② 《马克思恩格斯全集》第3卷，第273页。
③ 《马克思恩格斯全集》第3卷，第273页。
④ 《马克思恩格斯全集》第2卷，人民出版社1957年版，第48页。

次上的区分:一方面"自我意识是人在纯思维中和自身的平等"①,即个体抛开实践在纯思维中意识到自身和类的同一,另一方面"平等是人在实践领域中对自身的意识,也就是人意识到别人是和自己平等的人,人把别人当做和自己平等的人来对待"②。这种平等意识虽然还不等同于人的实际平等,但它开平等的先河,是平等的思想前提,只有有了平等的意识和要求,才可能努力为平等而奋斗,开创出实际的平等来。但是,局限于纯思维领域的平等只能是意识到自身能与类的平等,还没有进入人与人之间的实际领域,真正把平等引领到社会实际领域的不是纯思维和类意识,而是实践,尤其是生产力的发展和商品经济体制的确立为人与人间的实际平等做了最强有力的奠基。所以,近代伴随着商品经济的诞生,也就同时喊出了自由、平等和博爱的口号来;这个口号提出的是人与人之间的相互准则和实际关系,也是人之为人的基本内涵。与中世纪以其封建等级制不把人当人相比,人的类平等是人自身发展的巨大进步,从此,人摆脱了基于生产力发展滞后而形成的人的依赖关系,而进入历史发展的第二形态,即以物的依赖性为基础的人的独立性阶段。人的独立就意味着人挣脱了等级制造成的人身依赖关系,既取得了独立身份,又获得了平等地位,人才真正成为类的人。

以人为本的人指谓的就是生而平等和独立的人,这种人摆脱了等级和人身依附关系,是在世界历史中形成的,今天世界上几乎所有的人都处在这个发展阶段,中国的以人为本不能脱离世界文明发展的轨道,它所指谓的人必须与世界相接轨,首先是指以平等和独立为内涵的作为类的人,而这也正是马克思所提出和认可的。

二、与人密切相关的民

就世界历史范围来说,作为类的人是世界普遍必经的阶段,但是中国作为亚细亚生产方式的一个典型,却是一个例外。在马克思心目中,中国和所有的东方国家一样,自原始公社解体以来就一直延续着土地公有、农村公社

---

① 《马克思恩格斯全集》第2卷,人民出版社1957年版,第48页。
② 《马克思恩格斯全集》第2卷,人民出版社1957年版,第48页。

和专制国家三位一体的生产方式，在这种生产方式下生活的人与西欧的人有着显著不同的特点。西欧自原始公社以后先后经历了奴隶社会、封建社会和资本主义社会，在前两个社会形态中，等级林立，界限森严，人分别以奴隶、奴隶主、自由民和领主、农奴、第三等级的身份出现。进入到资本主义发展阶段以后，等级区分被商品大炮所摧毁，人都是作为以平等和独立为内涵的类而生存在世界中。类的出现是人自身发展的根本转折，它虽然还没有摆脱对物的依赖性，但由于人享有平等和独立的社会权利，这就使它能够为建立在个人全面发展基础上的自由个性创造生成条件。中国在社会发展形态上与西欧完全不同，它既没有经历西欧历史上那种典型的奴隶社会和封建社会，又没有进入充分发展的资本主义阶段，自从周秦以来一直处于有中国特色的封建制中。中国封建制的最大特点是没有农奴制，而在马克思看来，农奴制虽然不是封建制的唯一因素，但也是重要因素，土地分封连同土地上的直接生产者对领主的人身依附关系是封建制的必备特征，不把直接生产者变为农奴，就等于不存在土地上的封建制。当年马克思曾经为东方存不存在封建制的问题而同柯瓦列夫斯基争论过，柯瓦列夫斯基在肯定印度历史上的封建化过程时就把农奴制抛在一边，孤立地考察土地所有制性质，对此，马克思提醒道："别的不说，柯瓦列夫斯基忘记了农奴制，这种制度并不存在于印度，而且它是一个基本因素。"[①]古代中国如同印度一样，也是个不存在农奴制的封建社会，广大的农业生产者虽也受封建制特有的等级特权的压迫，但他们的基本身份不是农奴，而是农民。奴与民的区别是显而易见的，作为民，农民虽然也被束缚在土地上，但是他们与地主之间并不存在固定的人身依附关系，要么自己拥有一小块土地，自己耕种，要么租种地主的土地来耕种，而租种哪个地主的土地，农民自己拥有选择权。经济上的这种自主的地位决定了农民的自由身份，他们虽然被剥削被压迫，但是他们在人格上并不比地主低下，大家都是民，只不过你富我穷而已。在中国，清贫并不卑下，嫌贫爱富在思想和品格上素来不被看好，所以，中国历史上不仅存在着经济和政治上平等的民，民在思想上也是平等的。

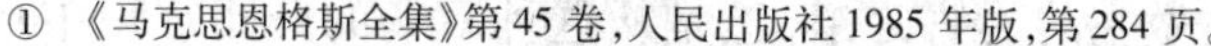

① 《马克思恩格斯全集》第45卷，人民出版社1985年版，第284页。

如此说来，中国的民就可以与西欧的作为类的人等同了吗？不能，类是商品经济的产物，中国直到近代，一直没有产生发达的商品经济，带有超经济强制的自然经济始终占主导地位，在这种情况下就不可能像西欧那样出现以平等和独立为内涵的作为类的人，在中国，民的平等地位完全是由亚细亚生产方式的特殊机制造成的。相对于中世纪的欧洲来说，中国的民比之于那时的农奴是一种进步，但对于近代的欧洲来说，中国的民就大大落后于作为类的人了。类具有生而平等的普遍性，它的外延是所有的人，而中国的民仅仅包括士农工商，他们与官相对立，是指被官统治和管理下的平民百姓，因此，中国的民不等于西欧的作为类的人，而仅仅是类的一部分，民内部是平等和独立的，但他们与官相比则处于被统治的不平等的地位。中国常用家庭内部的不平等关系来比照君臣和官民之间的关系，君臣如父子，官民如君臣，把官比作民的父母，把民称为官的子民，提倡官要爱民如子，在官面前，民也经常以一介草民或小民自谓。中国社会是金字塔形的结构，它的顶尖是君，在君之下的所有人统称为臣民，臣即是官，官之下是民。君毕竟是一人，君臣构成官的总体，面对着广大子民，家庭内部的父子之间的不平等关系就是官民关系的写照。中国社会商品经济发展迟缓，不可能形成作为类的普遍的人概念，也更谈不到用阶级概念来区分人，唯一可能做到的就是用表象直观，将家庭内部的关系简单地比附到社会上，把全社会的人区分为官与民两部分。

其实，民首先是官的意识，是官在长期的统治和管理的实践中积淀起来的思维理念。在官们的心目中，民首先是对立面，民既是官统治和压迫的对象，同时官又与民相互依存，互为前提，并能在一定的条件下相互转化。无数经验证实，官对民的剥削和压迫是绝对的，没商量的，无官不贪，官官相护，官逼民反。也正是从改朝换代的历史教训中历代的官们总结出长治久安的治国术，认识到，既要压迫和剥削民众，又要把压迫和剥削保持在一定的限度内，实行必要的让步政策。历史上开明的统治者都懂得休养生息的重要性，也都通晓民可载舟亦可覆舟的道理，他们作为官既履行统治和压迫的职能，又肩负管理国家、治理百姓的重任。在官场中还通行为官一任造福一方以及当官要为民做主的为官之道，正是从这种官场的开明意识中形成了中国历史上悠久的民本思想传统，并在儒家学说中将其提升为仁者爱人的统治信条。早在春秋时期，齐国政治家管仲就直接把这种思想称为以人为本，这里所说的人就是指的民。所以，以民为本在中国早已有之，尽管它有其内在的合理性和不可低估的进步意义，但归根到底没有超出统治阶级的视野，打上了浓重的官的思维的烙印。作为一种思想资源，我们可以从中得到启示和借鉴，连古代的思想家们都有爱民如子和仁者爱人的思想风范，当今时代的共产党人与之相比自然就更加博大和崇高了。不过"以人为本"作为一个口号和纲领必须与之划清界限，而不能回到以民为本的狭隘的官的境界。

三、人民概念的伟大创举

中国自五四运动起开始了现代化的进程，中国的社会结构和民众的社会身份也逐渐与世界相接轨，五四打出的科学和民主的旗帜本身就要求人的地位和称谓的平等化，突破官民界限，使民真正成为人。在中国，由民提升为人的第一步是改变其被统治者的社会地位，争得民主和平等，使之获得国家主人应享受的一切权利。这一步在西方经过商品经济的奠基和资产阶级革命的洗礼，一下子就使全体人跃升为生而平等的类，而在中国由于商品经济的缺位和革命进程的复杂性，民还不可能一步到位为人，中间必须经过一个过渡阶段，这个过渡的中介就是人民。

仅从字面就可以看出人民是人与民相加的结合体，兼具人与民的双重特性。一方面，人民在战争时期是革命的主力和依靠对象，在新中国是国家的主人，享受到西方作为类的人的一切权利，已具有人的基本属性。同时人民作为全部人口的主体，又是国家力量的主要源泉，他们既要履行各方面义务，又要接受国家的治理，具有历史上民的一系列特性。但是他们又不同于作为类的人，因为，人民不是指生而平等的所有人，在不同的历史时期，不同的敌人阶层被排除在人民之外，在这个意义上，人民是个政治概念，是指享有基本权利并对敌人实施专政的革命和建设的主导力量。人民也不同于民，民只具有被统治和管理的属性，只尽义务，不享受权利，而人民已跃升为国家的主人，享有一切法定权利。人与民的这种结合而成的人民概念是东

方国家特有的历史现象,在中国是在共产党领导的民主革命和社会主义革命进程中产生出来的。

近代的中国对西方来说就是一个异类,其特殊的一点在于中国社会分化得很不彻底,不像西方社会那样只存在工农与资产阶级两大对立阶级,因而革命的对象、阵线和进程都比较简单。中国原有的封建势力的存在和帝国主义入侵的后果,造成了由革命和反革命的营垒构成的多元化格局。革命一方不仅有工农,还有小资产阶级和民族资产阶级,反革命一方除了帝国主义和封建势力外还有官僚资产阶级。复杂的阶级阵线和多变的革命形势把区分敌我提为革命的首要任务。对共产党来说,一方面要确认敌人阵营的组成,明确主要的打击方向,另一方面要组织革命队伍,形成革命阵线,这也就是确认人民的构成,人民概念就是在历次革命斗争中逐渐形成和明确起来的。

现在无从考证人民概念始自何时,但有一点可以认定,即人民一词为共产党所大力推用,几乎遍及一切领域,无论是国家、军队、政府、法院、公安、铁路,甚至学校、大街、公园等等,都往往有人民二字开头。而国民党为了和共产党划清界限,宁愿使用公民概念而很少使用人民一词。共产党使用的人民概念有三重含义。

(1)人民是原来民的主体,但已排除了地主、富农等反动阶级,是革命和建设的主要依靠力量。革命战争时期依靠的是人民战争和人民子弟兵,对待敌人依靠的是人民民主专政,建设社会主义依靠的是调动人民的积极性,正确处理人民内部矛盾,打败国民党和保卫国家依靠的是人民解放军,等等。

(2)人民是共产党服务的主要对象。共产党的宗旨就是全心全意为人民服务,她的所有的机构和设施都是为人民设立并服务于人民的,人民铁路、人民航空、人民邮政、人民银行、人民医院、人民大学、人民出版、人民日报等所有这些泛人民的称谓无外乎是为了表明人民的至高无上,党的全部工作都是为了造福于人民。

(3)用人民概念表明政权的性质。我们的国家称为中华人民共和国,我们的政权是人民政权,各级政府都称为人民政府,各级官员都称为人民公仆或人民勤务员,人民二字已尽显我们国家政权彻底为人民服务的初衷。

中国共产党本来是工人阶级的政党,在中国,工人阶级只占全部人口的少数,除了依靠本阶级之外,联合农民,组成工农联盟,这也是马克思主义的一贯教导。可是鉴于中国是一个东方落后国家的特殊国情,在联合农民的同时还要进一步发展统一战线,作为革命的辅助力量,这不能不说是中国共产党在领导革命进程中的独创。正是在对人民概念的全面的理解和实践中,其中包括对民族资产阶级的适度的斗争,体现了中国共产党的纲领、路线和政策的正确性并引导中国革命走向最后的胜利。所以从毛泽东起每一时代党的领导人都十分重视人民理念的阐述和发展,先后都做出了历史性的论断。毛泽东留给历史和党的珍贵的历史遗产是全心全意为人民服务,邓小平的独特贡献是社会主义本质论中的人民共同富裕和人民拥不拥护与人民答不答应。江泽民的"三个代表"重要思想其中之一就是代表最广大人民的根本利益。从人民概念的重要性来说,把以人为本理解为以人民为本也没有什么不可以。但是仔细考究,可以发现,人与人民无论在内涵与外延上都有区别,人民与敌人相对立,是指排除了敌人之外的人,以人民为本难免产生误解,似乎今天的中国还有敌对阶级的存在,以人为本的人就是要排除他们,专门以人民为本的,显然这种理解没有反映今天中国变化了的现实,也不符合十六届三中全会提出以人为本的本意。

四、以人为本的人是对人民概念的提升

人民概念意义重大,但在全球化和中国构建和谐社会的大背景下,也不能忽视人民概念在本来意义上对原来非人民那部分人的排斥。要充分认识到人民与作为类的人之间的差异,中国要融入世界必须实现由人民到人的历史转换。而这个转换的基础就是改革开放几十年来中国社会所发生的巨大变化。

中国改革开放的伟大成功彻底地结束了以阶级斗争为纲,为实现人的类平等准备了经济和政治前提。本来社会主义制度的建立就已经从经济上消灭了阶级,从而使类平等成为现实。按照列宁的阶级定义,阶级从根本上就是个经济概念,指谓的是这样一些集团,由于它们在一定的社会经济结构

中所处的地位不同,其中一个集团能够占有另一个集团的劳动成果。我国社会主义改造完成后,就已经消灭了凭借生产资料私有制来占有他人劳动成果的可能,剥削不存在了,阶级也就自然地消灭了。可是在很长一段时期内,完全是由于人为的主观原因,不但没能顺势地做好消灭阶级以后的社会的和谐建构,反而大力推行以阶级斗争为纲,强化原有阶级和新的阶级的区分和认定。一个时期内,血统和出身压倒一切,成为人的现实地位和状况的决定性因素,仿佛一下子回到了等级制的王国。相当一部分人背上了沉重的血统负担,不管他们的现实表现如何,他们都是带着"原罪"而来,必须为他们的出身而赎罪。中国的改革开放以彻底否定"文化大革命"为开端,从政治上清算以阶级斗争为纲的极"左"路线是与经济上的开放市场、进行所有制和分配制度的改革配套进行的,特别是市场经济体制的确立,开辟了人与人之间平等竞争和诚信相处的现实前景,市场经济本身所铸就的民主和平等的氛围就与以阶级斗争为纲极不相容。所以,随着改革开放的扩展和深化,以阶级和阶级出身来定位人的观念逐渐在弱化,人生而平等和通过后天的努力来展示人的价值的思想和呼声逐渐增强。几乎用不着特殊的努力和批判,伴随着改革开放的进程,阶级和阶级观念很快就从社会舞台上淡出,一个与世界相接轨的生而平等的人的观念开始在人们的头脑中确立和扎根,不仅在国内的交往中大家都是平等的,在国际的交往中更要以平等的身份出现,要彻底清除以阶级斗争为纲在人们人格和心灵上所造成的伤害。这样,随着改革开放的深化和推进,阶级退出了历史舞台,原来的地富反坏右等专门需要实行专政的对象消失了,敌人这一与人民相对立的阶级力量也不存在了,这就使人民概念失去了其存在前提,人民开始向马克思所说的作为类的人回归。正是基于这种历史性的变化,党的十六届三中全会在表达党对广大人民群众的无上关切的时候,不是把自己的这份情感专门洒向某一部分人,而是洒向全体人,这才推出以人为本而不是以人民为本的科学发展观。人和人民一字之差,意思也很相近,但不可等同。本来意义上的人民是对敌专政的依靠力量,而人是指作为类的所有人,他们的内涵和外延都不相同。在中国有一个时期是只准讲人民而不许谈人的,由人民到人凝聚了改革开放的深厚的历史积淀,它既是中国近代以来历史发展的必然走向,也反映了中国共产党人的理想追求。马克思虽然重视人的阶级区分,认为阶级在一定的历史时期是不可避免的,但马克思更重视解放全人类,他的未来理想就是建立自由人联合体,在那里,每一个人的自由发展是一切人自由发展的条件,这是一个人人平等的和谐社会,现在提出以人为本正是朝着这个方向迈出的一大步。

当然,不能误解,以为人民这个概念今后就不用了,不是的,鉴于传统和习惯,人民这个概念今后还要长久使用,但已不是在阶级和政治的意义上使用人民概念,人民即人,在法律上即为公民,是指拥有中国国籍并享有法定权利的所有中国人。在外交上延续使用人民概念显得更庄重一些,所以全世界各国都在使用人民概念,中国也概莫能外。但是,这里所说的人民绝不意味着在人民之外还存在被专政的阶级敌人,中国的特殊国情赋予人民概念以独有的政治与阶级含义,在国外人民就是人的整体而庄重的称呼。今日的中国跨越了人民与敌人纠缠在一起的那个历史阶段,现在每一个人都能以平等一员的资格出现在国内和国际的交往中,这是历史的进步,是人迈向自由个性和全面发展历程的起点。从民到人民再到作为类的人是中国历史的一个缩影,这个进程的每一步都凝聚着中国共产党的奋斗和牺牲,回顾这个历史进程也给我们提供了一个深刻理解以人为本的新视角,昭示我们以人为本来之不易,要格外珍惜今天的人皆平等的和谐环境,努力奋斗,实现中华民族的伟大复兴。

第七章 以人为本与世界历史同行

上述两章都是从中国内在的机制出发，阐述了以人为本是如何从民经过人民再到作为类的人而得以提升为科学发展观的。本章又转换视角，站在世界历史的高度，俯瞰以人为本的世界历史意义。

党的十六届三中全会提出的以人为本的科学发展观，展示了新一代中央领导集体的博大视野和宽广胸怀。占世界人口五分之一的中国进入以人为本的高远境界，这是人类发展史上新的里程碑。今后，中国将以以人为本为起点，通过人的自由个性和全面发展的实际进程揭开人类未来走向的新纪元。目前多角度、深层次地研究以人为本正在全面展开，本章从人类共同走向的新视角来探讨以人为本的世界历史意义，目的在于指出，以人为本不仅是中国传统文化的精粹，而且它是与世界历史走向同行的，也是全人类共同的人本思想资源的结晶。

一、以人为本对人本思想的承接

以人为本作为科学发展观的核心，在历史上是绝无仅有的，但是与以人为本密切关联的人本思想无论在中国和世界上都是屡见不鲜的，以人为本就是从全世界各民族共有的人本思想中提炼和升华出来的。

人作为一个类生活在世界上，面临着自然和社会的多方面的压力和挑战，只有不断增强人的类意识，以整体的形象和力量出现在自然面前，人才能在纷扰的世界中得以生存和自立。动植物为了生存和繁衍形成了种间互助规律，人类也只有在团结、联合、协作和互助中才能战胜各种困难，实现自身的发展。所以，从古至今，人类虽然不断争斗，特别是阶级斗争把人类的对抗形式发展到极致，但是与此同时人类从来也没有忘记和中断彼此之间的呵护和帮助。正是因为人间还有真情和爱的一面，才消解了各种仇恨和对立，人类才不致在无休止的内部争斗中同归于尽。历史上曾有书写不尽的人间友爱和互助的动人佳话，同样，人与人之间真诚相处和彼此善待的思想主张也一直在各民族中产生和传扬。尽管这些思想的表现形态和追求的意境不尽相同,但最终都有一个共同的指向,那就是与不同的民族文化结合在一起的人本思想。

人本即以人为本,是人类最高境界的自我意识。在历史上,物、神、思都曾经充当过哲学之“本”,但是只有人本思想才表明人已经把哲学的终极追求从各种支配人的独立实体转向人自身。人能够超越物、神、思,把自身理解为本,表明人的抽象思维水平的提高和自我意识的增强,极具理论的深性。人是有缺陷的存在物,人能够正视自身的缺点和不足,依然把人提升到本的地位,表明人本思想的宽容。人本思想的博大的包容性使它能在“对抗形式”占统治地位的“人类社会的史前时期”,成为唯一摆脱了意识形态束缚的人类共同的思想财富。现实的人本来是各不相同的。但是在人这一共同的基点上却往往能取得情感上的认同和认识上的一致,其原因就在于大家都是人,每个人珍惜自己,把自己视为本,同样也把这种意识平等地扩展到别人身上,别人与自己一样也是本。马克思说:“平等是人在实践领域中对自身的意识,也就是人意识到别人是和自己平等的人,人把别人当作和自己平等的人来对待。”这种平等意识对人来说并不玄妙和高深,是人作为一个类生而俱来的,如马克思、恩格斯所说:“平等是法国的用语,它表明人的本质的统一、人的类意识和类行为、人和人的实际的同一,也就是说,它表明人对人的社会的关系或人的关系。”所以,人本思想源远流长,基础极为广阔而深厚。一般来说,越是宏大的东西,其思想来源也必定十分宏大。只有汇集百川,才能聚成汪洋大海,以人为本的高远和宏大决定了它的思想资源绝不是涓涓小溪。我们必须摆脱意识形态的狭隘性和孤立性,用开放的思维和真正人类社会的宽广的胸怀来理解以人为本与人本思想的共同性和继承性。在这一点上,马克思对共产主义的理解为我们做出了表率,他认为,共产主义博大而深远,绝不能“作为某种地域性的东西而存在”,它“只有作为‘世界历史性的’存在才有可能实现”。以人为本与共产主义同样广阔而精深,它也是全人类人本思想精华的结晶。具体说来,以人为本是古今中外三大人本思想资源的汇合和提升。

首先,以人为本是对西方人本主义思潮的借鉴。西方哲学自古以来就有人本思想传统,古希腊智者普罗泰戈拉斯的“人是万物的尺度”开人本思

想的先河,把人置于世界万物的中心。中世纪人虽然被神所淹没,但是在神的背后掩隐着的仍是人,神所关注的也是人,只不过它采取了虚幻的宗教神学形式而已。自近代起,人开始以自己的本来面目面对世界,人自身的自然性、思维性、实践性、社会性、个体性、审美性等最终绕过神学的屏障,直接走向哲学舞台,成为不同时期不同哲学研究的热点。15—16 世纪开始的人文主义运动,高举人道主义大旗,重人道,反神道,强调人的现世生活,批判来世幻想,把人的意义、价值、追求推向哲学的制高点。德国古典哲学代表了西欧人本思想的最高水准,康德的"人为自然立法""人是目的而不是手段",黑格尔以唯心主义的扭曲形式反映出对劳动和实践在人的生成中的意义的高度重视,费尔巴哈把人与自然当作哲学的最高对象并在欧洲哲学史上第一次打出了人本学的旗帜……所有这一切都说明,人这个永恒的最高主题已经以人本为坐标在近代欧洲哲学中确立了自己无可争议的地位。与近代西方哲学相比,现代西方哲学在内容和形态上都发生了巨大的变化,但是,以非理性为特征的人本主义思潮仍牢牢地占据哲学发展的主航道,与科学主义思潮并列,成为现代西方哲学的两大主导派别。诚然,人本主义鼓吹的人脱离了具体的社会生活和社会关系,带有明显的抽象性,但它毕竟是对整体人的利益和价值的一种期望和玄思,是对"二战"中和整个资本主义社会摧残人、淡漠人等各种异化现象的一种回击和挑战。正是这种人本主义思潮的传播和深入人心形成了一种重视人和尊重人的总体氛围,无论是民主、法制或人权都是在这种氛围中确立和完善的。所以,人本主义思潮虽然有诸多缺陷,但就其重视人的价值和意义这一点来说,就足以冲破种种阻隔,迎合十年"文革"积淀起来的人性饥渴,在中国大地广泛传播开来。改革开放后,随着中国在经济和文化上日益与国际接轨,西方的人本主义思潮首先大举渗入高校,不仅进入课堂,而且还广泛地出现在各种刊物的评介中。一时间,人本主义其中包括人本主义马克思主义的许多代表人物,如卢卡奇、柯尔施、葛兰西、布洛赫、霍克海默、马尔库塞、列斐伏尔、萨特、弗洛伊德等名字充斥于书刊中,成为知识界特别是青年一代熟知和景仰的人物,他们的人本主义思想自然也就为人们所接受,成为当今中国哲学和文化的热点和深层背景之一。以人为本作为科学发展观的核心既是中国共产党对内的基本国策，同时也是向世界的宣言和承诺，今后中国将以人为本，彻底告别一切对人的轻慢和冷漠，人的彻底解放和全面发展将是今后中国社会发展的主题。坚持以人为本就要以开放的思维来面对人本主义对人的价值和意义的高度重视，不可抱着狭隘的心态，一面自已坚持以人为本，同时又批判和贬低别人的人本主义。只有从积极方面发掘和汲取二者的共同点，把人本主义作为以人为本的思想资源，才能进一步彰显以人为本的博大的思想基础和深远的世界意义。

其次，以人为本是对马克思实践唯物主义人学思想的继承。在哲学史上，马克思实现了划时代的哲学革命变革，创立了他自己称谓的新唯物主义哲学。马克思所说的新唯物主义也就是实践物主义，即“把感性理解为实践活动的唯物主义”，这种唯物主义有别于旧唯物主义，它凸显的不是抽象的物，而是实践着的人，在它的视野中，只有人及其实践才是现实世界的真正的创造主。因此，对马克思来说，如果这个世界还有什么可以成为本的话，那么，这个本就只能是人及其实践。具体说来，马克思的人本思想有两重含义：第一，人是本体论意义上的世界之本。现实世界，无论是自然、社会、历史和思维，无不是人的实践的结晶，社会、历史和思维在人的实践中形成，是人的实践的积淀，这比较好理解。自然界似乎先于人，它何以是人的实践的产物？这个基于日常认识所产生的疑惑往往阻碍对马克思实践哲学的认同和理解。其实，马克思所说的自然是现实的自然，是人在其中生活，并出于人的需要经过实践加以改造过了的自然，即马克思所称的“人化自然”，而不是作为纯粹自然科学研究对象的那种排除了人、没有人的干扰的自然，如微观粒子结构、宇宙的演化等等。这种“人化自然”当然是人的实践铸就的，如马克思所说：“在人类历史中即在人类社会的形成过程中生成的自然界，是人的现实的自然界；因此，通过工业——尽管是以异化的形式——形成的自然界，是真正的、人本学的自然界。”如果排除了人，用非人的观点去看待自然界，那就同样如马克思所说的：“被抽象地理解的，自为的，被确定为与人分隔开来的自然界，对人来说也是无。”[①]所以，人可以与本连接起来，真正成

① 《马克思恩格斯全集》第3卷，第335页。

为现实世界之本。第二,人是价值论意义上的世界之本。在马克思主义之前,除了不同形态的人本哲学之外,几乎所有的哲学流派都带有普遍的轻视人的倾向。旧唯物主义只强调物的本原作用,把人置于派生的地位,马克思曾批判说,在旧唯物主义那里,"物质是一切变化的主体","唯物主义变得敌视人了"。唯心主义颠倒了人与意识的关系,当他们把精神和意识视为世界之本并说人和自然一样都是精神和意识派生出来的时候,彻底地表现了对人的轻蔑,集唯心主义之大成的黑格尔哲学就被恩格斯称为"已经变得不能容忍的'纯粹思维'的专制"。费尔巴哈重视人,把人和自然看作哲学的最高对象,"但是,在他那里,自然界和人都只是空话。无论关于现实的自然界或关于现实的人,他都不能对我们说出任何确定的东西"。因为"他把人只是看作'感性对象',而不是'感性活动'……他还从来没有看到现实存在着的、活动的人,而是停留于抽象的'人',并且仅仅限于在感情范围内承认'现实的、单个的、肉体的人'……可见,他从来没有把感性世界理解为构成这一世界的个人的全部活生生的感性活动"。比较起来,只有马克思从其哲学革命变革的基本立场出发,不仅把人当作本体论意义上的世界之本,而且高度重视人的生存价值,认为人是天地间最可宝贵的价值之源,人在马克思的心目中始终占据突出的地位,并成为一切关系的最终归结。所以,马克思一再地说:"人是全部人类活动和全部人类关系的本质、基础","人始终是这一切实体东西的本质","社会本身即处于社会关系中的人本身","历史不过是追求着自己目的的人的活动而已"。正是出于人所独具的至高无上的价值,而在资本主义制度下人又处于高度的异化状态,所以马克思才致力于共产主义革命,争取无产阶级和全人类的解放,而"任何解放都是人的世界和人的关系回归于人自身"。马克思主义是中国共产党的指导思想,如果说在改革开放前,马克思的人本思想还受到极"左"思潮的遮蔽,那么,几十年来中国思想界的拨乱反正和正本清源收到了极大的成效,马克思的人本思想已经在理论界广泛传播,深入人心,成为从理论界到领导层的普遍共识。十六届三中全会提出的以人为本的科学发展观显然融会了马克思的实践人本思想,这也是坚持和发展马克思主义的具体体现。

最后,以人为本是对中国历史悠久的民本思想的传承。古老的中国文化一直伴随着悠久的民本思想传统,民是古代中国对人的另一种称谓,精确意义上是指与官相对应的被统治、被治理的广大群众。为了社会的稳定和长治久安,历代的统治者都能认识到,不能无限制地剥削和压迫广大民众,必须保证他们的最基本的生活条件,实行与民休养生息的怀柔和让步政策。这个认识被历代统治者和儒家学说进一步提升,概括为"民可载舟、亦可覆舟""为官一任,造福一方""官为民之父母"等"仁者爱人"的民本思想。春秋初期管仲说得更直接:"夫霸王之所始也,以人为本。本理则国固,本乱则国危。"这里所说的以人为本其实就是以民为本的意思,认为民是国家赖以强固的基础和手段。这种带有工具意义的民本思想,自古以来在官场和思想界广泛流传,成为中国传统文化中一道亮丽的风景线。现在提出以人为本的科学发展观明显地承袭了传统文化中民本思想对黎民百姓的重视和关注,而在表述形式上则直接沿用了古已有之的以人为本。这一切都深刻地表明了以人为本是古今中外民本思想之集大成。

二、以人为本是世界历史的共同趋势

历史上的民本思想不仅为以人为本的科学发展观提供了思想资源,它同时还不断地被践行着,成为历史演进的一个重要维度。历史事实表明,伴随着人类的进化和文明程度的提高,人的生存的意义和生命的价值总是沿着上行的路线不断地被提升着,这是人作为一个类而不同于动物的自然发展趋势。恩格斯说过:"人来源于动物界这一事实已经决定人永远不能完全摆脱兽性,所以问题永远只能在于摆脱得多些或少些,在于兽性和人性的程度上的差异。"一部人类的历史就是人类兽性和人性此消彼长的历史。在古代,人脱离动物界不久,还保留较多的兽性,往往用动物的眼光来看人,视人的生命如动物或草芥一样,所以,几乎所有重大的矛盾和冲突都用你死我活的战争手段来解决。在中国,史称春秋无义战,人犯了死罪就满门抄斩,株连九族,而且手段特别残忍。在欧洲也是战事不断,什么三十年战争、百年战争、红白玫瑰战争等充斥历史,就是日常纠纷也经常采用或生或死的决斗方式。人与人之间的这种残忍的以兽性为主导的历史大都发生在近代以前的中世纪和更远古的奴隶制或人类社会的原生形态。马克思曾用人自身相

互关系的历史演进来区分社会发展阶段,认为人类早期的非人的相互关系源于"最初的社会形态下"的"人的依赖关系",而这种关系又是与经济发展的落后状况紧密联系在一起的。马克思说,那时,"人的生产能力只是在狭窄的范围内和孤立的地点上发展着",人与人之间除了"自然发生的"生存和繁殖的关系之外,真正社会意义上的联系很少,而纯粹自然发生的关系就只能是动物性的依赖关系。动物就是为了生存和繁殖而依据先天的自然因素建立起相互依赖的关系,如性活动、协同活动、统领和服从活动等。人若不是凭借后天的努力来确定自己在社会中的地位,而是依据自己的出身、血统和先天的自然条件来确定自己和他人的依赖关系,那么,这正是动物性原则的体现。马克思在《黑格尔法哲学批判》中曾多次谴责封建等级制度是"使人同自己的普遍本质分离,把人变成直接与其规定性相一致的动物"。因为"主权、君主的尊严会与生俱来。君主的肉体决定了他的尊严。……出生像决定牲畜的特质一样决定君主的特质"。所以马克思最后得出结论:"中世纪是人类史上的动物时期,是人类动物学。"马克思在另一处说得更直接:"专制制度的唯一原则就是轻视人类,使人不成其为人",所以,"专制制度必然具有兽性,并且和人性不相容"。

马克思的这些论述集中说明,一部人类发展史是由低级到高级的进化史,在人类发端的早期阶段,人还处在自然发生的动物性的相互依赖状态,这个时期人的自我意识还很低下,无论是对自己还是对他人都以生存和繁殖为目的而相互依赖和联系在一起。在这种情况下,人之间虽不排斥真情的存在,但基本都把他人视为工具和手段,与人本目的和人本意识还相距甚远。近代文艺复兴和资产阶级革命开辟了人类历史的新时代,随着自然经济的瓦解和商品经济的产生,人与人之间的关系发生了空前的变化。马克思说过,商品是天生的平等派,等价交换的原则把交换主体置于完全平等的地位。人与人的平等关系是对近代以前人的依赖关系的一种扬弃,商品经济作为基础全面地加强了人在经济、政治、思想、文化等方面的联系,使人极大超越了仅仅以生存和繁衍为目的的纯自然的存在,而形成普遍的社会物质变换、全面的关系、多方面的需求以及全面的能力体系。这种平等关系有两个鲜明特点:其一,人的依赖性仍然保持并发展着,但其基础已不仅是人的生存和繁衍的自然性，更是在经济即物的基础上形成的思想、文化、政治、伦理等“全面的关系”和“多方面的需求”；其二，由于这种关系本身是平等的，已超出自然形成的必然强制性，因而人本身又都是独立的，每个人都有自主支配自己财产和活动的自由和权利。这就是马克思所说的“以物的依赖性为基础的人的独立性，是第二大形态”。《人权宣言》所标榜的自由、平等和博爱反映了西方社会由主奴关系向人本关系的转变，前资本主义制度下的封建主与农奴都在商品经济体制下实现了人的角色的转换，彼此不再是主与奴，而都是生而平等的作为类的人，形成了以独立和平等为基础的新型的人际关系。这种关系最初也是十分残忍的，尤其是在资本原始积累时代，从头到脚都充满了血污，但与从前的动物性的依赖关系相比，它毕竟开辟了以物的依赖性为基础的人的独立性的时代。物的依赖性是以物或钱为本，人不过是金钱的奴隶，正所谓“人为财死，鸟为食亡”。但也要看到，西方的资本主义也不是永远一成不变的，随着经济、科技与文化的发展和马克思所说的“多方面的需求以及全面的能力体系”的形成，人和物的关系也在发生改变。首先是人的能力提高了，物和钱都在空前地大幅度地增加，越来越多的人变得富有了，在人与钱的关系中，钱开始贬值，而人在增值，人在各方面都显示了钱所不能买到的价值和重要性，这和从前的商品拜物教形成鲜明的对照。所以我们看到，从前根本不可能发生的富人资助科研、救危扶困、不留遗产、回报社会等善举今天已经屡见不鲜。其次，西方发达国家政府作为社会的管理机构，为了其统治的长治久安，也不能不关注社会底层，甚至实行福利主义政策，这也使人的整体生存状况与从前相比逐步得到改善。今天，人权问题是西方社会关注的基本问题，虽然他们在这方面的记录并不光彩，但尊重人权、惩治对人权的侵犯，这已是当今西方社会不争的事实。人权虽然在理论和实践上还不等于今天我们所遵循的以人为本，它们分属于两个不同的思想体系，但在实际追求和具体举措上，人权与以人为本还有大体一致的一面。

与西方社会人的发展路径相比，中国作为东方亚细亚生产方式的大国经历了完全不同的发展进程。中国从未经过西方式的标准的五大社会形态，既没有过希腊和罗马式的奴隶制，也没有出现过以领主和农奴的组合为

特征的中世纪，因此，中国的人从历史上就与欧洲不同。由于中国社会长期以来自然经济一直占主导地位，以平等交换为特征的商品经济处于附属地位，所以在中国也就不可能产生生而平等的作为类的人，同西方一样，在中国人是二元对立的，但不是主奴的对立，而是官与民的对立。中国的广大基层众生是以民的面貌出现的，他们不是奴，而是处于平民地位的民，不存在与官的固定的人身依附关系，所以在中国广大从事农业的人口不是农奴而是农民。民在政治和经济上受到官的统治和剥削，高官厚禄，无官不贪，民不聊生，民怨沸腾，官民关系是地主与农民阶级关系在政治上的集中体现。只要是官，就是民之父母，与官民关系相比，地主与农民在政治上都作为民，在他们的阶级关系中倒有相对平等的一面。所以中国历史变迁的焦点一直集中在官民关系上，官逼民反成为改朝换代的普遍机制，这和西方往往通过上层的争斗导致政权的更迭明显不同。在西方，下层的民众大起义也比中国少，也很少能达到改朝换代的效用。中国历史的这个特点恰恰说明，民在中国的地位至关重要，远远高于西方的奴隶和农奴，作为这种状况的反映，中国自古以来就高度重视民生问题，有着深厚的民本思想传统也就十分自然了。

但是，自近代开始，中国民的地位与西方的人的地位相比就显得落伍了。随着市场经济体制的建立，西方原有的农奴大部分转化为工人，在法律上取得了平等和独立的自由身份，与其他各社会阶层一起，都成为生而平等的作为类的人。但在同时期的中国，由于社会发展迟缓，依然处于封建统治之下，广大民众的社会身份仍然是官治理之下的民。在西方，人作为一个类，没有官民之分，大家都是人，只有分工和职位的不同，这种区别虽然具有阶级剥削和压迫的性质，但它并不抹杀人的独立和平等地位，大家在权利和义务上都是相同的。而在中国这种独立和平等只存在于民之间，官民关系依旧是统治与被统治的关系，根本没有平等可言。就这层意义来说，近代中国的民的地位远不及西方的人。这就是历史的辩证法：中国古代的民优于西方的奴，而近代中国的民又低于西方的人，这恰恰是中国作为东方亚细亚生产方式的国家独有的特征。

历史并没有停止在近代，随着西方的入侵和社会基本矛盾的加剧，中国不仅发生了辛亥革命，推翻了清王朝，而且建立了中国共产党，领导中国开始了由民到人的转换进程。中国共产党作为一个以解放全人类和实现人的全面发展为宗旨的先进的党，当然反对官民对立，反对三座大山对广大民众的压迫，第一步就是通过民主革命实现人的独立和平等。在民主革命过程中，中国共产党当然应该依靠民，但是中国近代以来的民庞大而复杂。地主阶级虽然也是民，但投靠三座大山，官僚资产阶级既是民又带有官的属性，它们与三座大山结合在一起不能成为革命的动力或盟友，只能是革命的对象。因此共产党所依靠的民已排除了地主和官僚资产阶级，主要是指工农及其他能够联合起来的广大群众。党与这些基本的民众的关系，也较为复杂，一方面他们是革命所依靠和服务的对象，在党的心目中，他们早已上升到西方的人的地位；另一方面，他们接受共产党的领导，存在领导与被领导的关系，同时，在根据地和新中国成立后还要把他们当作民来加以治理，在这个意义上，党和政府与他们还有官民的关系的一面。但是这种官民关系绝不同于古代的统治和压迫意义上的官民关系，党对他们的领导和治理的全部含义就是服务和管理。党从其诞生时起，就给自己服务和管理的对象以一个新的称呼，叫作人民。人民概念凝聚了人和民的双重含义，是中国共产党的伟大创造，是由传统的民向马克思所说的人的过渡和中介。毛泽东说："人民是什么？在中国，在现阶段，是工人阶级，农民阶级，城市小资产阶级和民族资产阶级。这些阶级在工人阶级和共产党的领导之下……向着帝国主义的走狗即地庄阶级和官僚资产阶级以及代表这些阶级的国民党反动派及其帮凶们实行专政。"①因此，人民一直是个阶级和政治概念，始终是与对敌人的专政和镇压联系在一起的。中国共产党取得的革命和建设的伟大胜利，就是凭借人民的力量与敌对阶级进行坚决的斗争的结果。正因为人民概念与敌人概念相对应，反映了革命和建设一定时期的历史状况，所以，与人这个大的类概念相此，它还不是终极的，还有一定的发展和转化空间，人民也必定要随着社会的进步而走向人和以人为本的境界。

改革开放几十年来，中国社会发生了巨大变化，集中表现在经济、政治

① 《毛泽东选集》第4卷，人民出版社1991年版，第1475页。

和文化三个方面:经济上,随着改革的深入,一大二公的全民所有制瓦解了,多元的经济结构正在形成,这是对原有僵化的、过分集中的单一所有制弊病的扬弃,它所带来的直接后果是空前高涨的生产积极性和日益增长的经济活力。以此为源头,经济增长速度加快,社会财富增多,全民普遍富裕起来。今日的中国是世界经济发展的奇迹,在长时期经济以年均百分之八九的增幅增长的氛围中,人们越来越感到人与人之间共同利益增多,即使是存在着适度的剥削,但总体上是互利双赢,在共同的发展中实现自身的发展。这就为消灭阶级和阶级的对立,实现由民到人的转换奠定了经济基础和具备了现实条件。政治上,从改革开放伊始,就彻底废除了以阶级斗争为纲,大力加强社会主义民主和法制建设,有效地保证和发展了社会主义的平等和人权。特别是随着阶级的消灭和原有敌对阶级分子的消逝,整个社会已经不存在专门需要进行镇压和专政的阶层与集团,敌人概念已非固定的人群所专属,生而平等的作为类的人已经成为中国社会现实的主流。文化上,随着"三个代表"重要思想特别是先进文化教育的展开,人们的思想境界进一步趋向平等和净化。在以阶级斗争为纲的年代,人们把人与人之间的不平等视为天经地义和某些人的特权,改革开放开阔了文化视野,人们逐步认识到,先进的文化首先是平等、民主、法治、文明、开放的文化,欺压、特权、歧视是野蛮的文化,是人类史前时期才可能经常遭遇到的窘境和尴尬。党的十六届四中全会提出的建设和谐社会的构想又把人际关系的和谐提到首位,所有这一切都为实现从人民到人的转换提供了文化支撑。也正是在以上三方面深刻积淀的基础上,十六届三中全会适时地提出了以人为本的科学发展观,中国终于融入世界历史发展的主流,堂堂正正地进入了以人为本的新时代。

中国从民经过人民再到人和以人为本,这个历史性的转换是在共产党领导的民主革命和社会主义革命基础上,经由改革开放的深刻积淀而实现的。西方经过几百年的发展才借助市场经济的机制,确立和完善了人本主义的社会氛围,而中国则在不到一百年的时间就进入了以人为本的时代。他们走过的道路不同,付出的代价也不一样,但前进的方向总是指向人本或以人为本,不管人们是否充分自觉,这个总的趋势是必然的,也是任何人都阻挡不了的。共产主义的最终目标是全人类的彻底解放和实现人的全面发展,这个终极理想就是以人为本的最大化和彻底化,世界大同的境界将通过以人为本来实现。

三、中国占据人本思潮的制高点

和平和发展是当今时代的主题,而无论是和平或发展最终都观照人的生存和境遇,落实到人的生活状况的改善和提高上。所以和平和发展时代也是全球化背景下加速推进人的解放和发展的新时代,这是人类历史上从未有过的发展机遇,是"二战"以后科技革命和全球化的改革浪潮所带来的积极成果。现在全世界各国不论国情有什么不同,发展阶段有多大差异,但有一点是共同的,那就是大家都在追求进步,谋划发展,抛弃冷战思维,磨合相互关系。世界各国都为人类未来的发展提出过许多有益的主张和设想,各国也都根据自己的国情采取了一些实际步骤来解决民生问题,但毋庸置疑,中国提出的"以人为本"迈出的步子最大,从理论到实际措施都最深刻、最完整,占据了当代人类发展的思想制高点。这主要体现在以下几个方面。

第一,中国的以人为本是作为党和国家今后长远的发展理念和指导思想提出来的,不同于国外的一般的人本主义思潮。西方发达国家不乏人本思想,但它只是作为学术意义上的存在,与政府无关,虽然也具有思想见解的深刻性,甚至与我们的以人为本大体处于同一水平线上,但它只是多元思潮之一,根本不具有我国的以人为本的权威性,所以,在西方还可以听到不少反对人本主义的声音。

第二,中国的以人为本是指导现实的基本维度,表现出强大的实践力量,这也是西方的人本主义思潮所难以做到的。自从提出以人为本的科学发展观起,中国共产党和政府就立即把它融入当下的现实,落实到关心下岗职工再就业和解决"三农"问题等面向弱势群体的工作实践中。所以,中国的以人为本不仅是以马克思思想为指导的汲取欧洲的人本和儒家的民本思想的新升华,在思想理论上具有包容性、深刻性、时代性和先进性,而且与现实实践结合在一起,体现为马克思所说的实践唯物主义的"改变世界"和人的全面发展的哲学本性。

第三，中国的以人为本不是孤立的思想存在，前有邓小平理论和“三个代表”重要思想做底蕴，后有构建和谐社会的总体目标做支撑，是承前启后的完美思想体系的关键环节。以人为本的人是和谐社会中的人，以人为本所要构建的是和谐社会，以人为本是和谐社会的基础，和谐社会是以人为本的必然结果。大家都以自己为本同时对别人也像对自己那样也视为本，别人也像自己那样视自己和他人为本，那么，这个人皆为本的社会必定是个和谐社会。

上述三个特点使中国的以人为本一经提出就立即掀起一股强大的关心人、解放人、发展人的浪潮，下岗职工就业问题、三农问题、贫富差距问题、生产安全问题、贫困学生就学问题、环境污染问题、社会治安问题，等等，一下子就吸引了决策机构和广大媒体的关注，并在两年多的初步实践中取得了可喜的成就。这就表明，以人为本现阶段彰显奇效，立竿见影，长远看，必然功在千秋，志存高远，是解决中国当前和未来一切问题的强大的思想武器。

中国是世界四大文明古国之一，对于全世界历史的发展曾经做出过巨大的贡献。但是近代中国落伍了，屹立于世界民族之林，却没有做出自己应有的贡献。中国改革开放的伟大成功，呼唤中国人的自信和良知，应该从自己的东方文明的宝库中发掘出智慧的瑰宝，贡献于人类发展的宏伟事业。今天的以人为本和构建和谐社会是最有价值的选择。

以人为本是中国古代的民本思想和现代的为人民服务的公仆思想相结合的伟大精华，它以马克思哲学为指导，与西方人本主义的精粹熔于一炉，是当今时代能够引领世界发展和前进的自主的思想创新。凭借以人为本而提出的构建和谐社会与和谐世界使全人类的大同思想第一次由纸面而跃向现实，是对世界全局和各国关系走向的新的规范，与以人为本同样具有不可估量的意义。由十年“文化大革命”中的谈人色变到今天的以人为本，从以阶级斗争为纲到现在的构建和谐社会，这个急剧的转变过程足以折射中国共产党思想跃迁之勇气和自信，它已经在中国开花结果，作为新时代引领中国和世界前进的思想发动机，以人为本和构建和谐社会必将为世界带来新的思想启发和震动。

近代以来，几百年间整个世界一直由西方的理性主义思潮来主导和引领，它既取得了划时代的非凡成就，今日世界已非往昔可比，但也尽显强弩之末的疲态，引发了环境污染、两极分化、道德滑坡、种族歧视、宗教纷争、恐怖主义等一系列新问题。近年来，西方学者已发现他们曾执着追求的现代性解决不了当代的世界难题，应运而生的后现代主义也以其过激的主张和不近情理而被学界边缘化。世界在西方思想原有的框架内已经是步履维艰，前景黯淡，相映之下，东方的智慧和文明正在引起人们的关注和兴趣。以儒家文化为指向的所谓的亚洲四小龙的崛起已经是小试牛刀，今天已作为儒家文化精粹进一步提升的现代性成果——以人为本和构建和谐社会，将有机会成为解决当代世界难题的思想尝试。我们注意到，胡锦涛总书记几次在重大的国际会议上着力推出以以人为本为内涵的开放思维，大力强调用互利双赢的原则推进国际合作，解决矛盾纷争。他的每一次发言由于积极善意，无懈可击，都受到了与会政要们的拥护和支持，并有逐步成为为各国普遍认可的主流的趋势。

改革开放以来，中国扭转了自己在世界上孤立封闭的被动局面，开始大力推进国际经济、政治、文化上的合作与交流。在特定时期内，在思想领域里，更多地介绍和传播西方的学术思想是必要的，是可以理解的，舍此就不能知己知彼，就不会有共同语言，难以开展合作和交流。但是任何交流都是双向的，像互学语言一样，应该是相互介绍，增进了解，而不是单向的，只是一厢情愿地介绍和学习人家的先进经验。在这个意义上，中国在学术思想交流中应该采取主动姿态，加大学术思想输出的力度，让中国了解世界，也让世界了解中国，这才是学术交流的常态。在这方面一定要增强自信，不可妄自菲薄，光看人家之长，顾虑自己之短而不敢张扬自己。基于中华文化沃土的滋养而升华出来的以人为本，辅之以构建和谐社会与和谐世界，雄踞当代世界学术思想和文化取向的制高点，发掘它所独具的世界历史意义，对实现中华民族的伟大复兴具有不可估量的意义。

第八章　马克思主义哲学视域下的以人为本

在从国内和国际双重视角阐发了以人为本的多方面的内涵和意义之后，现在我们可以转换视角，给以人为本做一总的概括，集中阐发以人为本的哲学意义。众所周知，以人为本作为当代中国科学的发展观和中国共产党执政的基本理念，在各个领域里都得到了广泛的认同，受到了人民群众的衷心拥护，那么，现在要问：哲学对以人为本持什么态度，它是否接受以人为本呢？对这个问题现在未必有一致的答案。十年前，笔者发表了一篇关于马克思的以人为本的文章，曾引起轩然大波，被认为是对唯物主义哲学的冒犯。[①] 现在虽然理论环境进一步向好，但是对哲学上"本"的问题历来歧见极多，积重难返，看来今天仍有讨论的必要。以人为本的哲学意义主要体现在对"本"的释义上，比起十年前，笔者对这个问题的认识和观察视角也有进一步的深化和转换。

一、以人为本是哲学本体论的深化和创新

哲学承不承认以人为本，这要从"本"的含义说起。哲学上的本首先具有本体论的意义，指的是世界的基础和本原。在哲学史上，物、心、神都曾被当作"本"并由此而演化为唯物、唯心、神学等各流派。在马克思以前，本体论不仅是一种观点和流派，而且是一种普遍的思维方式，任何一种哲学都必须回答世界的终极本质问题，把本体论作为哲学构成的基本板块。在这个意义上，哲学就是本体论，与形而上学是同义语。但是本体论思维方式具有严重的缺陷，它避开人和人的现实生活抽象地追问世界的始基，得出的答案既不可证实也不可证伪，只是一种思辨的信念，怎么说都行，不具有公认的确定性。因此，马克思的哲学革命变革的矛头一开始就指向本体论，把对世界终极本原的追问回归到人及其实践中。

马克思反对本体论的思维方式，认为它离开人及其实践抽象地议论世

---

① 参见《哲学研究》1994 年第 2、8、9、12 期。

界的本原和本质问题,是对哲学的一种误导,哲学若是沿着这条道路走下去,只能是路子越来越窄,变成一种毫无意义的空论。但是同样不可忽略,本体论所提出的问题深刻而有见地,是很有意义的。人是智慧动物,从不满足于对事物的表面直观,超越感觉经验、达到对事物本质的深层理解是人之为人的本性。本体论对世界本质的终极追问恰恰与人的形上诉求相统一,在这个意义上,不满足于既有的生存状态,追寻世界的理想之"本",这不仅促进了人在主观与客观、此岸与彼岸、本质与现象、感觉与思想等二元分立领域对立的意识的觉醒,而且具有批判现实的作用。问题在于怎样理解和确认世界之"本"。

马克思以前的一切本体论都属旧哲学,只以描述世界、解释世界为己任,基本上是与人无涉的。无论是古代的巴门尼德的存在本体论、德谟克利特的原子本体论、柏拉图的理念本体论、亚里士多德的质料形式本体论,还是近代的笛卡儿的实体本体论、斯宾诺莎的自然本体论、莱布尼兹的单子本体论、康德的物自体本体论、黑格尔的绝对精神本体论,它们形态各异,内容不同,但有其共同点,即不理解世界的属人性质,都是在人的实践和创造之外去设定世界的终极原因和构成。马克思的实践唯物主义开辟了一条崭新的道路,把对世界之本的追寻置于人的生活实践中。马克思首先确定了世界的存在前提,即我们所说的世界是现实的世界,是人的生活世界,而不是离开人的虚妄和抽象的世界,讨论这种世界之本的问题是没有意义的。马克思曾批评费尔巴哈说:"他没有看到,他周围的感性世界决不是某种开天辟地以来就直接存在的、始终如一的东西,而是工业和社会状况的产物,是历史的产物,是世世代代活动的结果。"①至于"先于人类历史而存在的那个自然界,不是费尔巴哈生活其中的自然界;这是除去在澳洲新出现的一些珊瑚岛以外今天在任何地方都不再存在的、因而对于费尔巴哈来说也是不存在的自然界"②。所以,我们必须把人的生活世界作为讨论的基点,去追寻什么是现实世界之本。

① 《马克思恩格斯选集》第1卷,第76页。

② 《马克思恩格斯选集》第1卷,第77页。

当我们确立了现实世界的认识前提,把视角移向人的实践和实际生活,人作为世界之本的意识就立即被召唤出来了。人的生活世界包含三个层面,即自然界、人类社会和精神世界,它们无一不是人类实践和创造的结果。马克思说过,自然是人化的自然,而"被抽象地理解的,自为的,被确定为与人分隔开来的自然界,对人来说也是无"①。"在人类历史中……形成的自然界,是真正的、人本学的自然界。"②所以人是自然界的奥秘所在,人按照自己的意志、价值、需求重塑了自然界,"作为自然界的自然界……是无意义的,或者只具有应被扬弃的外在性的意义"③,只有人才是自然界的真正之本。而人类社会本身就是人的集合,社会之本无疑是人自身,因为人以生产实践而生存自立,而"人本身是他自己的物质生产的基础,也是他进行的其他各种生产的基础"④,在生产中形成的生产关系就是社会关系,社会本身即处于社会关系中的人本身。所以马克思又说,"人始终是这一切实体性东西的本质"⑤,"人就是人的世界,就是国家,社会"⑥,人不仅是自然界也是社会之本。至于精神世界则不必赘言,精神和意识本身就是人高度进化的产物,是人的思维的结晶,它以人的存在为载体,当然也是以人为本的。

马克思对人的生活世界三个领域的崭新界说,是对哲学史的根本性的颠覆,对马克思来说,旧唯物主义关于人是自然界长期发展的产物作为具有优先地位的结论保留着,但他同时补充说,现实的自然和世界都是人化的,离开人和实践的自然界对人来说都是无,只有被扬弃的外在的意义。这就在历史上第一次真正置人于"本"的地位,而且把对人的理解建立在崭新的实践基础上。在马克思以前,人本思潮并不乏见,费尔巴哈就是一个著名的人本唯物主义者。他把人和自然视为哲学的最高对象,认为人是自然界长期发展的产物,这都无可非议。但是他不理解自然,不理解人,更不理解人和自然的真实关系。他用生物学的自然主义眼光来看人,和 18 世纪旧唯物

---

① 《马克思恩格斯全集》第 3 卷,第 335 页。
② 《马克思恩格斯全集》第 3 卷,第 307 页。
③ 《马克思恩格斯全集》第 3 卷,第 336 页。
④ 《马克思恩格斯全集》第 26 卷,人民出版社 1972 年版,第 300 页。
⑤ 《马克思恩格斯全集》第 3 卷,第 52 页。
⑥ 《马克思恩格斯选集》第 1 卷,第 1 页。

主义者一样，把人仅仅看成是自然界长期发展的产物，不理解人的实践和感性活动在自然界和人的生成中的决定作用。马克思批评费尔巴哈说："诚然，费尔巴哈比'纯粹的'唯物主义者有很大的优点：他承认人也是'感性对象'。但是，他把人只看作是'感性对象'，而不是'感性活动'……他从来没有把感性世界理解为构成这一世界的个人的全部活生生的感性活动。"①对于现实世界来说，人是本，而对于人来说，实践和感性活动是本，没有实践就不会生成人，因而也就不会有现实的世界，如马克思所说："这种活动，这种连续不断的感性劳动和创造、这种生产，正是整个现存的感性世界的基础。"②所以，马克思不仅为现实世界找到了真正的人本基础，而且还对人作了科学的界说，指出实践是包括人在内的全部世界的根基所在。马克思的唯物主义不是一般的唯物主义，而是经过划时代哲学革命变革而创生的实践唯物主义。实践是人的实践，人是实践的主体，没有作为生命个体而存在的人，也就不会有人的实践。在这个意义上，以人为本是对世界本质的正确认识和如实反映，它对一切时代、一切社会都是天经地义、至高无上的。社会主义要坚持以人为本就是对马克思的实践唯物主义哲学的首肯和认同。

二、以人为本凸显了哲学价值论的意义

以人为本除了具有本体论意义之外还有价值论的意义，所谓价值论即指对人的生存的至高无上的价值和意义的认同，要求本着人的利益和需求来决策和行事，在这个意义上，以人为本与人本主义大抵相近。

人本主义作为一种哲学思潮源远流长，像一根红线一样贯穿于近现代的哲学发展史中，并与科学主义思潮一起成为现代西方哲学的两大主流派别。人本主义的兴起是理所当然的，既然已经确认人是世界之本，那么，如何对待人这个"本"呢？其答案当然离不开尊重和善待，这就使人本主义具有深刻的价值论意义。所以从逻辑上说，研究以人为本的价值论意义绕不开如何对待人本主义的问题，这是探讨以人为本哲学意义的题中应有之义。

① 《马克思恩格斯选集》第1卷，第77—78页。

② 《马克思恩格斯选集》第1卷，第77页。

人本主义作为人的自我意识，是从价值意义上来表征对人的重视和理解。这种思潮具有广泛的普适性，任何时代社会的稳定和发展都倚仗于民生问题的妥善安排和解决，没有对人的起码的关照，任何统治和管理都维持不了。所以，不需要什么崇高境界，只是为了维护自己的统治和社会的长治久安，也会形成和产生价值论意义上的以人为本的思想。汉语中的以人为本思想原本是春秋时期齐国政治家管仲提出的治国术，意为：只有把人的问题解决好了，才能达到称王称霸的目的。这里虽有其明显的工具性，但瑕不掩瑜，毕竟是对人的善待和重视意愿的一种表达，中国传统的民本思想基本上就是沿着这个思路传承下来的。因此，儒家倡导的仁者爱人绝不仅仅是一种简单的道德说教，同时也具有深厚的人本主义意蕴。但是，比较起来，真正以哲学形态系统阐发的人本主义思想还是产生于西欧。十五六世纪以来，伴随着资本主义的产生，兴起了一场波澜壮阔的人文主义运动，它把斗争矛头直指宗教神学和封建等级制度，反对神道，尊崇人道，批判愚昧，倡导理性，轻蔑信仰和彼岸，重视尘世和此岸，把人从“醉醺醺”的天国梦中拉回到实实在在的现实生活中来。这场运动以其理性和人道主义的内核而成为人本主义思潮的肇始，经过休谟和18世纪法国唯物主义者的锤炼和提高，到以康德和费尔巴哈为代表的德国古典哲学阶段，就形成了较为完整的近代形态的人本主义思潮。康德重视人的生存和价值，强调人是目的而不是手段，并要人为自然立法，这在他那个时代是难能可贵的。费尔巴哈虽然不理解人和自然的真实关系，但他推崇人，把人看成是至高无上的存在和哲学的最高对象，代表了那个时代人的自我意识的觉醒。尤其是费尔巴哈和他同时代的人对宗教的批判，揭示了宗教是人的本质自我异化的实质，不仅把人从宗教那里夺回来，而且确立了人的主体地位，这就使人堂堂正正地站起来，有资格和自信为争取自己的尊严和权益而斗争。

如果说近代的人本主义一直和理性主义结合在一起的话，那么，到了现代，人本主义思潮在形态上发生了很大的变化，主要是面对着资本主义科技理性过度张扬而造成的人高度异化的事实，人本主义开始与理性主义分道扬镳，采取了非理性主义形态。从19世纪中叶起，以叔本华和克尔凯郭尔为代表的一些哲学家们就开始向传统的理性主义公开挑战，他们不满于对普遍人性和自由、平等、博爱的一般颂扬，要求转向人的个体生命、本性和本能这些方面，强调人是包括肉体、活动、意志、情感等在内的完整的存在，传统哲学的弊病就在于忘记了本真的人，必须使哲学向人和人的交往及全面性回归。

20世纪中期在德、法等国出现的一批新的人本主义思想家，他们继承了先辈们的思想，并在资本主义社会人的异化急剧加深的背景下，把人本主义思潮进一步推向系统化和完整化。特别是西方马克思主义命名的人本主义马克思主义者，见解深刻，著作众多，影响巨大。无论是以霍克海默、马尔库塞为代表的法兰克福学派，还是以萨特为代表的存在主义学派等，他们之间虽有分歧，但都表现了对人的命运的关切和对人的自由、尊严的追求。他们和其前辈不同，不再简单地拒斥科学和理性，而是企图将理性和非理性结合起来，给人以更大的生存和发展空间。值得注意的是，人本主义马克思主义者把马克思的思想资源运用于其学说中，使其人本主义思想更具先进性和深刻性。他们批判自然辩证法是为了突出人的中心和主体地位；他们强调马克思的异化理论是为了揭露资本主义全面异化的事实，从而为消除异化，实现人的解放提供思想武器；他们超越社会发展的“自然历史过程”是为了避免革命的简单化，把人的解放既看作政治经济上的革命，又是包括意识、心理、需要、本能、文化等“总体革命”的过程。这样，现代西方哲学，特别是西方马克思主义的人本主义就站在时代的高度，在历史上第一次全面地整合了既有的人学思想，成为当代具有重大影响的哲学主流派别之一。

但是，人本主义思潮在中国的命运却很曲折坎坷，经历了一个逐步理解和认识的过程。长期来由于“左”的思潮的影响，中国经历了一段以阶级斗争为纲和谈人变色的历史，那是只讲阶级不讲人，自然也就更不敢把人和“本”联系在一起了，因此，对一切人本思潮概加拒斥是不可避免的。那时就连费尔巴哈的唯物主义也受到批判，被指责为人本主义和资产阶级人性论，对于现代西方马克思主义的人本主义就更不在话下，一律斥之为资产阶级反动思潮。改革开放以后，人们开阔视野，正本清源，不仅认真地研读了马克思的哲学文本，从过去被扭曲的理解中解放出来，而且对待西方人本主义思潮也逐渐转向客观公正的态度，开始从理论和现实的两个向度来体验其

意义和价值。人作为世界之本,其尊严和价值应不应该受到尊重?社会主义国家的人民生活和境遇为什么比资本主义国家差?人本主义在这方面的诉求应该说是顺情达理的,这也是马克思和社会主义所追求的。人本主义的核心是强调人是哲学的出发点和归宿,要求尊重人的生命、情感、意志,把人当作世界的本真和最高的存在。在这个意义上,中国改革开放以来的实践在基本目标上一直和人本主义相契合。邓小平首先举起人学批判的旗帜,平反冤假错案,恢复人的价值和尊严,从思想上彻底否定"文化大革命"对人的侮辱和摧残。紧接着邓小平发动了对"四人帮"散布的贫穷社会主义理论的批判,指出:"贫穷不是社会主义,社会主义要消灭贫穷。不发展生产力,不提高人民的生活水平,不能说是符合社会主义要求的"[①]。社会主义就是要使人富裕起来,一部分人先富,再带动其他人后富,最后达到全体人民共同富裕,这就是社会主义的本质所在。中国用改革开放和使人民富裕起来的事实体现了人本主义的诉求,证实了人本主义理论虽然重要,但是生活之树常青,实践比理论更重要,说到底,人本主义也不过是追求人的生存意义而已。由邓小平开创的旨在重视和高扬人的生存和价值的建设中国特色社会主义之路继续拓展,人本主义不管人们怎样认识和评说它,但它作为人的理想和发展目标在中国深化改革开放的实践中不断地被实现着。"三个代表"重要思想把代表最广大人民群众的根本利益与代表先进的生产力和先进的文化结合起来,站在时代高度去把握和代表人民的利益,这是对人和人的权益理解的细化和深化。党的十六届三中全会正式提出把以人为本作为当代中国新的科学发展观,并在"三农""低保"和下岗工人再就业等民生问题上采取一系列切实措施,以崭新的面貌和气势确保人民的根本利益。这就在理论和实践的结合上把人本主义有价值的思想融入以人为本中,从而使以人为本的理念能够承前启后,集中一切人学思想的精华,实现了人学学说的一次历史性的整合。

① 《邓小平文选》第3卷,人民出版社1993年版,第116页。

三、以人为本体现了哲学的终极追求

"本"意味着本原、始基,还有终极追求之意,就这一点来说,以人为本与人的终极追求即人的全面发展的理想目标相吻合。人的全面发展和自由个性是马克思关于人的最高理想,马克思著名的人类历史三形态的理论中的人的发展第三阶段就是自由个性和人的全面发展。如果我们把共产主义理解为可以跃上的平台,那么,这就是实现共产主义的最基本的条件。过去我们虽然也熟知马克思与此相关的一些著名话语,如《共产党宣言》和《资本论》中的"自由人联合体",《哥达纲领批判》中的"在随着个人的全面发展……只有在那个时候,才能完全超出资产阶级权利的狭隘眼界,社会才能在自己的旗帜上写上:各尽所能,按需分配"[①],等等,但总觉得这些论述都是关涉遥远未来的事情,没有现实意义,所以一直没有引起应有的关注。当代世界经济、政治、科技发展的事实证明,人是一切发展的关键,世界各国之间的竞争,归根到底是人才的竞争。没有现代化素质的人,就不可能有真正的现代化。严酷的事实迫使各国不得不实施人才发展战略,对于发展中的中国,人才问题尤为迫切。

人才问题有其理论和实际举措两方面,但首先必须有一个正确的人才观。马克思针对资本主义社会人被高度异化和"肢解"的事实,曾经从理论上提出了消灭强制性的社会分工和人的全面发展的问题。本来分工是生产力发展和社会进步的条件,没有分工的社会是不可想象的。但是如果分工不是自愿而是强制的,那么分工本身就是对人的自由的剥夺和对兴趣与才能的压抑,这种分工对人当然是一种异化,是只有私有制社会才会产生和出现的。马克思说:"其实,分工和私有制是相等的表达方式,对同一件事情,一个是就活动而言,另一个是就活动的产品而言。"[②]所以,马克思对分工的批评并不只是针对分工本身,主要着眼于人在分工中所受到的强制和异化。如马克思所说:"只要分工还不是出于自愿,而是自然形成的,那么人本身的

① 《马克思恩格斯选集》第3卷,第305—306页。
② 《马克思恩格斯选集》第1卷,第84页。

活动对人来说就成为一种异己的、同他对立的力量,这种力量压迫着人,而不是人驾驭着这种力量。"①处于这种分工中的人是异化的人,片面的人,不自由的人,共产主义要消除异化当然要消灭这种强制性的分工,以此为基础,马克思才转向人的全面发展问题。

人的全面发展是个十分复杂的问题,多年来学界一直认为这是一个遥远未来的事情而未加深入认真的探讨,以致见仁见智,说法极多。按照当下的理解,人的全面发展有双重含义:其一是就个人而言,指个人的全面素质,即人人都应该有健康的体魄、广博的知识、专业的技能、道德的涵养和善良的品格,在德智体美等基本方面具备较高的素质,只有这样的人才能体现自身的意义和价值,同时又为社会所需求和接受。其二是指全社会对所需人才的整体布局,全面、协调地培养和配置社会所需要的各方面的人才。不仅自然科学和社会科学人才合理搭配,而且文艺、体育、卫生、工程等各方面人才也不失所需,做到全社会人才在总体上也是全面的发展。只有这两方面的有机配合才体现了人的全面发展的全部要义。

中国由于经济社会发展的滞后,长期来一直致力于解决温饱问题,距人的全面发展的目标很遥远,所以人的全面发展的举措一直未得到落实。现在,以人为本为人的全面发展提供了思想前提,既然以人为本,那么,作为本的人就不能是片面的、残缺不全的人,只有以这种认识为原点才能迈出人的全面发展的坚实步伐。实际上,人的全面发展首先面临一个合法性的问题,即人为什么要全面发展,有什么资格全面发展?按照马克思的观点,人的全面发展是人消除异化和自由地支配自己的本性的不可剥夺的权利,这种权利不仅基于人是世界之本,而且还因为人与人之间存在着相互平等的关系,个体全面发展的理由就是全体人普遍发展的根据。马克思说:"平等是人在实践领域中对自身的意识,也就是人意识到别人是和自己平等的人,人把别人当做和自己平等的人来对待。平等……表明人的本质的统一、人的类意识和类行为、人和人的实际的同一。"②所以,人的全面发展是普遍的权利和

① 《马克思恩格斯选集》第1卷,第85页。

② 《马克思恩格斯全集》第2卷,人民出版社1957年版,第48页。

总体性概念,以人为本就是人的全面发展的底线和基石,党的十六届三中全会提出以人为本的发展理念把人的全面发展的问题真正提到议事日程上来。贯彻以人为本是个巨大的实践工程,当前我国正把主要精力集中在解决民生问题上,这个问题解决好了,就为人的德智体美的全面发展奠定了坚实的基础。可以想见,随着以人为本的科学发展观的深入实践和具体落实,我国人民的全面素质必将大大提高,我国的社会发展也必将出现新的腾飞局面。

第九章　回归以人为本：社会主义探索的最新成就

前几章从多个视角，密切结合中国和世界的现实，探讨了以人为本的全面含义，理论说清了，就应该转向现实，从纵的历史线索探索中国社会主义的以人为本的实践历程。其目的在于揭示社会主义践行以人为本的必然性，彰显社会主义的人性本质。

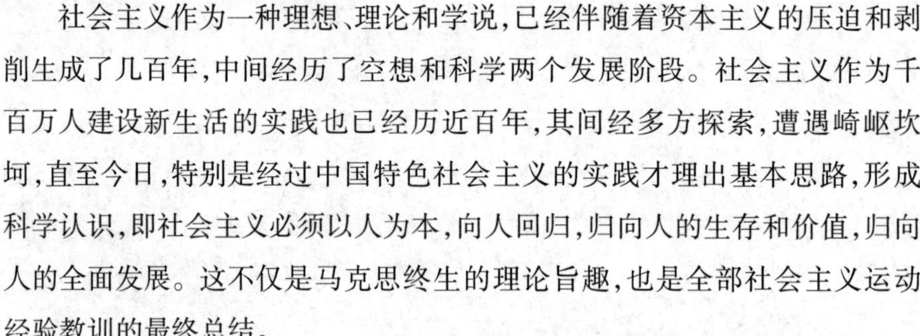

社会主义作为一种理想、理论和学说，已经伴随着资本主义的压迫和剥削生成了几百年，中间经历了空想和科学两个发展阶段。社会主义作为千百万人建设新生活的实践也已经历近百年，其间经多方探索，遭遇崎岖坎坷，直至今日，特别是经过中国特色社会主义的实践才理出基本思路，形成科学认识，即社会主义必须以人为本，向人回归，归向人的生存和价值，归向人的全面发展。这不仅是马克思终生的理论旨趣，也是全部社会主义运动经验教训的最终总结。

苏联所开的社会主义实践先河，在人类历史上第一次为马克思的共产主义学说树立起一块光辉的丰碑。他们在经济、政治、军事等各方面都取得了伟大的成功，显示了社会主义制度的强大生命力。但是在社会主义与人的生存和发展的关系上，留下的经验不多，教训却不少。苏联在社会主义建设中忽视马克思的人学理想，半个多世纪的社会主义实践一直没有把人的生存问题放在首位，相反，在强调发展重工业的同时，对农业和轻工业重视不够，生活用品短缺，到处排队，民生问题一直没有很好解决。这类问题在中国也不同程度地存在着，僵化的计划经济模式阻滞了人民生活水平的提高。中国改革开放打开了重视民生和倡导人性化的大门，在汲取苏联和中国自身经验教训的基础上，人的地位和价值问题被提到社会生活和社会发展的首位。尤其是从十六大提出建设小康社会的宏伟目标以来，中国的改革进程明显地向人倾斜：首先是十六届三中全会、中央经济工作会议、毛主席诞辰110周年纪念会等都明确提出中国的改革和发展要以人为本，经济、政治、文化、教育等各方面工作都要坚持以人为本；其次是出台了一系列人性化的政策法规，大力解决下岗职工再就业和“低保”与“三农”问题，在全国范围内颇有声势地大力清欠高达上千亿元的农民工工资；最后，国家和各级领导人也更加趋于关注老百姓的日常生活和冷暖安危。所有这一切都充分显示，中国特色的社会主义正在坚定地向人回归，走进以人为本的新时代。敏锐地捕捉时代的信息，把握时代的脉搏，全面揭示以人为本的内涵和意义，是当前理论研究的重大前沿课题。

一、以人为本揭示公仆的责任和使命

以人为本在古代中国带有明显的工具性，是为了“国固”才把人提到“本”的地位上来。今天，在实施以人为本的实践中，不排除工具性理解的实际意义。一个部门或单位，不管是出于什么目的，只要能表现出对人的重视和善待，就应予肯定。但是，当把以人为本作为科学发展观的基本内涵和经济与社会管理的普遍原则时，单纯的工具性理解所提供的思想资源就极其有限。就像实事求是早已超越其本初的意义而成为马克思主义的精髓一样，现在以人为本无论在其思想内涵、理论深度和视野境界上都已超越了工具性理解的局限，成为新时期领导层立党为公、执政为民的根本理念。其思想资源主要来自马克思博大精深的实践人学思想。这主要体现在以下三个方面。

第一，马克思哲学内蕴丰富的人学思想，实践唯物主义作为马克思哲学创新的成果，既凸显了人这一实践的主体，同时又用实践对人做了科学的解说，从而在历史上第一次真正把人置于“本”的地位上。在马克思以前，人本思潮并不乏见，费尔巴哈就是一个著名的人本唯物主义者。费尔巴哈重视人，把人和自然视为哲学的最高对象，这无可非议，但是他不理解自然，不理解人，更不理解人和自然的真实关系。他割裂自然和人的关系，用纯粹客体的眼光来看待自然，认为自然是完全与人无涉的纯自在物。他又用生物学的自然主义眼光来看人，和18世纪旧唯物主义者一样，把人仅仅看成是自然界长期发展的产物，不理解人的实践和感性活动在自然和人的生成中的本体地位。对于现实世界来说，人及其实践活动是本，没有实践就不会生成人，反之，没有人也就没有实践，因而也就不会生成现实的世界，无论是自然界或社会历史都是如此。所以马克思说，只有“在人类历史中即在人类社会

的形成过程中生成的自然界,是人的现实的自然界;因此,通过工业——尽管以异化的形式——形成的自然界,是真正的、人本学的自然界"[①]。而"整个所谓世界历史不外是人通过人的劳动而诞生的过程,是自然界对人来说的生成过程"[②]。这样,马克思在近代哲学史上就实现了一次历史性的颠覆,他把旧唯物主义重物轻人的传统彻底地更改过来,以实践—人—世界的思维逻辑来重新理解世界,构筑世界。当马克思说"这种活动,这种连续不断的感性劳动和创造、这种生产,正是整个现存感性世界的基础"[③]的时候,他实际上已经道出了一个最深刻的真理,即人及其实践活动乃是世界之本,"人始终是这一切实体性东西的本质"[④],因此,以人为本是对世界本质的正确认识和真实把握,它对一切时代、一切社会都是天经地义、至高无上的。社会主义要坚持以人为本,从根本上说,就是建立在对马克思实践哲学的认同基础上的。

第二,马克思以自己先进的平等理念为以人为本奠定了坚实思想基础,同时也揭示了以人为本的基本内涵。马克思在《黑格尔法哲学批判》导言中说出了一句与以人为本字面相近的至理名言:"人是人的最高本质","人的根本就是人本身"[⑤]。这句话长期以来不被人理解,有的说是同义反复,更有甚者指责说是费尔巴哈抽象的人本主义局限性的体现。其实,这句话的真正底蕴是指人的类本质的共同性和同一性,为人与人之间平等关系拓展空间。那么,人的根本或最高本质指的是什么?按照马克思自己的解说,人的本质是类概念,表明人作为一个类与动物作为一个类相区别的根本特性,而这种特性是多方面的,因而人也就具有多方面的本质,如自然本质、意识本质、社会本质、审美本质,等等。所谓最高本质相对于人的局部和个别的本质,这些本质虽然也是人与动物相区别的重要特性,但是它们中的每一个单个本质都是片面的,都只能表明人的特性的一个方面,而且它们的存在和自

① 《马克思恩格斯全集》第3卷,第307页。
② 《马克思恩格斯全集》第3卷,第310页。
③ 《马克思恩格斯选集》第1卷,第77页。
④ 《马克思恩格斯全集》第3卷,第52页。
⑤ 《马克思恩格斯选集》第1卷,第9页。

立都依赖一个更高的本质,即类本质。如马克思所说:“有意识的生命活动把人同动物的生命活动直接区别开来。正是由于这一点,人才是类存在物。”[①]因此,人的类本质即“通过实践创造对象世界,改造无机界”[②]的自由、有意识的活动不仅为人的自然、精神、社会和审美本质提供了根据和依托,而且还把它们整合起来,对于人来说,就是要“以一种全面的方式,就是说,作为一个总体的人,占有自己的全面的本质”[③]。

人的根本即人的最高本质或曰类本质是个内在的、自满自足、自我表达的概念,它无须任何外在的对象来表征。在人之外与人平行的首先有神,但神是虚幻的,它不但不能寄寓人的本质,相反,神倒是人的本质的异化。在人之外还有自然,但它只能说明人有自然属性,而不能从本质上表征人。马克思说,“被抽象地理解的,自为的,被确定为与人分隔开来的自然界,对人来说也是无”[④],“或者只具有应被扬弃的外在性的意义”[⑤]。离开人的纯粹的自然界不是现实的自然界,它不能从自身获得意义和理解,相反,只有从它自身的外在方面,即从人那里才能提供对自然界的真正说明。实际上自然是人化的,从人及其实践活动来理解自然是马克思哲学革命的根本点。所以,人的类本质既不是神赋予的,也不是自然界生成的,人通过实践和生产这种“能动的类生活”,才创造出自己的类本质。由此马克思得出结论:人的根本或最高本质不能是什么别的外在物,而只能是人自身。

马克思在它的新唯物主义即实践唯物主义中大力张扬的是人为世界之本,人及其实践生成了现实世界及人本身。而马克思的“人是人的最高本质”和“人的根本是人本身”的论断所彰显的是:人是人之本,不要到人之外的神或物那里去探寻人的本质。人既然是世界之本,又是人自身之本,那么在本的意义上,人都是相同的,因而人皆为本就形成了人与人之间的平等关系,把以人为本的平等内涵凸显出来了。马克思、恩格斯在《神圣家族》中曾

---

① 《马克思恩格斯全集》第3卷,第273页。
② 《马克思恩格斯全集》第3卷,第273页。
③ 《马克思恩格斯全集》第3卷,第303页。
④ 《马克思恩格斯全集》第3卷,第335页。
⑤ 《马克思恩格斯全集》第3卷,第336页。

对“人是人的最高本质”所蕴含的平等意义做过进一步的揭示。他说:“平等是人在实践领域中对自身的意识,也就是人意识到别人是和自己平等的人,人把别人当做和自己平等的人来对待。平等……表明人的本质的统一、人的类意识和类行为、人和人的实际的同一,也就是说,它表明人对人的社会的关系或人的关系。”①因此,只有人与人之间相互平等,像对自己那样去善待别人,尊重别人,才能杜绝以人非本,真正有以人为本可言。平等境界不算崇高,但由于它具有广泛的认同性和实际可操作性,因而成为以人为本的思想根基和主要内容。就是在未来共产主义社会里,人的思想境界提高了,平等也不失为人际关系的基本准则,如马克思所说:“平等,作为共产主义的基础,是共产主义的政治的论据。”②

第三,马克思从巴黎公社经验中总结出的公仆思想极大地提升了以人为本的思想境界,超越了平等的底线,实现了由以人为本向崇高的奉献精神的跃迁。以人为本首先就必须人皆平等,平等对于实践以人为本十分重要,停留在平等的水平也有其局限性,并未超出等价交换的狭隘眼界,还缺少思想引领和实践推动。试问,大家都是人皆为本,那么谁去带头践行和引领以人为本呢? 这就需要有做出自我奉献并对自己不平等的人。马克思从巴黎公社经验中得出结论,认为社会主义国家的各级官员就是实践以人为本的引路人。马克思说:“无产者在全社会面前负有消灭一切阶级和阶级统治的新的社会使命,只有在这一使命激励下的无产者才能够把国家这个阶级统治的工具,也就是把集权化的、组织起来的、窃据社会主人地位而不是为社会做公仆的政府权力打碎。”③这里,马克思破天荒第一次提出了新社会的组织和建构原则,即政府及其工作人员不是凌驾于社会之上的主人,而只能是社会的公仆,是为人民服务的。最能体现这一根本转变的是,巴黎公社“彻底清除了国家等级制,以随时可以罢免的勤务员来代替骑在人民头上作威作福的老爷们,以真正的责任制来代替虚伪的责任制,因为这些勤务员总是

① 《马克思恩格斯全集》第2卷,人民出版社1957年版,第48页。

② 《马克思恩格斯全集》第3卷,第347页。

③ 《马克思恩格斯选集》第3卷,第94页。

在公众监督之下进行工作的。他们所得的报酬只相当于一个熟练工人的收入”[①]。这样,一种历史上从未见过的新型的关系诞生了:政府及其工作人员被剥夺了旧官吏所享有的一切特权,成为人民的公仆,而人民群众却成了国家真正的主人。马克思倡导的公仆精神在中国革命和建设的实践中不断被发扬光大,全心全意为人民服务就是公仆思想的当代体现,它将共产党人和马克思主义者为解放全人类而无私献身的博大胸怀和高远境界带到以人为本中,使以人为本在工具性和平等性含义之外又添加了人民至上的内涵。既与传统的民本思想相接轨,又具有马克思主义和共产主义深邃的理论底蕴,是以往一切类似思想所不能比拟的。

二、社会主义践行以人为本的实际历程

苏联在世界上第一个举起社会主义大旗,“二战”后中国和东欧等国家也加入了社会主义国家的行列。社会主义运动是以马克思主义为指导的无产阶级革命实践历程,马克思学说的真谛特别是他的崇高的实践人学思想应该在社会主义实践中得到贯彻。但是由理论到实践是个飞跃,中间要经历许多复杂的环节,理论与实践的脱节可能经常会发生。一个普遍性的事实是几乎在所有的社会主义国家虽然人民党做了主人,但是生活水平都不高,都没有很好地贯彻以人为本,都不同程度地发生过许多贬损人的价值的事情。反思这个问题,尽管各国情况不同,但是没有处理好以下几个方面的关系是共同的弊病。

首先,如何摆正发展生产力与增进人的福利之间的关系,这在理论上不是个问题,但在实践中却屡屡发生问题,结果造成生产力发展了,人民的生活状况却没有得到改善。社会主义必须而且也能够高速发展生产力,这是社会主义优越性的体现,也是不断提高人民生活水平的条件和根据。不能割裂发展生产与提高人的价值之间的内在关联,以致出现二者背离的尴尬局面。这里,如何安排生产力发展的布局是个重要因素,这方面的失误屡见不鲜。苏联增强国力急功近利,采取优先发展重工业和军事工业的办法,而

① 《马克思恩格斯选集》第3卷,第96页。

对直接关涉到人民生活水平的轻工业和农业却重视不足，结果造成经济畸形发展，1953 年的农业生产力都赶不上沙皇俄国 1913 年的水平。苏联军事和政治上成为可以和美国抗衡的超级大国，但人民生活水平不高，生活物品极其短缺，出现到处排队现象，这几乎成了当时许多社会主义国家特有的现象。改革开放前的中国大抵也是如此，长时期生产发展的顺序是重、轻、农，后来才改为农、轻、重。那段时期，中国也是供应不足，票证泛滥，一直处于供应紧张的状态。其实，只要心中装着人民，有一个人民至上的执政理念，再加上安排得当，适度提高人民生活水准是完全可能的，中国改革开放前后人民生活水平的巨大变化足以证明这个道理。

其次，如何把握好生产关系变革的节奏，使之与生产力水平和人的承受能力相适应，这也是一个值得认真反思的问题。根据马克思主义的基本原理，社会主义必须适应生产力的发展而不断变革生产关系。但是变革生产关系要考虑群众的思想、习俗对生产关系变革的适应和接受程度。中国的社会主义改造的历程证明，适时适度改变所有制有利于发展生产力，也有利于提高人民的生活水准。但是过急过快过大的所有制变化必然会对整个社会生活造成冲击。中国本来要用三个五年计划的时间来完成社会主义革命，可是只用了三年时间就不迫不及待地实现了农业、手工业和资本主义工商业的所有制改造。特别是农村所有制的变化急剧，从互助组、初级社、高级社，再到人民公社，中间不喘气，一大二公一气呵成，造成消化不良，每一种所有制形式都说具有优越性，可是又来不及发挥其优越性就急忙过渡到下一种形式中去。这种急过渡就是穷过渡，不仅破坏了生产力，而且严重地损害了人民的正常生活。1960 年前后的三年自然灾害，既有自然原因，也是所有制穷过渡的结果。改革开放以来实行的发展多种所有制经济和农村联产承包责任制所取得的巨大成果，是对穷过渡的最好的批判和反衬。

最后，如何正确地开展政治斗争，使之不对人的生活和命运造成过大的冲击，这也是改革开放前的中国必须面对的一个问题。社会主义国家在一定的历史时期还存在着阶级和阶级斗争，根据具体情况进行一定的阶级斗争和政治斗争是必然的，也是必要的。但是，进行这种斗争应有其客观的根据和必要性，而不能是完全主观和人为的。不仅如此，还要充分考虑斗争的适度性，不能用过激的斗争手段伤害干部和群众。斯大林在苏联曾提出社会主义越发展阶级斗争越尖锐的理论，推行肃反扩大化，打击了大批无辜的公民，给社会主义社会的发展造成了严重的隐患。中国在改革开放前也推行以阶级斗争为纲的理论和政策，特别是在“文化大革命”中又挖地三尺，清理阶级队伍，把大批干部和群众打成“走资派”和“牛鬼蛇神”。这种无尽无休的政治斗争和大批判不仅分散了精力，耽搁了时间，阻碍了生产力的发展，使人民生活水平长期陷于贫困，而且直接迫害人身，贬损人格，这是与社会主义高扬人的价值的使命完全背道而驰的。

沉重的代价呼唤人的觉醒，苏东剧变和中国“文化大革命”的悲剧使人沉思，社会主义再也不能忽视人了，必须向以人为本的道路回归。邓小平敏锐地感悟到了时代的变化，他在马克思主义发展史上第一次反思社会主义本质问题，对“四人帮”散布的贫穷社会主义理论深恶痛绝，并进行了尖锐的批判。在他看来，社会主义就是要使人富裕，充分体现人的价值，只有在现实生活和人的生存际遇中才能体现出人的本质来。他说：“我们干革命几十年，搞社会主义三十多年，截至一九七八年，工人的月平均工资只有四五十元，农村的大多数地区仍处于贫困状态。这叫什么社会主义优越性？”①为了提高人民的生活水平，他强调以经济建设为中心，大力发展生产力，他曾评论说：“毛泽东同志是伟大的领袖，中国革命是在他的领导下取得成功的。然而他有一个重大的缺点，就是忽视发展社会生产力。”②他反复强调：“贫穷不是社会主义，社会主义要消灭贫穷。不发展生产力，不提高人民生活水平，不能说是符合社会主义要求的。”③邓小平拨乱反正，为社会主义回归以人为本的发展道路奠定了思想基础，其功绩是不可磨灭的。

“三个代表”重要思想对以人为本执政理念的形成起了重要作用，“三个代表”重要思想的独特贡献在于它凸显了人，并把人放到全球化、信息化的大背景下，与先进的生产力和先进的文化联系起来，赋予人以新的时代色彩。它不仅继续坚持代表广大人民群众的根本利益，而且进一步指明，只有

① 《邓小平文选》第3卷，人民出版社1993年版，第10—11页。
② 《邓小平文选》第3卷，人民出版社1993年版，第116页。
③ 《邓小平文选》第3卷，人民出版社1993年版，第116页。

同时代表先进的生产力和先进的文化，党和政府真正作为人民的公仆才能拥有切实的手段，担当起代表人民的根本利益的责任。党的十六大确立的新一代中央领导集体坚持和发展邓小平理论和“三个代表”重要思想，把人民利益从过去大而化之的泛论中释放出来，找到可以操作的现实切入点，这就是要关注民生，把人民的衣食住行和冷暖安危作为密切关注的日常话题放到重要的工作议程上来。十六届三中全会正式提出以人为本，并把它与全面、协调、可持续发展一起共同作为新时期社会发展的根本理念和经济与社会管理的基本原则。此后，在中央经济工作会议和毛主席诞辰110周年纪念会上都一再强调，中国社会发展必须坚持以人为本，走一条社会进步与人的全面发展相统一的道路。在实践中，对就业、医疗、保险、救助和低保、“三农”问题的关注，以及领导人经常走访贫困地区，等等，所有这一系列事实都表明，以人为本不仅写进了中央文件中，而且体现在行动上，得到了全社会的普遍认同。社会主义的历史发展呼唤以人为本，而以人为本作为对历史和现实一系列诉求的回应，正在发挥着巨大的实际效应。可以预见，社会主义的中国必将在以人为本的发展道路上阔步前进，跃起腾飞。

三、以人为本的现代维度

以人为本无论是作为世界历史上的宝贵的思想遗产还是作为中国的传统理念，都世代绵延，源远流长，是一个历史性概念，不同时期具有不同的内涵。在中国古代，以人为本主要是个工具性概念，带有鲜明的功利性，为的是通过对人民做些让步，以求封建统治长治久安。资本主义的市场经济开辟了人与人之间相互平等的境界，平等成为以人为本的基本内涵。马克思的公仆思想是对工具性和平等性的扬弃，他以共产主义的无私奉献精神提升了以人为本的思想境界。以人为本的这些思想资源都是十分宝贵的，它在不同的层次上为社会主义的以人为本提供了构成要素，是必须予以珍视的。但是，在当代的中国，把以人为本作为基本的发展理念绝不是对传统以人为本含义的简单继承，当今的时代性和中国的具体国情赋予它以特有的内涵，具体表现在对以人为本的人是什么样的人新的阐释上。

首先，必须转变观念，把以人为本的“人”确立在个体本位的基础上。长期以来，人被大化、泛化，空化、虚化，人不是首先被看成个人、私人，而是被看成虚幻的类，只着眼于群体和公共生活来看人。马克思在《德意志意识形态》中说："全部人类历史的第一个前提无疑是有生命的个人的存在。因此，第一个需要确认的事实就是这些个人的肉体组织以及由此产生的个人对其他自然的关系。"[①]在马克思看来，以个人、私人为基础所形成的关系才是真实的社会关系，在这个基础上形成的社会即市民社会，它构成政治社会和国家公共生活的基础。近代社会以来，人本身被二重化，一方面作为类的体现，是政治社会中的公民，享受法定的权利，尽应尽的社会义务。另一方面，作为市民社会中的个人，他们"是尘世存在物"，"即利己的人"[②]，只是"作为私人进行活动"[③]，"把他们连接起来的惟一纽带是自然的必然性，是需要和私人利益，是对他们的财产和他们的利己的人身的保护"[④]。过去长时期以来，我们只看到了人的公民和公共生活的一面，用政治社会吞没了市民社会，用国家生活淹没了私人生活，看不到人的真实利益和需要，也遮蔽了人的苦难和不幸。当还有几千万人的温饱问题没有得到解决的时候，就不能说是到处莺歌燕舞。如果我们把视野移到私人和个体上来，我就会发现形形色色和千差万别的人的真实境遇，就会激起我们对他们的同情和善待。只有这样，以人为本才能落到实处，才能有一个正确的基点。

其次，当解决了以个体的人为本位以后，还必须明确以个体人的什么为本。人的生存和生活具有多方面的追求，经济、政治、文化对人来说都很重要。但是对当今的中国，在还有少许人没有解决温饱和生存水平还很低下的情况下，生活是重要的，必须以人的生存为本，以人的温饱为底线，在此基础上关照人的利益，扩充人的需求，增进人的收入，改善人的境遇，全面提高人的生活水准，这是社会主义优越性的集中体现。社会主义始终面临一个和资本主义比较和竞争的问题，这是谈论社会主义优越性的前提条件。抛开资本主义关起门来讲社会主义优越性，那是不能令人信服的。和资本主

① 《马克思恩格斯选集》第1卷，第67页。
② 《马克思恩格斯全集》第3卷，第173，187页。
③ 《马克思恩格斯全集》第3卷，第173页。
④ 《马克思恩格斯全集》第3卷，第185页。

义相比较最集中最醒目的是人的生活和境遇问题,如果在这个问题上我们不能理直气壮,那就没有什么优越性可谈。70 多年的社会主义实践和现实使人痛感必须在这个问题上认真反思,有所感悟和觉醒。目前在我国,人的生活状况分几个层次:尚有两三千万人需要解决温饱问题,并在此基础上改善和提高生活水平,拉近与其他阶层的生活距离;还有一大批城市下岗工人和农村生活水平低下的人群,他们虽不至于衣食无着,但在医疗、上学等方面都存在较大的困难,生活还处于低水平线上,必须加大社会保障力度,增加就业和农村劳动力向城市转移的机会和数量,在此基础上,伴随着生产力的发展,全民增加收入,提高生活质量;此外中等及其以上生活水平的群体都面临收入和利益的增加和增值,从而使他们的生活水准逐步与发达国家相接近的问题。在中国,亿万富翁永远是少数,如何形成和扩大中产阶层是中国社会稳定和富强的重要因素。当然,这与经济的发展和政策的正确密切相关,但是首先使他们增强致富的信心,防止消极地汲取历史上的经验教训,敢富不怕富也是十分重要的。现在新修改的宪法写进了保护合法私有财产的条文表明,在当今的社会主义中国,以人为本是全面和兼顾各方利益的,它与世界的发展相接轨,是新时代的以人为本。

再次,在当今的时代必须重视现代性要求,把文化需求提到日常需要的位置,要十分重视人的文化和素质的提高,以人的全面发展为本。人作为一个类是超越单纯的物质需求的文化存在,这是它与动物相区别的根本要素之一。当今时代的人早已不满足于生存的物质需要,人的吃穿反倒变得越来越简单,需求越来越增添了文化意蕴,对于一般的家庭来说,物质需求支出所占的比重已呈下降趋势,而读书、旅游、娱乐等非物质性支出所占的比重越来越大。不仅如此,精神生产所创造的财富急剧增加,是今后社会财富的主要源泉。所以,无论从物质需要还是精神需要来说,提高人的文化和素质都是贯彻以人为本的时代要求。过去总是把人的全面发展看得十分遥远,认为那是可望而不可即的事情。现实和实践都表明,人的全面发展的目标就摆放在面前,没有人的文化素质的提高,没有大批具有时代精神风貌的人,就不可能拥有实现以人为本的手段,也就不会有真正的现时代的以人为本。

最后，要凸显人的社会性，重视人的社会生活和交往，创造发挥人的主动性和积极性的社会条件，以人的自由和权利为本。人不仅是自然和精神的存在，而且是个社会存在，人的社会性是人的本质属性。人的自然和精神生活本质上都是社会生活，只有在社会的联系和交往中人的自然生命和精神生活才得以存在。因此，必须创造良好的社会生活条件，使人能在和谐与宽松的环境中发挥自己的积极性和主动性，从而创造更多的物质财富和精神财富，为实现以人为本奠定坚实的基础。自由、人权就是社会主义社会所必需的社会氛围和人应该享受的基本权利。马克思说自由自觉的活动是人的类本质，没有自由，在受到来自自然和社会的种种必然性的束缚下，人不可能发挥自己的积极性和创造性。而自由本身就是一种权利，在现代社会表现为人权。法国大革命时期的"人权宣言"把人权规定为四种，即自由、平等、财产和安全的权利，马克思说，市民社会的成员"就是国家通过人权予以承认的人"[①]。因此，承认和保障人权，并把它视为人之本，这是人的自我觉醒和自我解放，它对建立良好的社会关系，保障人的自由，发挥人的积极性是必要和有益的。正是有鉴于此，新修改的宪法才增添了保障社会主义人权的条文。

总之，以人为本是个历史性概念，它能从传统走向现代，跃向今天中国社会生活的表层，并被赋予全新的时代的含义，这是社会主义长期实践探索的结果，它既是对实践经验教训的深刻总结和汲取，又是社会主义的自我完善和自我升华。从以人为本的长期酝酿和浮出过程可以看出，它既有其历史的必然性，又体现了社会主义的创新本质。在这个意义上，我国对社会主义发展前途充满信心。我们用过程的观点来看待以人为本，相信随着时代的跃迁，今后还会有更新的理念出现，来保证社会主义永远拥有不竭的鲜活生命力。

① 《马克思恩格斯全集》第3卷，第187—188页。

上编结语　以人为本是当代马克思主义哲学中国化的基石

人始终是马克思主义哲学关注的核心，也是不同见解争议的焦点。但是对马克思主义哲学来说从一开始就十分明确，认为马克思主义哲学或唯物史观就是“关于现实的人及其历史发展的科学”①，因此马克思主义哲学以人为本是天经地义的，也是经典作家的文本一向教导的。本编比较系统地阐发了以人为本的内涵和意义，其中既包括中国传统文化对以人为本的理解，更多的是从马克思的视野解读了以人为本的意义。意在指明，马克思哲学本来就是以人为本的，要实现马克思主义哲学中国化必须首先对马克思主义哲学作一基本定位，这就要在以人为本的基础上对马克思主义哲学进行中国化。本编的大部分篇章就是为了论证马克思主义哲学必须以人为本和怎样展示以人为本。

这里就提出了一个问题，既然马克思主义哲学就是以人为本的，马克思也从多方面阐发了以人为本的意义，那么为什么还花那么多的篇幅来阐发这个道理呢？这是因为在我国长时期以来马克思的以人为本的思想被以阶级斗争为纲遮蔽了，出于阶级斗争的需要，加之富含马克思以人为本思想的哲学文本的缺失和对已有文本的片面理解，其结果就造成了以人为本的思想空场。一个时期来人们只知道马克思主义哲学是唯物主义，因而是以物为本的，至于人，那就只能是阶级的人，是以阶级斗争为本的。当时人完全被物或阶级淹没了，谁都不敢谈人，不说阶级，一般的谈人就是谈资产阶级的抽象人性论，由此才出现了中国思想界特有的谈人色变的独特景观。党的十六届三中全会解放思想，正本清源，借鉴中国传统文化中已有的以人为本的理念，回复和发展了马克思的实践人本思想，创造性地提出了以人为本的科学发展观。不仅为中国社会发展找到了一条全面协调和可持续的发展道路，而且在思想上更新了中国的马克思主义人学观念。既然人作为中国

① 《马克思恩格斯选集》第4卷，第241页。

社会发展必须坚持之本,那么人在哲学上也同时得到了提升,成为整个哲学之本。

本在哲学中向来就有本体论之义,对马克思主义哲学来说,本体论是和唯物论紧密结合在一起的。旧唯物主义以物质存在作为世界之本,坚持物质本体论。马克思扬弃了本体论的思维方式,但是保留了对世界终极本原问题的回答,当马克思说"人就是人的世界,就是国家,社会"①,"人是人的最高本质","人的根本就是人本身"②的时候,他已经确凿无疑地将人视为世界之本,自然是人化自然,历史是人的活动的积淀,离开人和人的活动,自然和历史都不过是"无"而已。马克思作为一个唯物主义者,他以人和人的实践超越了旧唯物主义的物质本体论,把唯物主义推进到实践唯物主义阶段,这就是马克思主义哲学基本板块唯物论的中国化的根本基础,马克思主义哲学中国化首先就要对唯物主义进行中国化。

马克思的实践唯物主义由于各方面的原因,直到20世纪90年代才为中国思想界所理解,此前很长的历史时期里,中国人对唯物主义的认识只局限于客观性的范围。实际上,对唯物主义的中国化的真正起点不是马克思哲学革命变革所达到的实践唯物主义,而是一般的唯物主义所共有的客观性的原则。就是这个普通的原则在中国这样缺少哲学思维的国度也需要中国化,和中国的实际相结合,为中国的普通百姓所理解。毛泽东思想作为马克思主义与中国实际相结合的第一次历史性的飞跃就是从对唯物主义的客观性原则的中国化开始的。五四运动以后,马克思主义传入了中国,本来的马克思主义是欧洲近代历史文化与工人运动相结合的产物,在其现成的形态上具有欧洲与德国的文化特色,与中国的传统文化有着很大的区别。不仅如此,欧洲与德国和中国的具体国情也不同,社会发展阶段和革命的任务都存在着较大的区别。这就要求马克思主义与中国实际相结合,首先要把马克思主义特别是马克思主义哲学中国化,舍此马克思主义就会与中国实际不沾边,成为纯粹无用的舶来品。但是当时的中国许多先进人士并不懂得

① 《马克思恩格斯选集》第1卷,第1页。
② 《马克思恩格斯选集》第1卷,第9页。

马克思主义必须中国化的道理，他们抱着极大的热情，学习马克思主义，很多情况下是生吞活剥，仅限于本本上的理解和背诵。毛泽东是马克思主义哲学特别是唯物主义中国化的第一人，他的巨大的历史功绩就在于他系统地进行了马克思主义哲学中国化的启蒙，他坚决反对本本主义和教条主义，大力倡导马克思主义与中国实际相结合，反复宣传中国革命必须从中国实际出发，密切结合中国国情的道理。这就首先把唯物主义的客观性原则落实到中国国情和实际上，在此基础上进一步发展唯物主义原则，结合中国传统文化的深厚内涵，做出能为老百姓所喜闻乐见的表述，这就是唯物主义中国化的实际步骤。

毛泽东适应历史和现实的需要，对马克思主义哲学特别是唯物主义的中国化做出了前无古人的巨大贡献。他用中国古代早已有之的成语“实事求是”概括了唯物主义的基本原则，既十分精妙，又难得的贴切，充分反映了唯物主义客观性原则的内涵，一切从实际出发，同时要按客观规律办事，融会了列宁的具体问题具体分析的马克思主义活的灵魂和精髓。实事求是也是对马克思主义哲学唯物主义的创新和发展，它不仅坚持客观性原则，而且强调主客观的一致和统一，力求通过调查研究把握客观真实情况，调动理性思维，开动脑筋，想出办法，最后达到对客观规律的认识和把握。这里已经包含有主体能动性的意识，是对唯物主义客观性原则的进一步发挥。实事求是既强调和中国实际相结合，又发展了客观性原则，重视调动主体的能动作用，因而是马克思主义哲学唯物主义中国化的第一次成功的表述。

中国的改革开放开辟了崭新的历史进程，像民主革命将唯物主义提升为实事求是原则一样，中国特色社会主义事业又给了唯物主义哲学中国化一次新的契机。改革开放是全中国人民的共同事业，随着改革开放的深入，国内的矛盾和冲突逐渐减少和化解，人民的共同利益逐渐增多，原来特有的敌对阶级逐渐归于消灭，阶级作为一个特定的经济和政治概念已经失去其原来的基础，在共享改革开放成果上，全中国每一个人都享有平等的权利，共同的目标把每一个人都联结在一起。适应国内社会阶层和结构的变化，党的十六届三中全会适时地提出了以人为本的科学发展观。

以人为本直观上看是对旧唯物主义物质本体论的超越，仿佛是向马克思的以人和实践为本的实践唯物主义的回归，但对中国特定的历史环境来说却是唯物主义中国化的重大步骤。毛泽东的实事求是是唯物主义中国化的第一步，它着重解决中国革命的出发点和革命遵循的基本理念问题，正是在民主革命的实践中唯物主义的普遍原理化为一切从实际出发和按客观规律办事的实事求是原则。邓小平在领导改革开放进程中继续恪守实事求是这一马克思主义中国化的实际成果，同时向前加以推进，在“实事求是”前面加上“解放思想”四个金光闪闪的大字，认为只有解放思想才能做到实事求是，只有实事求是才是真正的解放思想，从而把唯物主义中国化又向前推进了一步。党的十六届三中全会根据国内和国际形势的变化而提出的以人为本的科学发展观是对解放思想实事求是的深化和细化，实事求是是以实际为本，而当下的中国最大的实际是社会和阶级结构的变化及人的共同利益的增多，只有把人作为社会发展的根基，关注民生，才能尽快地实现社会发展的目标。因此，必须进一步地推动唯物主义的中国化，由以实际为本适时地转换为以人为本。

这样，马克思主义的重要板块唯物主义的中国化就历经了一个不断深化的过程。首先是把唯物主义普遍适用的客观性原则化为实事求是，然后是在改革开放进程中提出的解放思想实事求是，进而在科学发展观基础上形成的以人为本。马克思主义的唯物主义在中国化过程中所经历的这条路径，反映了中国改革开放30年来的深刻变化，这种变化反映在本体论上就是旧唯物主义以物为本，马克思哲学以人的实践为本，毛泽东的实践论以中国实际为本，邓小平的改革开放以解放思想实事求是为本，以胡锦涛为总书记的新一代领导集体坚持的科学发展观是以人为本。

下　编

马克思主义哲学中国化
与构建社会主义和谐社会

上编我们从唯物论的视角论述了马克思主义哲学中国化的进程和意义，揭示了马克思主义哲学中国化必须从马克思主义哲学的最基本部分唯物论做起。唯物论表明了马克思主义哲学的基本性质和阵营分属，是研究马克思主义哲学中国化不能不首先交代的问题。但是对马克思主义哲学中国化同样重要的还有辩证法问题，辩证法虽然不标明哲学的基本性质，但它从事物存在的状态上提出了世界是什么之后的第二个追问，即：世界是怎样的？世界是什么与世界是怎样的二者紧密相连，构成对统一世界的完整理解。光有唯物主义还不够，唯物主义也有分属辩证法与形而上学的问题，只有辩证的唯物主义才是对世界的正确理解。所以辩证法历来是马克思主义哲学的重要构成部分，马克思主义哲学中国化在解决了唯物主义问题之后，紧接着就必须把辩证法的中国化纳入本课题的视野，探讨辩证法在中国是如何实现本土化的，这也是一个极为重要而又有意义的问题。众所周知，本来意义的辩证法发源于欧洲，经历了朴素辩证法、唯心辩证法，直到马克思的哲学革命变革，才产生了与唯物主义哲学相结合的唯物辩证法。马克思曾想写一本辩证法及其历史的著作，但没能如愿，所以直到现在也没有以马克思名义出现的经典的唯物辩证法形态。恩格斯的《反杜林论》和《自然辩证法》曾表达了他对辩证法的理解，其主要特点是把辩证法区分为主客观层面，认为辩证法主要体现在自然界，自然界是辩证法的试金石，于是，自然辩证法即客观辩证法成为源头，而思维或者哲学的辩证法不过是客观辩证法的反映。这种离开人及其实践活动的纯自然的辩证法在当代西方马克思主义中遭到了抵制，被认为是与马克思的实践哲学背道而驰的。他们强调辩证法的主体维度，认为人的价值、评断、认同是辩证法生成的基础，没有人就不可能有辩证法，自然界若无人去评说，仅它自己就是它本身，是谈不到什么辩证不辩证的，是人在说它是不是或有没有辩证法。关于辩证法的这些歧见在一个相当长的时期内没有影响到中国人对辩证法的理解，辩证法一直以它的最基本的形态，特别是以黑格尔、马克思和列宁的正面表述面对着中国人，唯物辩证法的中国化主要是对上述众人的辩证法的基本成果进行中国式的理解和消化。

毛泽东是唯物辩证法中国化的第一人，像他以实事求是对唯物主义基本原理进行中国化的表述一样，毛泽东在长期领导中国革命的过程中也深感辩证法中国化的紧迫和必要性。中国革命面对复杂的社会矛盾，如何从中国实际出发分析和解决这些矛盾是取得革命胜利的必备条件。为此就不仅需要深刻了解中国社会的实际，更需要谙熟辩证法的矛盾理论，从中国国情出发对矛盾的多方面构成进行科学的解说。正是适应这种需要，毛泽东写出了《矛盾论》这部光芒四射的辩证法力作，体现了中国共产党人对矛盾问题的中国化的理解。其中矛盾的特殊性和主要矛盾与矛盾的主要方面是对马克思主义的辩证法理论的巨大贡献，也是辩证法中国化带来的创新成果。

当然，在革命战争时期，辩证法的矛盾理论凸显的是矛盾的斗争性和不可调和性，只有对帝国主义、封建主义和官僚资本主义进行坚决的毫不妥协的斗争才能取得革命的胜利。但是也要看到，革命斗争的实际需要远远超过了理论本身的全面性和完备性的需要，在当时的条件下，人们不会更多地从理论上顾及对立面之间的一致与和谐问题。新中国成立后在和平的经济建设的条件下，各方面的矛盾及其性质都发生了变化，可是当时来不及从理论上清理矛盾学说，只能沿袭我们所熟悉的对立面斗争的套路，这就为新中国成立后一段时间里过分强调矛盾的斗争性和绝对性埋下了种子，以致发展到“文化大革命”中的推行斗争哲学。不过这个时期随着后来的改革开放的到来很快就过去了，邓小平虽然没有明确

提出构建社会主义和谐社会问题,但他用改革开放的实际举措展示了构建和谐社会的前景。他提出的多种所有制经济共同发展、按劳分配与非按劳分配相结合的分配制度、一国两制、和平与发展是当代世界的主题,等等,都说明,邓小平已经把对立面的和谐与合作视为发展的一种路径。正是在邓小平理论的逻辑和实践的基础上,党的十六届三中全会首先提出了以人为本的科学发展观,在人皆为本的前提下,人与人之间以及整个社会必然弥漫着和谐合作的氛围,理所当然地将导致和谐社会的建构。建构社会主义和谐社会是中国社会改革开放的积淀和必然结果,国内的和谐发展又被推向世界,构建和谐世界与构建和谐社会一起成为新时期和平发展的基本指向。过去在阶级斗争是社会发展动力的条件下,对立面之间往往为斗争和占有意识所主导,今天在构建和谐社会、和谐世界的背景下,和谐合作、互利共赢就成为与斗争共存的新的发展维度。列宁说,辩证法是全面而无片面性弊病的关于发展的学说,和谐合作的发展路径开辟了辩证法的新视野,人们已经从过去狭隘的绝对斗争性的思维模式中走出来,开始思考和探索和谐思维与和谐辩证法的新理路,这正是中国特色社会主义事业打造的辩证法中国化的新里程。

第十章 辩证法的实践范式与历史走向

辩证法的和谐维度虽然是当今的现实课题,但就理论层面来说,其内蕴深远,从古希腊哲学起就一直是备受关注的课题。赫拉克利特和毕达哥拉斯是著名的和谐说的代表,他们认为音乐、图画、建筑和数字都是和谐的,没有和谐就没有世界。当然,他们也极其重视斗争,认为对立面的斗争是事物发展的动力。从此和谐与斗争问题就一直弥漫在辩证法中,成为一个长盛不衰的争议话题。但是哲学家们的和谐或斗争主张从根本来说并不是纯粹思维的杜撰,而是实践的产物,是不同时代实践水平的思想成果。在这个意义上探讨辩证法的和谐意蕴首先应该从辩证法的实践范式谈起。

一、辩证法的实践辨正

列宁曾给辩证法下一个定义,称其为“最完整深刻而无片面性弊病的关于发展的学说”①。把辩证法定位于发展,这十分准确而精湛,发展是人类赋予世界和人自身的基本属性和功能,辩证法的普遍性和属人性正是体现在它对发展的深刻理解中。而发展历来绕不过以下两条路径:一是对立面斗争,一方克服另一方;一是对立面合作,实现互利共赢;抑或还有对立面之间既斗争又合作,停停打打,分分合合。发展最终采取什么样的路径很大程度上取决于对发展基础的范式确认。

传统的唯物辩证法被认为是关于自然、社会和人类思维发展普遍规律的科学,这个定义在范式上明显遵循客体化取向。既把发展首先赋予超越人和不以人的意志为转移的客观自然界,同时又把人类社会与思维运动归附于自然界,认为自然界的辩证运动是人类社会与思维辩证发展的基础,它们遵循自然界的同一规律,不过是自然界辩证发展在人类社会与思维领域的具体体现。本来,辩证法能够推向社会和思维领域已经是向人的存在和活动迈出了一大步,但结果是人在这两个领域中的辩证发展最终都向自然

① 《列宁选集》第2卷,人民出版社1972年版,第442页。

界还原,唯一作为基础留下的还是自然界的辩证发展。

自然界就其纯自在意义来说,存在着运动变化,这毫无疑义,但运动变化不等于发展。发展是一种前进和上升的运动,发展的结果是超越原来的水平。而前进和上升需要确定原点进行比较,没有人,自然界自身无法比较和评价。而且,排除人的激情、想象和创造,自然界本身也缺乏前进和上升的动力。对自然界来说,它就是它自身,发展和辩证都是人赋予它的。黑格尔早就意识到这一点,他"不承认自然界有时间上的发展,不承认'先后',只承认'并列'"①,他的名言是自然界只是在空间上展示自己的多样性,太阳底下没有新的东西。因此,自然界给人提供的发展理念十分有限,单凭自然界本身根本就不能成为辩证法的智慧之源。

辩证法是人类独具的智慧花朵,它像一切先进的思想、知识、理念和睿智一样,既不由自然界传承,也不是来自神的天启,它的唯一的源泉和范式只能是实践,而马克思就是辩证法的实践范式的揭示者和开拓人。

1872 年,马克思在《资本论》第二版跋中写道:"我的辩证方法,从根本上来说,不仅和黑格尔的辩证方法不同,而且和它截然相反。"②"因为我是唯物主义者,黑格尔是唯心主义者"③,"在黑格尔看来,思维过程,即他称为观念而甚至把它转化为独立主体的思维过程,是现实事物的创造主,而现实事物只是思维过程的外部表现。我的看法则相反,观念的东西不外是移入人的头脑并在人的头脑中改造过的物质的东西而已"④。黑格尔用他的"观念的东西"即绝对理念的自我运动构建了庞大的唯心主义辩证法的范式体系。马克思则以唯物主义与其相对抗,在"物质的东西"的基础上,创立了与马克思的唯物主义者身份相一致的唯物主义辩证法的范式体系。在黑格尔那里,辩证运动着的是神秘的"观念的东西",即作为绝对精神体现的概念及其演化。而在马克思那里,辩证运动着的是"移入人的头脑并在人的头脑中改造过的物质的东西",揭示这个"物质的东西"的奥秘就成为我们理解唯物辩

① 《马克思恩格斯选集》第 3 卷,第 351 页。

② 《马克思恩格斯选集》第 2 卷,第 111—112 页。

③ 《马克思恩格斯选集》第 4 卷,第 578—579 页。

④ 《马克思恩格斯选集》第 2 卷,第 112 页。

证法的基础和范式的关键。那么,这个“物质的东西”究竟是什么呢?

按照马克思表述的原意,“物质的东西”与“观念的东西”既相联系又相区别,是里与表的关系。“观念的东西”是外在的表象,“物质的东西”是背后的实质,是生成“观念的东西”的现实基础。辩证法在黑格尔那里形式上是观念和概念的正反合的演进,而在本质上是“物质的东西”的辩证发展过程的反映。这个“物质的东西”披着观念的外壳,无疑具有作为物质的客观实在性。但是,这个“物质的东西”又不可能是具体的物质实体。在马克思生活的时代,脑科学还很不发达,就是在今天,人们也无从想象如何把物质实体移入人脑并加以改造,最后形成以思维和观念形式出现的辩证法。所以,能够进入人脑并改造成观念形态辩证法的不是具体的物质,而是物质性的东西。在我们这个世界上,排除精神和思想,除去物质实体外,还具有物质特性的,就只有人的实践了。

实践连接着人和外部世界,是主观见之于客观的对象化活动。实践一方面创造了人所生存的外部世界,即人化自然,同时又生成了人本身,“自由的有意识的活动恰恰就是人的类特性”①。因此实践对人来说,须臾不可分离,“通过实践创造对象世界,改造无机界,人证明自己是有意识的类存在物”②。实践作为人的生存基础和生命活动的体现,既带有意识、目的和价值追求,体现了主体性的特征,又通过对外部世界的对象化,承载着人的生存和发展,对人来说也是客观的物质性的东西。马克思在《德意志意识形态》中就把实践称为“物质实践”,他指出,唯物主义历史观与唯心主义历史观不同,它“不是从观念出发来解释实践,而是从物质实践出发来解释观念的形成”③。所谓“物质实践”也就是马克思所说的“物质的东西”,既然马克思用“物质实践”来解释观念的形成,那么我们当然也可以用“物质的东西”即“物质实践”来解释观念辩证法的生成。至此我们终于明白,作为马克思的唯物辩证法立足基础的“物质的东西”就是人的实践活动,唯物辩证法其实就是实践辩证法。这不仅是从马克思自我表述中推断出来的逻辑结论,也

① 《马克思恩格斯全集》第3卷,第273页。
② 《马克思恩格斯全集》第3卷,第273页。
③ 《马克思恩格斯选集》第1卷,第92页。

是马克思哲学革命变革带来的新范式。

实践是马克思哲学革命变革的核心，是马克思在《关于费尔巴哈的提纲》中所说的“新唯物主义”即“把感性理解为实践活动的唯物主义”[①]的集中体现。按照马克思的理解，对于唯物之“物”，即对象、现实和感性，不能像费尔巴哈那样，“只是从客体的或者直观的形式去理解”，而应当“把它们当作感性的人的活动，当作实践去理解”[②]。马克思在与费尔巴哈直观唯物主义的比较中揭示了从实践方面理解世界的真正含义。

首先，要把感性当作实践去理解就必须确立一个前提，即不是在虚无缥缈的抽象世界中谈感性，而是追问现实世界的感性问题，这就是要把感性世界现实化，使世界成为属人的世界。只有在这种现实的世界中才能使人凸显，并给人以实践定性。实践是人的类特性，离开人实践就缺乏主体，无法与世界直接融通。所以，必须用世界的现实化引导人的出场，用世界的人化给实践开道。

马克思哲学革命变革的第一步是将世界特别是自然界现实化，抛却旧唯物主义关于自然界的物质本质的抽象议论，提出了“人化自然”和“自然界的人的本质”[③]的命题。人和自然界的关系是旧唯物主义的软肋，他们最大的败笔就是脱离人和人的现实生活，追求与人无关的终极的物质本体。马克思在《德意志意识形态》中承认这种境界的存在，他说，“外部自然界的优先地位仍然会保持着”[④]，但这只是就终极意义而言，真正的现实的自然界是人生活在其中并被人化了的自然界。无人的自然界就如马克思、恩格斯所说：“被抽象地理解的，自为的，被确定为与人分隔开来的自然界，对人来说也是无。”[⑤]在《德意志意识形态》中，马克思把这个思想表述为：“此外，先于人类历史而存在的那个自然界，不是费尔巴哈生活其中的自然界；这是除去在澳洲新出现的一些珊瑚岛以外今天在任何地方都不再存在的、因而对于

---

① 《马克思恩格斯选集》第1卷，第56页。
② 《马克思恩格斯选集》第1卷，第54页。
③ 《马克思恩格斯全集》第3卷，第307页。
④ 《马克思恩格斯选集》第1卷，第77页。
⑤ 《马克思恩格斯全集》第3卷，第335页。

费尔巴哈来说也是不存在的自然界。”[①]所以,自然界必须有人的参与,具有属人性。人的出场方式就是对象化和人化,就是人通过实践使自然界按照人的需要和性质进行重组,改变自然界“不是直接同人的存在物相适合地存在着”[②]的自在状态。如马克思所说:“在人类历史中即在人类社会的形成过程中生成的自然界,是人的现实的自然界;因此,通过工业——尽管以异化的形式——形成的自然界,是真正的、人本学的自然界。”[③]这样,通过感性世界的现实化和人化,就把工业等生产和交往活动召唤出来,成为用实践范式理解世界的始初路径。

其次,把感性当作实践去理解还意味着必须把人向实践还原,进而揭示世界的实践本质。把世界最终归结为人,这不是马克思唯一达到的,作为一个直观唯物主义者,费尔巴哈也达到了这种境界,他就把自己的哲学称为人本学。但是如何认识人呢?对人可不可以继续深入追问呢?对于这个问题,马克思和费尔巴哈分别从两个不同的方向进行了终极探究。费尔巴哈最终把人归结为自然,认为人是自然界长期发展的产物,人的意识源于大脑这种特殊组织起来的物质,这种看法并未超出旧唯物主义者的水平,最终又把人归结到物质自然界了。正是针对费尔巴哈的这种开倒车的行径,马克思批评他说,每当面临变革现实的时候,“费尔巴哈从来不谈人的世界,而是每次都求救于外部自然界,而且是那个尚未置于人的统治之下的自然界”[④]。从自然界来解说人,归结人,这是费尔巴哈人本学的根本特点,也是致命的弱点。与费尔巴哈相对立,马克思则从另一个方向,即从实践的视角对人进行了划时代的全新解说,开启了哲学革命变革的心路历程。

费尔巴哈不满意黑格尔过分依赖抽象思维,转而诉诸感性直观,但是他把感性只是理解为感性存在,而不知一切现实的感性都是由人的感性活动所铸就,“他把感性不是看作实践的、人的感性的活动”[⑤],而是理解为“某种

① 《马克思恩格斯选集》第1卷,第77页。
② 《马克思恩格斯全集》第3卷,第326页。
③ 《马克思恩格斯全集》第3卷,第307页。
④ 《马克思恩格斯选集》第1卷,第97页。
⑤ 《马克思恩格斯选集》第1卷,第56页。

开天辟地以来就直接存在的、始终如一的东西"①,不理解他周围的感性世界都是"工业和社会状况的产物,是历史的产物,是世世代代活动的结果"②。马克思一再地强调这种理解范式,认为"这种活动、这种连续不断的感性劳动和创造、这种生产,正是整个现存的感性世界的基础"③。自然界是人的对象性活动的产物,人类社会、人自身和人的思维也都是人的活动积淀的结果。只看到感性存在而不理解感性后面的实践活动,不把人和世界最终地归结为实践,就会重蹈费尔巴哈直观唯物主义的覆辙。

马克思哲学革命变革迈出的两个决定性的步骤,即把世界人化和把人和世界实践化,同时也为辩证法的革命掀开了新的一页。辩证法过去总是在主客二分的前提下展开的,要么是精神观念的辩证法,要么就是物质自然界的辩证法。其实,一切辩证法在形式上,都表现为"观念的东西",是辩证法的思维或辩证法科学。但辩证法的基础和来源不在于思维自身,而是源于产生和决定思维与观念的实践。黑格尔产生幻觉,把本来由实践生成的理念说成是世界的本原,并把辩证运动赋予绝对理念。马克思则对世界进行了人化和实践的归结,认为世界作为物质存在的"物"的根基就是人的实践,实践是辩证法的基础和本原,也是辩证法的根本范式。黑格尔辩证法表面上离开实践,采取了神秘的概念演化形式,究其实质,他的辩证法也离不开他所生活的时代背景,不过是当时实践水平和成果的扭曲反映。在这个意义上,实践是一切辩证法,其中包括唯心辩证法的生成基础,没有近代的工业革命和科学文化的发展,不经历近代以来的尖锐复杂的阶级斗争,就不可能产生黑格尔和马克思的辩证法科学。

二、辩证法在历史实践中的生成和展开

揭示辩证法的实践根基不啻是辩证法史上的一场深刻革命,从此驱散了萦绕于辩证法的一切迷雾,使辩证法彻底向人和人的实践回归。用实践的范式去理解辩证法,辩证法就毫无任何神秘不解之处,它不过是人在自己

① 《马克思恩格斯选集》第1卷,第76页。
② 《马克思恩格斯选集》第1卷,第76页。
③ 《马克思恩格斯选集》第1卷,第77页。

的实践中提炼并升华为关于发展的智慧和理念而已。

发展是人所独有的法则,是人在实践中生成的最基本的生存理念。人与动物不同,动物只感知并适应外部世界的存在和变化,而人只有通过自身的活动引导外部世界朝着适合于人的生存维度改变才能存在并延续下去。所以马克思在《德意志意识形态》中把扩大的再生产称为人类历史的第二个前提,而扩大的再生产就是实践规模的扩大和劳动产品的增多,对于简单的循环生产而言,这就是发展。由此也可见,发展完全来自人的实践,是人的实践特别是生产实践引起的人与外部世界关系向有利于人的方向的改变。在这个意义上,不仅辩证法生成的基础来自实践,而且其在存在的形态上,即在内容的展示上也完全取决于人类实践的深度和广度,不同时代的实践水平决定了辩证法的不同样态。

马克思从人类生产和交往实践的视角出发,把历史依次区分为三种社会形态:"人的依赖关系(起初完全是自然发生的),是最初的社会形态,在这种形态下,人的生产能力只是在狭窄的范围内和孤立的地点上发展着。以物的依赖性为基础的人的独立性,是第二大形态,在这种形态下,才形成普遍的社会物质交换,全面的关系,多方面的需求以及全面的能力的体系。建立在个人全面发展和他们共同的社会生产能力成为他们的社会财富这一基础上的自由个性,是第三个阶段,第二个阶段为第三个阶段创造条件"①。在最初的社会形态下,人类的实践能力刚刚开始发展,人与人和人与自然之间的天然联系还没割断,人只是在孤立的点和狭小范围内以个体或联合的方式去面对和改变自然。在人与自然的交往中,人使用的是双手或作为双手的延长的自然形态物为工具,付出的是人自身的有限的体力,这种低下的生产力水平根本改变不了人对自然既依赖又敬畏的被动局面。马克思所指的最初的社会形态实际上就是前资本主义的原始、奴隶和封建社会,而涵盖这三个社会形态的基本实践方式就是它们共同拥有的自然经济。

自然经济是以家庭为单位的工农结合、自产自用、自给自足的经济,生产的目的不是为了利益的最大化,而是为了维持基本的生活需要,在古人的

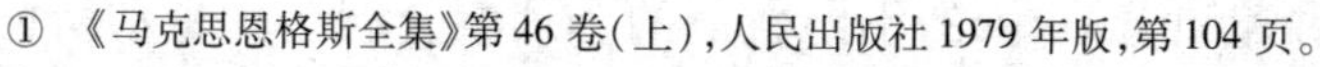

① 《马克思恩格斯全集》第46卷(上),人民出版社1979年版,第104页。

视界中人类的物质需求既有限，又容易满足。这就决定了自然经济缺乏进步的内在冲动，人类失去了发展的原动力。同时由于自然经济科技含量极低，基本上依靠人的生理体力和日常经验进行生产，不仅缺乏创新的动力和机制，也缺少创新的手段和工具，生产和生活只是简单重复和循环，年复一年，永远如此，这就形成了自然经济固有的僵化、停滞和常驻不变的基本特征。这一特征反映在发展观念上就是人们普遍追求安逸、和谐，希望像自然界那样春夏秋冬、四季衔接、生老病死、有始有终，一切都应周到圆满、井然有序。为此，人应该节制私欲、心境平和、安于现状、坚持操守。总之，在以人的依赖关系为基础的自然经济时代，群体大于个体，安定重于对立，秩序优于变动，守常先于进取。由此形成发展观念淡薄，发展的路径也很不清晰，辩证法在这个时期总的来说还处于启动阶段，而且还明显地向维护旧的统一体的和谐方面倾斜。

中国古代的“天人合一”“中庸之道”和“忍贵和高”等处世哲学集中地体现了东方的发展智慧，这也是对东方类型的人与人依赖关系的特殊体现，即对亚细亚生产方式的群体社会的回应。中国古代萌生的和谐思想再一次地证明了，在没有经过对立和分化的人与人的依赖关系中，辩证法只能表现为对和谐的朦胧向往，反映了人们对小农经济的田园诗般境界的理想和诉求。

中世纪及其以前的欧洲作为马克思所说的人的依赖关系的原型，其辩证法的发展理念也带有明显的朴素与和谐的特性。以赫拉克利特为代表的古希腊辩证法派，前进和上升的发展理念不突出，但一切皆变和一切皆流的运动和变化观念却给后人留下了十分深刻的印象。赫拉克利特曾经探讨过运动和变化的原因，接触到矛盾和对立面斗争问题，但同时他也十分重视对立面的统一，认为不同要素例如颜色和音阶的相互搭配，就可以产生色调和音乐的和谐，自然界就是由对立面的联合而形成的总体和谐。特别是当他谈到饿与饱、生与死和醒与梦的相互依存和相互转化的时候，最终又把对立面之间的关系归结到统一与和谐上。古希腊著名的唯心主义哲学家毕达哥拉斯更强调和谐，他发现声音的高低、长短和轻重是由发音体在数量上的差别决定的，音乐讲究和谐，音阶的不同数值的合理整合就会产生动听的音乐。建筑和艺术的辉煌和瑰丽也是数的不同组合的结果。毕达哥拉斯派把数的这种和谐功用无限夸大,并推广到宇宙,认为和谐无所不在,宇宙就是绝对和谐的最终结果。古希腊哲学主要是本体论哲学,辩证法作为对世界本体的状态的研究附属于本体论之下。赫拉克利特和毕达哥拉斯等为数不多的辩证法家能够通过对事物的表面直观,提出一切皆变的朴素辩证法思想,虽然在细节上知之不多,但在总体上是正确的,在当时的实践水平下,人的认识只能从宏观的视角接触事物的表层。而他们又能关注到事物存在和发展的和谐层面,这正是自然经济时代人的依赖关系在辩证法范式上的体现。

以物的依赖性为基础的人的独立性是人类历史的第二大形态,这个形态发端于中世纪的末期,以人类的实践能力的不断提高为前提,以生产力和科学文化新的发展为背景,此时自然经济开始走向解体,人类社会进入了商品经济时代。商品经济使人逐渐从自然共同体中解放出来,并成为社会的主体。但是随着工具理性的极度扩张和社会的普遍物化,人虽然摆脱了血缘、种族、等级等天然的依赖关系,却同时陷入了对物质财富的无止境的追求,形成了依赖于物的人的独立性。人与人的依赖关系开辟的是常驻不变的和谐发展视野,而在物的依赖性的基础上的人的独立性,则"无情地斩断了把人们束缚于天然尊长的形形色色的封建羁绊,它使人和人之间除了赤裸裸的利害关系,除了冷酷无情的'现金交易'就再也没有任何别的联系了"[①]。这就像霍布斯所说,人与人之间的关系像狼,从此"一切人反对一切人的战争开始了"。正是资本主义特别是市场经济条件下的经济、政治和科学的实践,把矛盾、对立、否定和斗争的新的发展路径召唤出来,从此辩证法进入以矛盾和斗争为范式的新时代。

市场经济好比一场博弈,利益的最大化是市场追逐的目标,达到目标的手段和机制就是竞争,而竞争要依靠生产技术的进步和产品质量的优势。早期的市场游戏规则很不健全,竞争机制发育得也很不完善,人们不是在生产和销售领域下功夫,而是用不正当的手段,千方百计必欲置对手于死地而

① 《马克思恩格斯选集》第1卷,第274—275页。

后快。为了追逐最大限度的利润,不顾道德和诚信,"它用公开的、无耻的、直接的、露骨的剥削代替了由宗教幻想和政治幻想掩盖着的剥削"[①]。如马克思所说,资本来到人世间从头到脚都沾满了血污。资本主义在创造新的生产力和文明的同时也把"人们心中最激烈、最卑鄙、最恶劣的感情,把代表私人利益的复仇女神召唤到战场上来"[②],经济利益的对立提供了辩证法向矛盾和斗争倾斜的物质基础。

在政治上,资本主义的最大成果之一是把阶级结构简单化了,整个社会明显地分为工人和资本家这两大对立的基本阶级,他们之间以及他们和残余封建势力之间争夺统治权的斗争构成了近代社会历史的基本内容和主导性的线索。近代波澜壮阔的夺权斗争和复辟与反复辟的历史实践无可辩驳地证明,阶级斗争是社会发展的根源和动力,这也是辩证法凸显矛盾、对立和斗争的政治原因。当时科学研究中盛行的线性思维方式,特别是普遍设置正与负、化合与分解、微分与积分等两极对立面的思维模式也起到了推波助澜的作用。由此可见,既不是什么神秘的理念,也不是与人无涉的自然,而是近代资本主义在经济、政治和科学方面的实践充实了辩证法的矛盾和斗争的内涵,铸就了辩证法的批判和革命的发展观。

黑格尔的辩证法作为古往今来一切辩证思维之集大成,集中地体现了时代精神的精华,把资本主义实践积淀起来的否定性提升为发展的主要契机和路径。马克思多次提到:"黑格尔的辩证法是一切辩证法的基本形式"[③],"他第一个全面地有意识地叙述了辩证法的一般运动形式"[④]。现在我们所熟知的辩证法的三大规律、五大范畴及它们之间的相互联结都是最先由黑格尔系统建立起来的。

黑格尔的巨大成功还在于他没有把否定性的辩证法禁锢在纯粹的概念和思维领域内,而是用它来解释人的劳动和人的自我生成的过程,表现了巨大的创新精神。黑格尔意识到,人生活在自然界中,但自然界与人的生存和

① 《马克思恩格斯选集》第1卷,第275页。
② 《马克思恩格斯选集》第2卷,第102页。
③ 《马克思恩格斯选集》第4卷,第579页。
④ 《马克思恩格斯选集》第2卷,第112页。

需要很不协调，这就出现一个对自然界改造的问题。改造就是否定，就是按照主体的性质和需要否定自然界的原有状态，实现自然界和人的统一。这种统一的中介就是劳动，劳动本身就带有否定的性质，黑格尔“把它看成一切存在的惟一真正的活动和自我实现的活动”[①]，正是在长期的否定和改变自然界的劳动中，人作为自然界的对立面才自我生成。在这个意义上，黑格尔“把劳动看作人的本质，看作人的自我确证的本质”，并认为“劳动是人在外化范围之内的或者作为外化的人的自为的生成”[②]。黑格尔用否定辩证法来解释人的生成和人与自然界的关系受到了马克思的充分肯定，马克思说：“黑格尔的《现象学》及其最后成果——辩证法，作为推动原则和创造原则的否定性——的伟大之处首先在于，黑格尔把人的自我产生看作一个过程，把对象化看作非对象化，看作外化和这种外化的扬弃；可见他抓住了劳动的本质，把对象性的人、现实的因而是真正的人理解为他自己的劳动的结果。”[③]这就把人的生成的原因由外部转移到内部，不是外部的第一推动力，而是事物内在的否定性即劳动生成了人本身。列宁在《哲学笔记》中对黑格尔的这个思想给予很高的评价，他一再强调事物的“自己运动”“自身的发展”，并认为真正的否定性应该是“那作为自己运动和生命力的内部搏动的否定性”[④]。

辩证法由古代的直观并带有和谐色彩的朴素形态发展到黑格尔的全面展示矛盾和斗争内涵的否定形态，历经两千多年，伴随着人类实践水平的深化和进步，折射出人类对发展理念的孜孜探求。黑格尔作为辩证法的大师和里程碑式的人物更新了发展理念，实现了辩证法的矛盾和否定的转向，这就是他永远的不可磨灭的历史功绩。

三、传统辩证法与当代的和谐转向

黑格尔的否定辩证法大力张扬了对立面之间的矛盾和斗争，这既是对近代资本主义实践的回应，也对现实生活和斗争起到了重要的指导作用。

① 《马克思恩格斯全集》第3卷，第316页。
② 《马克思恩格斯全集》第3卷，第320页。
③ 《马克思恩格斯全集》第3卷，第319—320页。
④ 《列宁全集》第38卷，人民出版社1959年版，第149页。

马克思从无产阶级所处的革命时代和实际斗争的需要出发,为了焕发无产阶级的革命斗志,高度评价黑格尔的否定辩证法的积极意义,认为"辩证法,在合理形态上引起资产阶级及其夸夸其谈的代言人的恼怒和恐怖,因为辩证法在对现存事物的肯定理解中同时包含对现存事物的否定的理解,即对现存事物必然灭亡的理解……辩证法不崇拜任何东西,按其本性来说,它是批判的和革命的"。所以,他不仅在毕希纳、杜林等平庸的哲学家们把黑格尔当作"死狗"来打的时候,敢于站出来"公开承认我是这位大思想家的学生"①,而且明确指出,在剥去其神秘形式之后,黑格尔辩证法"恰好就是我的方法的特点"②。

但是黑格尔的辩证法无论怎样珍贵而富有创意,它在现成形式上毕竟是神秘的唯心辩证法,尽管它也是时代和实践的深层积淀,但它反映现实的形式是扭曲的,必须加以批判和改造才能"成为我们最好的工具和最锐利的武器"③。恩格斯说:"马克思过去和现在都是唯一能够担当起这样一件工作的人。"④马克思对黑格尔辩证法的批判和改造主要依附于他对整个哲学的革命变革上,当他用实践去理解感性和世界的时候,同时也就把辩证运动的根源和主体赋予实践,用实践取代了绝对精神,从而把黑格尔"倒立着的"辩证法重新"倒过来",发现并汲取了"神秘外壳中的合理内核"⑤。由此马克思的哲学革命带动了辩证法的革命,正式产生了马克思的唯物的即实践的辩证法。

马克思曾有写一本辩证法专著的意向,表示"一旦我卸下经济重担,我就要写辩证法"⑥,"我很愿意……把黑格尔所发现、但同时又加以神秘化的方法中所存在的合理的东西阐述一番"⑦。虽然马克思最终未能如愿以偿,给人类留下这笔丰厚的遗产,但我们根据马克思说的黑格尔辩证法是一切

① 《马克思恩格斯选集》第 2 卷,第 112 页。
② 《马克思恩格斯选集》第 4 卷,第 579 页。
③ 《马克思恩格斯选集》第 4 卷,第 243 页。
④ 《马克思恩格斯选集》第 2 卷,第 42 页。
⑤ 《马克思恩格斯选集》第 2 卷,第 112 页。
⑥ 《马克思恩格斯全集》第 32 卷,人民出版社 1974 年版,第 535 页。
⑦ 《马克思恩格斯全集》第 29 卷,人民出版社 1972 年版,第 250 页。

辩证法的基本形式可以判断，如果马克思真的写出了辩证法的著作，那么，它所强调的一定是马克思自己多次表达的辩证法的批判性和革命性。在无产阶级夺取政权的年代，需要张扬毫不妥协的斗争精神。而马克思本人就极富斗争性，如恩格斯对他的评价那样："马克思首先是一个革命家。……斗争是他的生命要素。很少有人像他那样满腔热情、坚韧不拔和卓有成效地进行斗争"[①]。马克思在回答他女儿提问的《自白》中也把幸福理解为斗争，把不幸理解为屈服。

真正将辩证法的否定性和斗争精神付诸实践并首开矛盾辩证法先河的是列宁。列宁生活在帝国主义和无产阶级革命时代，无产阶级夺取政权和资产阶级残酷镇压的阶级搏战把斗争和对立的观念提到空前未有的高度。只有坚决斗争，全部、干净、彻底地消灭敌人，才能取得革命的胜利，任何犹豫、动摇、妥协都会葬送革命前途。在这种大背景下，列宁从矛盾斗争的绝对性和至上性方面来理解辩证法是正确和有益的。应该说列宁顺应了时代的需要，不仅在理论上，而且在实践中，淋漓尽致地发挥了辩证法的矛盾斗争性的一面，将自黑格尔以来贯穿于辩证法中的否定精神彻底地系统化为矛盾辩证法，表现为对矛盾的高度重视和全面的关注。列宁对矛盾的论述颇有代表性，他把矛盾问题和辩证法的对象等同起来，认为："辩证法就是研究对象的本质自身中的矛盾"[②]，对矛盾"以及矛盾着的部分的认识，是辩证法的实质"[③]，"矛盾推动生活前进"[④]。所以列宁的辩证法是以研究矛盾问题为核心，是典型的矛盾辩证法。

矛盾辩证法并不奇特，它不外是对矛盾对立面双方的统一性和斗争性之间关系的一种理解和解决方式，其特征是将同一性相对化，最大限度地向斗争性倾斜。列宁说："对立面的统一（一致、同一、均势）是有条件的、易逝的、相对的。相互排斥的对立面的斗争是绝对的，正如发展、运动是绝对的

① 《马克思恩格斯选集》第3卷，第777页。
② 《列宁全集》第38卷，人民出版社1959年版，第407页。
③ 《列宁选集》第2卷，第556页。
④ 《列宁全集》第38卷，人民出版社1959年版，第414页。

一样”[①],这就是矛盾辩证法对同一性和斗争性关系的基本理解。也正是在这个意义上,列宁还说过:“发展是对立面的‘斗争’”[②]。在革命斗争年代,分清敌我,强调敌我双方的对立和不可协调,使辩证法向矛盾的斗争方面倾斜不仅是正确的,也是必要和有益的。正是在列宁的矛盾辩证法思想的指引下,经过长期的革命斗争,俄国才取得十月革命的胜利。

毛泽东是辩证法大师,他把他所领导的中国革命视为辩证法的实验田。在长达二十八年的革命斗争中,辩证法在武装斗争、统一战线和根据地建设中得到了充分的体现和运用。毛泽东是通过列宁的《哲学笔记》接触到辩证法的,他深谙矛盾问题在辩证法中的核心地位,密切结合中国革命实践,写出了独具匠心的《矛盾论》,这是中国共产党人学习马克思主义和领略辩证法的典范。毛泽东思想作为马克思主义与中国实际相结合的第一次历史性的飞跃,其中就包含着《矛盾论》的思想结晶。和列宁一样,毛泽东在夺取政权的革命实践中,也格外重视对立面的斗争,面对三座大山,只有拿出“与天斗其乐无穷、与地斗其乐无穷、与人斗其乐无穷”的英雄气概,才能取得民主革命的伟大胜利。

辩证法从古代的朴素直观形态起始,中间经过黑格尔的否定性的提升,到马克思以实践为基础进行的辩证法革命,在这两千多年的岁月中,辩证法凸现的是逆向思维和矛盾智慧。在对立中看到统一,在相反中追求相成,无论是统一还是相成,其关键都在于通过对立面的斗争求得发展和前进。把发展的路径定位在斗争上,这是近代资本主义实践的深刻启示和积淀,同时也在社会主义革命和建设中取得了伟大的成功。应该说,辩证法作为发展的智慧和学说,其矛盾和斗争方面已经发挥得无以复加了,满则溢,过则损,辩证法的斗争性过火的苗头和对和谐性的呼唤正在悄悄地逼近。而这恰恰是从中国这个黑格尔称之为东方不含诗意的帝国开始的。

中国民主革命的成功证实了辩证法的矛盾斗争学说的伟大功用,新中国成立后这种认识就转化为一股过分重视阶级斗争的潜流。不仅用阶级斗

---

① 《列宁选集》第2卷,第557页。
② 《列宁选集》第2卷,第557页。

争的专政手段来对待国内外的敌对势力,而且用阶级斗争来指导生产和经济建设,在人民内部也进行阶级斗争,最后发展到“文化大革命”中的以阶级斗争为纲和无产阶级全面专政,斗争哲学成为至高无上的指导思想。一个国家成了阶级斗争的海洋,成天乱斗和瞎折腾,彻底陷于无序状态,这是辩证法的悲哀和无奈。辩证法不能任由斗争性无休止地膨胀,中国十年动乱所造成的巨大的社会灾难,说明只讲斗争而排斥和谐的对辩证法的传统理解已经陷入危机,必须把斗争性放在一个适当的位置上,同时呼唤对立面和谐的范式出场,以恢复辩证法的全面深刻而无片面性弊病的本性。正是在中国改革开放的历史进程中,伴随着邓小平理论的诞生和对斗争哲学的反思,和谐作为辩证法的一个发展维度和新的范式终于被召唤出来,并以构建和谐社会与和谐世界的超重量级话语隆重登场。

辩证法发展维度的转化和展开是实践发展和范式转换的结果,当今的中国和世界的社会生活实践发生了什么样的变化使辩证法趋向和谐呢?从世界范围来说,当代的最大进步和挑战是信息化和全球化。信息化极大地改变了人类的生活,高速运转的生产和信息的交流极大地提高了人的实践能力和生产水平,人类的生存问题在高科技的带动下已经显现出良好的解决前景。动物式的生存竞争的局面正在被打破,人类为了生存不必像过去那样彼此争个你死我活。现在全世界绝对贫困的人口已经大大减少,生产的产品虽然还没有达到极大丰富,但其总量基本上能够满足全世界人口的衣食需求,只是两极分化、分配不公而已。在历史上人类的实践能力从来没有达到过今天的水平,人们有理由相信,依靠生产力发展和科学的进步,在公平正义的秩序下,人类完全有可能在和谐发展中实现共存共荣。

全球化把世界变小,成为一个地球村,人们的交往关系更频繁和密切了。近代以前人们都生活在孤立的地点,互不联系,极少交往。一遇到矛盾除了战争和暴力外,可供选择的余地很小。全球化加强了人们的联系和沟通,彼此之间的信任、理解、协商、让步的机会空前增多了,解决矛盾的路径最后才是斗争,有相当的机会可以去尝试合作、互利和共赢。和谐不仅可以化解矛盾,解决分歧,还可以实现发展,促进进步。

正是在信息化和全球化的大背景下,邓小平首先提出和平与发展是当

代世界的主题,弱化意识形态的分歧,把革命和资本主义灭亡的问题搁置起来,认为那是每个国家人民自己决定的事。在党的十六届四中全会以后又率先提出构建和谐世界的问题,表明了中国在对外关系中致力于和平合作和互利双赢的诚意。

当代的和谐发展理念崛起不仅是信息化和全球化所给定的,也是建设中国特色社会主义实践的思想积淀和必然结果。中国本来就是一个亚细亚生产方式的国家,血缘亲属关系和人情交往弥漫整个社会,讲和谐、重群体是中国传统文化的精华。但是必须指出,中国古代的天人合一、忍贵和高与中庸之道的思想传统虽不失为今日建构和谐社会的思想资源,但也不宜估计过高。因为古代讲的和谐是一种对立和分化未经充分展开的始初的、朦胧的和谐,它带有直观性和猜测性,其实不过是家庭内部血缘关系的放大,子对父讲孝,臣对君讲忠,这种和谐就犹如没受市场经济冲击的自然经济一样,虽有田园风味,却始终是停滞的落后的经济。现今中国的家长制、一言堂、裙带关系、58 岁现象,等等,其中都可以看到这种古代和谐思想的负面意义。中国当下的和谐发展理念主要不是来自传统文化,甚至也不是马克思固有的和谐思想的启迪,真真切切的是来自三十年建设中国特色社会主义实践所带来的新的思想冲击。改革开放的最大成果之一是阶级消灭了,人们利益上的对立已经缩小到最低程度,相反,共同利益增多,能够在共同的奋斗中共享改革开放的成果。这就使和谐、合作、互利、共赢成为人际关系的主流,经常是在对手的发展中才能求得自身的发展。省思过去以阶级斗争为纲所造成的深重灾难,对比改革开放中所实施的经济和政治上的共同奋斗、共同富裕和共同发展的人性化的政策及取得的巨大成果,人们深切地认识到,和谐包括利益、制度、机制和人际关系上的和谐,可能是发展最快、代价最小、获益最多的发展路径。发展是硬道理,而要发展就离不开和谐,当今和谐的发展理念已经成为人们的共识和出场最多的话语。

辩证法的和谐走向没有什么深奥的寓意,它不过是针对过去的斗争哲学而激发和生成的一种对立面的同一意识,是人类历史的第三个阶段,即建立在个人全面发展和他们共同的社会生产能力成为他们的社会财富这一基础上的自由个性超前表达的和谐发展理念。当代世界的发展是超常规的,犹如马克思所说,是一天等于二十年的时代。现在世界虽然还没有进入到"个人全面发展"和"自由个性"的人类历史的第三发展阶段,但是信息化和全球化的实践已经使"第二阶段为第三阶段准备条件","个人全面发展"和"自由个性"时期所通行的"每个人的自由发展是一切人的自由发展的条件"[①]的和谐发展路径已呼之欲出。在中国,人的全面发展问题已经提出,并制定了以人为本的科学发展观,在人皆为"本"的条件下,作为"本"的人之间自然应该民主法治、公平正义、诚信友爱、安定有序、和谐相处。这里尤其应该强调要纠正对对立面一概排斥的传统看法,充分估量对立面存在的意义,没有对立面就不会有自身,也就不会有对立面之间的斗争与合作,因而也就不会有事物的发展和前进。要重视对立面合作所独有的汲取双方优点的良性发展态势,在对立面的发展中实现自身的发展。自觉地树立强强联合、互利共赢的意识,在理解、沟通、协商和奋斗中化解矛盾,弥合分歧,实现共同发展。

当然,和谐不是回避矛盾、取消斗争。提出和谐的发展理念本身就是为了更好地面对可能发生的更多和更大的矛盾,用正确的方法去解决矛盾。对于国内外的某些敌对势力,对于人民所深恶痛绝的腐败现象,必须采用铁的手腕,坚决斗争,决不手软。但是对于日常的经济、政治、思想等各方面工作,对于大量的人民内部矛盾问题,我们必须学会用和谐的方法和手段去处理。我们正视矛盾是为了化解矛盾、消除分歧、缓和冲突,使我们能在斗争这一传统的解决矛盾的范式之外又掌握新的和谐解决矛盾的范式,既和谐又斗争才能使我们坚定地站在发展的潮头,永远立于不败之地。

① 《马克思恩格斯选集》第1卷,第294页。

第十一章 社会主义与辩证法

半个多世纪的建设社会主义的曲折历程是一部极其深刻、有益的教科书，它从正反两个方面一再证明，社会主义必须自觉地遵循辩证法，但是不能简单地归向传统意义上的辩证法，辩证法在建设中国特色的社会主义实践中已经实现了具有历史意义的伟大创新，探索新时期辩证法的变化、发展和突破，这不仅是建设中国特色社会主义的根本要求，也是理论研究的全新课题。党的十六届四中全会提出了构建社会主义和谐社会的问题，这也为我们探索社会主义实践中的辩证法创新指明了方向，明确了定位，对于反思和消解传统理解的辩证法中许多不和谐的音调具有重要的理论意义和实践意义。

一、马克思所理解的辩证法

辩证法向来说法杂陈，歧见极多，在明确社会主义实践的辩证法创新之前，必须首先澄清马克思对辩证法的理解，以作为我们论题的根据。

辩证法对于马克思来说极端重要，是他全部哲学的基础和出发点之一。支撑马克思哲学的有两大支柱，一个是唯物主义，以表明马克思哲学的根本性属性和特征，是马克思对自己哲学的一贯称谓。但是马克思的唯物主义不是过去机械论的旧唯物主义，而是具有辩证法属性的新唯物主义。辩证法是马克思哲学的另一个重要的支点，离开辩证法，马克思的唯物主义也就和旧唯物主义没有什么区别了。当然，标志马克思哲学革命变革的不是辩证法，辩证法也可以和唯心主义结合在一起，如黑格尔哲学等。马克思哲学革命变革的基础是实践，借助实践在唯物主义基地上马克思完成了划时代的哲学革命，创立了实践唯物主义哲学。但是，实践具有主体的性质，是人改变世界的活动，而辩证法正是主体特有的功能和属性，离开主体的认同和价值评断，单纯的外在客体及其活动充其量就是它们自身，是谈不上什么辩证或不辩证的。所以实践是辩证法的依托，马克思的实践唯物主义本身就内蕴着辩证法。在这个意义上又可以说，马克思的实践唯物主义也就是辩证的唯物主义。

但是，由于马克思在哲学革命变革过程中对实践的格外关注和倾斜，相形之下，显得对辩证法问题直接谈论得少了些。他曾萌发宏志，想写一本辩证法的专著，但最终未能如愿，留给后人的相关思想只是散见在《政治经济学批判》和《资本论》等著作的序、导言及跋中。由于马克思辩证法思想的分散，如何全面和系统地阐发其辩证法的内容与精髓就成了问题，实际上，任何有关马克思辩证法的著述都是见仁见智，不能不带有主观理解的性质。

马克思对辩证法的表述最早见于他的博士论文，在其中他写道："辩证法是内在的纯朴之光，是爱的慧眼，是不因肉体的物质的分离而告破灭的内在灵魂，是精神的珍藏之所。……但辩证法又是急流，它冲毁各种事物及其界限，冲垮各种独立的形态，将万物淹没在唯一的永恒之海中。"[①]马克思写这篇论文的时候还是个唯心主义者，所以，虽然他正确地强调了辩证法的永恒发展的特性，但他最终还是把辩证法归结为内在的精神功能，还没有走出黑格尔辩证法的局限。

《1844 年经济学哲学手稿》是马克思集中阐发辩证法思想的力作，通过对黑格尔唯心主义辩证法的批判，马克思表达了自己特别关注的辩证法思想的闪光点。这本书专辟一章题为"对黑格尔的辩证法和整个哲学的批判"，其中直接牵涉到辩证法部分的大致有以下几个重要观点：

(1)强调辩证法的极端重要性，批评青年黑格尔派"对待黑格尔的辩证法这一表面上看来是形式的问题，而实际上是本质的问题，则完全缺乏认识"[②]，指明辩证法在哲学体系中具有的基础和本质的地位。

(2)阐明辩证法的唯物主义基础，认为："费尔巴哈是惟一对黑格尔辩证法采取严肃的、批判的态度的人"，而"费尔巴哈的伟大功绩"恰恰在于他"这样解释了黑格尔的辩证法(从而论证了要从肯定的东西即从感觉确定的东西出发)"[③]，而不是像黑格尔那样"从绝对的和不变的抽象出发……他扬弃

① 《马克思恩格斯全集》第 40 卷，人民出版社 1982 年版，第 144—145 页。

② 《马克思恩格斯全集》第 3 卷，第 312 页。

③ 《马克思恩格斯全集》第 3 卷，第 314—315 页。

了无限的东西,设定了现实的、感性的、实在的、有限的、特殊的东西"[①]。这正是费尔巴哈对黑格尔辩证法唯心主义基础的针砭,同时也是对辩证法的唯物主义基础的确认。透过费尔巴哈对黑格尔辩证法的批判,马克思表达了自己唯物的辩证法观,后来马克思对黑格尔辩证法的"头足倒置"等一系列说法和批评都是由此而引发出来的。

(3)充分肯定了黑格尔的辩证法"作为推动原则和创造原则的否定性——的伟大之处首先在于,黑格尔把人的自我产生看作一个过程,把对象化看作非对象化,看作外化和这种外化的扬弃;可见,他抓住了劳动的本质,把对象性的人、现实的因而是真正的人理解为他自己劳动的结果"[②]。虽然黑格尔所理解的劳动只是"抽象的精神的劳动",而且"他只看到劳动的积极的方面,没有看到它的消极的方面"[③],但是,黑格尔能把辩证法引向劳动和实践,在人的活动及其思想的凝结中把握辩证法,这就进一步地澄清了马克思辩证法的唯物主义基础的真实含义,对马克思来说,辩证法其实质就是实践辩证法及其思想升华并用之于指导实践的思维辩证法。对辩证法的这种理解既与黑格尔的纯粹概念辩证法相区别,辩证法已经有了劳动实践做基础,同时也与黑格尔的思维辩证法相联系,辩证法确实是思维领域的珍品。另一方面,黑格尔又把他的辩证法主要从否定方面来阐释,认为辩证法就是一种否定之否定的运动,体现在人的身上就是人通过劳动这种对象化和非对象化的活动而不断扬弃与诞生的过程。黑格尔"把劳动看作人的本质,看作人的自我确证的本质",并认为"劳动是人在外化范围之内的或者作为外化的人的自为的生成"[④],这一思想对马克思影响极大,马克思的实践唯物主义就是在改造黑格尔的否定辩证法的基础上形成的。

《哲学的贫困》是马克思直接谈论辩证法问题的少见的著作之一。为了批判蒲鲁东的政治经济学的方法论,特别是他对黑格尔辩证法的拙劣的模仿,马克思不止一次地接触到辩证运动的实质问题。他说:"两个相互矛盾

---

① 《马克思恩格斯全集》第3卷,第315页。
② 《马克思恩格斯全集》第3卷,第320页。
③ 《马克思恩格斯全集》第3卷,第320页。
④ 《马克思恩格斯全集》第3卷,第320页。

方面的共存、斗争以及融合成一个新范畴，就是辩证运动。”①这句话充分表明，马克思没有离开对立统一规律来理解辩证法，黑格尔关于矛盾的见解对马克思来说还是极有价值的，这可以从马克思另一篇文章《中国革命和欧洲革命》中得到印证。马克思在这篇文章中说：“有一位思想极其深刻但又怪诞的研究人类发展原理的思辨哲学家，常常把他所说的两极相联规律赞誉为自然界的基本奥秘之一。在他看来，‘两极相联’这个朴素的谚语是一个伟大而不可移易的适用于生活一切方面的真理，是哲学家所离不开的定理，就像天文学家离不开开普勒的定律或牛顿的伟大发现一样。”②并认为：“中国革命对文明世界很可能发生的影响却是这个原则的一个明显例证。欧洲人民下一次的起义，他们下一阶段争取共和自由、争取廉洁政府的斗争，在更大的程度上恐怕要决定于天朝帝国（欧洲的直接对立面）目前所发生的事件……这看来像是一种非常奇怪、非常荒诞的说法，然而，这决不是什么怪论，凡是仔细考察了当前情况的人，都会相信这一点。”③马克思的这段话表明了他对黑格尔辩证法的总体评价和对对立统一规律的肯定。一方面他认为黑格尔的辩证法“思想极其深刻”，并用中国革命的例子来证明对立统一规律的实际效用，但同时他又认为黑格尔作为一个思辨哲学家，对于人类发展原理的研究和阐发又很“怪异”，所谓“怪异”无外是指黑格尔辩证法的神秘性，即“绝对观念”外化世界说，归根到底又指向了他的辩证法的唯心主义基础。马克思对黑格尔辩证法的这种评价一直贯彻到他后来的一切著述中，正是在这里体现出马克思自己对辩证法的基本理解。

1868 年 3 月 6 日马克思在致库格曼的信中再次重申了上述思想，他明确指出：“我的阐述方法和黑格尔的不同，因为我是唯物主义者，黑格尔是唯心主义者。黑格尔的辩证法是一切辩证法的基本形式，但是，只有在剥去它的神秘的形式之后才是这样，而这恰好就是我的方法的特点。”④从这里又可以看出，马克思重视黑格尔辩证法的既有成果，只要剥去其唯心主义的神秘

① 《马克思恩格斯选集》第 1 卷，第 144 页。
② 《马克思恩格斯选集》第 1 卷，第 690 页。
③ 《马克思恩格斯选集》第 l 卷，第 690 页。
④ 《马克思恩格斯选集》第 4 卷，第 578—579 页。

面纱,马克思的辩证法和黑格尔的辩证法在基本内容上是同一的。

除了继续申明辩证法的唯物主义基础,指明"我的辩证方法,从根本上来说,不仅和黑格尔的辩证方法不同,而且和它截然相反"[①]之外,马克思着力揭示了辩证法的本质。他公开承认自己"是这位大思想家的学生",虽然"在他那里,辩证法是倒立着的","但这决没有妨碍他第一个全面地有意识地叙述了辩证法的一般运动形式"[②]。在这个认识的前提下,马克思对辩证法的实质做了最精彩的揭示,说出了一段脍炙人口的至理名言:"辩证法在对现存事物的肯定的理解中同时包含对现存事物的否定的理解,即对现存事物的必然灭亡的理解;辩证法对每一种既成的形式都是从不断的运动中,因而也是从它的暂时性方面去理解;辩证法不崇拜任何东西,按其本质来说,它是批判的和革命的。"[③]马克思对辩证法本质的理解与众所熟知的恩格斯对辩证法的概括完全一致,恩格斯在《费尔巴哈论》中说:"这种辩证哲学推翻了一切关于最终的绝对真理和与之相应的绝对的人类状态的观念。在它面前,不存在任何最终的东西、绝对的东西、神圣的东西;它指出所有一切事物的暂时性;在它面前,除了生成和灭亡的不断过程、无止境地由低级上升到高级的不断过程,什么都不存在。它本身就是这个过程在思维着的头脑中的反映。"[④]当然对这个过程的理解马克思和恩格斯也有不同之处,马克思主要是指人类的实践过程及其在思维中的反映,而恩格斯则主要是指自然过程及其在思维中的反映,恩格斯的著名的《自然辩证法》就是专门为了阐发自然界的辩证运动而写作的。这两者之间的区别反映了两位导师在辩证法主体理解上的不同特点,卢卡奇和法兰克福学派等西方马克思主义者在这个问题上对恩格斯曾多有微词,但也同时进一步明确了自然界作为人化的客体其辩证运动的源头在于人和人的实践,因而真正的辩证法应该是主客体统一的辩证法。不可否认,通过在辩证主体理解上的争议,人们对辩证法的认识和理解空前地深化和明晰了。

---

① 《马克思恩格斯选集》第 2 卷,第 111—112 页。

② 《马克思恩格斯选集》第 2 卷,第 112 页。

③ 《马克思恩格斯选集》第 2 卷,第 112 页。

④ 《马克思恩格斯选集》第 4 卷,第 217 页。

以上仅从直接触及辩证法称谓的话语中简述了马克思辩证法思想的内涵和本质，虽然马克思对辩证法的实际运用更丰富多彩，如他在《资本论》中对辩证法得心应手的挥毫，在《1857—1858年经济学手稿》中对人类历史发展三阶段的表述，都充满了辩证法，但总的来说，都没有超出上述理论上的概括。仅从马克思的这些论述中我们也可以大体窥见马克思辩证法思想的轮廓来。

总的来说，马克思是在唯物的基础上承袭了黑格尔辩证法的合理内核，用实践的辩证法改造了黑格尔的概念辩证法，人及其实践是辩证法的主体，自然界作为对象化了的客体，与主体相统一，在此基础上形成主客体相统一的实践辩证法、主体辩证法、思维辩证法和历史辩证法。这种辩证法以“改变世界”为宗旨，是马克思哲学革命变革的产物，是把人及其活动作为对世界的终极理解的实践唯物主义哲学的必然结果。因此马克思的辩证法重视主体和实践，强调人的活动对世界的变革和改造，它突出否定性，而不是肯定性，总是在发展和运动中来理解事物和对象，所以批判和革命就自然成为辩证法的核心和本质。

二、革命斗争年代辩证法向斗争性的倾斜

马克思重视辩证法的否定性，把批判和革命视为辩证法的本质，充分地体现了时代精神和马克思肩负的历史使命。恩格斯的《在马克思墓前的讲话》中的一段话十分精辟，对于我们理解马克思辩证法的革命本质颇有启示。恩格斯说：“马克思首先是一个革命家。他毕生的真正使命，就是以这种或那种方式参加推翻资本主义社会及其所建立的国家设施的事业，参加现代无产阶级的解放事业……斗争是他的生命要素。很少有人像他那样满腔热情、坚韧不拔和卓有成效地进行斗争。”[①]马克思所处的时代和他不屈不挠的斗争品格使他的辩证法深深地打上了批判、革命和否定的烙印。

从马克思开始，中间经过列宁领导的十月革命，再到毛泽东领导的二十八年的长期的革命斗争，整整一个世纪，全世界的无产阶级和革命人民一直

① 《马克思恩格斯选集》第3卷，第777页。

处于夺取政权的腥风血雨的革命决战中。反动统治阶级对人民的残酷剥削和镇压与千百万人民群众的坚决反抗和斗争把矛盾对立激化到空前尖锐的程度，很少有调和的余地。在这种情况下，人们对辩证法只能从矛盾和斗争的绝对性方面去理解，辩证法不能不向对立面的斗争性倾斜。

最早和最鲜明地体现这个特点的是列宁，他对辩证法完全是从对立面的斗争角度去阐发的。列宁的《哲学笔记》思想丰富，博大精深，但它向矛盾和斗争倾斜已是不争的事实。在这本书中，这方面的话语比比皆是，直至今天人们还记忆犹新。在列宁看来，“统一物之分为两个部分以及对它的矛盾着的部分的认识，是辩证法的实质”①，“辩证法就是研究对象的本质自身中的矛盾”②，而矛盾是普遍存在的，“矛盾推动生活前进”③，“没有辩论、争论和斗争，就不可能有任何运动，工人运动也包括在内。不进行无情斗争……就不可能有任何组织”④。而对立面的统一和斗争的关系则是“对立面的统一（一致、同一、均势）是有条件的、暂时的、易逝的、相对的。相互排斥的对立面的斗争是绝对的，正如发展、运动是绝对的一样”⑤。本来对立面的同一和斗争两方面应该具有同等的意义，如果说斗争是绝对的，那么同样可以说同一也是绝对的，因为没有同一，没有对立面之间的相互依存和联结，对立面之间根本就斗争不起来，就这个意义来说，同一还可以认作是斗争的前提。可是过去很少从这个角度去思考问题，这只能从革命斗争年代的客观环境来理解。

不过，必须承认，列宁对辩证法的理解还有其全面性的一面，他不仅说了上面的那些倾向于对立和斗争的话语，也还多处表现了他对同一、一致的重视和兼顾。列宁的名言是：“可以把辩证法简要地确定为关于对立面的统一的学说。这样就会抓住辩证法的核心，可是这需要说明和发挥。”⑥他还说过：“发展是对立面的统一（统一物之分为两个互相排斥的对立面以及它们

---

① 《列宁选集》第2卷，第556页。

② 《列宁全集》第38卷，人民出版社1959年版，第407页。

③ 《列宁全集》第38卷，人民出版社1959年版，第414页。

④ 《列宁全集》第19卷，人民出版社1989年版，第493页。

⑤ 《列宁选集》第2卷，第557页。

⑥ 《列宁全集》第38卷，人民出版社1959年版，第240页。

之间的互相关联)”[①],等等。那么既倾向于对立面的斗争又重视对立面的统一,到底应该如何呢?列宁转换视角,重辟蹊径,又提出:“马克思主义的活的灵魂:对具体情况作具体分析。”[②]这就把对立面的同一和斗争放到了具体的环境和情况之下,应该说,这是一个极富创意的回答。列宁不仅在理论上保持着清醒的头脑,在革命斗争的实践中也充分重视一致和同一的意义。最突出的表现就是他理解妥协和退让的必要,不愿轻易地撕破对立面的同一,在对待布列斯特和约及“左派幼稚病”等问题上表现了列宁的宽广胸怀。

与列宁相比,斯大林在他的《辩证唯物主义和历史唯物主义》中就明显地表现出他对辩证法理解的片面性。在他看来,“对立面的斗争,就是旧东西和新东西之间、衰亡着的东西和产生着的东西之间、衰颓着的东西和发展着的东西之间的斗争,就是发展过程的内在内容,就是量变转化为质变的内在内容”[③]。斯大林的片面性不在于他把发展看成是对立面的斗争,而在于它把发展只是归结为对立面的斗争,忽视了对立面的统一、和谐和稳定在发展中的作用,并把这种作用完全排除在发展之外。所以他又说:“因此,辩证法认为,从低级到高级的发展过程不是通过现象和谐的开展,而是通过对现象、现象本身固有的矛盾的揭露,通过在这些矛盾基础上活动的对立倾向的‘斗争’进行的。”[④]列宁本来说过发展是对立面的统一,可是这句话他不引用,而单引用列宁的另一句话:“发展是对立面的斗争。”[⑤]这就表明,在斯大林心目中,为了社会的发展和进步只能有一个途径,那就是斗争。在夺取政权的革命斗争年代需要进行阶级斗争,这自然可以理解,问题在于,在夺取了政权以后的社会主义建设时期他依然坚持革命时期的斗争方法,没有随着历史任务的转换而更新党的路线,这不仅是经验主义在作怪,也反映了思想上的停滞和僵化。所以我们看到,斯大林在社会主义时期还像从前一样,不断地在各个领域中进行不可理喻的斗争。在党内,持续进行了反对季诺

① 《列宁选集》第 2 卷,第 557 页。

② 《列宁选集》第 4 卷,第 213 页。

③ 《斯大林选集》下卷,人民出版社 1979 年版,第 428—429 页。

④ 《斯大林选集》下卷,人民出版社 1979 年版,第 429 页。

⑤ 《斯大林选集》下卷,人民出版社 1979 年版,第 429 页。

维也夫、加米涅夫和布哈林的斗争,最后直至将对手人身消灭。在农村,为了实现集体化,进行了反对富农的斗争,建立了没有生命活力的集体农庄。在干部队伍中进行了全面的、扩大化的"肃反",其无辜受害者数量之大,骇人听闻,几乎达到了每个家庭都有受害者的程度。苏联在半个多世纪的社会主义实践中没有能够提供除了斗争以外的对辩证法的新理解,这是令人遗憾的,从中我们也能窥见其剧变和解体原因的蛛丝马迹。

中国革命凸显了辩证法的斗争性,令它在波澜壮阔的中国革命实践中得到了淋漓尽致的运用和体现。以毛泽东为代表的老一辈革命家致力于马克思主义与中国革命实践相结合,尤其注重辩证法的学习和运用。毛泽东的《矛盾论》是中国共产党人学习和运用辩证法的典范,它集中地体现了在民主革命时期中国共产党是如何运用辩证法的。像列宁一样,毛泽东也十分重视对立统一规律,特别是矛盾对立面的辩证关系。他通过列宁接触到马克思的辩证法思想,并结合中国革命的实际对对立面双方的相互关系进行了创造性的阐释和发挥。毛泽东的矛盾的普遍性和特殊性、主要矛盾和次要矛盾、矛盾的统一性和斗争性、对抗性矛盾和非对抗性矛盾等思想极大地丰富和发展了对立统一规律,是中国共产党对于辩证法科学的伟大贡献。十分自然,《矛盾论》主要是论述对立面的矛盾和斗争的,这在民主革命时期的阶级搏战中是理论的急需。毛泽东高于斯大林之处在于,他不仅看到了矛盾和斗争的必要,同时他也充分重视对立面的同一问题。他给同一性下的定义是:"第一、事物发展过程中的每一种矛盾的两个方面,各以和它对立着的方面为自己存在的前提,双方共处于一个统一体中;第二、矛盾着的双方,依据一定的条件,各向着其相反的方面转化。这些就是所谓同一性。"①这个定义不仅全面,而且没有任何对同一性的轻视,如他在本书的另一处所说:"原来矛盾着的各方面,不能孤立地存在。假如没有和它作对的矛盾的一方,它自己这一方就失去了存在的条件……没有生,死就不见;没有死,生也不见。没有上,无所谓下……"②在民主革命中,毛泽东不为残酷的阶级搏

① 《毛泽东选集》第1卷,人民出版社1991年版,第327页。
② 《毛泽东选集》第1卷,人民出版社1991年版,第328页。

杀蒙住自己的视线,还充分地意识到与对立面和敌手的同一性之重要,这是难能可贵的。

毛泽东在矛盾问题上的另一大贡献是他特别注意研究列宁提出的“对立面怎样成为同一的”问题。他的答案就是一方面互为存在条件,同时又因为一定条件而相互转化,关键在于条件,有了适当的条件,对立面就可以相互依存并在一定的条件下实现对立面的转化。这个条件有其客观的不以人的意志为转移的一面,但更重要的是首先要自己创造条件,正确地处理敌友我三方面的关系。对于敌人,必须坚决斗争,但也要注意在斗争的前提下化敌为友:“假如我们能够从他们队伍中多拉一些人出来,那敌人的队伍就减少了,我们的队伍就扩大了。”[①]对于同盟者,实行统一战线的政策,团结大多数,最大限度地孤立敌人,壮大自己,统一战线是中国革命胜利的伟大法宝。

依据毛泽东在民主革命时期对辩证法的卓越实践,应该说在社会主义时期贯彻和遵循辩证法是不成问题的。但是正像在民主革命时期坚定地实施了实事求是的思想路线而社会主义时期却违背了实事求是一样,毛泽东没有能够随着历史时代的转换相应地转变辩证法观念,他依然用革命时期辩证法向对立面斗争的倾斜的思想来指导社会主义建设。呈现在表面上的是一个运动接着一个运动,大批判,穷过渡,瞎折腾,直至祸国殃民的“文化大革命”,而骨子里却是辩证法理念的陈旧和变异。在毛泽东看来,整个社会主义建设的过程就是一个不断革命和斗争的过程,不仅是要向自然开战,更重要的是要向人和人的思想开战,因为阻碍社会进步和发展的不是科学技术与生产力的落后,而是被推翻的反动阶级的破坏捣乱与旧思想束缚下的落后的人。因此必须以阶级斗争为纲,不断开展革命运动和大批判,向反动阶级开火,向落后思想开火。虽然也要生活和吃饭,也要建设和生产,但是必须革命先行,阶级斗争开路,这叫作“抓革命促生产”。“文化大革命”完全是奉行“斗争哲学”的产物,可以设想,没有一整套理论和逻辑以及被扭曲了的辩证法的革命和斗争观念,是绝不可能做出“文化大革命”那样不可思议和违背常理的、荒唐的自杀性的举动来的。

① 《毛泽东选集》第1卷,人民出版社1991年版,第158页。

总之，辩证法从在黑格尔那里被系统化时起，其本身就是经典力学时代线性思维方式的产物，矛盾构成这种思维方式的核心，二体对立，相互作用产生新的结果，这个结果构成一体再和另一事物相对立、相互作用，再产生新的结果，如此向后递进，构成线性的链条。所以这种思维方式突出矛盾对立是不足为怪的。马克思作为无产阶级的革命导师，为了启发无产阶级的革命觉悟，深刻揭示辩证法的批判和革命的本质，这是时代赋予他的使命。马克思以斗争为幸福，以屈服为不幸，他回答女儿的格言正是他豪迈的胸怀和时代精神的写照。列宁处在无产阶级革命的时代，他所理解的辩证法向对立和斗争倾斜是必然和必须的，在列宁那里辩证法明显表现为矛盾斗争的辩证法。毛泽东早在青年时期就回应时代的需要发出了“与天斗其乐无穷、与地斗其乐无穷、与人斗其乐无穷”的呐喊，在民主革命时期又创造性地阐发和运用了矛盾辩证法，夺取了民主革命的胜利。遗憾的是他未能沿着这个方向继续走下去，在社会主义建设的新时期把辩证法进一步拓展和深化，相反他依然向对立面的斗争性倾斜，把对立统一学说异化为以阶级斗争为纲和“斗争哲学”。这就留给后人一项伟大而艰辛的使命，那就是如何摆脱辩证法向矛盾对立倾斜的局限，在建设社会主义新生活的伟大实践中实现对辩证法的全面阐释和发展创新，这个任务主要是由邓小平的建设中国特色社会主义理论承接并完成了的。

三、社会主义对辩证法的拷问

社会主义是人类历史上前所未有的伟大创举，也是人类生活实践面临的崭新的课题。十分明显，用常规的经验的办法不足以完成社会主义的历史使命，必须解放思想，锐意进取，在社会主义的实践探索中推进辩证法的突破和创新。

苏联和改革开放前的中国在社会主义实践中都出现了许多波折，对于辩证法来说，最大的问题是它没有随着时代的改变而更新自己的形态，仍然用对待敌我斗争的套路来搞社会主义建设，这就不能不出现严重的挫折，留下了巨大的败笔。“文化大革命”之前，中国理论界也曾花大力气研究过社会主义辩证法问题，特别是广东省理论界可敬的前辈张江明同志做出了巨大的贡献,他率领一批有理论造诣的研究人员,开展了多方面的研究,留下了许多有意义的研究成果。但是不能不指出,由于计划经济和僵化的社会主义模式的局限,当时的研究还停留在对辩证法的传统理解上,主要是从社会各方面的矛盾关系等视角来阐释社会主义的辩证法。这也是当时唯一可能产生的结果,期望值过高显然是不切实际的。

苏联的解体和东欧剧变以及中国"文化大革命"带来的深重的危机向传统理解的社会主义辩证法提出了尖锐的挑战,实践已经深刻地表明,再把辩证法向矛盾和斗争方面倾斜已经行不通了,"斗争哲学"已经宣告破产。不破不立,改革开放和中国特色社会主义的理论创新是辩证法走向新生的强大的生命力源泉。从 1978 年党的十一届三中全会起至今,中国几十年改革开放的实践,波澜壮阔,前无古人,取得了举世无双的伟大成功。今天中国已经初步摆脱贫困,正在全面建设小康社会。中国改革开放的伟大创举是对什么是社会主义和怎样建设社会主义历史性课题的全面探索和成功的回答,其中既包含社会主义向唯物主义回归的反思和觉醒,也积淀了辩证法在社会主义实践中的破和立,从来没有像这样的历史机遇给辩证法提供如此丰富而深刻的创新素材。只要我们用心思索和体验就不难发现,当代的辩证法已非同过去,与传统理解的辩证法已经不能同日而语,特别是在对立统一规律的理解上有了一系列新的突破和飞跃,更多地凸现了向对立面同一性的倾斜和回归。这主要表现在以下几个方面:

(1)辩证地看待对立面。不能认为对立面就是绝对坏的,必须予以打倒和令其消失。这是当代辩证法必须首先解决的认识前提,而改革开放的实践为这个问题提供了新的答案。按照传统的理解,既然对立面的斗争是绝对的,那么,对立面本身必然与主体不相容,必须经过斗争予以克服和消灭,实现矛盾性质的转化。这样一来,势必就把对立面看成是绝对坏的东西,因而冰炭不同炉,否定其具有任何价值。可是许多事实又提供了不同甚至相反的结论,令人们去联想和深思。比如怎样看待资本主义就是一个鲜明的事例。当今时代既然和平发展是世界的主题,那就有一个和资本主义和平共处甚至共同发展的问题,我国作为一个发展中的国家还要引进其资金和设备,借鉴其科学技术和管理上的经验与成果,这些都是我国经济发展不可

或缺的。不仅如此，就是在政治上资本主义几百年来的宪政和治国经验，特别是在权力的约束和制衡方面也能够给我们提供许多有益的启示。马克思、恩格斯在《共产党宣言》中说资本主义在历史上曾经起过非常革命的作用，今天这种作用也并未完全消失，当今世界的科技革命和全球化的进程仍然是由发达的资本主义国家引领的。所以不能用绝对化的观点来看待对立面，只看到其应被否定的一面，而忽略其尚存的有益或有利的一面。过去对于对立面的同一理解显得过于狭隘，只看到对立面的相互依存，而对于对立面之间的相互渗透和你中有我与我中有你则有所忽视。一切对立面面对主体的绝不只是单纯的负面，而是其整体，其中既有应予否定的负面的东西，也有应予肯定和汲取的积极的东西，资本主义是如此，其他如私有制、非按劳分配等皆是如此。私有制和非按劳分配在现实中确有起副作用的一面，但在中国的具体环境下，也有其能够起到调动劳动者的积极性、增加税收和就业、减少国家的负担的正面作用，这实际上也是对它历史上的积极作用的一种召唤和认同。只看到对立面的负面意义，忽视其有益的作用，否定这一方面也要对自身发生影响和渗透，就会在否定其负面作用的同时把有益的一面也一起否定掉了。这就造成了一叶障目，长期来一直在计划和市场、公有和私有、按劳分配和非按劳分配之间犹豫和徘徊，而不敢迈出肯定对立面积极意义的决定性的一步。其实，只要开阔视野，如实地分析资本主义、私有制和非按劳分配的实践及后果，就不难在这些对立中做出抉择。而这就需要确立一个前提，即客观公正地认识和对待对立面，抛弃过去长时期形成的偏见，不要一遇见对立面就必欲打倒之、消灭之。

进一步说，应该用对立统一的观点来看待对立面，任何对立面本身也包含相互对立的两个方面。资本主义既有使其成为资本主义的确定因素，如私有制和雇佣劳动，等等，也有反映未来发展趋势的使其不成为资本主义的否定因素，如社会化大生产、三大差别的缩小以及由此而形成的现代化的科学管理等。这些要素本质上是社会主义的特征，社会主义在其实践中对这些要素的汲取和认同其实就是对自身本质的肯定和认同。对待一切对立面都应该有一个辩证的、客观的、全面的、开放的观点，对对立面不加分析地一概否定是短视和不明智的表现。

(2)对立面也可以适当地扶植。对对立面的积极因素的认同和肯定是对立面同一的基本内容,正因为对立面中有和自己一致的积极的东西,对立面之间才能够彼此相通、相互联结,因而统一起来。对立面的真正同一应该是在相互一致和有利于发展前提下的同一,是一种前进和进步基础上的同一。没有对立面的存在或者对立面过分弱小,则容易使自己放松警惕,甚至麻痹,不能振作精神去壮大自己。一个故事说,一车鱼如果里面有一条食鱼的鱼,大家都会振作起来,以防被它吃掉,结果到达目的地,一车鱼都保鲜了。现实生活中,往往是对立面之间相互不够平衡,要么是对立面一方相对弱小,要么是对立面一方的积极和进步因素还不够充分和强劲,有待于加强和提高。在这种情况下为了发挥对立面之间的相互影响和相互渗透的作用,就有必要扶植对立面,加强对立面的力量,发挥其更大的作用,以促进主体的发展和提高。只有这种相互间不是特别悬殊的对立面同一才是有巨大发展潜力的矛盾统一体。有鉴于此,就不排除主体可以采取扶植对立面的政策,不怕对立面的适当强大,把扶植对立面当作自身发展的辅助力量。在中国改革开放过程中,辩证法的这个新的思维范式就曾多方面地体现出来。中国的民营私人企业在整个国民经济中还十分弱小,但它在就业、纳税和满足人民日常多方面的需求中能够起到不可忽视的作用,在公有制还不可能完全包下来的情况下,动员和发挥民营私人企业的积极性具有重要的现实意义。所以我们看到,自改革开放以来,我国一贯实行鼓励和扶植民营企业的政策,私有制对于社会主义长远发展的目标来说,当然是对立面,我们现在实行的以公有制为主体、多种经济共同发展的方针其中就包含着对民营私人企业的扶植,这也是公有制对私有制这一对立面的扶植。扶植对立面还表现在对待民主党派的政策上,中国作为一个共产党领导的国家,其他的民主党派在差别就是矛盾的意义上也是对立面,共产党和他们既对立又统一构成当代中国政党的总体。但是历史原因造成了共产党的绝对领导地位与民主党派的必然被领导的地位。在建设社会主义民主和法治国家的过程中,民主党派无论在经济、政治和文化建设上都能发挥重要的作用,所以共产党一贯实行“长期共存、互相监督、肝胆相照、荣辱与共”的基本国策,这是统一战线在新形势下的贯彻和运用。可是在中国存在一个基本的事实,即

国家和社会的精英大多都加入到共产党队伍中来,相形之下,民主党派显得比较弱小。为了更好地发挥民主党派的作用,就有必要扶植和增强它的队伍和力量,在国家和政府的各级领导机关,配备一定数量的民主党派人士担任领导职务,这既昭示了共产党的宽广胸怀,也是辩证法的新的对立统一观的生动体现。不仅要肯定对立面存在的积极意义,而且要扶植对立面为建设中国特色的社会主义服务,这一认识和实践是对辩证法内涵的合理扩张。

(3)对立面不仅斗争还要积极促进对立面结合。肯定对立面和扶植对立面对于主体来说还不是其追求的目的本身,其最终目的是为了实现与对立面的恰当结合,推进统一体的繁荣和发展。传统理解的辩证法本身就带有形而上学性,把与对立面的斗争绝对化,认为对立的两个方面必然是相互排斥,彼此挣脱,最后分崩离析,统一体破裂。依据这种看法,对立面之间只能有你没我,不共戴天,绝对不可能相互结合。虽然对立面的同一包含有相互依存的含义,但是这种相互依存只是暂时的、易逝的、有条件的、相对的,对立面的斗争就是为了破坏这种相互依存,打破旧的统一体,实现对立面的转化。依据这种看法,对立面的依存和结合是保守的,对事物发展来说,只起阻碍作用,所以传统理解的辩证法根本就没有对立面结合这一说。实际上,既然对立面双方有相互一致的肯定和积极方面,那么它们的结合就会产生一种新的机制和激励,促进事物的发展。这是一种当今时代十分重要的力量源泉,有时不见得比对立面的斗争所产生的作用小,在很多的情况下,对立面的结合要比双方进行殊死斗争更有利,产生的结果也更积极。其实,对立面的结合并不是现在才有的,它在历史上早已存在,并曾发挥过巨大的作用,只不过是由于传统的斗争性思维定式的遮蔽没有引起我们的充分注意罢了。比如,男女结合才有人类的延续,阴晴结合才有风调雨顺和五谷丰登,细胞的生死结合才有有机体的存在和发展,正物质和反物质结合才能够产生无比巨大的能量,市场调节和宏观调控相结合才能使国民经济健康快速发展……

社会主义是以人为本的社会,强调人与社会、人与自然的全面和和谐的发展,在这种氛围中,原来许多绝对对立的事物其对立和矛盾都得到了不同程度的化解,对立面结合的空间和余地大大地拓展了。社会主义和资本主义可以结合，这在香港和澳门已经变为现实；公有制和私有制可以结合，这是我们现阶段的基本国策；按劳分配和非按劳分配可以结合，这是今天的分配制度的现实……所有这些结合都不是勉强的、被动的，而是党和政府主动采取的战略性的决策。邓小平是中国改革开放的总设计师，他在提出这些决策的同时就已经深刻地预见到这诸多方面的结合虽有可能带来某些损失和风险，但更多的机会是产生奇迹，出现新的发展机遇。私有制和资本主义的积极因素会被汲取，它们自身也会受到社会主义与公有制的引导和规范，二者各自拿出自己的优势和强项，它们的结合用今天的时髦话语来说叫作优势互补，强强联合，必定产生空前强大的力量。事实证明，这诸多对立面的结合已经在建设中国特色社会主义事业中发挥了巨大的功用，改革开放几十年来所取得的举世公认的成就和中国的经济和社会能够健康、稳步、协调地跨越式发展，这都是与邓小平倡导的对立面结合的理论与实践分不开的。

(4)真正的新思维：对立面的互利双赢。对立面结合的结局是什么？对于矛盾的统一体来说，当然是发展和壮大，对于我们国家来说，就是综合国力的增强和人民生活水平的提高，这是毫无疑义的。可是对于对立面双方来说又是什么结果呢？按照过去的理解，发展就是通过对立面的斗争，一方消灭另一方，实现矛盾性质的转化，斗争的结果是矛盾的一方消灭了另一方，如资产阶级消灭了封建贵族和地主，无产阶级消灭了资产阶级，计划经济消灭了市场经济和无政府状态，共产主义大协作消灭了竞争，等等，一方消灭以后再产生新的一方，形成新的矛盾，取代旧的矛盾，或者说旧矛盾让位于新的矛盾，如此延续无穷，形成无限发展的系列。对发展的这种理解本身就带有形而上学性，把发展绝对地限定在一方消灭或取代另一方，其结果必然是把对立面的积极或肯定因素也同时消灭了。试想，对立面的积极或肯定因素是和主体自身同一的，把这些要素消灭了主体自身怎能战胜对立面取得最后胜利呢？其实要用辩证和发展的观点来看问题，就不难理解，主体自身的胜利必然也是对立面的积极或肯定因素的胜利，因而对于它来说不但不是被消灭，在一定意义上说也是对立面的保留和发展，因而会出现对立面双赢和共荣的局面。在历史上这种事例屡见不鲜，比如，马克思曾说，

我们“不仅苦于资本主义生产的发展,而且苦于资本主义生产的不发展。除了现代的灾难而外,压迫着我们的还有许多遗留下来的灾难,这些灾难的产生,是由于古老的、陈旧的生产方式以及伴随着它们的过时的社会关系和政治关系还在苟延残喘。不仅活人使我们受苦,而且死人也使我们受苦。死人抓住活人”①。按照这个逻辑,消灭封建残余对无产阶级和资产阶级都有利,这就是一个双赢。同理,经济和社会发展,无产阶级和资产阶级都受益,股票上涨经常是普涨,对于投资者来说就是共赢,如此等等。

在社会主义和全球化与信息化时代,人们的交往增多,随之共同利益的空间也增大了。和平和发展是当代世界的主题,这个主题本身就是一个共赢性的,和平和发展的机遇对一切国家和地区,对于生活在不同制度下的各国人民都是有利的。现代化的思维不完全是追求损人利己,成功的较量和谈判往往是追求双赢,这是最易为大家所接受的完美结果,朝这个方向前进也是代价最少和最省力的。当下中国的经济、政治、生产、消费,等等,既遵循市场规律,也统一在国家的宏观调控之下,宏观调控的目标就是共赢,也就是邓小平所说的共同富裕,这正是社会主义的本质所在。由对立面的斗争和一方消灭另一方到对立面的双赢和共荣,既是时代的发展和人类思维的进步所使然,也是辩证法的对立统一规律内容的丰富和推进。

(5)不要把问题搞得太清楚,矛盾性质的适度模糊才有益。哲学一直伴随着一个深远的历史传统,那就是追求表述的清楚明白。哲学作为智慧之学要是不能把要表述的问题说清楚,模棱两可。逻辑混乱,使人如坠五里雾中,那就无法体现智慧,枉为智慧之学了。所以,清楚明白就成为哲学固有的本性,而逻辑和实证就是清楚明白借以实现的手段。清楚明白的最基本的要求是事物的定性要清楚,对象的地位、意义和作用要明白。如哲学史上唯心和唯物一直是分得清清楚楚明明白白的,特别是列宁把区分唯物和唯心作为哲学的党性原则以后,人们就更不敢在这个问题上含糊不清了。毛泽东的区分主要矛盾和矛盾的主要方面的思想也是满足清楚明白要求的重要尺度,因为主要矛盾和矛盾的主要方面决定矛盾的性质,抓不住主要矛盾

① 《马克思恩格斯选集》第2卷,第100—101页。

和矛盾的主要方面也就难以把事物的本质和全貌说清楚了。所以逻辑严谨、事实确凿和重点突出就成为哲学表述方式的不可或缺的必要手段。但是,自20世纪以来首先是模糊数学的兴起,引起人们对清楚明白的质疑和对模糊的兴趣。人们发现,生活中许多事情不要弄得太清楚,有的是没有必要,有的是弄得太清楚反而不好,在明确大方向的前提下,模糊状态正是人们所追求的。这个认识也反映在党和国家的重大决策中,比如,邓小平南方谈话中讲到,一些"左"的人士非要给改革开放的一系列政策定个性,下个断语不可,必要追问到底是"姓社"还是"姓资"。邓小平以高超的手法给以巧妙地回答:不要执意地追问"姓社"还是"姓资",只要做到"三个有利于",就"姓社",就要坚持地干下去。"三个有利于"对于"姓社"和"姓资"的直接追问,应该说回答是间接的,也是模糊的,但是在当时的条件下是有利的,回避了无休止的争论,可以把主要精力集中到经济建设上去,为此他还提出了不争论的主张,说这是他的一大发明。模糊效益不仅反映在这个问题上,也体现在一些新生事物的中性定性上。按照过去的积习,一切新出现的东西都应该给一个明确的定性,以决定我们的取舍,而这种定性大多是非此即彼的,要么是正面的要么是反面的,很少有不反不正折中的。当时对于市场经济、股市等新事物邓小平只是从资源配置的视角去说明,认为它是中性的,资本主义和社会主义都可以用。这就避免了"姓资"和"姓社"的回答,实际上也带有模糊的性质。此外,和平和发展是当代世界的主题对于世界未来的走向来说,也是模糊的,他并未指明世界的前途到底是社会主义或资本主义,只是说和平和发展是一切国家的共同的走向和面临的共同的问题,对大家都有利,这就足够了。至于世界最终走向哪里,这已经是另外一个问题,应该启用其他的理论和逻辑,如共产主义必胜的信念、革命不能输出和尊重各国人民自己的选择,等等。几十年中国改革开放的成功证明,这种对事物的适度模糊定性是必要的,也是有益的,它给辩证法的对立统一规律提供了一个新的理解视角。

总之,社会主义社会是辩证法大发展的时代,社会主义实践的丰富性和深刻性给辩证法的突破和创新提供了新的机遇和可能。辩证法在黑格尔手中是概念辩证法,在马克思那里是实践辩证法,在列宁和毛泽东的理解中主

要是矛盾和斗争的辩证法。在社会主义和全球化与信息化的今天,辩证法科学承袭了前人的思想精华,在充分肯定矛盾辩证法的基础上,加重了稳定、团结、和谐的砝码,真正成为以马克思的实践辩证法为底蕴的全面而无片面性弊病的发展辩证法、和谐辩证法。

第十二章　和谐社会与和谐辩证法

构建社会主义和谐社会是当今中国的主流话语，其实，和谐社会首先要有和谐思维，而和谐思维又系之于和谐辩证法，只有确认和谐社会和与之相匹配的和谐辩证法的合法性和紧迫性，我们才能从思想上迈出构建和谐社会的第一步。

一、构建和谐社会的思想诉求

构建和谐社会绝非是偶然心动或突发奇想，而是人类久远的理想追求，面对阶级社会的矛盾纷争，未来理想社会必然呼唤和谐和平等。所以早在两个世纪之前，法国伟大的空想社会主义者傅里叶，就曾把他所设想的未来理想社会的基层单位“法伦泰尔”称为和谐制度或和谐社会。1803 年他发表《全世界和谐》一文，指出，现在的资本主义社会必将为和谐制度所代替。另一位伟大的空想社会主义者欧文也执着地追求和谐社会的理想目标，1824 年他跑到美洲进行共产主义试验，他所建立的共产主义新村就叫“新和谐公社”。同时代的德国空想共产主义者魏特琳也是和谐社会的大力倡导者，1842 年他写了一本书，书名就叫《和谐与自由的保证》，认为未来的共产主义社会就是“和谐与自由”的社会。

马克思与恩格斯处在社会激烈变革和阶级搏战的新时代，为了激发无产阶级的革命斗志和勇往直前的斗争精神，他们对和谐问题谈论不多，更多地强调革命和斗争，这是时代的要求和革命斗争的需要。但是只要他们接触到未来理想社会的性质问题，他们就毫不犹豫和旗帜鲜明地表明自己的态度，和他们的前驱者一样，马克思和恩格斯也是未来和谐社会的坚定的倡导者和支持者。在他们看来，资本主义社会是私有制发展的最高阶段，各种矛盾和冲突都已极端尖锐，达到爆发前的临界点。因此资本主义不可能带来和谐，这是一个分崩离析和百孔千疮的极不和谐的社会。未来共产主义社会作为解决资本主义基本矛盾的路径和人类社会发展的自然历史过程，理所当然地意味着各种矛盾的化解与消失和一个新的无阶级的和谐社会的

诞生。所以马克思和恩格斯在《共产党宣言》中明确指出:“代替那存在着阶级和阶级对立的资产阶级旧社会的,将是这样一个联合体,在那里,每个人的自由发展是一切人的自由发展的条件。”[①]这样的联合体以人与人之间的互助为前提,人都处于相互的友爱和协作中,这种社会自然就是和谐社会。1859年马克思在《政治经济学批判》序言中谈到人类历史演进时再次表述了和谐社会的理想,他说:“大体说来,亚细亚的、古代的、封建的和现代资产阶级的生产方式可以看作是经济的社会形态演进的几个时代。资产阶级的生产关系是社会生产过程的最后一个对抗形式,这里所说的对抗,不是指个人的对抗,而是指从个人的社会生活条件中生产出来的对抗;但是,在资产阶级社会的胎胞里发展的生产力,同时又创造着解决这种对抗的物质条件。因此,人类社会的史前时期就以这种社会形态而告终。”[②]在这里,马克思把资本主义及其以前的社会都称为史前社会,这类社会的最重要的特征就是存在着社会对抗,其中包括阶级对抗、民族对抗、宗教对抗以及政治、经济和文化的对抗等,这些对抗造成了社会的矛盾、纷争和极不和谐,同时资本主义又以其社会化的大生产力为解决这些对抗奠定了物质基础,未来理想的共产主义社会消除了这些对抗,其结果就是建立了无对抗的和谐社会,因此,代替史前时期的真正的人类社会必然就是一个和谐的社会形态。这个思想马克思还在《1857—1858年经济学手稿》中表达过,在手稿中马克思提出了著名的人类历史演进的三形态理论:“人的依赖关系(起初完全是自然发生的),是最初的社会形态……以物的依赖性为基础的人的独立性,是第二大形态,在这种形态下,才形成普遍的社会物质交换,全面的关系,多方面的需求以及全面的能力的体系。建立在个人全面发展和他们共同的社会生产能力成为他们的社会财富这一基础上的自由个性,是第三个阶段。第二个阶段为第三个阶段创造条件。”[③]马克思的这段论述与上述《政治经济学批判》序言的意思相近,都是指明包括资本主义在内的史前时期是对抗的社会形态,而在社会的全面的对抗中,人既不可能全面发展也不可能展开自己的

① 《马克思恩格斯选集》第1卷,第294页。

② 《马克思恩格斯选集》第2卷,第33页。

③ 《马克思恩格斯全集》第46卷(下),人民出版社1980年版,第104页。

自由个性。随着第三阶段对抗的消失和社会物质财富的增多,人获得了空前的全面发展的机遇,人的自由个性也随之发展起来,由于全面才能和自由个性的发展是普遍的,而非排他的,人人都有可能在更高的觉悟水平的基础上展现自己,所以这时人与人之间的关系已经完全排除了矛盾和纷争,处于空前和谐的状态。这个共产主义的第三阶段自然就是和谐的社会,资本主义以物为基础的人的独立性阶段作为史前时期的最后形态为真正的人类社会创造条件。在马克思的晚期著作《哥达纲领批判》中,首次提出了共产主义社会实行的"各尽所能,按需分配"的原则,可以设想,既然已经按需分配了,那么就根本没有留下矛盾和斗争的空间,人与人之间的关系必然是十分和谐和融洽的,所以,从逻辑上说,共产主义社会必定是和谐社会。中国共产党作为以马克思主义为指导的先进的政党,承袭马克思主义的和谐思想资源,在适当的历史时期提出构建和谐社会的奋斗目标,是坚持马克思主义的理想和宗旨的体现。

中国是和谐思想资源的大国,作为儒家和道家思想的策源地,中国所孕育和表述的和谐社会的思想较之西方更为丰富和深刻,在古今中外的历史上都占有十分突出和醒目的地位。中国社会自古以来就和欧洲明显不同,以土地公有为标志的亚细亚生产方式的存在,血缘亲属关系和宗族制度与观念的盛行,以及日常生活中人情世界和情理文化的主导地位,所有这一切都极大地阻挠和延缓了中国社会的阶级分化和阶级斗争的运行。在人际关系中,起主导作用的是亲情和人情,虽然利益的纷扰也激起冲突和争斗,但更多的是强调矛盾的化解和冲突的调和,这就和西方社会形成了鲜明的对照。西方社会自原始公社解体以来就一直在私有制的框架中运行,阶级分化明显,社会冲突和斗争持续不断,解决矛盾和斗争的出路只能是强制、压迫和占有,而另一方就只能是反抗、斗争和不屈从。像《共产党宣言》开头所说的:"自由民和奴隶、贵族和平民、领主和农奴、行会师傅和帮工,一句话,压迫者和被压迫者,始终处于相互对立的地位,进行不断的、有时隐蔽有时公开的斗争,而每一次斗争的结局都是整个社会受到革命改造或者斗争的

各阶级同归于尽。"[①]西方社会的这种特点就决定了斗争和斗争意识的决定地位,特别是近代资本主义兴起以来,随着阶级分化明显,社会日益分裂为工人和资本家两大阶级,斗争和斗争意识就更加突出和起着主导作用了。所以我们看到,在西方为了解决矛盾和冲突动不动就采用斗争、强迫和压力的手段,罢工、示威游行与镇压和对峙等手段就是他们发明的,而且是家常便饭,这就与中国的国情大不相同了。在中国,经验和表层意识都告诉人们,整个社会只有官民之分,对于官府,要么"既在矮檐下,怎敢不低头",要么是聚众造反,揭竿而起,除了屈从和反抗,在大量的日常生活中通行的都是亲情和人情。而亲情和人情显然不宜革命和斗争,于是以和为主调的传统的文化和哲学就在中国产生和蔓延开来,并自古以来就一直占据文化的主阵地,形成了博大精深的东方智慧与和合文化,为今日构建社会主义和谐社会提供了强大的、不竭的思想资源。

和谐在中国历史上首先被理解为一种融洽的人际关系和美好的社会状态,在道家那里,和是天、地、人的相互关系的综合,即他们所说的"人法地,地法天,天法道,道法自然,谓之和"。这种"天人合一"的状态是和的最高的境界。和在墨子的心目中是指人之间的和谐交往,即所谓"兼相爱,交相利"。和谐作为一种社会状态在"左传"中被描述为"如乐之和,无所不谐"。《礼记》对这种和谐的社会状态做了进一步的具体阐发:大道之行也,天下为公。选贤与能,讲言修睦,故人不独亲其亲,不独子其子,使老有所终,壮有所用,幼有所长,鳏寡孤独废疾者皆有所养。这种理想的社会状态只有用和而不是斗的办法才能达到,如孔子所言:礼之用,和为贵。为了实现和的追求,就必须做些让步和妥协,所以又有"忍为高"之说。儒家学说有特别注重和谐的实现途径,提出了一系列旨在实现人际和谐和社会和谐的道德原则。除了重视天时、地利以外儒家最注重人和,为了人和,就必须"与人为善","成人之美","先人后己",遇有争议,要"求同存异"。在中国,和谐思想还表现在"中庸之道"上,中庸的哲学内涵主要是指"度",即后来朱熹所注,专指制定目标和采取行动措施时,既要"无过"又"无不及"也,显然,把握适当

① 《马克思恩格斯选集》第1卷,第272页。

的“度”，对于实现和维护和谐的局面是极端重要的。

上述西方和中国的和谐社会的思想资源深刻表明，和谐社会作为人类的久远的历史追求，一直在人类思想和文化史上占有重要的地位。中国共产党是用马克思主义武装起来的先进的工人阶级政党，一方面，她重视西方特别是马克思关于共产主义社会就是和谐社会的论述，把建设和谐社会当作自己的奋斗目标和理想追求，另一方面，中国共产党又是植根于中华文化沃土的政党，深受传统和谐社会思想的熏陶，在思想理论和现实生活中又得益于和谐思想的教益和实践成效。因此，当改革开放已进行了几十年，社会矛盾已经进一步化解，社会共同利益增多，已经具备社会和谐的基础的时候，党的十六届四中全会立即在以人为本的科学发展观的基础上，适时地提出建设社会主义和谐社会的发展目标，把自己今后长远的历史发展定位于和谐社会，这是继以人为本的科学发展观之后党在理论上的又一次重大的创新，既反映了党在社会主义建设规律和人类社会发展规律方面认识的深化，又是对传统和谐思想和文化的借鉴和提升，具有不可估量的理论和实际意义。

二、构建和谐社会，呼唤和谐辩证法

构建和谐社会不能一蹴而就，这是一个长远的、庞大的、系统工程。胡锦涛总书记对构建和谐社会的总体要求做了明确的阐述，他说：“我们所要建设的社会主义和谐社会，应该是民主法治、公平正义、诚信友爱、充满活力、安定有序、人与自然和谐相处的社会。”为了达到这个目标，我们必须在经济、政治、文化各个方面努力奋斗，力争做到利益和谐、制度和谐、机制和谐、秩序和谐、人际和谐。在这一切和谐中，人际和谐是根本，没有人与人之间的和谐相处，其他一切和谐都达不到。但是人际和谐的关键是要在思想深处确立起一个和谐的思维方式，能够用和谐的思维来思考问题，处理事务，不要陷在不相容的对立思维中，不能自拔，而这就呼唤和谐辩证法，因为辩证思维不过是辩证法在思维中的体现，确立了和谐辩证法自然也就用和谐的思维方式来思考和实践。在这个意义上，和谐辩证法是建立和谐社会的思想前提，对和谐社会的建构具有根本的意义。

和谐辩证法是一个新事物,新提法,它是相对于传统的矛盾辩证法而言的。为了理清和谐辩证法产生的基本脉络,我们必须向前追溯,从黑格尔的否定辩证法说起。

马克思多次提到:“黑格尔的辩证法是一切辩证法的基本形式”[①],“他第一个全面地有意识地叙述了辩证法的一般运动形式”[②],现在我们所熟知的辩证法的三大规律、五大范畴及它们之间的相互联结都是最先由黑格尔系统建立起来的。黑格尔的辩证法是否定辩证法,在黑格尔看来,一切事物能够存在和发展,其动力都来自自身内在的否定性,对立面斗争的结果总是强大的具有广阔发展前途的一方否定必将灭亡的另一方,而新形成的统一体也不会万世久长,在它内部也会成长起否定这个统一体的新的一方,最后这个统一体被它所否定,又出现新的统一体,如此等等,形成一个以否定性为机制的无限发展的链条。对黑格尔来说,否定性是事物的推动原则和发展的动力,黑格尔辩证法的“真实意义和革命性质”,它所提供的永无止境的发展理念,就是由这个否定性原则引申出来的。

黑格尔把事物自身的否定性作为辩证发展的动力是正确的,可是这个否定性的动力,即动力的动力又是什么呢?问题一转向这里就凸显了黑格尔辩证法的局限性,他把辩证运动的根源推向绝对精神,认为超人的绝对理念最终地推动了世界的变化和发展。所以黑格尔的否定辩证法建立在唯心主义基础上,用马克思和恩格斯的话来说,是“神秘的”“头足倒置的”唯心主义辩证法。这种辩证法的不彻底性是显而易见的,既然绝对精神是辩证运动的源泉,而绝对精神又要在其演化中不断地认识自己,那么,当绝对精神在黑格尔哲学中实现了自我认识,并在普鲁士王国中结束了自己的演进行程,那时,人的认识终结了,社会的发展也达到了顶峰,于是黑格尔又把无限发展的辩证思想推向了他所设定的有限止境,出现了恩格斯所说的方法和体系的矛盾,最终窒息了辩证法的革命性和创造性。批判和改造黑格尔的辩证法是时代提出的重大课题,这个历史重任责无旁贷地落在马克思的

① 《马克思恩格斯选集》第4卷,第579页。

② 《马克思恩格斯选集》第2卷,第112页。

肩上。

恩格斯在《卡尔·马克思〈政治经济学批判。第一分册〉》中说："马克思过去和现在都是唯一能够担当起这样一件工作的人，这就是从黑格尔逻辑学中把包含着黑格尔在这方面的真正发现的内核剥出来，使辩证方法摆脱它的唯心主义的外壳并把辩证方法在使它成为唯一正确的思想发展形式的简单形态上建立起来。"①这件工作实际上是对黑格尔辩证法的唯心主义基础进行批判，把辩证法确立在唯物主义基础上，彻底改变头足倒置的状况。所以，马克思一触及黑格尔辩证法就不断地和它的唯心主义外壳划清界限，多次声明："我的辩证方法，从根本上来说，不仅和黑格尔的辩证方法不同，而且和它截然相反"②，"因为我是唯物主义者，黑格尔是唯心主义者"③，"在黑格尔看来，思维过程，即他称为观念而甚至把它转化为独立主体的思维过程，是现实事物的创造主，而现实事物只是思维过程的外部表现。我的看法则相反，观念的东西不外是移入人的头脑并在人的头脑中改造过的物质的东西而已"④。因此，与黑格尔的唯心主义辩证法不同，马克思的辩证法是唯物主义辩证法，是摆脱了思维至上、精神第一的现实生活的辩证法。

辩证法在任何哲学中都是和本体论结合在一起的，都要首先回答辩证运动的主体是什么，是谁在进行辩证运动。唯物辩证法首先指明辩证运动的主体是人，而人的本质和生成基础是实践。自然界虽然是人产生和生活的必要条件，"但是，被抽象地理解的，自为的，被确定为与人分隔开来的自然界，对人来说也是无"⑤。真正的、现实的自然是人化的自然。所以人所面对的世界实际上是人的世界，只有从人出发，用人和人的实践的观点和尺度来看世界才能正确理解辩证运动的基石，在这个意义上，唯物辩证法是人学辩证法、主体辩证法和实践辩证法。

---

① 《马克思恩格斯选集》第2卷，第42—43页。
② 《马克思恩格斯选集》第2卷，第111—112页。
③ 《马克思恩格斯选集》第4卷，第578—579页。
④ 《马克思恩格斯选集》第2卷，第112页。
⑤ 《马克思恩格斯全集》第3卷，第335页。

马克思作为无产阶级的革命导师，为了启发无产阶级的觉悟，激发他们的革命热情，一直坚持把辩证法由“解释世界”引向“改变世界”，呼唤对辩证法的批判性和革命本性。1872年《资本论》第二版的跋给了马克思难得的机会，使他有可能就《资本论》的方法论问题进而阐发辩证法的革命本性。在这篇跋中，马克思第一次对辩证法的批判性和革命性做出了振聋发聩的表述：“辩证法，在其合理形态上，引起资产阶级及其夸夸其谈的代言人的恼怒和恐怖，因为辩证法在对现存事物的肯定的理解中同时包含对现存事物的否定的理解，即对现存事物的必然灭亡的理解；辩证法对每一种既成的形式都是从不断的运动中，因而也是从它的暂时性方面去理解；辩证法不崇拜任何东西，按其本质来说，它是批判的和革命的。”①马克思的这些铿锵有力的精辟话语，进一步揭示了辩证法的深刻内涵，对马克思来说，唯物辩证法更是革命辩证法，革命辩证法是对辩证法的内涵和实质的最高的概括和表达。

辩证法作为深刻完整而无片面性弊病的发展的学说，不会同时一下子展示自己的全部内容，根据时代的条件和需要突出辩证法的某一方面特性是正常的和合乎规律的。古代朴素的辩证法彰显的是事物的整体性，近代的形而学突出的是事物的细节和特殊性，黑格尔的唯心主义辩证法作为对整体性和特殊性的综合，全面地叙述了辩证法的一般运动形式，马克思的实践辩证法继承了黑格尔辩证法的合理内核，但它同样以否定性连接发展的链条，强调辩证法的批判和革命本质。从上述发展线索可以看出，辩证法从黑格尔开始，中间经过马克思和恩格斯一直保留一个鲜明的特性：向矛盾和斗争性倾斜。

对马克思来说，这种倾向性是必然的，是时代赋予他的神圣使命。马克思作为无产阶级的革命导师，面临的重要课题是启发无产阶级的阶级意识，充分认识到与资产阶级之间不可调和的阶级对立。而马克思本人也极富斗争性品格，如恩格斯对他的评价那样：“马克思首先是一个革命家。他毕生的真正使命，就是以这种或那种方式参加推翻资本主义社会及其所建立的国家设施的事业，参加现代无产阶级的解放事业……斗争是他的生命要素。

① 《马克思恩格斯选集》第2卷，第112页。

很少有人像他那样满腔热情、坚韧不拔和卓有成效地进行斗争。”[①]马克思在回答他女儿提问的《自白》中也把幸福理解为斗争，把不幸理解为屈服。从对辩证法的革命和批判本质的规范中，我们也可以窥见马克思对矛盾和斗争性的格外关注和倾斜。

列宁是辩证法的否定性和斗争精神的实践者。列宁生活在无产阶级革命时代，无产阶级夺取政权和资产阶级残酷镇压的阶级搏战把斗争和对立的观念提高到空前未有的高度。只有坚决斗争，干净彻底地消灭敌人，才能取得革命的胜利，任何犹豫、动摇、妥协都会葬送革命前途。在这种大背景下，列宁从矛盾斗争的绝对性和至上性方面来理解辩证法是正确和有益的。应该说列宁顺应了时代的需要，不仅在理论上，而且在实践中，淋漓尽致地发挥了辩证法的矛盾斗争性的一面，将自黑格尔以来贯穿于辩证法中的否定精神彻底地系统化为矛盾辩证法，表现为对矛盾的高度重视和全面的关注。列宁对矛盾的论述颇有代表性，他把矛盾问题和辩证法的对象等同起来，认为：“辩证法就是研究对象的本质自身中的矛盾”[②]，对矛盾“以及矛盾着的部分的认识，是辩证法的实质”[③]，“矛盾推动生活前进”[④]。所以列宁的辩证法是以研究矛盾问题为核心的辩证法，称之为矛盾辩证法是适当的。

矛盾辩证法并不怪异，它顺理成章，不外是对矛盾对立面双方的统一性和斗争性之间关系的一种理解和解决方式，其特征是将同一性相对化，最大限度地向斗争性倾斜。列宁说：“对立面的统一（一致、同一、均势）是有条件的、暂时的、易逝的、相对的。相互排斥的对立面的斗争是绝对的，正如发展、运动是绝对的一样”[⑤]，这就是矛盾辩证法对同一性和斗争性关系的基本理解。也正是在这个意义上，列宁还说过：“发展是对立面的‘斗争’”[⑥]。在革命斗争年代，分清敌我，强调敌我双方的对立和不可协调，使辩证法向矛盾的斗争方面倾斜不仅是正确的，也是必要和有益的。正是在列宁的矛盾

① 《马克思恩格斯选集》第3卷，第777页。
② 《列宁全集》第38卷，人民出版社1959年版，第407页。
③ 《列宁选集》第2卷，第556页。
④ 《列宁全集》第38卷，人民出版社1959年版，第414页。
⑤ 《列宁选集》第2卷，第557页。
⑥ 《列宁选集》第2卷，第557页。

辩证法思想的指引下,经过长期的革命斗争,俄国才取得十月革命的伟大胜利。

毛泽东对辩证法情有独钟,深有体悟,在长达二十八年的革命斗争中,他把辩证法淋漓尽致地运用于武装斗争、统一战线和根据地建设中。毛泽东是通过列宁的《哲学笔记》接触到辩证法的,他深谙矛盾问题在辩证法中的核心地位,密切结合中国革命实践,写出了独具匠心的《矛盾论》,是中国共产党人学习马克思主义和领略辩证法的典范。毛泽东思想作为马克思主义与中国实际相结合的第一次历史性的飞跃,其中就包含着《矛盾论》的思想结晶。和列宁一样,毛泽东在夺取政权的革命实践中,也格外重视对立面的斗争,面对三座大山,只有拿出"与天斗其乐无穷、与地斗其乐无穷、与人斗其乐无穷"的英雄气概,才能取得民主革命的伟大胜利。但是,中国革命的艰巨性和复杂性要求共产党人不仅要敢于斗争,而且要善于斗争,要熟悉矛盾的各个方面。为此《矛盾论》在辩证法史上第一次全面地论述了矛盾的普遍性、特殊性、同一性、斗争性和主要矛盾与矛盾的主要方面。特别是主要矛盾决定矛盾性质的见解尤为精辟,在实际斗争中发挥了重大作用。

社会主义为辩证法的运用和发展开辟了新天地,社会主义消灭了人与人对立的经济和政治基础,给一切人都创造了全面发展的社会前提。社会主义虽然不可能消除矛盾和纷争,也不会使人人都成为谦谦君子,但它开辟了实现人际和谐的现实前景。在社会主义社会中,矛盾辩证法作为人类智慧的积淀仍然是有效的,在许多情况下,特别是面对各种敌对势力的破坏和腐败与犯罪现象的滋生,都需要我们以巨大的决心和勇气进行坚决的斗争,那种以为社会主义消除了一切矛盾,可以放松警觉、高枕无忧的想法是天真的、有害的。

但是,历史毕竟进入了新的时代,社会主义作为一个和谐社会对辩证法的理解和需求不能不发生相应的变化,最大的变化就是要由过去向斗争性倾斜而转变为向对立面的同一的全面回归。这既是构建社会主义和谐社会的要求,也是几十年来改革开放的深厚的思想积淀。苏联解体和东欧剧变以及中国"文化大革命"所造成的深重灾难向传统理解的矛盾辩证法提出了尖锐的挑战。辩证法不能只诱导人们无尽无休地窝里斗和大批判,这种以阶级斗争为纲的“斗争哲学”已经使中国人民吃尽了苦头，是邓小平力挽狂澜，把中国从无休止的内乱旋涡中拉出来，驶向稳定、团结和和谐的彼岸。改革开放和建设中国特色社会主义的实践是矛盾辩证法走向和谐辩证法的思想动力和不竭的力量源泉，它既是对过去矛盾辩证法向斗争性倾斜的反思，又是对改革开放成功经验的总结和提炼，凝聚了邓小平的创造性的思想结晶。今天，人们对和谐辩证法的理解虽然还没有体系化，但在实际内容上已和过去大不相同，许多具有辩证法创新意识的话语在生活中广泛流传，构成新时代和谐辩证法的重要理念。特别是在对立面的同一性和斗争性的关系上，无休止的斗争性的锋芒已经逐渐地钝化，反映了社会主义社会诸多矛盾的弱化趋势，在此基础上产生了与和谐社会相适应的和谐辩证法，其具体内容上编已述，这里就不再重复了。

第十三章　和谐辩证法的理论资源与辩证的和谐观

当代辩证法正在走向和谐，这就要从和谐的角度重新理解辩证法，从理论上揭示辩证法的和谐诉求。其实，和谐不单纯指向未来的目标和状态，它更是一种思维方式的变革，体现为发展过程。把和谐与辩证法连接起来，搭建和谐辩证法其目的在于通过对辩证法基本精神的探究，找到辩证法发展的基本走向。和谐走向不是一般状态性的描述，而是对新的思维方式的论证、批判和呼唤，从矛盾同一性和斗争性的关系分析辩证法和谐维度，用和谐思维方式、系统理论、过程的观点对辩证法三大基本规律和五对范畴进行重新整合。

一、和谐辩证法的理论资源

随着实践的深入、科学的发展，辩证法相应地也要有大量新的范畴增列其中。自然科学与相关科学的发展形成的反映事物运动、变化和发展的概念，有些是可能上升为辩证法范畴的，比如系统、结构、平衡、顺应、同化、控制等。施太格缪勒在分析现代西方哲学的特质时涉及对话的可能性问题时，认为只有当不同的理论“所选择的出发点或所承认的思想方法”具有某种相同或相,近之处时，才能发生真正的对话，否则，“再也不能进行任何对话”，“对立见解的任何代表充其量也只能坦率地承认，论证和反证双方并不交锋，他们的不同见解再也找不到一个共同点”①。这就是说要达到对话和交流进而融合的目的，二者必须具有某种共同和一致的东西。和谐辩证法并不是要达到绝对的真理，它旨在追求多元互补的开放的思维方式，而交流与对话就是达到这个目的的重要手段。因此不仅要探讨理论发展的必要性，还要探讨其发展的可能性。这里，马克思主义辩证法与中国传统和谐思维的对话和交流就是一种现实的可能。

唯物辩证法与中国传统的和谐思维发生于不同的文化历史背景下，辩

① ［德］施太格缪勒：《当代哲学主流》（上卷），王炳文等译，商务印书馆1986年版，第29页。

证法作为人类睿智的思维方式,应具有普适性,需要综合东西方文化和思维的特点。马克思主义产生于资本主义处于深度异化的时期,在这一状态下人处于全面的冲突与不和谐之中,马克思正是从人道主义出发为消除人的全面异化的境遇,从革命和实践的需要出发,把革命和批判视为辩证法的本质,突出的是辩证法的否定性和斗争性。辩证法发源于西欧以私有制为基础的社会中,当时社会明显分裂为对抗的阶级和阶层,对立和占有成为主导的社会意识。在阶级斗争作为历史发展动力的背景下,人们自然倾向于矛盾和斗争,认为只有一方克服另一方,才能实现发展和矛盾的转化,形成新的统一体。黑格尔作为那个时代辩证法思想的集大成者,集中地表述了否定性的辩证法。马克思的辩证法思想正是在批判吸收黑格尔辩证法理论的基础上形成和发展起来的,他的思想和理论也不可避免地与这一文化历史背景和思维方式相关联。资本主义早期充满血污的历史实践使马克思坚信,迄今为止的人类文明史就是对立和对抗的历史,马克思所处的时代及其所肩负的历史使命令他的辩证法思想深深地打上了革命、批判和否定的烙印,马克思的名言就是"辩证法按其本质来说是批判的和革命的",因为它"在对现存事物的肯定的理解中同时包含对现存事物的否定的理解"[1]。

中国传统的和谐思维方式主要体现在儒家的社会和谐思想中,儒家以建立和谐社会为理想,儒家的学说强调的是整体的和谐,突出事物的相互联系和整体功能。这是与中国社会历史发展的背景密切相关的。中国古代,由于农业经济的发展,人口相对集中于黄河流域,密集的人口压力导致人们频繁迁移,以缓解人口与资源的紧张。加之"诸侯万国""天下万邦"时代的众多部落相对集中地生活在一定的区域中,不可避免地产生许多部族矛盾和社会矛盾。《尚书》以《尧典》开篇,讲尧的德行之大者,在于能"协和万邦",即主要依靠涵化融合的方法,这是中国文化的整体和谐观的最初表现。正是因为中国人的社会生活是相互依存的,古代中国人的农村生活方式客观上要求人们形成和睦相处和趋同发展的行为准则,与向往自由个性和不受约束的西方人相比,中国先民更多追求的是和谐。这种和谐包括了道家

① 《马克思恩格斯选集》第2卷,第112页。

思想中人与自然的和谐,儒家思想中人与人之间关系的和谐、人与社会之间的和谐,因而形成了从整体原则出发的中国传统和谐思维方式。它注重“天人合一”“天人和谐”,视天道与人道、自然与人事为有机整体,使人能下化万物、上参天地,从整体上、全局上把握事物。这都说明正是中国古代的社会实践在潜移默化地影响着人们的思维方式和思维习惯,在遇到冲突问题的时候,人们往往不倾向于采取对抗和斗争的方式,通常会超越矛盾或者找到中间的途径来解决,也即形成了中国的以和合为内容的辩证法。这种辩证法与黑格尔的辩证法有巨大的差异,黑格尔的辩证法通过批判和革命来否定没有必然性的一方,最终解决矛盾,实现发展,否定和斗争是轴心和动力。而中庸辩证法是要通过对矛盾的认识来了解万事万物之间存在的联系,以达到超越或者同化对立双方,矛盾的化解是在整体的背景下各种因素不断变化与重组的结果,它所采用的方法是“中庸之道”。马克思作为无产阶级的革命导师,在阶级搏战和无产阶级夺取政权的条件下理所当然地强调辩证法的批判性、革命性和毫不妥协的斗争精神,这是时代赋予马克思的神圣使命。中国共产党领导的武装斗争所接受的正是马克思辩证法的斗争性精神,中国社会凸显的也是矛盾斗争方面。但是新中国成立后,面对和平的经济建设我们对辩证法的理解却没有随着形势的变化而改变,依然固守着对立、批判和斗争,中国传统的和谐思想也没有在新形势下找到用武之地。十年“文化大革命”期间发展至登峰造极的斗争哲学,使国家和民族付出了惨痛的代价。历史的教训说明,辩证法如果不能被正确运用和把握,也会带来灾难性的后果。邓小平理论是思维方式转换的典范,他遵循马克思主义理论与中国实际相结合的原则来指导中国的社会主义实践,最大限度地实现了人与人之间矛盾的化解,促进了社会主义社会的繁荣发展。我国的改革开放为辩证法和谐意蕴的释放开辟了新天地,实现了人际和谐、利益和谐、机制和谐、制度和谐、机会和谐的现实前景。矛盾辩证法作为人类智慧的积淀成果仍然是有效的,但在“和平与发展”成为时代的主题的大背景下,辩证法的和谐诉求已经转换为发展的重要维度和路径。这虽然是马克思主义辩证法的应有之义,但是马克思主义毕竟是在西方文化的土壤中孕育和成长起来的,只有很好地与中国传统的和谐思维方式契合,形成辩证的和谐观,才会在发挥中国传统儒家文化优势的基础上，有效地实现马克思主义辩证法的中国化，以和谐辩证法的形态为构建和谐社会提供科学理论指导。

和谐辩证法应在彰显马克思辩证法和谐旨趣的基础上，充分挖掘中国传统儒家文化的和谐底蕴，进而批判地吸收中国传统和谐思维的精华，拓展对马克思辩证法的传统理解，修正人们思维方式的片面性，实现二者的有机契合。马克思的辩证法思想具有和谐的旨趣，这是契合的前提。马克思的辩证法理论，因其产生和发展的历史背景以及无产阶级革命的需要，一直以来凸显的是批判性和革命性的特点，但马克思辩证法本身并不乏和谐内涵，在《哲学的贫困》中，马克思指出："两个相互矛盾方面的共存、斗争以及融合成一个新范畴，就是辩证运动。"①可见，马克思并没有离开对立统一来谈辩证法，他认为矛盾双方是对立统一的关系，同一性和斗争性是矛盾的两种基本属性，对立的双方不是绝对对立或者绝对排斥的，而是既相互对立，又相互依存和相互转化的，并都以对方为条件或中介，转化融合成新的统一体，从而形成事物的辩证运动。马克思还在阐发以共产主义取代资本主义，实现人与人、人与自然、人与自身矛盾冲突的化解的问题上，表达了辩证法的和谐旨趣，马克思指出："共产主义是私有财产即人的自我异化的积极的扬弃，因而是通过人并且为了人而对人的本质的真正占有；因此，它是人向自身、向社会的即合乎人性的人的复归，这种复归是完全的，自觉的和在以往发展的全部财富的范围内生成的。这种共产主义，作为完成了的自然主义：人道主义，而作为完成了的人道主义：自然主义，它是人和自然界之间、人和人之间的矛盾的真正解决，是存在和本质、对象化和自我确证、自由和必然、个体和类之间的斗争的真正解决。"②另外，马克思所讲的对立和对抗的历史，也不是指全部的人类历史，而是特指"人类社会的史前时期"，即以对立和矛盾的形式来表达的辩证法只适用于阶级社会，马克思曾经这样表述："大体说来，亚细亚的、古代的、封建的和现代资产阶级的生产方式可以看作是经济的社会形态演进的几个时代。资产阶级的生产关系是社会生产过程

---

① 《马克思恩格斯选集》第1卷，第144页。

② 《马克思恩格斯全集》第3卷，第297页。

的最后一个对抗形式……人类社会的史前时期就以这种社会形态而告终。"[①]这就是说，矛盾、对立和对抗，只是阶级社会的特征，在非阶级社会将是人的自由个性的全面和谐发展的状态。因此，马克思、恩格斯在《共产党宣言》中把未来社会描述为"自由人的联合体"，指出"代替那存在着阶级和阶级对立的资产阶级旧社会的，将是这样一个联合体，在那里，每个人的自由发展是一切人自由发展的条件"[②]。马克思设想，在共产主义社会里，每个人的自由发展是与其他人的自由发展互为条件的，彼此之间是相互依存、相互协作的，只有这样，才有人的本质的真正回归，才可能实现人与人、人与自然以及人与自身之间各种矛盾冲突的真正解决。把历史的发展分成性质不同的阶段，认为在不同的阶段有不同的发展状态，对立、对抗的发展形式只存在于阶级社会，人类社会最终要走向和谐，马克思的这些理论都体现了其辩证法的和谐旨趣。

和谐的辩证法不同于古代辩证法带有直观性和主观臆断的朦胧的原始的感性和谐，因此，对于作为中国传统文化核心的和谐理念，要注意克服其相对于现代人类实践的阻滞性因素，比如：首先，对整体性的重视，往往忽视甚至抹杀了个体性，而抹杀了个体性的整体也不可能成为真正和谐的整体，如此整体之中的个体也无法最终实现自由全面的发展。其次，强调直觉感悟，对待人与自然、人与社会、人与人关系问题的研究与考察，仅仅停留在主观地揣摩、探索层面，往往缺少科学理性精神，而现代科技的发展需要凸显的恰恰是科学理性精神。再次，中国自古虽然有"和而不同"的提法，但是在思维观念上，往往彰显的还是简单化与趋同性，那些潜在的创新性思维常常被扼杀，没有创新何谈发展与可持续呢？所有这些源于中国传统和谐思维方式中的负面因素是需要以强调个体独立性、重视科学理性和客观逻辑分析的辩证思维予以纠正的。

和谐的辩证法不是抽象的"和而不同"，也不是差异性、多样性和他者性的简单并存。中国哲学中的夫妇和谐、家庭和谐、阴阳和谐等虽然带有太多

① 《马克思恩格斯选集》第 2 卷，第 33 页。
② 《马克思恩格斯选集》第 1 卷，第 294 页。

美好的理念和愿望，但是缺少应有的确定性和先验的论说和证明，“同则不继，和实生物”的和谐原则与西方哲学的逻辑同一律相比，二者同样作为抽象的形式法则还是有一定的差距的。中国哲学中的和谐原则虽有形上的理念，但经常会掺杂太多形下的经验的东西，缺少先验的人性的理解。另一方面，随着“西方文化中心”论的逐渐衰落，西方价值观遭遇到的最大问题就是极端个人主义倾向，而“以整体为本位”的儒家文化在处理个体与整体关系上的思维方式有助于世界的和平与发展。对此，不仅中国学者发现了辩证法与和谐思维相契合与互补的必要，很多外国学者也持相类似的主张。日本学者沟口雄三强调，应“将中国思想中作为深厚的传统而积蓄下来的仁爱、调和、大同等道德原理作为人类的文化遗产向全世界展示出来”[①]。美国学者 W. T,狄百瑞说：“儒家的长处即是关注人与人之间的关系”，重视各方面“相协调的价值准则”，它可以“维持一个有序的环境，足以稳定和安全使事业兴旺”，“这些准则贯穿于不同阶段，不止在一个经济层面上发挥效用，而且适用于不同的政治和社会制度”[②]。越南学者阮才书认为，“儒家追求‘和’的局面”，这是“关于社会关系和社会的一个系统的观点”，“对现代人来说不是过时的，而是有意义的”。[③] 美国籍学者杜维明认为，孟子和谐共处的“价值取向正是要为个人与个人、家庭与家庭、社会与社会和国家与国家之间谋求一条共生之道”，“正是创建和平共存的生命形态所不可或缺的中心价值”。[④] 儒家的“生生”与“和谐”思想是一体并相互贯通的，它强调事物在相互调节和相互补充中焕发生机与活力，并在宇宙的“大化流行”中，不断演进和发展，从而走向和谐，这体现在《中庸》所说的“万物并育而不相害，道并行而不相悖”的和谐思维特质以及孔子所讲的“和而不同”的思维方式上。美籍华裔学者成中英把这种思维方式称为“和谐化的辩证法”，他指出：“如果说，西方的思维方式倾向于形式的、机械的、冲突的，那么，中国传统思维方式则倾向于整体的、辩证的、和谐的。故而，我们将中国传统思维方式的

① 汤一介：《儒学与二十一世纪》，华夏出版社 1996 年版，第 29 页。
② 汤一介：《儒学与二十一世纪》，华夏出版社 1996 年版，第 18—19 页。
③ 汤一介：《儒学与二十一世纪》，华夏出版社 1996 年版，第 537 页。
④ 汤一介：《儒学与二十一世纪》，华夏出版社 1996 年版，第 725—726 页。

特征概括为'和谐化辩证法'。"[1]他认为:"就对人类经验的意义及思想一贯性要求来看,或以人类的需要、人类的理性而言,儒、道'和谐化辩证法'与其他类型的辩证法相比较,实具有更大的相关性与更广的包容性。因此,在与历史上其他辩证法的未来竞争方面,儒、道'和谐化辩证法'还是一个非常有力的体系。"[2]中国古代的和谐辩证法是建立在以"仁"为核心的儒家思想基础上的,儒家思想重视"仁",这种仁爱的情怀不仅蕴含在个体生命之中,而且推及天地万物,投射到他人和社会的群体之中,以"仁"这种同体感通的情怀实现对道德人文世界的开拓,实现经验世界与超验世界、感性世界与理性世界的和谐贯通。儒家思想把"仁"视为人之存在的最本质的方式,由此世界万事万物地载天覆、生机相连构成生命整体。但儒家文化不同于西方的基督教文化,它不是强调个人本位,而是发展了以社会为本位的价值取向。儒家主张通过天与人的生命精神的契合为一、自身与他人的和谐贯通实现精神的不朽,而不是西方基督教文化追寻的"灵魂不死"、获得内心的安顿。这就内在地要求儒家文化强调人与人之间的和谐、人与自然的和谐、人与自身的和谐。与此相适应的是儒家提出的"君礼臣忠、父慈子孝、兄友弟恭、夫和妻顺、朋友忠信"的"义务型"伦理,这也为社会整体的和谐有序发展注入了亲情的因子,使个人在整个社会关系之中找到了适合自己的位置,并为实现社会的和谐、稳定和有序提出了德性伦理的义务性要求。儒家伦理固然有其因袭和保守的滞后性,但是针对西方古典自由主义以来直到现代都强调的个人主义中心的弊端,它还是可以起到纠正作用的,也可以为实现更加合理的现代人际关系提供有益的借鉴。李光耀也指出:"华族文化注重五伦",它"促进家人与家人之间、家庭与家庭之间,以及家庭与政府之间良好有序的关系。这些关系的基本含义和重要性,并没有随着时代而改变"。"要不是新加坡大部分的人民受过儒家价值观的熏陶,我们是无法克服那些困难和挫折的。"[3]

个人主义在人类历史上确曾起过积极的作用,但是也带来了极大的负

① 成中英:《世纪之交的抉择》,知识出版社 1991 年版,第 173 页。

② 成中英:《论中西哲学精神》,东方出版中心 1996 年版,第 201 页。

③ 汤一介:《儒学与二十一世纪》,华夏出版社 1996 年版,第 7—8 页。

面影响,后现代哲学家对其深层的原因有过深入研究和论述。他们指出:"现代性不是把社会或共同体看成首要的东西,'个人'只是社会的产品,仅仅拥有有限的自主性;而是把社会理解为为达到某种目的自愿结合到一起的独立的个人的聚合体。当然,现代性也不得不承认个人的一些关系尤其是与其父母的关系的重要性。但她只是把这些关系当作例外看待。作为一种理想,人们一直强调的是个人独立于他人的重要性。"[①]后现代主义者对个人主义的批判:"从哲学上说,个人主义意味着否认人本身与其他事物有内在的联系,即是说,个人主义否认个体主要由他(或她)与其他人的关系、与自然、历史抑或是神圣的造物主之间的关系所构成。笛卡儿对实体(人的灵魂是实体的一个首要样态)所作的定义最简洁地表达了这种个人主义思想。按照他的定义,实体乃是无须凭借任何事物只需凭借自身就成为自己的东西。"[②]

后现代主义者认为,现代性带来了人与自然关系的恶化,主要体现在二元论的现代自然观,"二元论宣称灵魂本质上独立于身体,就此而言,在与自然的关系上,它是不折不扣的个人主义。二元论认为自然界是毫无知觉的就此而言,它为现代性肆意统治和掠夺自然(包括其他所有种类的生命)的欲望提供了意识形态上的理由。这种统治、征服、控制、支配自然的欲望是现代精神的中心特征之一"[③]。个人主义的另一种表现就是在反传统的同时,割裂与过去的联系,过分追求新颖性,"在晚近现代精神中,与未来的肯定性关系似乎也消失了,只留下以关心当前的满足来掩盖的'自恋人格'"[④]。"这种极端的反传统主义实质上是个人主义的另一种表现,因为它否认过去的联系是现在的构成要素。"[⑤]正是由于这些深层的原因,伴随着现代性,人类在享受着个人的快乐的同时也越来越深刻地面临着生态失衡、环境污染、核战争等越来越多的整体性的危机和问题。格里芬指出:"这种发展是个人

① [美]格里芬:《后现代精神》,王成兵译,中央编译出版社 2005 年版,第 4—5 页。
② [美]格里芬:《后现代精神》,王成兵译,中央编译出版社 2005 年版,第 4 页。
③ [美]格里芬:《后现代精神》,王成兵译,中央编译出版社 2005 年版,第 5 页。
④ [美]格里芬:《后现代精神》,王成兵译,中央编译出版社 2005 年版,第 10 页。
⑤ [美]格里芬:《后现代精神》,王成兵译,中央编译出版社 2005 年版,第 6 页。

主义的最终范例，因为自我利益不再顾及后代的利益。从某种程度上说，这种发展无疑是环境和核危机的产物。既然许多现代人认为，现代的经济—技术—军事轨迹不可能得到改变，因而他们也就丧失了传宗接代的信心。当人们丧失对未来的信心也丧失对从前任何传统形式的宗教不朽性的信仰时，就会陷入及时行乐的境地。"[①]相比之下，中国传统的儒家文化总是把人置于天地宇宙的关系之中，凸显人与其他事物之间的联系，把人看作是自然的一部分，人在自然之中生生不息，并与自然和谐相处。因此，把以个人为本位和以整体和谐为价值目标的两种思维方式在最恰当的点上契合起来以应对现代人与自然、人与社会、人与人之间的冲突和危机是有着重要价值的。

二、共产主义思想与大同社会理想在目标上的一致

中国哲学中的"世界大同、天下为公"与马克思的科学共产主义，都有着一个共同的思想基础就是追求社会和谐，二者正是在此有可能相互契合。马克思主义哲学虽然是在西方哲学基础上发展而来的，但是中国的传统文化对于马克思主义理论也有内在的回应。马克思、恩格斯在《共产党宣言》中把未来社会描述为"自由人的联合体"，指出"代替那存在着阶级和阶级对立的资产阶级旧社会的，将是这样一个联合体，在那里，每个人的自由发展是一切人的自由发展的条件"[②]。恩格斯曾说明这句话是最能表达马克思和他本人对共产主义社会的理解的。从对共产主义社会的描述中，我们可见，在这样的自由人联合体中，每个人都是自由的，每个人的自由发展又是一切人自由发展的条件，彼此之间并不是对立的，而是相互依存、相互协作、相互关爱的，这正是马克思对人类全面和谐发展状态的美好设想，只有在这样的社会里，才有人的本质的真正回归，才可能实现人与人、人与自然以及人与自身之间各种矛盾冲突的解决。马克思早期的"世界历史思想"所阐述的由于生产力的发展和人们交往的扩大，文明的相互借鉴促进世界历史形成的

---

① ［美］格里芬：《后现代精神》，王成兵译，中央编译出版社 2005 年版，第 10—11 页。

② 《马克思恩格斯选集》第 1 卷，第 294 页。

思想，也隐含着对世界和谐发展状态的预见。1872 年，马克思在强调工人阶级应该通过斗争夺取政权的同时就曾指出："我们知道，必须考虑到各国的制度、风俗和传统；我们也不否认，有些国家像美国、英国——如果我对你们的制度有更好的了解，也许还可以加上荷兰——工人可能用和平手段达到自己的目的。"①这也彰显了马克思辩证思维的和谐取向——马克思辩证法主张的批判性、革命性只是实现共产主义最终和谐的手段，一旦出现了以和平方式实现目的的可能性时，就要充分利用这种可能性，争取实现和平变革和发展，这也正是马克思主义辩证思维中蕴含的和谐旨趣。而儒家经典《礼记·礼运》提出："大道之行也，天下为公。选贤与能，讲信修睦，故人不独亲其亲，不独子其子，使老有所终，壮有所用，幼有所长，矜寡孤独废疾者，皆有所养。男有分，女有归。货恶其弃于地也，不必藏于己；力恶其不出于身也，不必为己。是故谋闭而不兴，盗窃乱贼而不作，故外户而不闭，是谓大同。"东汉郑玄解释说："同，犹和也，平也。"所以"大同"也就是"大和"与"太平"，也就是和谐社会与太平世界。儒家的理想就是"天下大同"，就是超越一国一族的观念来构建一个和谐有序的世界。这是一个共同富裕、普遍和谐的古代乌托邦，代表了中国古代和谐社会理想的最高境界。在同一时期，中国传统文化中的各家各派也都表达了对和谐社会的向往，比如道家主张无欲、无为、无争的"小国寡民"，墨家兼爱非攻、尚同尚贤的"爱无差等"梦想，佛教强调同体共生、乐善好施的"善地净土"等。正是数千年来这些思想有机的融合，孕育了和谐共生的社会理想，形成了中国传统文化以"和"为核心的思维理念。因此，十月革命胜利后相当一部分具有深厚儒家文化传统的中国知识分子比较容易地接受了科学共产主义思想，涌现出一批早期的共产党人。不能否认，这里的最深层的原因就在于社会主义、共产主义思想契合了儒家文化所设定的大同理想，这应该是共产主义思想与大同社会理想契合的开始，也必将会促进马克思主义辩证思维与中国传统和谐思维的契合和延伸。

① 《马克思恩格斯全集》第 18 卷，第 179 页。

三、和谐辩证法内蕴的辩证和谐观

时代的发展要求思维方式的变革，以适应科学技术和现代哲学发展的需要。人们总是运用表象、概念、判断、推理，通过各种思维方式来反映客观事实，而不同时期的占主导地位的思维方式又是不同的，往往与一定的时代背景、科技发展相关联。以西方科学和哲学发展来看，古代是以采用思辨和逻辑方法的整体论的思维方式占主导地位，近代则是以采用分析和实验方法的还原论思维方式占主导地位，用定量化的方法描述现象之间的线性因果关系，强调现象的划分及其构成。西方凭借这两种思维方式，在科学技术上取得了一定的成就，但古代整体论应该属于一种原始的、模糊的了解事物统一性的直觉的思维方式，近代的还原论又因注重对事物局部的分析而丧失了对事物整体的把握。可见，这两种思维方式都各自存在其局限性，不能很好适应科技和哲学进一步发展的要求。而19世纪康德—拉普拉斯的星云假说、赖尔的地质渐变论、能量守恒定律、细胞学说和达尔文的进化论等确立了对立统一规律的辩证思维的科学基础。人们开始主要通过研究自然界辩证发展的过程及其联系（其中包括批判思维和创新思维交互发生作用）来认识客观世界。科学中内在的这种批判精神和革命性力量，促进了科学不断发展。马克思主义的唯物辩证法就产生于这一时期，这也是资本主义矛盾的上升时期，阶级矛盾相当尖锐，分析问题和解决问题的思维方式多是两极性的，采取的方法往往是二分法，无论在社会现象中或科学研究中，多是将整体分解为互相对立的两方面，然后进行线性的阶级分析和矛盾分析。然而，随着实践的发展和科学的进步，综合的互助共进的协作精神在人类作为整体探索自然和自身奥秘的历史性进程中越来越受到重视，20世纪以来，系统论、控制论、耗散理论、协同论、量子力学和相对论的发展，尤其是进入全球化时代以后，随着人类对客观世界的认识不断深入，人们越发深刻体会到，黑白分明的简单明了的犀利的分析思维驾驭不了日益复杂化、层次化、系统化的科学知识。比如在势不两立的广义相对论和量子力学面前，西方哲学就一筹莫展。处于对立状态的要素之间矛盾的解决除了一方吃掉另一方，如果从系统优化的角度出发，也会出现和谐发展的可能。现代科学迫切地在呼唤综合思维哲学。综合思维文化必然会重新上升为人类社会主流文化。诚如恩格斯所言:“随着自然科学领域中每一个划时代的发现,唯物主义也必然要改变自己的形式;而自从历史也得到唯物主义的解释以后,一条新的发展道路也在这里开辟出来了。”①时代的发展要求思维方式的变革,我们应该在运用唯物辩证法的基础上,认真研究和挖掘我国传统的和谐思维的宝贵精髓,对马克思主义辩证法加以充实和发展,从而能够系统地、多极地、非线性地阐述和解决当今时代科学、哲学领域的复杂性问题,以适应科学技术和现代哲学发展的需要。

法国哲学家、现代西方哲学的第一个流派——实证主义的创始人奥古斯都·孔德把社会的秩序确定为他的“社会静力学”的研究对象,认为人类社会发展的最高阶段是以“和谐”“秩序”“进步”为特征的。社会应该是一个有机的整体,不是个人的堆积,各个部分之间是分工与合作的关系。实证主义的另一个代表人物斯宾塞也在他的社会有机体理论中表述了和谐思想,他指出:“社会有机体如同单个的有机体一样,机能的均衡引起了结构的均衡。”②

还必须看到,世界多极化、经济全球化、文化多样化凸显的问题需要用辩证的和谐观来面对。和平与发展是时代的主题,世界从总体上是和平与稳定的,但是局部的冲突却是从未间断的。恐怖事件时有发生,个别国家的战乱依然继续,各种纷争不断,即使在稳定的国家也有不稳定的因素潜伏,随着全球化的深入发展,世界各国人们之间联系的加强,彼此之间更多了千丝万缕的联系,冲突和敌对的情绪不仅仅局限于一国之内,往往会在全世界蔓延,而且冲突也不再是简单的武装力量可以解决的,强权政治早已行不通。另外,当代随着高度工业化而出现了烟雾、酸雨、肆虐的沙尘暴、污染的空气、严重的水荒、枯竭的资源、短缺的能源以及恶性膨胀的城市和不断扩大的沙漠等问题,还有诸如核武器、克隆人、安乐死、艾滋病、环境污染、物种灭绝、霸权主义、恐怖主义、邪教迷信等社会疾病所带来的无尽痛苦。这都

① 《马克思恩格斯选集》第4卷,第228页。

② [英]斯宾塞:《第一原理》,1910,纽约英文版,第440页。

凸显了全球化背景下人类面临的危机、冲突与问题和挑战。塞缪尔·亨廷顿(Samuel Huntington)于1993年美国《外交》杂志上发表《文明的冲突?》(*The Clash of Civilizations*?),打破了过去从政治、经济、霸权的角度谈论国际冲突的模式,而是把目光投向古老的文化传统,指出未来的冲突将是文化的冲突,尤其指出儒家文明与伊斯兰文明的互援将对西方文明产生威胁,又以"文明"作为核心范畴界定了当今世界后冷战新格局。中国人民大学张立文教授据此把21世纪人类所面临的千头万绪、错综复杂的冲突概括为:"人与自然的冲突,人与社会的冲突,人与人的冲突,人的自我心灵冲突,各文明之间的冲突,并由此而引起的生态危机、社会危机、道德危机、精神危机、价值危机。"①显然,世界多极化、经济全球化、文化多样化凸显的问题不可回避,但人类已进入探索宇宙文明的新时期,金戈铁马的时代早该结束,无论东西方的人民都反对战争,自由和平是人们的普遍向往,和谐的人文精神的全球化发展成为人类的普遍诉求,这也是不争的事实。那么,人们究竟要以怎样的思维方式来指导自己的行为、来化解和平时代的冲突与矛盾呢?国内外学者纷纷指出,古老华夏文化的精粹——儒家经典,以它的和谐旨趣顺应了时代进步的潮流,将成为解决时代难题的宝贵的精神财富。我们在这里探求唯物辩证法与和谐思维的契合,就是要为唯物辩证法注入适应时代发展的新鲜血液,即中国传统的和谐思维,形成辩证的和谐观,从而更好地应对我们时代所面临的挑战。和谐思维与唯物辩证法的契合必将为缔造一个新的没有战争的文明世界构造新的理性规则。

但是辩证的和谐观不可能离开人们的努力和实践而自动生成,全球一体化和价值追求多元化为辩证和谐观的形成提供了可能。纵观人类文明的发展史,在斗争性思维方式主导下强势的西方文明一直以来总是试图将一种文化传统、一种价值观念、一种思维方式乃至一种生活方式强加于世界各国人民。进入21世纪,随着全球一体化进程的加快,世界各国都加速进行自我调整,利益集团重新组合,以往的霸权主义相对衰落,多种经济形态、多种文化共存的多极世界的格局逐渐形成,在竞争中加强了合作,武力对抗更多

① 张立文:《和合学概论》,首都师范大学出版社1996年版。

被对话与协商取代，斗争性思维更多被和谐意识取代。另外，带给人们灾难的恐怖事件和局部地区的战乱以及生态危机也在全球范围内蔓延，渴望世界和谐的呼唤愈发强烈，建构和谐世界越来越成为人类共同愿望，整个世界发展的潮流表现为要和平、求合作、促发展的态势，这表明全球化时代人类在享受信息化、现代化所带来的便利的同时，更加需要彼此的依赖与合作，来共同面对全球性的冲突与不和谐问题的挑战；面对全球化时代的冲突和危机以及诸多不和谐因素的凸显，人类需要理性阐释，并给予有效的回答和应对。对此，著名的英国历史学家 A. J. 汤因比指出："只有一个社会——我们的西方社会"的"文明的统一"的"这样一种文明统一的理论是一个错误的概念，近代西方历史学家受了他们的社会影响而误入了这一歧途。"[①]继而，他还就"走向社会和谐的不同途径"进行了探讨，认为，"人类已经掌握了可以毁灭自己的高度技术文明手段，同时又处于极端的政治意识形态的营垒，就人类社会健康发展的迫切需要而言，最重要的精神就是中国文明的精髓——和谐"[②]。这凸显了儒家和谐思想对全球化时代的矛盾与冲突具有的融合与化解的重要价值。汤一介先生在谈到儒家和谐思想对于现代社会正面价值的时候也指出："如果人们能更加重视儒家的'普遍和谐'的观念，并对它作出适应现代生活的诠释，并使其落实于操作层面，应该说对今日和将来社会的发展是非常重要的。"[③]张立文教授从中华民族传统学术文化宝库中开发出"和合"思维，并建构了"和合学"的理论思维体系，提出以"和生、和处、和立、和达、和爱"五大原理来化解 21 世纪人类所面临的危机与冲突。人类在对不和谐的现状和传统的价值理念进行深刻反思之际，不禁通过马克思关于共产主义的"自由人联合体"的设想体察到了唯物辩证法的和谐维度；马克思运用辩证思维提出了世界历史思想，通过交往主体之间的借鉴和互助、沟通与融合促进世界的一体化发展，这是一种以和谐思维促世界发展的理念，它作为一种思维方式和生存理念，应时代之约而彰显其现实的价值，它代表着人类对全球化的反思，也是一种对于人类走向和谐的觉醒。马

① [英]汤因比：《历史研究》（上），曹未风等译，上海人民出版社 1997 年版，第 45 页。
② [英]汤因比：《历史研究》（下），曹未风等译，上海人民出版社 1997 年版，第 412—414 页。
③ 汤一介：《儒学与二十一世纪》，华夏出版社 1996 年版，第 250 页。

克思辩证法和谐维度的彰显必将为人类的和谐生存、和谐发展注入新的活力与动力,为人类的实践活动提供新的理论范式。而基于全球一体化和价值追求多元化对于和谐理念的理论探源与现实诉求,唯物辩证法与中国传统的和谐思维相契合形成辩证和谐观不仅具备了现实的基础,而且在理论上成为可能。

第十四章　和谐辩证法的多维思考与理论意蕴

一、和谐的辩证法强调对立统一的矛盾双方整体上的同等地位

和谐辩证法的重要使命就是要人们认识到和谐是人们解决矛盾的一种方式，它可以取代一部分斗争，要给社会发展和人们解决日常矛盾提供和谐的理念和手段。和谐理念的核心是要摆正自我的位置，承认事物存在的多样性和差异性，一切以我为中心，容不得与自己不同的多样性和差异性存在就永远也不可能有真正的和谐，这是辩证法走向和谐的认识前提。它反对“非此即彼”的斗争性、绝对对立的思维，而强调矛盾双方的平等性的亦此亦彼的思维方式。思维方式是人在思维中再现研究对象的方式，是人们组织感性材料，并形成一定的观点、理论，用来指导人们行为的认识方式。对立性的思维方式强调矛盾双方的对立、斗争是事物发展的源泉和动力，以“对立面的斗争”和一方克服另一方作为自己的价值追求目标。和谐的思维方式是承认差异，是一种不同的要素在各种关系网络中共生共存的状态。由于人的形式逻辑思维往往是因果连续的思维路线，会沿着直线，不轻易转折也不会轻易跳跃，而是按照既定路线进行分析、推理和验证，即使当事物的发展面临矛盾主次转换时，依然保守性地、惯性地按照原来的路线前进。总是固执于矛盾一方的正确而与另一方坚决对立，看不到矛盾双方在必然性历史进程中的平等地位。只重视矛盾的一方，而与另一方完全对立起来是不全面和不正确的思维路线，往往容易导致偏差；而把对立和统一简单调和的观点，同样也是在搞模糊的平衡，并不能真正做到在继承的基础上的发展与创新。和谐辩证法主张在对立统一中以建设性的态度促进发展，从整体和系统的角度看待矛盾的双方，这样就会发现矛盾的双方同等重要，只是在不同的条件下，矛盾双方的主次关系是不同的。传统的辩证法尽管不像形而上学那样极端，也主张矛盾双方的主次关系是可以相互转化的，但是在处理和对待问题时还是会觉得矛盾的一方更主要，而另一方更次要，主要的方面决定次要的方面，基础的决定上层的，内容决定形式，结构决定功能，而被

决定的一方仅仅具有反作用。和谐辩证法主张矛盾的双方是相互依存的,缺少了哪一个方面就不成其为整体了,因此双方的地位同等重要,矛盾的同一性不仅包括矛盾双方的相互依存和相互转化,还包括对立的双方直接同一,而传统意义上的对立统一学说往往忽略了这个层面。

和谐思维方式的特征就在于,其在以"和谐"作为基本原则和价值取向的前提下,在认知事物和处理问题时,和谐将贯穿于认识主体认知和实践的全过程。认知主体的头脑里会形成和谐的认知图式和价值理念,而这决定着认知主体的实践活动的进程和路线。在认知和实践中,关注并突出矛盾的统一性、和合性、和谐性在事物发展中的作用,强调和合创生的原则,处处以维护整体的动态平衡、创生新的和谐体为目的。在观察和分析问题的视域上,彰显和谐维度,以和谐为切入点,这决定了认识主体所观察到的事物的本质属性和变化规律是趋向于和谐的,这就使认识主体在理性认识的支配下从既有的和谐取向出发去从事认识和实践活动。这种和谐的视角让认识主体在解析事物发展中更加突出和谐的作用,更容易把和谐作为着眼点,因此会更加有利于事物向和谐发展。追求和谐并不是那种盲目地理想化地把和谐看成是一种无差别和无矛盾的境界,而是要善于在和谐中把握差异、对立、斗争和冲突,在差异、对立、斗争和冲突中追求和谐。这是和谐的思维方式把平衡性、互补性与和谐性作为处理和对待矛盾问题的基本原则和价值标准的内在的理论基础。

二、和谐辩证法区别于"绝对同一"的形而上学思维方式,强调"和而不同"的创新性

和谐辩证法建立于相反相成的哲学基点之上,强调矛盾双方共存的同一性的重要性。"和而不同"蕴含着深刻的辩证法精神,是中华民族长久以来形成的处理人与外部世界以及人与人、人与自身关系的原则和处世态度。它充分体现了中华民族的和合精神,提倡厚德载物、包容万物、兼收并蓄、淳厚中和的理念。在中国儒家文化中,"和"是指矛盾双方的均衡与和谐,"同"则是矛盾双方的简单同一。最早提出"和而不同"的是孔子,他在《论语·子路》中说,"君子和而不同,小人同而不和"。意为君子能够听取别人的意见,又不盲目苟同，力求公允，这是“和而不同”；而小人则从不提出自己的见解，只知随声附和，这叫“同而不和”。孔子主要讲的是交友的伦理原则。关于“和”与“同”，进一步追溯，“和”作为一个范畴在更早的文献《左传·昭公二十年》中，把“和”比喻为做羹汤，能用水、火、酱、盐、梅来烹调鱼、肉，依个人的口味适量调和，这是一个好厨师，其中蕴含着深刻的普适哲学意义。关于“和”与“同”的关联，在《国语·郑语》中记载：当郑桓公问史伯“周其弊乎”，史伯回答，西周最大的弊端就是“去和而取同”，他说，“夫和实生万物，同则不继。以他平他谓之和，故能丰长而物归之；若以同裨同，尽乃弃矣”。在这里，“同”有混同和雷同之意，“和”不仅指内部的多样性，还反映了整体的生动与活泼，表现为生生不息和创新发展，因此说，聚集不同的事物而获得平衡称作“和”，“和”能产生新事物，即“和实生物”；同样地，在“和”中的个体还要体现各自的不同，才能彰显其存在的价值，如果都是整齐划一、一味求同，那就会失去在“和”中积极参与的意义，就是“不和”了，那么由此而形成的整体也就难以求得发展，“难以为继”了，也就是把相同的事物叠加起来，即“以同裨同”，不能产生新事物。这里既要区分和谐思维方式与思维方式的和谐性，在强调人的思维方式的和谐性的时候，不应将和谐庸俗化为一团和气，还要强调思维方式的创新性。之所以古人讲求“夫和实生万物”，是因为他们要避免“同则不继”的状况发生。“和而不同”既倡导和谐，又彰显个性化，个体总是以整体的和谐作为自己实践的参照系，它既是自己个性彰显的出发点，又是个体价值实现的归宿。这里的“同”和“不同”是存在着深刻的辩证关系的，对不同的追求正是基于对同的深刻认识，虽然个体追求的具体目标是不同的，但终极的目标却始终是事关全局的同即和谐。这里的不同彰显的个体性绝非是恶性的个性膨胀，它应该是对全局科学分析之后，对自己所应立足的领域、位置和序列在科学认识的基础上的非盲从和屈从的一种追求，这种个性的彰显，体现在处理矛盾的时候，不是一味趋同，更不是你死我活地斗争，而是要努力实现共赢，各得其所。

倡导和谐绝非“绝对同一”，而是强调“和而不同”的思维方式，这里重点在于理解“和”与“和谐”的含义，以及“同”与“不同”的区别。狭义的“和”是指协调与和谐，广义的“和”则是指从整体出发，在充分发挥个体性的前提下

融合、适应以至和谐;同则是统一、同一之意,“不同”则是不沿袭过去,不混同于一般,不雷同于已有的模式,这里的“不同”就是在突出“创新”之意,为了谋求事物的发展,而不导致僵化的同一,就必须在追求和谐的前提下,在追求和谐的终极目标的指引下,张扬个体性,求新、求异、求创新。和谐辩证法既非主张矛盾双方斗争到底的斗争性思维方式,也非盲目地因循守旧与模仿追求简单和绝对同一的形而上学的思维方式,而是在追求终极与整体和谐前提下求发展与创新的一种关于发展的思维方法。

三、和谐辩证法是关于和谐发展的学说

发展是事物走向和谐的必要保证,不是在损害对方的前提下达到自己的目的,而是在发展中壮大自己,发展是思想和谐的出路和步骤。和谐辩证法并不是追求表面的和谐,而是要深入到事物的内部,深入到事物发展的进程中,探究矛盾双方和系统运行中的统一性、平衡性和互补性在事物发展中的作用及其作用的规律。和谐辩证法解决对立和冲突的方式是,在充分挖掘对立双方相对性和对偶性的基础上,确定冲突、对立的范围,在这一范围内寻求其共同性、互补性、互生性,从而将冲突和对立放在一个大的整体或者系统内,促进其和谐的共生、发展。任何事物的发展都不是简单绝对的对立和简单的统一,所谓和谐就是对立面和诸要素之间主次层级的结构的有序运行状态,绝不是简单的平面化状态的和谐。这种和谐有序的等级层次状态既是和谐的表征,也是事物进一步和谐演进的基础,它不是杂乱无序或者绝对同一的,只有主次有序、层级井然才是事物和谐的常态。因此,和谐的思维方式,是以在事物发展中建构合理的等差层级结构来追求与获得和谐的。“斗争”与“和谐”皆起源于矛盾,并在哲学意义上表现为矛盾的“对立”和“同一性”。矛盾是和谐的前提,正是因为有事物内部或者事物之间的相互依存、相互渗透和相互联系才可能有和谐,毫无关联的事物之间和谐无从谈起,还因为事物内部和事物之间存在着相互对立、相互排斥和相互否定,存在着差异,才有相互补充和相互超越原有事物和状态的可能,才有可能实现和谐。反过来,和谐是与矛盾发展的过程相伴随的,并对新事物的产生具有至关重要的作用。矛盾的发展需要和谐,当矛盾发展过程中同一性

占主导地位时,矛盾双方的和谐可以巩固和完善统一体,促进事物的发展;当矛盾发展中斗争性占主导地位时,维持矛盾的双方的统一体的存在也需要和谐;而当矛盾的双方在经历了斗争之后趋于相互转化时,仍然需要和谐来促进新事物的产生。因此,只有在研究事物之间、事物内部之间矛盾的运动和发展变化的规律,才能更加有效地发现实现和谐的途径和方法、促进和谐的手段。

四、和谐辩证法区别于传统的和谐思维

和谐辩证法不是简单的回到传统的和谐思维,而是对传统和谐思维的批判性超越,是一种辩证的现代和谐。现代的和谐应该是感性与理性的统一,是对事物有序、协调、均衡发展状态的一种价值追求,是整体内部各个要素之间相互协调、相互依存、相互促进的状态。传统的和谐是一种靠主观体验和直觉思维从整体上把握事物的思维方式,它对事物的认识主要是直觉体悟、疏于分析而重视综合和反观自求,这虽然有利于从整体上认识对象的全貌,但因带有一定的自发性和非逻辑性,导致对事物的认识往往停留在表面的层次,很难达到对事物本质的认识。因此,南开大学的韩强教授提出中国传统思维是一种"直觉的辩证法"①,并指出了它的感性特征对于中国现代化进程的阻滞作用。比如易学象数思维方式是易学的基本思维方式,也是中华思维方式的代表和原点。这种思维方式重视整体性特征,重视功能关系,重视循环和变异,重视感性形象,但是对形体的结构、事物的抽象本质和求异创新都比较轻视和忽略。象数学家在解《周易》的时候,反映的仍然是整体思维的特征。《说卦传》和象数学家总是在看似不相关联的作为独立个体的卦象、物象之间建立起普遍的联系,有机地连在一起,把纷繁复杂、不相联系的宇宙万物整合为一个整体或者系统。李约瑟认为:"当希腊人和印度人很早就仔细地考虑形式逻辑的时候,中国人则一直倾向于发展辩证逻辑。"②

① 韩强:《直觉的辩证法——中国哲学思维的特征》,《南开学报》2004 年第 5 期。
② [英]李约瑟:《中国科学技术史》第 3 卷,科学出版社 1978 年版,第 337 页。

中国传统的和谐思维方式表现为中庸，强调事物存在和发展的合理限度，这就容易掩盖或者回避矛盾，常常会在对待矛盾的时候寻求对立面的妥协、折中、调和。古代的思想家主张人与人、人与社会、人与自然的和谐，提出“天人合一”“天地相合”的思想，比如，老子讲的“天地相合，以降甘露”，《庄子·天道》中的“与人和者，谓之人乐；与天和者，谓之天乐”，都在强调人与环境之间的和谐关系。这对于今天解决人与自然之间的矛盾和危机，实现二者的融通互利、实现经济的可持续发展与社会的协调有度、实现人际关系与人的自我身心的协调、实现各种文化之间的良性互动与交流都具有重要的启示作用。但我们要看到，传统的和谐思维方式片面夸大和突出了矛盾的同一性，单一地追求矛盾双方的统一、协调与和解，虽然也有关于“和而不同”的提法，但是过多强调的还是“同”，即对“一律”的强求，而真正的“和”理应是对多样性的统一的追求。现代的和谐并非传统的单一的、简单的和谐，而是建立在对对立面分析的基础上的，力求对立双方相互借鉴和利用基础上的和谐，既不是绝对的排斥，也不是折中的调和，而是追求最大双赢基础上的相辅相成的和谐。还要区分传统的和谐思维与现代东亚社会仍然起作用的儒学的和谐思维，必须要承认，在现代社会起作用的儒学思想已经浸润了现代性的因子。

五、和谐辩证法追求的是目标的和谐与过程的和谐，并不排斥否定和斗争

和谐的思维方式与矛盾的辩证法并不是对立和冲突的，它们都表现为对事物发展目标和最终归宿的一种和谐诉求。矛盾辩证法最终的目的也是要促进事物的和谐发展，只是“矛盾辩证法”的思维方式更加突出斗争和对立的作用，在一定条件下容易让人误解为“斗争哲学”，同时也把追求斗争的胜利作为最终的目的和归宿了。其实，为了追求最终的和谐，在事物发展中，为了给和谐发展扫清障碍，往往是需要通过斗争和对抗的，即使和谐的思维方式亦不排斥这一点。和谐是一种动态过程中的平衡状态，因而，追求和谐的思维方式是为了在不平衡中把握平衡，在动态的相对平衡中促进事物的发展。之所以以和谐辩证法来彰显和谐思维方式，并把“和谐”界定为自己的目标,反映了人类在思维方式上对事物发展的客观规律的一种终极追求。因此,和谐辩证法并不排斥矛盾,不是对过去强调斗争的一种颠覆和否定。辩证法走向和谐的首要意义是要对传统的以否定和对立为特征的辩证法给以恰当的分析和评价,从社会发展和人类认识的必然性上给以积极的肯定,指出其在社会发暴的初级形态上是必要的和不可避免的,就是在当今的时代矛盾和斗争仍然不可回避,在许多问题上坚决斗争,使用铁的手腕依然是十分必要的,现在提出构建和谐社会也是针对目前复杂矛盾而言的。所以,传统的矛盾辩证法依然有效,但是与此同时更应该看到时代和历史已经提出辩证法走向和谐的必要性。和谐辩证法仍然是唯物的,它更加强调从实际出发、尊重事实;它仍然是辩证的,它更加注重用联系和发展的观点看问题。和谐的辩证法尊重差异、承认矛盾,但不激化矛盾和回避矛盾,而是以和谐为价值取向,致力于和谐和发展,最终的目标是和谐。“矛盾哲学”与“斗争哲学”之间没有必然的直接的联系。毛泽东的《矛盾论》也并没有直接产生斗争哲学,而是相反地纠正了王明的“一切斗争,否认联合”的与统一战线相悖的错误路线,之后又纠正了王明的“一切联合否认斗争”的错误路线,形成了“又联合,又斗争”的全面、正确的政治路线,对于党内的矛盾要坚持以“团结—批评—团结”的原则来解决,以“惩前毖后,治病救人”代替“残酷斗争,无情打击”的对待犯错误同志的错误的做法。可见,《矛盾论》阐明和主张的是统一性和斗争性相结合的观点,“斗争哲学”则是后来的“以阶级斗争为纲”的思想的产物。

辩证思维与和谐思维是具有一致性和共同性的,辩证思维要求从矛盾和矛盾对立的双方的联系中去观察和把握事物,而不是孤立和片面地看问题。和谐思维是以建设性态度在对立统一中促进发展的一种辩证的思维方式,它追求一种高质量的矛盾的解决方式,不是强调矛盾的同一性而无视矛盾的斗争性,而是主张求同存异,激发各个矛盾主体的活力,从而推动矛盾整体有序地向前发展。所谓和谐辩证法是于那种把辩证法绝对化、片面化,用绝对斗争性的思维方式处理和解决矛盾的状况而提出的,和谐辩证法绝不是放弃斗争,而是以追求和谐为价值取向,承认矛盾、尊重差异,不回避矛盾、不激化矛盾,化解矛盾,从而在和谐思维的支配下,用建设性的态度实现

人与人、人与社会、人与自然及人与自身的和谐。

和谐辩证法所倡导的和谐观与形而上学的和谐观有着根本的不同,它不是否认矛盾、掩盖差异的“纯粹”的和谐,而是正视矛盾、化解矛盾,最大限度地减少矛盾引起的对抗性的冲突,追求事物的和谐与发展。和谐辩证法不否认矛盾对促进事物发展的动力的作用,只是,在今天这样的时代我们更加重视“和”对事物发展的推动力量,和谐辩证法在承认矛盾斗争性的同时强调矛盾的统一性、强调矛盾双方合二为一的包容性,更加强调彼此的相互借鉴与取长补短。和谐是对立统一规律在事物发展到一定阶段的外部表现,矛盾的对立统一状态即是和谐,这里就要求把握矛盾的统一性和斗争性相互依存和相互转化的尺度,把矛盾的对立统一,即矛盾双方的相互依存、渗透、贯通、联系与相互否定、对立排斥、对立、分离倾向保持在合理的尺度范围内即为和谐。所谓把握尺度就是要区分对抗性矛盾与非对抗性矛盾,并采取相应的方式方法区别对待,寻求解决事物矛盾的最佳途径,找到即使不采取对抗的方式也能更好解决矛盾的途径。因此,和谐辩证法绝不是否定矛盾,也不是否认事物之间的斗争性关系,更不是对“对立统一规律是辩证法核心”学说的否定,相反地,是对这一学说的发展和在实践中的正确灵活的运用。要区别矛盾自身所具有的同一性和斗争性与处理和解决矛盾的方式方法问题。矛盾的双方具有的同一性和斗争性是事物本身固有的客观存在,而无论是征服、占有、对立、斗争,还是协调、平衡、融合都是人们在主观上对待和解决矛盾时自觉采取的主观态度、方法和行为,而究竟要采取怎样的方式方法又是由矛盾本身的性质决定的。不能把事物内部矛盾的统一性和斗争性做机械和片面的理解。而采取协调和平衡的方式解决矛盾,并非是否定斗争,实践已经证明,这种以协调为原则的方法是解决事物矛盾的有效途径,事实上,在解决矛盾的对话、谈判、协调中是存在着斗争的,只是这种斗争存在的状态不是带有暴力和强制色彩的,而多数是较为温和的求同存异的斗争。而偶尔的暴力和强制性的斗争也是为了确保整体的平衡与和谐,斗争的目标是最终的和谐,具体形式是包容、兼顾、协调和必要的妥协,原则是和谐与共赢。因此,要区分哲学意义上的矛盾斗争性与生活意义上的具体斗争形式。

六、和谐辩证法深层内涵

辩证法走向和谐实质上是倡导一种和谐的思维方式，让崇尚和谐与维护和谐、追求和谐的理念和原则内化为人们的行为习惯和思维方式，其实就是从和谐的角度去分析和看待事物的一种思维方法。在对待和探究事物时从和谐的视域出发，以追求和谐为基本原则和价值导向，意在揭示事物发展中的和谐、有序、互补与协调的规律性特征，从而实现事物的和谐发展。和谐辩证法的内涵包括：它是马克思辩证法和谐旨趣与中国和谐思维精华的契合，是个体独立性与整体性并重，科学理性与直觉感悟相得益彰，求同存异与和而不同相互补充，重事物之理与重人生之道相互观照的辩证的和谐观；它是更具理性的和谐，是与感性和谐思维相区别的在更高层次上确立的辩证的和谐观念，是以肯定自然与他者的方式来肯定自身，实现新的和谐；它不是对矛盾辩证法的否定，只是更加凸显了对事物发展目标和最终归宿的和谐诉求，旨在不平衡中把握平衡，在动态的相对平衡中促进事物的发展；它实质上是倡导一种和谐的思维方式，让崇尚和谐与维护和谐、追求和谐的理念和原则内化为人们的行为习惯和思维方式，强调在观察和分析问题的视域上，彰显和谐旨趣，以和谐为切入点，以“和谐”作为基本原则和价值取向，并在实践中突出矛盾的统一性、和合性、互补性、有序性与和谐性在事物发展中的作用。

和谐辩证法具有开放性、丰富性、和谐性的特点，它强调事物发展变化指向相互生发、相互依赖的有机统一的和谐状态，和谐是事物本质中对立面的统一，是事物存在和发展的一种状态，反映了矛盾统一体在其发展过程中对立面之间所表现出来的协调性、一致性、完整性、平衡性，和谐是矛盾同一性的表现形式之一。和谐辩证法包含着更多的范畴：良性斗争、仇必和解、中庸之道、适度存在、和而不同、抑强扶弱、和实生物、阴阳和谐、均衡互制、各安其位，等等。

第十五章 和谐社会与个人自由：辩证法在构建和谐社会中的延伸

之前诸章我们厘清了辩证法中国化的前大半程，从毛泽东的《矛盾论》强调矛盾的特殊性和主要矛盾与主要矛盾方面到邓小平改革开放实际运用的辩证法，再到以胡锦涛为总书记的新一代领导集体提出的构建社会主义和谐社会开启的和谐辩证法，这个历程漫长、复杂而艰辛，充分反映了中国共产党人在马克思主义哲学特别是辩证法中国化方面所付出的努力和取得的巨大成果。从这一章开始，我们站在时代的潮头，具体探讨和谐社会内在的辩证法，用以指明辩证法的中国化还将体现在和谐与人的自由和存在关系上。这是一个不可回避的问题，既然要构建和谐社会，那么就理所当然地提出一个问题：社会和谐是否是限制人的自由，在和谐社会的旗帜下，人们会不会逃避自由，和谐社会与人的自由是一种什么关系？这正是辩证法中国化在构建和谐社会上的深层次的体现。

从历史到今天，人们寻求和谐社会的道路并不是一帆风顺的，而是充满着艰辛和坎坷。然而对于人的存在来说，这种挫折并不是外在于人的，而正是内在于每个人的自身生存结构。也正是人的不平凡的存在结构和状态，才使得人们如此执着于安全、稳定的和谐社会。这里我们将以空想社会主义的和谐社会的构想为参照来初步厘清人的存在与和谐社会的关系。

从生存论上讲，人是一个矛盾体，他具有特殊的存在结构：一方面人是自然链条中最不和谐的环节，是对自然的超越和否定；另一方面人又希望与自然获得同一，渴望回到自然母亲的怀抱。人的这种分裂性和内在矛盾性是我们理解和谐社会的关键。因为和谐社会如果不是在人之外的实体，那么，它就只能在人的存在结构中的这两方面的相互关联中展开。为此，我们必须具体考察一下这两方面与和谐社会的关系。

一、不和谐：人的存在状态

人的存在方式有其自身的独特性。人的诞生就是对自然的超越。黑格尔认为:“人能够超出他的自然存在,即由于作为一个有自我意识的存在,区别于外部自然界。”[①]自觉、理性与想象,这些人超越自然的因素打破了动物生存的“和谐”特征。动物按照自然生物学法则“生活”,它是自然链条的一部分,从来没有超乎自然之上,“动物和自己的生命活动是直接同一的。动物不把自己同自己的生命活动区分开来。它就是自己的生命活动”[②]。

它没有理性、良心,没有自我意识,它的生存就是动物与自然之间的“和谐”相处的形式。这并不是说自然条件对动物不构成经常性的威胁,不迫使它为生存奋争,而是说,自然给定了动物所是的一切,它靠这本能和遗传机制对付遇到的情况。可见,自然中,无论是羊吃草还是狼吃羊,这里不存在人类意义上的对立、斗争与和谐的问题,这些都是自然进化链条中必要的一部分。赋予自然以“和谐”或是把自然状态引入社会,来论证人类和谐与冲突问题,这些不过是对人们主观价值的投射。而人却是特殊的存在,“他具有有意识的生命活动。这不是人与之直接融为一体的那种规定性。有意识的生命活动把人与动物的生命活动直接区别开来。正是由于这一点,人才是类存在物……仅仅由于这一点,他的活动才是自由的活动”[③]。人的存在是自然持续链条的中断,正是人的指向未来的谋划活动,使得人有了追述过去、把握现在、预见未来的时间概念,自然本身由于人的存在呈现另一种状态:自然的人化和人化的自然。

人的存在就是不断超越给定状态的过程,它不能与自然同一,所以,他经常处于不平衡状态中。人不可能重复他的同类的生活经历,他必须主动去生活。人是唯一发现自己的生存是一个问题的存在,也是唯一发现和谐是个问题的存在。这时,自然不再直接适合他的生存了,这时的“自然界,无论是客观的还是主观的,都不是直接同人的存在物相适合地存在着”[④]。正是由于人与自然的不和谐,人便开始真正地成为人而存在了。人从自然中

---

① [德]黑格尔:《小逻辑》,贺麟译,商务印书馆2004年版,第92页。

② 《马克思恩格斯全集》第3卷,第273页。

③ 《马克思恩格斯全集》第3卷,第273页。应注意的是,我们不能把个人仅仅看作是类的复制,而应当把个人理解为包含着“类”并以其为超越对象的个性存在。“个人与类的关系”的论述可见《马克思恩格斯全集》第3卷,人民出版社1960年版,第84—87页。

④ 《马克思恩格斯全集》第3卷,第326页。

凸显出来,他摆脱了自然的束缚,获得了自由(这里指行为上摆脱了本能的决定),开始意识到了束缚本身;开始认识到了个人之外的世界:自然、他人等与自己的相异之处;开始意识到了自己的悲剧式的命运:“他既是自然的一部分,又是要超越自然”①。人自存在之日起,就面临着不同于动物的自在行为模式的选择,他无法逃避,也不能回头,只能运用对象化的活动成为自然的主人、自己的主人。对人来说,世界本身与他并不是和谐一致的。而且人的存在就是要打破已有的“自然”状态,通过自由创造性的活动走向新的可能的状态。人必须依赖自身并持续不断地努力,才能获得他的生存。可以说,人的存在过程根本不轻松,而需要不断完成生存义务。“真正的历史充满着冲突和对自己给定状态的不断超越,正是历史——人们自觉选择的和按人们的设计铸造的历史——可以使所有人都把自己的日常生活变成‘为他们自己的存在’,并且把地球变成所有人的真正家园。”②

然而,问题并不是那么简单。我们在历史中和人的日常生活中经常会看到人们对和谐的向往和追求。不管是出世的宗教,还是人世的救世学说,都有一种“乌托邦情结”③。尤其是在人类或个人存在遇到挫折和生活出现转折、面临困境的时候,人们往往有对生活的和谐期许和追求动力。寻求和谐、稳定成为维系人们生存的重要方面。

古希腊神话、圣经、文艺复兴作品、存在主义文学等反复诉说的“失乐园”情结,就深刻体现了人们对于和谐状态的留恋和追寻。可是,自从走出黄金时代、失去了天堂乐园以来,人再也不能返回,再也不能像动物一样自然存在。人从一个像本能一样确定的环境来到了一个不确定的、无常的和开放的境地,在这里除了死亡是确定的之外,一切都是充满可能的。人摆脱了自然的束缚,人自由了,但是他很快就会认识到这是要付出代价的。一切都必须通过人自身不断的努力来获得。不管是否愿意存在于这个世界上,他每一刻都必须做出决定,同时必须承担起因他自己的决定所带来的危险。

---

① [美]埃里希·弗罗姆:《逃避自由》,刘林海译,国际文化出版公司2002年版,第23页。

② [匈]阿格妮丝·赫勒:《日常生活》,衣俊卿译,重庆出版社1990年版,第292页。

③ 对乌托邦情结有不同层面的解释,此处专指人类寻求最终解决方案以获得稳定、保障的倾向。

他无法回避这一状况，不能够返回过去的天然和谐状态。虽然有些人向往回到永恒、和平的自然和谐，甚至不断复制以往“天人合一”的自在生活状态以换得暂时享乐或些许平静，但是，这在根本上是不可能的，总“有一天，铁一般的现实再次降临并将他击垮”①。因此，对于被逐向生存边缘的人来说，他只有一条路可以走，就是从自然的家园中脱离出来，寻找一个新家，一个自己创造的家。他通过自己的“感性的活动”，使得世界变成一个人化的世界。在这一过程中，人靠着想象、理性、劳动不断追寻人间的天堂。人从自然和谐状态中走出，走上了“人为和谐”之路。

人们逐渐知道，生存对人来讲不是一件舒服的事。“实际上人类永远处在一种不完善的状态，这是一个出发点，人类永远是不完善的……人就是不断给自己提出问题，不断去寻找终极答案，但永远不会有终极答案的这么一种存在。换句话说，人就是这样一种存在，他不断制造麻烦，又不断地在解决麻烦，但在解决麻烦的过程中又带来新的麻烦。”②也就是说，任何人必须持续不断地努力，每前进一步，都充满着担忧、风险，需要不断地去克服它。他要运用自己的力量解决自己这个最大的问题：“存在”，他要不断地从给定的状态中把自己连根拔起，以便寻求新的境地重新扎根。然而，和谐始终是他摆脱不掉的情结，“他被促使着战胜这种内在的分裂，因为他为渴望得到‘绝对’所折磨，他为渴求另一种和谐所折磨，而这种和谐能够消除他与自然分离，与同伴分离、与他自己分离的祸根”③。弗洛姆(又译弗罗姆)认为，自由与和谐都是内在于人的生存中的需要，“是人的天性一部分。在历史进程中，这些需要也是人的动力因素。假使这些需要得不到满足，就会引起心理上的反应，最终会导致人创造出适合人原来的需要的条件”④。无疑，弗洛姆把和谐作为人的存在的重要维度来把握，它又与自由形成了张力和合力，以此推动着人不断超越现有的稳定状态走向更高程度的和谐。

① [德]卡尔·雅斯贝尔斯：《时代的精神状况》，王德峰译，上海译文出版社 2003 年版，第 235 页。

② 衣俊卿：《在启蒙的地平线上——关于中国语境中的现代性问题的对话》，《求是学刊》2006 年第 1 期。

③ [美]埃·弗洛姆：《为自己的人》，孙依依译，三联书店 1988 年版，第 57 页。

④ [美]埃里希·弗洛姆：《健全的社会》，孙恺祥译，贵州人民出版社 1994 年版，第 64 页。

人在寻求和谐时可能存在两种相互冲突的倾向:一是面对困境企图回到原有的给定状态;一是不断的超越,进入积极构建的和谐状态。正如波普尔(又译波普)所说:“回到和谐的自然状态是不可能的。如果我们走回头路,那么我们就必定要走到底——我们必定回到野蛮中去。”①但是,人永远无法退回到自然状态中,永远处在不可回避的不平衡状态中,即使此种和谐也是经过人类谋划重新确立的。因此,一切解决的途径都是人为的,人创造了人的世界,他和他的同伴感到如归家中。这样,问题的关键在于我们要创造一种什么样的和谐状态、什么样的和谐社会。

事实上,在社会历史进程中,个人力量日益增大,个体化程度日益加深,而新的不安全感和风险对个人的威胁也日益增加。个人为此特别需要一种有他人支援和保障的和谐状态,但是天然和谐的纽带一经断裂,便无法重续,乐园一旦失去,便无法返回。和谐状态只能够依靠个人积极地与他人发生关系,通过每个人的自觉的活动建立起来,以此把自由独立的个体与世界重新联系起来。然而,在人类历史进程中,人的个体化进程与个人自由的发展并不是一致的,个人与自然、个人与他人、个人与社会的分化趋势随着社会的发展加深,但是个人并没有普遍获得可以自立的能力和条件,还不能自由地实现其个性。他形单影只,却又无能为力,他摆脱了自然的束缚,却无法自由地实现自我。自由成了他难以忍受的负担。于是,自由成为一个极其可疑的对象,只要自身境况恶化,他就会产生逃避自由的冲动,他不断寻求一个可以依附的为他带来确定保证的对象,求得建立与他人及世界某种稳定的关系,以此获得解脱,得到安定。然而,这种放弃个人自由的人为和谐,最终会导致个人存在的退化。应当看到,没有自由的和谐状态与奴役别无二致。一切都是给定的,没有异议、没有选择(或是在规定方案中选择),不需要自主决定。这种人的存在就是认同,就是沿着已经被确定的路线“在世”,他是一个“在者”,根本没有生存。

总之,人向和谐状态的“回归”似乎是人们迄今为止不可摆脱的命运,而

① [英]K. R. 波普尔:《开放社会及其敌人》第2卷,陆衡等译,中国社会科学出版社1999年版,第381—382页。

这恰恰根源于人的存在结构本身。问题的关键在于如何对待人的自身状况。取消自由、臣服于他者、企图逃避自己的命运只能走上“奴役之路”。相反,我们必须通过现实个人的不断生成,建构积极的、人道的社会来克服人的现实困境。人的存在结构就是人不可克服的内在矛盾,他必须勇于面对自己的存在状况,承认自己的有限性,认清超越于他并能够根本解决其存在问题的力量是不存在的。他必须敢于承担对自己的责任,甘心地接受这一事实:只有运用自己的力量,才能使他的生命富有意义,才是人的存在。必须明确任何确定性的承诺和保证都是有限度的,而单纯的确定性的保障会阻碍对生命意义的探求。人只有在不断打破给定的确定状态中,才能发挥其作为人的力量。与之相适应,和谐社会也不是一个只要我们借助一种权威、规律、体制发明就会达到的给定的理想社会,而是一个依靠每个人的力量,努力地“成为自己、为着自己”,充分发挥自己的才能实现不断超越的现实过程。

二、和谐社会的历史和生存论形态

为了理解人的存在与和谐社会的关系,我们还可以从历史层面进一步考察确证。一般说来,可以把和谐社会分为三种形态或三个阶段:自在和谐、自为和谐和自在自为和谐。下面主要是从黑格尔、马克思、恩格斯的相关理论出发,以个人的生成状况为尺度,考察这些社会形态及其相互关系,以便深入探索现实的和谐社会的样态及其与个人存在的关系。

从历史上讲,自在和谐就是人同自然分裂以前或分裂得不充分时的生活方式和社会样态,这是一个尚未发生自我异化的社会阶段。在这个阶段,个人意识与集体意识、我与我们打成一片,世界处于一种和谐无争的状态。黑格尔把这称为“真实的精神;伦理”阶段,“伦理王国在它的持续存在里就始终是一个无瑕疵的、无分裂而完美纯一的世界”①。黑格尔后来又把它称为“天籁的和谐”“本真的和谐”“自然的统一”“自然素朴的状态”“天真谐

① [德]黑格尔:《精神现象学》(下),贺麟、王玖兴译,商务印书馆1979年版,第19页。

和”“原始的谐和”等。[①] 它是人最初的神人合一、自然与人一体的境界,它自身是混沌不清万物齐一的自然状态。在自在和谐中,事物间没有差异,人没有自我意识,这是人类发展史中的素朴的本能阶段。黑格尔认为这个阶段的人们受“伦理意识”支配而行动,人们的行动无须理性的立法与逻辑的证明。“伦理意识”是一种热情,它像自然的天性一样使人毫不犹豫地忠于国家或家庭。马克思进而从生产方式视角揭示了这种社会的特征,个人与社会的联系还只是以自然血缘关系或统治服从关系为基础的地方性的联系,人们只是作为具体某种社会规定性的个人而互相交往,个人只有作为整体中的一员才能获得身份和存在,“人的限制即个人受他人限制的那种规定性”使得社会呈现“人的依赖关系”状态。[②] 古希腊神话中的黄金时代、基督教中的伊甸园时代已充分描写了它的基本样态。然而,对于这种社会状态,我们不能只从历史视角来理解,或只是把它定位于历史的某个时期,还应当从人的存在来理解。我们认为,这种社会无疑是个人沉浸在给定性中,缺乏创造性的表现,他是为过去而在,即过去孕育着一切,一切价值由过去定位,个人放弃生存,以过去为圭臬。这样换来的一种暂时稳定状态,不过是个人对自身存在的逃避。进一步说,自在和谐也可以指被人所超越了的一种给定的社会状态。

人的真正诞生就在于对那种淳朴无邪的自然状态的扬弃。由此人进入了自为和谐阶段。黑格尔称之为“自身异化了的精神;教化”阶段。这一阶段是“精神”在从自身异化出来的现实世界中,并不感到像在自己家里一样,而是感到格格不入,感到这个世界是异己的存在物。人作为超越性的存在,就在其不停留于它的自在存在的阶段,而是力求达到自为。我们已经知道人的诞生是痛苦的,它意味着与代表母体的自然的分裂,意味着个人与他人的分离,分裂、分离后的人们始终带着“原罪”,从而根本不可能回到天真无邪的“和谐”状态。从此,人间的一切和谐都不是直接质朴的,而是包含着曲折的中介阶段。黑格尔认为经过中介的和谐“须通过精神的努力才会出现

① 参见黑格尔《小逻辑》,贺麟译,商务印书馆 2004 年版,第 87—93 页。
② 《马克思恩格斯全集》第 46 卷(上),人民出版社 1979 年版,第 110 页。

的"[①]。这就是自为和谐。自在和谐是自然赐予的,"而我们所需返回的谐和应是劳动和精神的教养的收获"[②]。也就是说自为和谐是要通过人们不断的创造、劳作才能逐渐获得的。原有的天然温馨的纽带消失了,人与他自己的直接存在破裂了,但是他获得了自我意识和独立性。人与人、人与自然的和谐关系都要靠自己不断的努力才能维续。人类自身的超越性活动既是与自然分裂的成就,又是对这种分裂的征服。禽兽与自然一体,满足需要的食物俯拾即是,而人必须通过汗流满面劳动才能获得暂时的满足。自为和谐是通过人的努力间接达到的,它是中介性和谐。和谐本身只有依靠人的不断创造、不断超越才能获得。自为和谐具有历史性,它总是相对的、暂时的、人为的。在这种和谐状态中,每个人都从自己的特殊利益出发,"各人追求自己的目的,各人根据自身的气质决定自己的行为。当他向着最高峰追求自己的目的,只知自己,只知满足自己特殊的意欲"[③],然而,各人都要通过他人来满足自己的需要,这样他们既相互对立而又相互依赖,从而形成了一种契约关系。契约本身就具有人为性、暂时性,它的这次签订不能够保证下次续签。"通过契约而达到定在的同一意志只能由双方当事人设定,从而它仅仅是共同意志,而不是自在自为的普遍的意志。"[④]这种契约始终依赖于个人利益和特殊意志,而个人总是存在对共同意志的否定,就是黑格尔所说的"不法"。这种个人之间的相互中介、契约关系的暂时性状态也是市民社会状态。后来,马克思进一步阐释为,人的发展突破了原来的孤立、狭隘的境地,形成了普遍的物质变换、全面关系、多方面需求以及全面的能力体系,个人不再存在于人身依附关系中,个人确立了独立和自由。但是,人的这种和谐状态,始终面临着分裂、孤独,他始终逃脱不了"苦恼意识"。自为和谐永远不是一劳永逸的,它始终伴随着人的痛苦和折磨。其实,黑格尔在这里揭示了现代人的基本生存状态以及和谐社会的一般特征。

除了上述两种和谐状态外,还有第三种和谐:自在自为和谐。黑格尔称

① [德]黑格尔:《小逻辑》,贺麟译,商务印书馆 2004 年版,第 90 页。

② [德]黑格尔:《小逻辑》,贺麟译,商务印书馆 2004 年版,第 90 页。

③ [德]黑格尔:《小逻辑》,贺麟译,商务印书馆 2004 年版,第 92 页。

④ [德]黑格尔:《法哲学原理》,范扬、孙企泰译,商务印书馆 1997 年版,第 82 页。

之为“对其自身具有确定性的精神、道德”阶段，就是“精神”从异化的状态回复到了自身，实体变为主体，每个人的所作所为与社会全体的所作所为是一致的。我们认为，这第三种和谐并不是一种历史存在，而是内在于自为和谐中的一种维度，是从自在和谐不断走向自为和谐并把自在和谐纳入其中的超越过程。

其实，黑格尔认为人进入自为状态后，再也不能够回到自在和谐，但是自为和谐也不是人的“最后安息之所”，它只是精神概念的一个环节，不是人停留的地方，“这种分裂境地，同样也必须加以扬弃，而精神总是要通过自力以返回它原来的统一。这样赢得的统一乃是精神的统一。而导致返回到这种统一的根本动力，即在于思维本身”①。而这种原来的统一不是原始的和谐，而是在分裂基础上更高级的和谐状态，这就是包含着多样性的统一，就是自在与自为的统一，也就是绝对精神本身。我把它称为自在自为和谐。这种和谐不是自然的、历史的存在，它是人类超越精神的投射。一般谈论的理想的和谐、完美的社会都是在自在自为统一层次上讲的，因此都带有一种观念性、理想性因素。自在自为的和谐社会是人类社会的理想性存在，它是人类反思领域的成果，它本身无所谓主观和客观。如果把黑格尔的绝对观念理解为一种人类存在的超越的话，那么，这个包容多样性、个别性、差异性的绝对精神就是对这种状态超越的真实写照。这里的精神始终是一种理想、批判的维度，它的根本作用就是否定即扬弃，它要扬弃人类生存分裂的境遇，使得人类重新统一、和谐，而这种和谐是由精神力量来完成的，而精神始终是一个展开的过程，其实就是人的超越本身。“精神却正与自然相反，精神应是自由的，它通过自己本身而成为它自己所应该那样。”②精神就代表着人对自然给定的状态的超越，代表着人“不是其所是，是其所不是”的自由。从现实的角度来讲，这种对立统一的和谐状态，并没有体现在自然和历史领域中，“无论是国家还是社会都没有体现自由的最高形式。不管它们组

① [德]黑格尔:《小逻辑》，贺麟译，商务印书馆1980年版，第89页。
② [德]黑格尔:《小逻辑》，贺麟译，商务印书馆2004年版，第91—92页。

织得多么合理,它们仍然苦于不自由”①。这正是因为黑格尔的绝对精神只存在于超越中,自在自为的和谐状态只是存在于反思批判领域中,它们都是对现实的“虚无化”,都是力图超越现存的给定、有限的状态趋于可能和无限的规定。因此,恩格斯认为:“黑格尔哲学……的真实意义和革命性质,正是在于它彻底否定了关于人的思维和行动的一切结果具有最终性质的看法。”②其实,这和西方哲学精神实质是一致的,以理念始,也以理念终,最高形式的存在、最高形式的理性和自由,都表现为“奴斯”,表现为超越精神,即对经验世界的否定和超越。这样看来,对立统一样态的和谐社会是一种生存事件,是对现实的超越和批判的生存维度。

黑格尔的这一思想也深深地影响到了马克思、恩格斯。他们总是在超越现有状态的“从更高远的境界来阐发共产主义”,也就是“对共产主义的非实体性的形上理解”③,拒绝对未来共产主义细致周密的描述。未来的和谐社会“越是制定得详尽周密,就越是要陷入纯粹的幻想”④。这主要因为“历史同认识一样,永远不会在人类的一种完美的理想状态中最终结束;完美的社会、完美的‘国家’是只有在幻想中才能存在的东西”⑤。那么,完满状态就不存在于自然、历史领域,而只是一种引领人们不断批判和超越现实的“形上境界”。

通过前两节理论和历史说明,我们知道,和谐社会不再是人本身自然具有的“万物齐一”状态,而是人们渴求的而又无法完全实现的理想;自在和谐无法返回;自为的和谐社会缺乏保证又具有不稳定性;自在自为和谐社会虽具有完美性但又无法实现。那么,现实的和谐社会究竟应当是什么样子的?也就是如何把和谐社会的追求落实到现实的行动中来?其实,以上分析已经蕴含着答案了。那就是把自在的、自为的和自在自为的和谐社会统一于人的活动,把和谐社会作为一种超越过程看待。这样,现实的和谐社会就只

① [德]赫伯特·马尔库塞:《爱欲与文明》,黄勇、薛民译,上海译文出版社 1987 年版,第 84 页。

② 《马克思恩格斯选集》第 4 卷,第 216 页。

③ 张奎良:《三维境界的合一:马克思言说的共产主义》,《社会科学战线》2004 年第 4 期。

④ 《马克思恩格斯选集》第 3 卷,第 608 页。

⑤ 《马克思恩格斯选集》第 4 卷,第 216—217 页。

能是以不断超越人们现有状态为前提的,以开辟人类的可能境界、实现个人自由为目标的过程,即“作为超越过程的和谐社会”。后面我们将会看到,“作为超越过程的和谐社会”就是马克思所说的“不断超越的现实运动”的一种当代体现。我们还是进一步考察这一理论观点吧。

三、作为超越过程的和谐社会

对于“作为超越过程的和谐社会”的理解,还是让我们回到黑格尔、马克思吧!

在自在和谐、自为和谐和自在自为和谐三者相互关系的问题上,黑格尔无疑是把第三种和谐(即自在自为和谐)作为上述两种和谐的中项来界定的。“把这两个端项亦即两个设想出来的终极目标联结起来的那个中项,则是现实行为的运动本身。”①在黑格尔看来,以上两种和谐都是第三种和谐的“差别的环节”,它们相互之间抽象对立,而没有形成相互关系,所以这两种和谐都是不稳定的、非现实的。“只有在现实里才出现这种情况,因为在现实里,不同方面都于真正的意识中呈现出来,每一方面都呈现为对方的对方。这样产生出来的公设就跟以前的公设不同,以前的两种公设只分别地包含着自在存在着的和谐和自为存在着的和谐,而现在,则包含着自在而且自为存在着的和谐。”②可见,黑格尔把现实性理解为自在与自为的统一,而这种统一在和谐社会发展中就是自在自为的超越性状态和过程。因此,真正的和谐社会不是消灭或是排除自在和谐,而是把自在领域纳入自为和谐的总体结构中。对于自由的个人来说,他的生活处在自在领域的包围中,他可以遵循自在和谐而生活,但是他时刻对自身存在进行反思和批判,并且知道何时、何地应当抛弃或超越这一领域。也就是说自在领域是自为的基础和前提,但是它已经纳入自为存在的结构中,不断地被自为审视。个人能够在其中不断地把经过审视批判的自在和谐变成个人自由发展的条件和新动力的基础,使得自在和谐领域成为“为我们的存在”,也就是为每个人自由发

① [德]黑格尔:《精神现象学》(下),贺麟、王玖兴译,商务印书馆1979年版,第130页。
② [德]黑格尔:《精神现象学》(下),贺麟、王玖兴译,商务印书馆1979年版,第130页。

展提供可能的状态。

这样,自在、自为、自为自在状态都内在于人的存在和社会存在结构中,我们很难把其中任何一个单独拿出来以表示现实社会状态,而只是用其中某一个来说明社会状况的趋向。对于一个社会来讲,它是否和谐要看这三种状态是否形成一个不断上升的螺旋。也就是,社会是否能不断地从给定的状态走向可能的状态,也就是为个人提供更多的更好的生存发展的机会。进而,我们可以把自在、自为、自为自在作为和谐、和谐社会三个层次来理解。从过程层面上讲,和谐社会是人的存在的一种自为关系状态或结构,它为每个人的生存发展提供了必要的可能;从给定层面上讲,和谐社会无疑是已经形成的某种稳定状态;从超越层面上讲,和谐、和谐社会实质指的是一种理想性、超越性理念和维度,是人的存在的一种自在自为关系状态或结构,它引领人们不断改变现有的社会状况,为个人生存发展实现最大的可能。只有把这三方面统一起来,才能把握和谐社会发展的实质:现实的和谐社会就是一个不断超越现有状态的现实过程。这突出表现在马克思对未来和谐社会即共产主义的理解上,它是马克思社会和谐社会辩证法的精髓。

无疑,马克思对共产主义有多种论述①,但是,把和谐社会理解为超越过程是马克思的关于共产主义理论的核心思想。如果把社会主义和谐社会作为共产主义的一个阶段的话,马克思始终把共产主义理解为一种超越现实运动的过程,理解为人类行动本身,理解为人类发展中不断向前超越的持续状态。青年马克思就为自己确立了一个新的方向,即"新思潮的优点就恰恰在于我们不想教条式地预料未来,而是希望在批判旧世界中发现新世界"②。他根本反对给和谐社会以一种必然的"一劳永逸"的形式,和谐社会就内在于批判的工作中。后来,马克思在批判历史上的共产主义(包括空想社会主义)时,继承了黑格尔的"中介"思想,明确指出,共产主义是一种"中介"存在,是社会发展和人类最终解放的一个环节,区别于那种完满状态,而是"作

① 笔者从实体境界、形上境界、实践境界三个方面对共产主义进行了阐释,并认为共产主义最终要落实到人们的实践中,本章对此观点进行了发挥。张奎良:《三维境界的合一:马克思言说的共产主义》,《社会科学战线》2004 年第 4 期。

② 《马克思恩格斯全集》第 1 卷,第 416 页。

为否定的否定的肯定”,就是不断扬弃外在于人的异化关系的持续过程,他认为:“共产主义是最近将来的必然的形式和有效的原则。但是,共产主义本身并不是人的发展的目标,并不是人的社会的形式。”[①]在这里,当人们看到共产主义完满性的时候,马克思看到了共产主义本身局限性,他要把它变成一种人类奔赴完满状态的自我扬弃的运动。[②] 马克思在《德意志意识形态》中更进一步表明了这一思想,“共产主义对我们来说不是应当确立的状况,不是现实应当与之相适应的理想。我们所称为共产主义的是那种消灭现存状况的现实的运动”[③]。可见,和谐社会不是与现存社会相对立的一种理想社会形态或形式,而是超越、否定现存、给定状态的现实人的感性的活动本身。和谐社会也不是要营造一个神话王国,在那里人人不事劳作,靠着神赐之物,衣食无忧地自我持存。和谐社会与其说是一种理想社会形式,不如说是人们不断超越现有状态的谋划过程。马克思说:“自由王国只是在由必需和外在目标的规定要做的劳动终止的地方才开始;因而按照事物的本性来说,它存在于真正物质生产领域的彼岸。……在这个必然王国的彼岸,作为目的本身的人类能力的发展,真正的自由王国,就开始了。”[④]在这里,马克思不是要在必然领域之外、之上设定一个给定的理想社会形态,而是强调自由的实现就是对必然、给定的不断超越,“彼岸”不是来世,不是理想,也不是固定的社会形态,而就是人的自由,人的存在,就是每个人的不断否定、创造的过程。和谐社会就是指向这一过程本身。

总之,和谐社会不再是人本身自然具有的状态,而是以不断超越人现有状态为前提的,以开辟人的可能世界、实现人的自由为目标的过程,因而具有暂时性、相对性和可变性,是对现实的不断超越的过程。现实的和谐社会的实质就是社会运动的超越过程,它也只是存在于人们的超越活动中。正是这种人的生存过程,把人存在的过去、将来和现在紧密联系起来,使人的存在和社会状态呈现动态的过程。在不断超越的和谐社会中,自在、自为、

---

① 《马克思恩格斯全集》第 3 卷,第 311 页。

② 有关论述参见《马克思恩格斯全集》第 3 卷,第 347 页。

③ 《马克思恩格斯选集》第 1 卷,第 87 页。

④ 《资本论》第 3 卷,人民出版社 1975 年版,第 926—927 页。

自在自为的状态，不再是两两对立的实体，而是同一社会的不同方面，正是自为和谐以自在自为状态为理想才能够维持自身，而不成为僵化的实体；与之相对，正是以自为个人存在为基础，自在自为和谐才能成为一种理想超越；而自在和谐始终是自为和谐内容、条件和事后反思的状态。也就是说，离开任何一个方面社会和谐都可能落空，现实的和谐社会就是自在、自为、自在自为三方面统一的现实过程。

四、构建和谐社会中的乌托邦与乌托邦精神

一般说来，乌托邦有两层含义，表层含义就是指“不存在的地方”，乌托邦是一种理想社会，由于它不存在于现实中，也永不可能实现，人们称乌托邦为“空想”或空想的同义词。经典马克思主义作家也是在这种意义上批判空想社会主义的。深层的含义就是指一种对现实否定批判的社会秩序。曼海姆对此指出：“我们就可以把每一种现存的和不断发展的社会秩序称为‘topia’（‘家园’……），这样，这些充满希望和发挥某种革命作用的意象就会变成乌托邦。”[①]它代表了人类社会的超越维度，体现了乌托邦精神。我们可以把这种精神追溯到希伯来人的“弥赛亚精神”和柏拉图的《理想国》，它们都含有一种对超越现实的渴望，向现有的伦理秩序进行突破，追求一种人类的可能世界。本章自此以后所说的乌托邦是在后一种层面上讲的。这样，乌托邦同“空想”还是有很大的不同，它主要是指一种理想的维度，一种目前在现实中尚未存在[②]、人们期望在未来实现的社会构想。布洛赫认为：“乌托邦的功能只是其保持的超越性，和其值得保持的功能：就是超越性本身。它的支撑和关联就是过程，作为过程它从不表明它的最内在的什么内容，而其一直在进行中。因此，它自身处在希望和基于目标的尚未存在的征兆的状态中，以及尚未存在的善的形式中。”[③]无疑，乌托邦表现了人的本质、

---

① ［德］卡尔·曼海姆：《意识形态与乌托邦》，艾彦译，华夏出版社2001年版。

② “尚未”（not-yet）是德国哲学家布洛赫提出并是其哲学思想中的核心范畴。它是指目前尚未存在或尚未生成，而面向未来正在生成、可能存在或应该存在的东西，实质上，他用此表述人的超越过程、生成过程。黑格尔哲学中的“非存在”“否定”以及存在主义的“虚无”都是与此有关的概念。参见衣俊卿《20世纪的新马克思主义》，中央编译出版社2001年版，第115，117页。

③ Ernst Bloch, *The Principle of Hope*, Vol. 1, Cambridge: the MIT Press, 1986, p. 146.

人生存的深层目的;它显示了人本质上是"其所不是,不是其所是"的超越性状态。每一个乌托邦都表现了人作为深层目的所具有的一切和作为一个人为了自己将来的自我实现而必须具有的一切。

那么,乌托邦就体现了一种精神特质,就是要确立一种为人的有限性所规定而不能实现的状态,它是对个人自由、对个人超越性的绝对确认,它体现了对给定状态的否定。我们把这称为"乌托邦精神"。它通过理想追寻来达到批判现实、超越现有状态的目的。这就是人存在的理想维度。正如布洛赫所认为的:"作为理想的乌托邦决不可能是被现行存在指导和修正;相反,它的部分实质是与实际存在的事物保持张力的状态。"①它总是"作为指示可能成为现实的事物的前形象"②与世界的过程相连,与存在的可能状态相关。从这个意义上说,乌托邦根本不是"乌有",而是社会存在和发展的最大"现实"。③ 正因为始终与现实保持着张力,所以,乌托邦精神对于现实世界或现有状态具有强烈的超越和批判的价值指向。和谐社会作为一种超越现存的社会制度或社会状态,同乌托邦精神一样,都是人的生存结构中超越现存的不合理的一种现实的超越维度,一种批判精神。这种现实的批判精神贯穿于现代哲学史,在黑格尔那里,它是"绝对精神",在马克思那里,它是"无产阶级革命",在阿多诺那里,它又是"绝对的否定精神",在马尔库塞那里,它成为"伟大的拒绝"。这"就是对不必要压抑的抗议,就是争取最高自由形式即'无忧无虑的生活'的斗争"④。乌托邦精神体现了现实的个人超越自我局限、超越一切给定而臻于完善的自由状态。

我们认为,空想社会主义也具有这种乌托邦精神。马克思、恩格斯认为:"他们的批判是对现存社会的生动的现实的批判"⑤,通过他们的实际措施(制订方案、实践活动)达到对现存社会的否定和超越。马克思、恩格斯把这一派别称为"批判的空想的社会主义和共产主义",认为"这些社会主义和

---

① Ernst Bloch, *The Principle of Hope*, Vol. 1, Cambridge: the MIT Press, 1986, p. 173.

② Ernst Bloch, *The Princinle of Hope*, Vol. 1, Cambridge: the MIT Press, 1986, p. 173.

③ 黑格尔的现实概念本身就包含着一种批判超越的维度。见黑格尔《小逻辑》,贺麟译,商务印书馆 2004 年版,第 295—297 页。

④ [德]赫伯特·马尔库塞:《爱欲与文明》,黄勇、薛民译,上海译文出版社 1987 年版,第 108 页。

⑤ 《马克思恩格斯全集》第 2 卷,人民出版社 1957 年版,第 195 页。

共产主义的著作也含有批判的成分。这些著作抨击现存社会的全部基础。因此,它们提供了启发工人觉悟的极为宝贵的材料”①。

作为一种超越过程的和谐社会无疑最能够体现乌托邦精神。和谐社会就表征着人们不断超越现状指向未来的历史运动。它根本上升华了乌托邦精神,对每个人的存在都至关重要。个人的存在和超越只有在人们对和谐社会的共同追求中才能真正得以实现;而真正的和谐社会追求也无非是为每个人的自由发展创造共同条件。个人的存在是超越的,对和谐社会的追求也是持续不断的开放过程。相反,和谐社会停滞在给定状态、走向封闭化正是由于和谐社会超越维度的丧失,而社会超越性的丧失,根源于个人自主精神的退化和乌托邦精神的衰竭。

从哲学历史上看,人的存在与和谐社会的问题是一个人们常思常新的“老”问题。而从生存论视角思考和谐、和谐社会问题,是我们理解和批判空想社会主义和谐社会思想的基本理论前提。和谐社会不是无矛盾、无冲突的一团和气状态,而是包含着冲突、对立并以此为自己开辟道路的社会过程。这一过程根源于人自身的二律背反:人本身就是一种不和谐状态;但是他却不断追求一种稳定、圆满的状态。自从人类脱离动物领域,人类就走向了一个需要自己不断超越现实以获得生存的唯一道路。对和谐状态的寻求既是人们始终无法逝去的“情结”,又是人们不断获得生命意义的源泉,它体现了人们不断超越现实的理想维度,因而是与人联系最为紧密的一种生存方式。在这方面,黑格尔、马克思以及西方马克思主义对此研究的贡献是巨大的。他们总是从主体性(主体活动)来理解人类的存在和存在困境,把和谐、和谐社会问题纳入个人的生成过程中,以此不断超越现实的给定状态,充分张扬了个人自由精神。正是个人的这种超越性,使得作为社会关系存在的和谐社会成为一个不断超越的过程,和谐社会变成了一个“活络”关系状态,任何外在于人的保证都不能够实现真正的和谐、和谐社会。追求和谐社会的最大“功用”就是彰显乌托邦精神,人们通过这种表达方式,形成对现实批判的张力,达到对现实的批判和超越。

① 《马克思恩格斯选集》第1卷,第304页。

第十六章 和谐社会实体化误导及其内在逻辑

通过上一章的研究，可以看出，应当把现实的和谐社会理解为一个以个人自由为核心的不断超越现实的过程或运动，那么，和谐社会在实现的过程中就不应当有任何预定的轨迹和给定的整体方案。在对和谐社会的理解和实现问题上，空想社会主义虽然体现了一定的乌托邦精神，但事实上并不是沿着上述路向前进的，它要把人们渴求的“偶像”和“完美”具体化、形象化，并且走上了与乌托邦精神相反的道路，即和谐社会实体化道路。为此，在我们必须考察与超越性和谐社会相对的一个重要理论——和谐社会实体化问题，弄清和谐社会实体化的含义以及和谐社会实体化内在的一般逻辑。

一、和谐社会实体化及其表现

实体是西方哲学的重要范畴，一般是指世界的本原、万物的基础。后来，黑格尔阐发了这一概念，把实体改造成为自身活动的、活生生的精神性的东西。他认为，实体就是“绝对的同一性”“绝对的必然性”，即无限的整体，它以自身为根据和条件，是一切存在中的存在。“因此，实体就是各个偶性的全体。”一切存在都是实体展开的内在环节，并体现着实体；离开了实体一切存在就不能够单独存在。[①] 马克思说：“把实体了解为主体，了解为内部的过程，了解为绝对的人格。这种了解方式，就是黑格尔方法的基本特征。”[②]可以看出，黑格尔的实体是把握世界的一种方式，是从能动性来理解世界，进而把世界理解为一个过程。“它潜在地包含着批判的一切要素。”[③]但是，黑格尔在把世界及其过程理解为自我意识运动的同时却把人作为精神发展的一个环节，从而忽视了个人的存在和意义。其实，实体及其外化过程不过是“对人的自我产生的行动或自我对象化的行动的形式的和抽象的

---

① ［德］黑格尔：《小逻辑》，贺麟译，商务印书馆，1980，第312—313页。

② 《马克思恩格斯全集》第2卷，人民出版社1957年版，第75页。

③ 《马克思恩格斯全集》第3卷，第319页。

理解”[①]。实体就是对异化了的现实世界的抽象确认。实体外在于人或对人进行统治，正是个人的自我异化的现实表现。

如果实体是对“人的生命表现”[②]的抽象形式，那么实体化就是人的生命表现的产物获得了独立性并成了人的主宰。也就是说，实体化就是人们自身活动的产物——抽象的规定、必然性、实体性——与人们分离后，变成人们存在的根源和目的，成为主体。没有了实体化存在物或观念，人们现实活动本身就成为“无根据的想象，成为无本质的东西，甚至成为不可能有的存在物”[③]。这就是人们的活动产物与自身的“主谓颠倒”。马克思把这种做法揭示为“制约者被设定为受制约者，规定者被设定为被规定者，生产者被设定为其产品的产品”[④]。是人的产物抽离人自身，并对人进行统治。翻开马克思主义哲学史，我们就会看到，社会实体化观念及其做法，正是马克思所批判的唯心主义哲学的一种表现。坚持实体化观点的唯心主义哲学，总是把社会从现实个人关系中抽离出来，并赋予社会超人的特性，个人存在成了实体化社会的一个环节，从而把个人的具体自由看成是给予的，是对某种社会实体的认同。这样，社会、世界“在越来越大的规模内被圣化了”[⑤]。

通过以上简单的描述，我们可以初步得出以下观点：社会实体化就是作为人们相互交往产物的社会成为自因、成为主体，是高于个人的能够自为存在的存在。和谐社会实体化就是作为人的存在内在过程的和谐社会固化为一个高于个人存在的实体，个人只有通过它才能生存和获得意义。实体化和谐社会的实现是通过个人降格为个体进而臣服于社会整体以获得社会统一和秩序一致而达到的。个体的人成为整体的部分，整体就具有价值和归属意义。和谐社会变为实体后就具有超个体的特性和终极意义。

和谐社会实体化的主要表现就是蓝图式乌托邦，它是乌托邦精神的固化和僵化，从而丧失了人存在的超越维度。蓝图式乌托邦总是对未来社会

① 《马克思恩格斯全集》第3卷，第333页。
② 《马克思恩格斯全集》第3卷，第332页。
③ 《马克思恩格斯全集》第3卷，人民出版社1960年版，第22页。
④ 《马克思恩格斯全集》第3卷，人民出版社1960年版，第12页。
⑤ 《马克思恩格斯选集》第1卷，第65页。

详细规划和设计,它"总是包含完整的、全面的生活安排的意图"[①]。虽然蓝图式乌托邦也基于与现存秩序的冲突,然而,它不但先验地确立了某种善恶对立的理性观念,而且它把其所确定的"善"当作具体蓝图宗旨来运用。因此根据这个蓝图,这个世界在任何一个点上都应当得到重建,这就是乌托邦精神客体化。而它所希望的善,不过是强迫的"善"。雅各比认为,蓝图的乌托邦清清楚楚说明建筑设计、空间分配、服装样式、饮食要求,以及日常生活计划包括工作、娱乐、吃饭、睡觉,甚至性生活等。[②] 蓝图式乌托邦规定人们日常生活必须做的事情的细节,这与其要求的以实现自由和个人成就感本身是相矛盾的。在蓝图式乌托邦中,不管它的人民有多么富裕,不管他们性生活多么频繁,通过个人发明一种机制严格组织一个社会也不能产生任何个人自由。因为它根本违背了乌托邦精神的超越性,只是勾画了一个已经被安排好了的、只要人们遵守设定秩序的封闭状态的社会。这根本违背了乌托邦的本意,成为乌托邦的反面,有些人把这称为"敌托邦"(dystopia)[③]。

历史的辩证法在于,即使是最善于勾画未来图景的设计师,也难免将未来束缚在过去。他们所设计的装备精良、规划有序的和谐社会,不过是按照他们时代所有的物品目录和现有的知识储备进行的安排。我们嘲笑空想社会主义者的很大原因在于:不是因为他们的宽容,而是因为他们的褊狭,不是因为他们的未来社会的富足,而是因为它本身的匮乏。我们之所以批判它的空想性,不在于"它越是制定得详尽周密,就越是要陷入纯粹的幻想"[④],而在于它对个人的不信任和对个人逃避自由的迎合而表现出的媚俗。其实,实体化乌托邦的幻想不是无法实现的,而恰恰是社会主义运动中常常可见到的事实,因为它充分体现了逃避自由(个人自由程度不够高)的人们对

① [俄]尼·亚·别尔嘉耶夫:《论人的奴役与自由》,张百春译,中国城市出版社2002年版,第243页。

② 有关论述请参见[美]拉塞尔·雅各比《不完美的图像》,姚建彬等译,新星出版社2007年版,第8—9页及第44—45页。

③ "敌托邦"(dystopia)是英国作家乔治·奥威尔撰写的小说《一九八四》(花城出版社,1988)所描写的一种未来社会状态。它是通过精英的总体控制、按照科学和技术运行的、泯灭人性的封闭社会。

④ 《马克思恩格斯选集》第3卷,第724页。

社会进行组织、安排的低层次需要。我们应当看到，蓝图式乌托邦实践在历史上从来就没有间断过[①]，这正是蓝图式乌托邦根本丧失了乌托邦精神的写照。

蓝图式乌托邦不仅预定了社会发展的模型，而且它一般都设定了实现和谐社会的具体时间并预定了通向和谐社会的必由之路。恩格斯认为，空想社会主义只是关注于未来社会蓝图的描绘，而把和谐社会的实现看成是突然的事情，他说："这并不是历史发展的进程所必然产生的、不可避免的事情，而纯粹是一种侥幸的偶然现象。"[②]斯大林为了批判的需要和强调工人运动的作用，曾经说过："空想社会主义没有阐明社会生活规律，而是脱离生活，好高骛远，其实需要的却是与现实的牢固联系。……这个观点完全忽视了现实的工人运动和工人群众。"[③]应当说，他们的观点有一定的道理，任何实体化的乌托邦主义都有一种千禧年主义者纵情狂欢的倾向，具有一种绝对的当下状态："现在"在他们那里变成了某种缺口，通过这个缺口，以前出于内心深处的东西就会突然爆发。和谐社会的方案就会直接转化成此在和现在。这表明，蓝图式乌托邦放弃了等待以赛亚降临的无限渴望，而是要把这种渴望变成当下的实际成就。这种狄奥尼索斯情结在社会主义发展史中比比皆是。但是，如果认真研究，我们就会发现，十九世纪初的空想社会主义把这种纵情狂欢的精神收敛于他们的自然哲学和历史哲学中，进而把它的爆发推迟了一定的历史时间。他们通过寻求一种自然和历史的必然性来消解"蓝图"实现的偶然性，把远景目标和近期目标结合起来，使得现实的任何行动获得了一种与终极目标相关的内在价值，为未来社会的实现做准备。因此，他们都设定了一种历史发展的道路，建立了较为严密的历史哲学，为

① 柏拉图的理想国并不是单纯理念，而是对当时古希腊某些城邦的典型描绘，而且在古罗马时期，柏拉图的理想国方案在西亚地区实现过。同样，空想社会主义和谐社会方案的许多内容都曾经在不少国家实现。19 世纪大部分时期欧洲向美洲的移民运动，都把蓝图式乌托邦方案付诸实践，更不用说苏联的"集体农庄"、红色高棉的"一举建成共产主义"。今天，在以色列仍然存在着"基布兹"公社组织。有关资料请参见雅各比《不完美的图像》、让－克里斯蒂安·珀蒂菲斯（十九世纪乌托邦共同体的生活），梁志斐译，世纪集团出版社 2007 年版；J. L Hammond and Barbara Hammond，*The Age of the Chartists*，Augustus M. Kelley Publishers，New York，1967 年版.

② 《马克思恩格斯选集》第 3 卷，第 722 页。

③ 《斯大林选集》上卷，中央编译局译，人民出版社 1979 年版，第 1 页。

实现和谐社会的每一个措施寻找一种自然、历史线索，以保证最终目标逐步实现。这是其和谐社会实体化与以往不同的重要方面。正是通过这种必然历史进程，使得实体化和谐社会方案变得更加“可信”和“确定”，影响也更加深远，造成的有害性也更加严重。

二、和谐社会实体化的内在逻辑

和谐社会实体化是对现实批判和超越维度的丧失。问题是人们为什么会把社会实体化、神圣化？为什么会走进这种“非人的”历史和社会状态？这除了需要从社会生产方式考察以外，我们还要深入人的存在本身来探讨和谐社会实体化问题，也就是人的存在中有哪些因素导致了和谐社会实体化，其实质是和谐社会实体化的内在逻辑问题。

我们知道，逻辑不是主观臆造的产物，而是人的生存方式的表达。列宁说：“人的实践经过千百万次的重复，它在人的意识中以逻辑的格固定下来。这些格正是（而且只是）由于千百万次的重复才有着先人之见的巩固性和公理的性质。”①和谐社会实体化的内在逻辑就是人的存在在特殊状态下展开的一种理论表现。针对空想社会主义和谐社会实体化问题，我们初步从两个方面考察和谐社会实体化内在逻辑问题：一方面是社会实体形成的个人存在根源，即个人逃避自由，个人蜕化为作为部分的个体，与之相应，社会作为实体成为个体主宰、意义的源泉；进而，另一方面是社会实体形成的理论表现，即个人企图在自然、历史中寻求不变的规律和解决模式代替现有的个人存在，导致放弃个人责任和努力。现实中，这两个方面是紧密交织、互相关联的。

人的存在与和谐社会之间的悖论在于，人们往往遗忘了自己的存在，把自身等同于存在物，个人降格为作为部分的个体，在自然时间和历史时间中寻求一种完满的社会状态，代替每个人自己的努力，为人们面临的问题寻求最终答案，从而使得作为个人存在之维的乌托邦精神实体化。

从生存论上讲，自由是个人的重负，因为自由的个人要面对不断的选择

---

① 《哲学笔记》，人民出版社1974年版，第233页。

和无尽的责任。面对自由的负担,历史上的人们经常选择逃避。人们企望在给定性中寻求一种安慰,把个人的命运交付给一个整体并与之紧密相连,从而分担或卸掉自己的责任。把自己的一切希望寄托于一个凌驾于自己之上的有序和谐的社会。和谐社会实体化就根源于个人对自由的放弃和逃避。

可以说,如果个人作为个体存在,他就离不开类和整体。个体是由生物的类的继承性和社会的继承性决定的,没有类和整体就没有个体。个体为在类的生物和社会过程中的生存而进行斗争。但是,如果仅仅把个人理解为整体的部分、类的实现,就没有把人与动物甚至是任何一物区分开,那么就会降低个人存在的水平,把个人与物等同起来,每个人丧失了作为总体的丰富多样性。其实,这就是让人退缩回到中世纪甚至更远。

如上文所述,按照黑格尔对于和谐的划分,可以把个性没有生成或独立的个体与整体关系所形成的和谐称为“自在存在的形式下的和谐”。[①] 赫勒把这种“自在存在”的和谐社会理解为“自在的对象化领域”,它只是人存在发展的一个前提。如果人始终滞留于这种和谐状态,那么个人就不是按照个性进行生存,而是按照社会所给定的特性进行不断的生活复制,这样的个体不仅缺乏对给定性的反思批判,而且他们以不同特性为出发点形成了个人主义而相互进行排斥。“长入日常世界并不是个人由生而自私(猜忌、懦弱,等等)到逐步适应于社会要求的过程。”[②]个人之间、社会团体之间的和谐主要是采取以“公共利益”为名对个体利益进行掩饰或欺骗的形式来达到的,因为“个体表达对其特性的维护,并使之成为生活方式,而同时,为了他人的利益,他小心翼翼地采取合理化的道德姿态”。[③] 可见,自在的和谐社会是个人没有充分诞生前的和谐状态,它具有自然给定性,以此为基础形成的人们所谓的和谐关系具有虚假性和欺骗性。

在马克思的《1844年经济学哲学手稿》《德意志意识形态》等著作中,我

① 有关内容参见黑格尔《精神现象学》(下),贺麟、王玖兴译,商务印书馆1979出版,第125—130页。

② [匈]阿格妮丝·赫勒:《日常生活》,衣俊卿译,重庆出版社1990年版,第13页。

③ [匈]阿格妮丝·赫勒:《日常生活》,衣俊卿译,重庆出版社1990年版,第15页。

们会发现，个人蜕化与社会退化正是马克思批判德国唯心主义实体哲学典型的做法。作为和谐社会的社会主义或共产主义不是要在每个人头顶上塑造一个价值实体，让人们顶礼膜拜，而是要消灭掉对个人具有异化性质的家庭、阶级、种族和国家等实体，从而使得人、每个人真正作为人而自由地发展。在马克思那个时代，存在着一种常见的说法："每个人通过国家才完全成为人，这实质上等于说，资产者只是资产者这个类的一个标本；这种说法的前提是：资产者这个阶级在构成该阶级的个人尚未存在之前就已经存在了。"[①]正是个人关系的实体化造成了整体对个人的统治，个人才从这种异化的关系中获得所谓的存在意义。因此必须改变个人与这种虚假的整体或类的异化关系，重新确立个性的人的社会地位。马克思认为："无产者，为了实现自己的个性，就应当消灭他们迄今面临的生存条件，消灭这个同时也是整个迄今为止的社会的生存条件，即消灭劳动。因此，他们也就同社会的各个人迄今借以表现为一个整体的那种形式即同国家处于直接的对立中，他们应当推翻国家，使自己的个性得以实现。"[②]无产阶级只有消灭"作为某种独立的东西同单个人对立的"阶级、国家等社会实体，把异于个人的生存条件控制在"个人联合"之下，才能作为个性的个人获得真正的存在和发展。和谐社会的"个人联合"不仅是为促进个人的自由发展，而且也正是建立在人的个性生成之上的，因为"在这个共同体中各个人都是作为个人参加的"，通过"联合"这个中介使一切不依赖于个人而存在的状况不可能发生[③]。

三、对和谐社会的知性寻求

我们知道，历史上的和谐社会始终代表社会生活的稳定、安全状态，和谐社会追求是内在于人的存在的取向。从人的存在来讲，人的自我意识使他认识到自己是个异于自然、他物的存在，他意识到了周围世界不是与他同一的，世界充满着变化、不确定。人能够时刻感觉到危险的存在，他不得不寻求安全、保障，一种确定性，一种与自然、他人的和谐，来规避风险。约

---

① 《马克思恩格斯选集》第 1 卷，第 117 页。

② 《马克思恩格斯选集》第 1 卷，第 12l 页。

③ 有关论述参见《马克思恩格斯选集》第 1 卷，第 121—112 页。

翰·杜威把人类生存的这一取向称为“确定性的寻求”（the quest for certainty），可概括地说，“确定性的寻求是寻求可靠的和平，是寻求一个没有危险，没有由动作所产生的恐惧阴影的对象”[①]。一般认为，风险总是与不确定性相联系的，而确定性总与稳定性、可控性相关，确定性似乎成为人们生存的保障，和谐社会也恰恰就在于人们对确定性的寻求之中，常常被认为是社会问题的最终解决。可以说，和谐社会始终是自人诞生以来人们不断追求的确定性。

对和谐社会的知性寻求，就是停留在知性领域中寻找和谐社会建立和发展的规律和原则及其相应的保证。知性寻求的前提就是主客体分离。确定的知识与先在的存在物、实有的本质相关，存在物、实有的本质必须是先在的、给定的、外在于人的，只有通过人的正确认识才能获得。如果事物本身也有我们的参与在内，那么我们就不能真正认识这种事物，因为它是跟随在我们的动作之后的而不是存在于我们的动作之前的。行动、实践的东西总是不确定和或然的。认识主体在认识客体之外，通过直观、抽象、反思，这样才能把握事物的先在的本质、规律。在这一问题上，唯心论与唯物论是一对孪生兄弟，都是独断论的神话。黑格尔认为它们都是本质一致的纯粹思维抽象的两种形态。[②] 唯心论主张心灵与被认识的对象最后是同一回事，理智的综合活动是知识的保证；唯物论则把知识归结为对独立事物的感知，知识是被动接受的，有一种不以人的意志为转移的力量强加于我们的知识是最后的标准。唯心论与唯物论共同的假设就是在对知识的探究中没有任何实践活动因素进入被知的对象结构之中。

停留在知性领域，人获得了普遍的安全感。首先是认识不直接表现出不确定的外在活动及其结果，更重要的是，认识使人获得了确定性的原则，而确定性原则是社会秩序、和平、无危险的保障。只有完全不变的东西才是实有的、确定的，而认识是获得这种实在的保障，被认为真的东西在存在中便是实有的。“真的”知识和客观实在是完全相符的。认识获得的实在构成

① ［美］约翰·杜威：《确定性的寻求》，傅统先译，上海人民出版社 2004 年版，第 6 页。

② 有关论述参见黑格尔《精神现象学》（下），贺麟、王玖兴译，商务印书馆 1979 年版，第 108—110 页。

了一切其他经验活动的真实标准和尺度。于是,人们往往按照这样的途径寻求确定性,试图同他周围决定着他命运的各种力量和解,建立一种依靠各种自然力量保证的和谐稳定。人们虔诚忠实地运用巫术、神话、宗教甚至某种客观知识,不断地寻找、确立各种自然的、客观的和谐法则,试图建立永久的社会和谐状态。人若是不能征服命运,他就只能心甘情愿地和命运联合起来;他认为如果能够感知、认识,进而顺从这些命运的力量,他就能避免失败,获得保障。

在和谐社会的构建历史中,我们也会发现强大的知性寻求倾向。从柏拉图到空想社会主义者,他们都认为“被知的东西”是先于观察与探究的心理活动而存在的,而且它们完全不受这些活动的影响,否则,它们就不是固定、不变、客观的了。他们往往从知性认识出发,寻找一个不变的、客观的、自然的法则和规律,以此确定社会运行的定理和法则,建立一劳永逸的理想社会,保障社会沿着有序、和平、安全的固定轨道发展。他们经常埋怨别人的理智的缺欠、方法的失当,而只有他们才发现了永恒的、完美的社会运行规律。只要有人们运用这些规律重构社会现实,社会就会出现和谐状态。于是这些人前仆后继,不断宣称自己是“先知”,发现了真理。这也是空想社会主义和谐社会思想的理论旨趣。

从生存论上讲,对和谐社会知性寻求的内在根源就是:个人蜕化为个体,导致了自身构建的关系客体化、异化,成为主宰个人的实体。于是,蜕化的个人即社会有机整体中的个体,只能静观这个异在的实体变化,寻求社会现象的变化规律,并赋予这一规律普遍价值,进而从这样一种信念中获取生命和自由的保证:和谐社会就好似对这一规律、价值的认知。个体的人以此彻底臣服于自己造成的实体化社会脚下。如果神的主宰是虚无缥缈的,那么,现在的个体的人们把这种被决定的命运现实化,并认为这是一种必然性的规律,它统治着社会生活,借此以反对社会不公,证明社会理想的确定性。然而,这种在知性中寻求保证的倾向不仅没有使个人获得解放和安全,反倒使得异化的社会整体更加坚不可摧,成为一种变化莫测的神圣,个人彻底走上被奴役之路。

与超越性和谐社会相对的是和谐社会实体化。和谐社会实体化概念不是本书的臆造和发明，而是根据马克思对德国唯心主义哲学批判的成果发展而来的。和谐社会实体化研究是我们理解和批判空想社会主义和谐社会思想的重要线索。一方面，自由对个人来说是一种重负，个人必然总是面对选择和承担责任。个人逃避自由，成为整体中的个体，沉浸在一种在世状态，借此卸下自由的负担，这种状态直接导致了把作为关系性存在的社会变成凌驾于个人之上的实体、主体。然而，空想社会主义却迎合了这种存在倾向。如果说启蒙用知识取代了众神，那么空想社会主义用“社会”取代了上帝，用一个无所不能的社会整体代替个人解决生存问题。另一方面，和谐社会实体化代表着一种哲学上的知性倾向，这种倾向可以直接追溯到古希腊哲学。它首先把个人与自然、社会分裂开来，外在地审视世界，然后寻求一种必然性、确定性的保证。这就导致了空想社会主义在自然或历史的时空中寻找、建立一种一劳永逸的完美社会，以根本解决人类社会目前的问题和自身困境，从而形成了乌托邦精神的实体化。

第十七章　和谐社会实体化的问题及其症结

历史上,和谐社会实体化最突出的代表就是空想社会主义的社会改造方案。空想社会主义通过对自由经济的批判和个人自由的否弃,把社会问题的解决集中在对社会生活领域的规律发现和未来社会整体的构想上,以解决社会问题为由消解或是取缔了个人生存问题,回避了每个人存在的意义和价值问题,最终走向了它所开启的乌托邦精神的反面。实质上,空想社会主义和谐社会用社会问题偷换了个人自由问题。这无疑是通过整体控制消解了个人存在维度,导致了一个代替个人做主的社会实体的产生,从而免去了个人的风险和自由的负担。其后果可能使个人从一种奴役走向另一种奴役,也可能使资本主义开启的现代进程成为两个"牢笼"之间短暂的停留。在空想社会主义和谐社会中,自由只是被赋予了社会实体中的个别精英、领袖,多数个人的存在始终处在不平等被操控中,其所谓幸福生活始终是处在个别人的监护下对社会生产职业空位的填充。正如马克思所说:"到目前为止,一切谜语的答案都在哲学家们的写字台里,愚昧的凡俗世界只需张开嘴来接受绝对科学的烤松鸡就得了。"①然而,即使人们能够吃到这"烤松鸡",也是以他们的自由为代价的。而且,空想社会主义使得社会和谐停留在社会生产领域的安排和规划的水平上,自由、个性只不过是发展社会生产的手段和调动人们认同社会整体利益的积极性的一个因素。可以看出,空想社会主义和谐社会实体化的一个重要问题就是代替个人自主生活而对社会生活进行整体规划。

一、整体规划及其危害

大体上说,空想社会主义和谐社会规划可以分为两类:以圣西门为代表的极权式整体规划社会方案和以欧文、傅里叶为代表的自治社团组织计划。无论是极权还是自治的方案,它们都具有对其组织中的每个人的生活进行

① 《马克思恩格斯全集》第1卷,人民出版社1956年版,第416页。

全面规划的特征。这是空想社会主义对个人存在的忽视而导致的思想的根本缺欠。他们总是企图建立一个总体社会模式,类似于能够求解所有未知项的数学公式一样,协调一切矛盾,平衡所有方面,排除冲突和不一致,实现社会全面稳定和融合,走向实体化乌托邦的道路。极权式治理无疑是对社会生活的整体规划,团体自治也是在团体内部进行具体而微的整体设计,它们分别代表了整体主义工程的两个层面。

空想社会主义者都有一个社会整体规划的蓝图和具体实施的时间表,准备逐步或是立刻替代现有社会。他们的规划是依据精密的数学原理和历史哲学精心地设计的,对于方案的科学性和可操作性,他们每个人都深信不疑。空想社会主义者无疑是把本来不断生成的人的存在和流动的社会关系实体化。进而在这一基础上,把社会作为一个外在于个人的整体进行研究和设计,从而导致了社会设计的僵化、简单化。他们的未来社会方案从一个封建神学统治的封闭社会走出又走向一个类神的精英统治的封闭社会。空想社会主义力求实证地研究社会,他们把社会作为一种客观现象从总体上来理解。他们认为社会无论大小,都是一个有机结构,进而把社会划分为各个阶层、各种因素,进而寻求因果关系,进行归因,寻找规律,最后对社会整体规划。这就是他们致命的自负。

从某一个主观目的来讲,对社会归因和整体描述是可以的,但是,所获得的总体,并不代表具体总体的个人和社会生活本身,而是一种带有认识兴趣的抽象,只具为某个目的叙述和说明的意义,不能代替人们相互作用的丰富多样的生活关系总和。也就是说,任何对社会进行总体研究的人,都不能够穷尽社会所有关系和它的全部性质。费尔巴哈说得好:"实际事物并不能全部反映在思维中,而只是片面地部分地反映在思维中。"①更何况,人们之间相互作用的社会。因此,空想社会主义对于社会进行的概括和对未来社会的设想,不论他们运用了什么工具,不管是天启还是推论必定都有抽象方面,和谐社会的总体方案无论多么详细都是会有漏洞和所忽略的方面。这

① 《十八世纪末—十九世纪初德国哲学》,北京大学哲学系外国哲学史教研室编译,商务印书馆1975年版,第630页。

种研究社会的方式只能作为一种理论旨趣，不能代替社会生活本身。马克思在《〈政治经济学批判〉导言》中已经对此进行了彻底的批判，针对黑格尔把主观对事物的综合当作事物本身的做法，他认为："黑格尔陷入幻觉，把实在理解为自我综合、自我深化和自我运动的思维的结果，其实，从抽象上升到具体的方法，只是思维用来掌握具体、把它当作一个精神上的具体再现出来的方式。但决不是具体本身的产生过程。"①当思维把握现实的世界时，整体，不过是人们头脑中的产物，这是头脑用它所专有的方式掌握世界。而这个世界并不是真正生动的、历史的现实世界本身。"我们所讨论的根本就不是整个世界，而始终只是我们借助我们的模式从该实体中选择出来的某个部分。"②

因此，不管对于个人还是社会的认识，每个人的理性都是有限的，就是全体人理性认识无限相加的总和可能构成一个完整的认识，但是又有谁来把它们统合起来呢？个人的理性始终只是部分的有限的，"个人理性是一种'工具'，一种'抽象思想的能力'，因此它服务于个人的方式，乃是引导个人在一个他无力充分理解的复杂环境中进行行动，并使他能够把复杂现象抽象成一系列可把握的一般性规则，进而引导他决策"③。通过专家或某个人对社会整体建构只能是挂一漏万的简单抽象。这样，和谐社会就不能够从整体进行构建，只能通过人们慎用理性逐步地改进。也就是说，社会发展的和谐状态并不是一个理性规划的结果，而是人们慎重反思传统价值、有限运用理性不断改善个人境遇的持续过程。因此，对资本主义社会的否定也是一个逐步扬弃的过程。

我们知道，空想社会主义时代的欧洲社会有许多与"人性"相悖谬之处，但是，整个生活仍有可改进和完善的地方。空想社会主义却集中精力构建他们的理想蓝图，没有认真检讨自己所成长的环境改善的可能性，而文明的

---

① 《马克思恩格斯选集》第2卷，第18—19页。

② [英]弗里德利希·冯·哈耶克：《个人主义与经济秩序》，贾湛等译，北京经济学院出版社1989年版，第112页。

③ [英]弗里德利希·冯·哈耶克：《自由秩序原理》，邓正来译，三联书店1997年版，代译序，第14页。

进程是不断积累的无目的过程。我们不应当总体拒绝资本主义的成就。马克思说:“历史不外是各个世代的依次交替。每一代都利用以前各代遗留下来的材料、资金和生产力;由于这个缘故,每一代一方面在完全改变了的环境下继续从事所继承的活动,另一方面又通过完全改变了的活动来变更旧的环境。”①任何社会的建立和发展是一个经数代人实验和尝试而达致的传统和成就,包含了超过任何人认识域限的丰富经验,它本身有理性不及的诸多领域。我们对现实应当始终保持超越的维度,时刻警惕和批判现实。但是我们也要注意到,对于任何社会现实,不能以为有一点可怀疑就全面否定和拒绝。

空想社会主义不仅用整体的方式研究社会,而且还企图把社会作为一个整体来控制和改造。在他们的体系中,科学家、哲学家、艺术家等是社会的上层,由这些人提供社会规划的方案,再由统治者或公社的代表实施方案,这些精英和代表通过社会整体方案,把治理权力渗透到社会的各个角落、一切社会关系、一切活动,直至家庭关系和私生活中。后来,孔西得朗把这概括为:“理想的社会的公社,要把它的一切工作都加以组织。”②他们认为,只要独立的家庭存在,引起人与人之间或民族与民族之间利害冲突的个人主义就会永远存在。所以,欧文主张:“应当把它们连同整个制度一起消灭。代之而起的,应当是有科学根据的协作社。”③因为和谐是个整体关系,必须围绕着必然的理性法则统合一切关系。任何异常因素都会干扰社会的一致和稳定。但是,事实上,不仅认识一切关系不可能,而且控制一切关系也是不可能的,“因为只要对社会关系进行新的控制,我们就创造了一大堆需要加以控制的新的社会关系”④。这是黑格尔所说的一种无穷倒退,是“恶无限”。波普尔称之为“逻辑的不可能性”。空想社会主义正是受整体主义影响,做了不可能做的事。

那么,为了达到统一规划和控制社会的目的,空想社会主义就只能运用

① 《马克思恩格斯选集》第1卷,第88页。

② [法]孔西得朗:《社会命运》第1卷,李平沤译,商务印书馆1986年版,第26页。

③ 《欧文选集》第2卷,柯象峰等译,商务印书馆1981年版,第18页。

④ [英]卡尔·波普:《历史决定论的贫困》,杜汝楫等译,华夏出版社1987年版,第63页。

两种手段：自然科学方法和改造人性。事实上的确如此。自然规律是空想社会主义特别偏爱的原则。表现突出的是傅里叶。虽然傅里叶是空想社会主义中最重视个人差别的一个，但是其最后也是为了进一步控制差别以达到他所推崇的情欲和谐。他运用了数学中的序列方法，对人的情欲进行了分类，把人的生动丰富的需要简单地划分为他所认可的类别，每个人都是通过游走于不同的谢利叶①小组来满足个人已被分割的需要和生活。尤其是，通过序列把人的存在划分为多个因子，用这些因子去填充生产小组组成的社会模式中，人被彻底片面化、简单化了。另一方面，对社会的控制还可以通过另一种途径达到：既然社会规划不能把所有的关系都纳入体系，也不能即刻让所有人认同，那么就只能改变人自身，按照规划方案的要求改变人性，简单化人们的关系甚至人的头脑。为了能够让人们完全接受自己的计划，没有疑义地执行自己的计划，把人们整合到自己的计划和体系中，就必须控制人为因素。事实上，"塑造新人"成为空想社会主义和谐社会的重要工作，而它的直接途径就是教育和宗教。如果通过以上方法没有达到他们的目的，那么，就可以断定这些个人像身体有病一样，他们的思想一定生病了。欧文认为在向未来社会过渡的时期，那里的医院不仅治疗生理疾病，而且也治疗思想和道德方面的疾病，"倘若他们在体、智、德方面有了疾病，理事会在这种情况下就要把他们送到治疗体、智、德方面缺欠的医院去"②。直到他们在护理下治愈疾病、恢复健康为止。对于这种做法，哈耶克认为："将整个社会都纳入根据一项统一计划构建起来的并受这种计划指导的一个单一组织系统之中，无疑会扼杀那些形构个人心智的种种力量，甚至还会扼杀那些计划出这种组织的个人心智。"③哈耶克的评价是中肯的。

其实，社会历史发展的某一阶段的和谐状态，并不是某个人主观规划的结果，而是"众多人的行动、目的和计划的那种彼此交织，那种互为对立，这本身并不是他们刻意所为和预先谋划的结果，而是，最终说来它作为整体也

---

① "谢利叶"是法国空想社会主义者傅里叶所设计的未来社会组织"法郎吉"中最基层的生产活动单位。"法郎吉"中有数个这样不同的生产小组。

② 《欧文选集》第2卷，柯象峰等译，商务印书馆1981年版，第157页。

③ [英]弗里德利希·冯·哈耶克：《自由秩序原理》，邓正来译，三联书店1997年版，第39页。

绝不是人所能谋划的”[①]。它是“理性的狡计”。虽然，现代社会中，人们通过生物技术、信息工程、规范管理等科技手段能够有计划地协调某一机构、某一领域，甚至把人纳入科学化的规程中，但是，从长远或更广的范围看，这些个人、机构、领域还是会超出规划者的意愿行动或运行着。对此，埃利亚斯由衷地说道：“正是以同样的方式，过去和现在，随着历史的进程在经过了无数次的潮涨潮落之后，才逐渐产生了人的行为向文明的转变。”[②]社会和谐是一种社会历史逐步生成的过程。空想社会主义始终认为合作、和谐是个别领导、精英集中指导的结果，他们力图通过整体的社会规划建立完美的和谐“方程式”，然后把个人填充进去，以求得各个方面的和谐“解”，这是根本违背历史和人性的。历史的自发性动力（即每个个人的创造性）消失，结果就是社会僵化、简单化。可以说，“一个文明之所以停滞不前，并不是因为进一步发展的各种可能性已经被完全试尽，而是因为人们根据其现有的知识成功地控制了其所有的行动及其当下的境势，以至于完全扼杀了促使新知识出现的机会”[③]。

那么，整体规划不是可以通过民主参与等方式加以修正吗？这样不就会逐渐符合社会客观事实和个人需要吗？事实上，这仍存在很多问题。首先，我们知道，人的活动没有一个固定的点，社会生活总是在变化；其次，在现实中，整体规划的修正和转换是比较困难的。空想社会主义和谐社会方案中也有自己的修正调节体系，比如，圣西门的咨询委员会和科学院的职能就是审批、修改计划。他也设想通过调整方案来适应和谐的需要。但是，这

① ［德］诺贝特·埃利亚斯：《个体的社会》，翟三江、陆兴华译，译林出版社 2003 年版，第 74 页。

② ［德］诺贝特·埃利亚斯：《个体的社会》，翟三江、陆兴华译，译林出版社 2003 年版，第 75 页。

③ ［英］弗里德利希·冯·哈耶克：《自由秩序原理》，邓正来译，三联书店 1997 年版，第 39 页。

一设想实施起来是非常困难的[①],因为真正的调整需要评价标准和规范,而全面评价和改变整体规划“只有在该组织失败并为另一个类型的组织所代替时,才会变得一目了然”[②]。这也就是历史上为什么只有改朝换代之后才能对以前的做法盖棺定论的原因。

二、和谐社会实体化对个人的危害

和谐社会实体化不仅导致了一个不可能实施的整体规划的社会空想,而且这种整体规划中自身蕴含着对个人压制、统合的危险。我们看到,空想社会主义和谐社会模式主要目的是解决生产、福利等问题,个人自由始终在他们视域之外。这些和谐社会模式孕育着很多与人的存在相悖谬的因素。后人很少注意这些因素,他们似乎只是认为这些社会方案脱离当时实际,以至于后来许多社会主义者、社群主义者经常不加批判地把这些思想运用到自己的理论和实践中。其实,我们能够在许多社会理论和现实的社会建设中看到这些因素的影子。[③]

空想社会主义转向社会领域重要的成果就是把自然科学的成就运用到社会和人的存在领域中。在这条道路上,他们“放弃了任何对意义的探求。他们用公式代替概念,用规则和概率代替原因和动机”[④]。物质生产、生活享受替代了对生命意义的追寻,导致了数学原则和实用原则成为社会运行、发展的指导原则。丰富多样的社会存在被简化为有利于生产的单一状态和序

---

① 对此,波普指出了两点原因:一是既然整体规划是全面性的,那就不可能指出哪一个措施应对某一个结果负责,也不能把特定结果归因于特定措施,因此,对整体方案进行评估和评价是很困难的;一是对整体规划及其结果进行自由讨论可能是不被容忍的,事实上压制“不合理”的反对是实施整体规划的一部分,这样就使得建议和言论变得毫无意义。因此,很难确证真实的反映和事实,而没有这些事实和反映,整体规划的修正和更替是不可能的。(卡尔·波普:《历史决定论的贫困》,第70—71页。)

② [英]弗里德利希·冯·哈耶克:《自由秩序原理》,邓正来译,三联书店1997年版,第39页。

③ 19世纪,北美诸多地区实行了空想社会主义和谐社会方案,但是,它们都由于诸多原因以失败告终了。其中一个重要原因是,在一个被紧密整合的社团中,彼此了解太深,生活走得太近,最终导致了相互忌恨(参见[法]让-克里斯蒂安·珀蒂菲斯《十九世纪乌托邦共同体的生活》,梁志斐、周铁山译,上海人民出版社2007年版)。以色列的基布兹,也是由于生活的单调、管理的刻板,加上现代生活方式的冲击,而逐渐走向解体。

④ [德]马克斯·霍克海默、西奥多·阿道尔诺:《启蒙辩证法》,渠敬东、曹卫东译,上海人民出版社2003年版,第3页。

列，异质的个人生活被简化为同质的可替换的享乐。

空想社会主义建立了一个无所不包的社会体系，期望以此解决一切社会问题。他们特别强调关于社会组织生产、统一规划的思想。因为他们的社会改革方案本身就是一个科学的体系，就是制定明确的、合理的联合工作计划；从它的社会组织运行的模式来看，计划提出、审查、决定、执行，是社会体系的主要内容。只有通过计划，专家、学者才能克服生产的无序状态，才能在原有的社会政权组织中建立自己的理性权威。其实，严格的理性体系合乎自然科学，但是人们在以此征服自然的过程中会对其个人和社会产生反作用。他们认为，人们生活在一个“蜂”的世界，只不过以前是不事生产的“胡蜂”，现在是按照几何结构构建的完美的蜂巢中的“蜜蜂”，多数人是终日劳作的“工蜂”。[①] 这样，个人生活被贬低为社会生产和规律运行的一个可以替代的环节，而理性体系使社会成了一座坚硬的堡垒、一个个人无法抗拒的实体。如果个人的任何期望、想象都与整体规划不一致，这个社会就会最终成为被空想社会主义者嘲笑的“乌托邦”。[②]

空想社会主义建立的科学体系以强大的科学主义权威期望整合“无主”的个人。在封建神学体系中，人们曾经受制于贵族、僧侣阶级的统治，圣西门把这称为人治的社会，人们为了寻求保护，把自由交付给封建贵族和僧侣，以获得平稳的生活保障。如今人们不用再按照他人的意志而行事了，所有的人都遵循“先知”发现的理性原则，就能获得自由和幸福。但是，这无疑是用理性的权威替换了神、君主而占据其位置，打倒了一个旧权威又建立了一个新权威。人们进一步把自己交给新的权威，换来的是无休止的劳作和被规定的需要和满足。而且更重要的是看似客观公正的新权威即理性、科学并不是真正客观、绝对的，它不过是个别天才人物或少数集团以天启神授或自然规律为借口发现和建立的个人见解，人们不过是从一种人的直接专制走向另一种物的直接“专制”，只是包装得更“科学”、更精美而已。

---

① 参见《圣西门选集》第3卷，董果良、赵鸣远译，商务印书馆1984年版，第136—147页。

② 空想社会主义不仅批判个人主义，而且还批判以前和当时的其他社会主义流派，把这些思想看成是不合实际的、导致世界谬误的意见和空想。

三、双重道德迷惑人

空想社会主义的社会方案中都含有双重治理标准，这无意中体现了专制精英、极权人物的内心思想和图谋。他们对这种双重标准没有进行反思批判和明确反对，而是把它作为新体系的应有措施发挥得淋漓尽致。因为，他们有着一颗虔诚的“救世心灵”，而且也丝毫不怀疑自己的真诚和公正。圣西门自称为查理大帝的后裔，他追求中世纪等级制和谐，他拥护王权、反对封建贵族割据和新教对天主教权威的背叛。傅里叶和欧文也都以“先知”的名义传道，建立一个精英与大众分离的等级体系。他们否认广大民众的自由和能动性，认为他们普遍愚昧、无知。以科学原则的发现和社会方案的制订是专家、学者的专利为由，否定广大民众认识、参与和自我创造的可能。于是出现了这样的问题：“为什么人类迄今一直不幸？为什么人们没有发现这些原理?”答案是人类不知道如何获得幸福，他们无知愚昧，即使个别先知认识到了真理，但是由于普遍不具备实施真理的条件，人们一直在黑暗中摸索。过去的历史都是错误的、黑暗的，只有现在存在具备发现真理和实施真理的条件，光明从此会一直照耀世界各处。圣西门、傅里叶、欧文把社会变革作为一个试验和逐步推进的过程。首先由专家制订规划，之后由政府或有实力的人物来实施。在所创造的人间天堂中，人们能够运用最少痛苦、最有效、最省时、最便捷的方式获取他们追求的幸福和快乐。就欧文来说，他的性格形成理论不仅有改造社会的目的，而且更主要的有改造人的目的，为了使人们感觉一致、体验相同，必须培养他们的性格，知道什么是幸福、什么是理性、什么是生活。“运用适当的方法可以为任何社会乃至整个世界造成任何一种普遍的性格，从最好的到最坏的、从最愚昧的到最有教养的性格；这种方法在很大程度上是由对世事有影响的人支配和控制的。”[①]这就是欧文发现的最有利于社会福利的第一原理。进而，空想社会主义又从对社会的批判走向个别人对社会的人为操纵。

为了使得民众服从专家的统治，认可他们的科学方案，他们建立两种不

---

① 《欧文选集》第1卷，柯象峰等译，商务印书馆1979年版，第11页。

同的学说，即学者的学说和公众的学说。这在圣西门体系中发挥得淋漓尽致，圣西门认为，对有教养的人讲物理主义，而对愚昧无知的阶级则讲一神论。这其中的原因在于：历史真理都是基于实证知识之上的科学体系，只有极少数人能够完全掌握，而且其中一部分人也需要付出很长时间的脑力劳动。只有学者可能对它产生坚定的确信，这种确信是实证的必然结果，需要较大的持久力。这样，它就不可能激起人们的热情，就不如可以激起热情的观念更有说服力。因此，获得这种说服力的唯一办法，就是向人们说明新体系的必要性和及时性，展示新体系在各个方面要使人的地位得到改善的动人图景。只有这种展望才能激发人们亲自进行新体系的建设所需要的革命热情，抑制人们的自私心。正如陀思妥耶夫斯基借宗教大法官之口说出的："有三种力量，地上仅有三种力量，可以永远征服和俘虏这些意志薄弱的叛逆者的良心，使他们得到幸福，——这三种力量就是奇迹、神秘和权威。"[①]空想社会主义者也深知其中的奥秘，而且只有社会的精英才知道这个社会体系的秘密。他们以及他们的后继者都想尽一切办法企图把启蒙运动已削弱的宗教热情重新唤起和点燃，赋予宗教人性、理性的光环，建立新的宗教崇拜、宗教仪式、宗教理论，使得民众在新的偶像面前丧失了意志和斗志，盲目地、无条件地、欣然地屈从新的教主和教阶。对此，沃尔金认为，他们的理论"虽然还保留着浓厚的唯理论的色彩，但已经是真正感性的宗教，已经是宣扬来世报应的道德学说了"[②]。这个宗教敦促人们接受他们可能在理智上无法理解的思想，安抚着大众在离开神的日子里那颗焦急、孤独、恐惧的心灵。

四、精英治理控制人

虽然，空想社会主义者试图建立最大限度的平等制度，但是由于他们对法国革命不满，完全批判法学家、形而上学家提出的政治权利和平等观念。他们认为切实可行的平等就是劳动的平等。在未来的社会，一切人都要劳

① ［俄］陀思妥耶夫斯基：《卡拉马佐夫兄弟》（上），耿济之译，人民文学出版社 2004 年版，第 286 页。

② ［苏］维·彼·沃尔金：《论空想社会主义》中卷，中国人民大学编译室译，商务印书馆 1980 年版，第 171 页。

动,都要把自己看成属于某一工场的工作者。寄生阶级不再有生存的权利。在未来制度中,承认的不是特权而是劳动。人与人之间的差异只在于脑力劳动与体力劳动的差异。每个人的社会地位不取决于偶然性的出身,而取决于才能的大小。这样,他们就否定了封建社会的特权和等级。但是,由于他们承认才能的大小,以及先知、精英和民众的划分,他们又建立了新的特权和等级。圣西门认为新社会“这座金字塔从它的基础到顶端,应当由一层比一层好的材料筑成”[1]。在他那里,掌握精神权力和世俗权力的是最优秀者:哲学家、科学家、艺术家、工业家、银行家等,他们应当成为社会统治者。在欧文和谐社会那里,统治者是他以及后继者“理性教”的传教士们。孔西得朗在阐述傅里叶模式时说道:“它的全部土地,连同它的农业、工业和作坊都被看作是受一个人管理的。它的各个部门要按规定办事,在由全体权利拥有人任命最能干的人组成的行政机构领导之下进行工作。”[2]在傅里叶那里,统治者是不断提出社会规划、建立社会组织的以他为代表的学者。因为,他们最了解时代的本质特征,直到社会发展的方向和应当采取的措施。愚昧的广大民众只能服从这些精英的治理。只有专家们会给人类带来幸福和福利,满足人们的物质和精神需要。

无疑,在这个庞大的新的等级制体系下,一切都只能由社会的精英、专家严格遵循单一原则安排秩序。也许傅里叶的和谐社会增强了个人在不同谢利叶之间的选择性,但是如同他和赫胥黎批判的对人进行生物学层面的分类一样[3],按照人的生物特性把职业分成数列一样的层级结构,人们在他给定的框架中进行不停地选择、忙碌,以发泄他们的情欲。而作为设计者的傅里叶静观这些人们的发泄状况,然后调整这一结构。自由意味选择,但是我是否是自己的主人并能够自主选择,这与我在别人以各种借口设定的机会中进行选择是完全不同的问题。

---

① 《圣西门选集》第2卷,董果良译,商务印书馆1982年版,第290页。

② [法]孔西得朗:《社会命运》第1卷,李平沤译,商务印书馆1986年版,第26页。

③ 有关内容参见[英]阿诺德·汤因比《历史研究》(上),曹未风译,上海人民出版社1997年版,第233页。

五、统一意识塑造人

空想社会主义者不仅坚持认为，人类进入未来的和谐社会是文明发展的必然，人们必须服从实际存在的自然规律，正如人们必须服从万有引力的规律一样；而且认为面对历史规律合理的态度就是调整人的价值体系以符合行将来临的变化。人们不能改变文明的进程，但是人们的积极态度能够缩短和减少新的历史时期诞生时的阵痛。为了能够让人们接受自己的计划、没有疑义地执行自己的计划，把人整合到自己的计划和体系中，必须控制人为的因素，他们坚信："每个人的人性都是完全相同的，它是毫无例外地、普遍地可以改造的。"①因此，塑造新人成为和谐社会建设的重要工作，当然，道德教育、政治工作必不可少。

他们往往坚持道德的实用主义立场。道德上的善就是提前遵守必将到来的时期里符合规律的行为准则。通过教育、宗教形式、文学艺术形式教育人、宣传人、改变人，"组织人的冲动，然后把这些冲动引向正确的策略目标，使发展的总过程沿着预定的方向前进"②。他们最终从对社会的批判走向对个人的操纵上。他们不仅要整体规划社会生活，而且要塑造新型人类，改进人种。尽管空想社会主义者都反对人为奖惩的方式或者以暴力来推行和谐社会制度，但是，他们坚持不仅要靠和谐社会诱人的福利来吸引人们加入、认同，更重要的是通过教育、宣传在潜移默化中消除人们已有的偏见，塑造人们对新原理、新制度的认同。如果还是不见效，他们就利用宗教的力量。而在欧文那里还有一招，就是成立体、智、德的医院，使不顺从者通过治疗来放弃其偏见。真理绝对性为规训提供了支持，人的性格无限可塑性为规训提供了信心。因为导致人们不幸的是人们的坏性格，使人们幸福的正是人们的良好性格。人们不知道如何获得真正幸福，也无法理解新制度的生活，但是，人们终究会养成有利于幸福的性格。这正是通过社会规训自动产生的结果，而从事这种规训的精英已经掌握了建立和谐社会所需的少数的、必

① 《欧文选集》第1卷，柯象峰等译，商务印书馆1979年版，第78页。

② 卡尔·曼海姆语，转引自卡尔·波普《历史决定论的贫困》，杜汝楫等译，华夏出版社1987年版，第54—55页。

要的原则,并由他们实施社会规划、教育塑造。

六、个性的沦丧

应当看到,空想社会主义者建立和谐社会的初衷是好的,他们对社会现实的批判也是有价值的,但是,他们在统一规划未来社会时却走上了实体化道路。他们企图通过对一种社会方案的发明、构想替代个人自身对生活的谋划和责任,这最终只能是建立一个新的奴役社会。依据实体化理论,我们从个人存在和知性思维两个层面①,具体分析一下把空想社会主义和谐社会实体化的根本症结。

空想社会主义和谐社会思想症结在于他们对人的存在的理解过于片面化。他们从满足、享受、情欲、本能出发,把人的存在只是限制在物欲追逐和情欲满足中。从对人的理解看,空想社会主义根本低估了人存在的自身价值及其超越性,没有看到人根本不是一个只追求物欲满足的动物性存在,而是一个不断超越的存在。人根本就不具有固定的本性,其存在永远是包含着一般和个别的特殊体,是异质多向度的活动。

空想社会主义者把多数人作为一种只追求满足基本需要的存在物。在他们看来,人的存在仅仅意味着追求幸福、性格完善、情欲满足。在他们构想的和谐社会中,人的存在只是一种幸福状态。而这种幸福缺乏超越性维度,只停留在经验性阶段。傅里叶的情欲谢利叶和欧文的合作社都是劳动生产组织,那里的幸福生活,不过是完成规划好的任务和劳作之后的基本需要的满足。圣西门更是明确提出未来社会应以幸福为目标,而他所理解的幸福就包括两个方面:精神幸福和物质幸福。物质幸福就是,"人们生活在吃得最好、穿得最美、住得最好、能够随意旅行、到处都可以得到生活必需品和生活上的美好东西的国家里,在物质方面是最为幸福的"②。精神幸福就是,"如果人们的智力发展水平很高,如果人们有鉴别美术的能力,如果人们

① 本章对空想社会主义的理解与批判也是从这方面展开的,其中和谐社会实体化历史逻辑体现了个人存在消解的原因和过程;和谐社会实体化理论逻辑体现了知性领域对一种必然性和社会确定模式的寻求。

② 《圣西门选集》第2卷,董果良译,商务印书馆1982年版,第45页。

了解支配自然现象的规律和自然现象的变化方式,而且,如果人们都彼此善意相待,那么,他们精神方面的幸福也是最美满的"[①]。可见,和谐社会中的个人存在只停留在物质享受、物欲的不断满足、静观沉思、对给定的认同和大家一团和气的维续等经验性层面上。后来,孔西得朗对这种和谐社会进行了概括,即"我们把未来的团结的和财富充盈的社会统称为和谐的社会"[②]。可是如果这样,在未来社会中,个人的独特性、选择性则不见了。

空想社会主义者所理解的生活满足和幸福[③]一般与个人的日常生活状态相关,是个人对已有的事态认同或是给定的事态对个人的需要的充实,它伴随着生理上和精神上的肯定的感情:舒适、愉快等等。无疑,经验上的满足、幸福是人们现实生活中维持自身、自我保存的必要的身体机制。一般情况下,它们总是与个人的生理、心理发展相适应的,得不到满足的状态可能诱发生理和心理的疾病。仅从这一点上说,边沁的功利主义观点——人是趋利避害的动物,进而把社会发展定义为对人的需要的满足程度——是对的。但是,经验意义上的满足、幸福都是有限的,因为追求满足就是期望有一个结局,而有一个结局的状态的意义必定有限。有结局的东西即使是好的,也意味着"没有了",总是个缺欠。"一切满足或人们一般所谓幸福,在原有意义上和本质上都是消极的……因为愿望,亦是缺陷,原是任何享受的先行条件。但是随着满足的出现,愿望就完了,因而享受也就完了。"[④]经验上的幸福总是不能持久,满足之后又是新的痛苦或空洞的想望。把人单纯理解为幸福、欲望满足的存在,人不可能得到自由。因为,经验上的满足和幸福所伴随的感受并没有概括人的生活本身样态。只要对现实稍加分析就会发现,生活中更多的事态是与个人的不满足、不如意相关的,生活坎坷中的历练、艺术杰作诞生时的精神震颤、科学问题的思索、政治活动的参与,这些

① 《圣西门选集》第2卷,董果良译,商务印书馆1982年版,第45页。

② [法]孔西得朗:《社会命运》第2卷,李平沤译,商务印书馆1986年版,第31页。

③ 这里的"幸福""满足"是以经验为条件的,是与人存在的有限性联系起来的,是与康德所说的道德自由相对立的,它们都是具有超越性的个人自由所要超越的对象。因此,它们不是亚里士多德所说的作为人的存在不断展开、不断完善的走向至善的幸福。参见康德《实践理性批判》,韩水法译,商务印书馆1999年版,第24—26页。

④ [德]叔本华:《作为意志和表象的世界》,石冲白泽,商务印书馆1982,第437页。

都不是能用舒适、高兴等满足的方式来描述的。就是常见的学习也并不一定是愉快的，而是一个艰难的提升自我的过程。对此，葛兰西说："事实上要学会身体上的自律和自控总是要付出努力，学生实质上经受了心理—身体的训练。许多人不得不承认学习也是一件工作，一件极其累人的工作……它是一个是适应过程，是通过艰辛、沉闷甚至是痛苦而获得的一种习惯。"[①]而这些是个人自由所必须付出的。

对于个人来说，生命是有限的，但是人们却不会因为生命有限而喜欢有限的东西，相反，正是生命的有限性，激发和呈现了生活的意义，人们在有限的生命中开拓出无限的生活意义。只有在做不完的事情中才能保持生命的冲动和创造性。个人自由作为个人的根本存在正是体现了人们对于给定事态超越的结构，它使得个人超越对给定状态的认同，把自身置于一个持续变化和冲突的状态中，不断超越前此一切阶段的成就。在这一过程中，个人对给定性的超越，总会面对着冲突和新的挑战，也必然在这一进程中遭受损失和伤害，个人自由并不是一件单纯愉快的事情，它包含着不幸。个人之所以存在是由于个人不断谋划、不断否定给定状态，从而走向一个不确定的未来，而这就是人的不断生成过程，这就是个人自由。经验上的满足、幸福是把个人封闭在一个给定的状态，而个人自由始终面对一个开放的世界，挑战与应战是个人自由的基本结构，只有冲出已有的束缚，迎接挑战，才能展示自己的个性。个人自由就是不压抑自己的个性，不给自己的个性设一个极限，而是同"天地较量"。满足、愉快、幸福对于个人自由不是不具有意义，而正是个人要不断超越的内容，它们只是在个人超越所处的"位置"上具有一定意义。每个人的历史不应当是其不断获得满足的历史，"真正的历史充满着冲突和对自己给定状态的不断超越"[②]。个人自由也并不是一件轻松的事，而是每个人面对的不能摆脱掉的命运，是个人存在的义务，生活的意义就在这其中体现出来。

正是空想社会主义者把个人存在理解为一种给定状态，所以其和谐社

① ［意］安东尼奥·葛兰西：《狱中札记》，曹雷雨、姜丽、张跣译，中国社会科学出版社 2000 年版，第 33—34 页。

② ［匈］阿格妮丝·赫勒：《日常生活》，衣俊卿译，重庆出版社 1990 年版，第 292 页。

会方案是围绕着经验上的幸福、满足进行的集约型整体规划设计，而这又进一步导致个人存在维度的消解。首先，空想社会主义的精英治理方案是等级制的反自由民主的方案。他首先按照能力的大小把人区分为专家和大众，赋予专家、精英无上的权力和地位，并以一套细致入微的理性方案规定社会各阶层的职业和地位，人们和谐的物质生活和精神生活已经被这一方案安排好了。人民不需要参政议政、不需要平等协商，甚至不需要个人利益与权力，因为一切都符合必然性、规律性，人们只有执行的义务，没有疑问的权利。其次，以生产、幸福为目的的集约型社会是摆脱对人的管理的向自然进军的联合工场，对事的管理代替对人的管理。在他们的社会中，事物的规律、法则由少数专家发现，多数人等待着运用专家发明的科学技术去满足他们的需要。精英不断设计、改进社会规划，多数人只是不断地被纳入已定的完美计划中。由于社会福利是唯一目标，关键是保证专家、精英的地位，只要有利于增进社会福利，就可以采取任何形式。不仅人与人的关系被忽略了，公民的权利和自由也都不见了。在傅里叶的和谐社会中，我们看到了每个人不断地在已经规划好的谢利叶中不停地奔忙，人们通过发泄情欲、筋疲力尽来获得每天短暂的休息和个人生活，人像一个被外物不断引诱、疲于奔命的孩子；人们处于被给予的不同的存在物之中，人们有选择，但是选择是由专家根据科学规律划定和指引的。其实，在一种选择内容给定的外在环境中，人的自由是外在的，是一种“任性”，也可以看成只是一种主观假想的自由。可见，空想社会主义者只是看到个人为了寻求保证、安全而归属认同团体的一面，没有看到个人的对于任何给定状态超越的根本的一面。其实，人与人之间自然有联合的趋向，同时个人也有超越与他人一致的倾向。个人由于存在，是注定要过社会生活的；但他不断地发生变化的个性却反对被整合和一致化。个人之间存在着才干、能力不同及理智差别、意志多样，“人追求过社会生活，但是他又不喜欢受压制的和单调的生活；他是善于模仿的，但他喜欢自己的观念并热爱自己的作品”[①]。分立、联合在个人与个人、个人与社会关系中都是经常性的现实，合中有分、分中有合，不过比重可能

① [法]蒲鲁东：《什么是所有权》，孙署冰译，商务印书馆1997年版，第263页。

不同,这一切都是应当依据人们的自主选择和生活的需要。

七、强调个人的被决定性

空想社会主义者还总是从被决定的方面理解个人。在其和谐社会中,个人根本是被决定的存在物。个人的一切都是由社会决定、他人决定的。人的性格是社会决定的,人的生活路线是精英划定的,人永远处在不成熟状态,因为始终有一个精英认识的标准和模式在判定一切,多数人愚昧无知,他们需要引导才能走出“洞穴”。

空想社会主义者始终认为人是由一种宇宙的神秘力量决定的,比如:圣西门的“万有引力”、傅里叶的“数学法则”、欧文的“不可思议的力量”。他们认为这种力量是神圣的、神秘的,应当对这种力量本身采取崇敬的态度。从人的社会生活事实出发,研究观察事实本身,就会发现“纯洁、真实和普遍善良是唯一的真正动力,它可以指导这些万能的手段去达到合理的目的,并保证尘世生活永远幸福”[①]。尽管他们对这种认识本身、这种力量本身采取了不同态度(例如,圣西门、傅里叶窥到了这种力量和它的规律,而欧文认为人不能直接认识这种力量,而只是以间接方式达到“不可思议的力量”对人的作用的理解),但是他们在把人作为已经被决定好了的存在物的理解上是一致的。欧文认为,对于这种“不可思议的力量”,人们都不会怀疑,因为一切被创造和被培育的东西都不了解自身产生的事实,而一切动物只是在产生以后才开始意识到自己的存在。我们无法知道创造者、创造力量本身,我们只能知道自己是已被决定的存在。我们只能接受这种被决定的事实,按照已被决定的本性寻求生活的可能。既然人是由“不可思议的力量”决定的,那就只有积极促进人本身固有的力量发展,人性才能符合自然本性,“那就不应当惩罚个别人的犯罪行为,而应当消灭犯罪行为的反社会的根源,并使每个人都有必要的社会活动场所来显露他的重要的生命力”[②]。马克思顺着空想社会主义的思路论述道。而欧文却得出一个令人担心的结论:“运用

---

① 《欧文选集》第2卷,柯象峰等译,商务印书馆1981年版,第167页。

② 《马克思恩格斯全集》第2卷,人民出版社1957年版,第167页。

适当的方法可以为任何社会以至整个世界造成任何一种普遍的性格,从最好的到最坏的、从最愚昧的到最有教养的性格;这种方法在很大程度上是由对世事有影响的人支配和控制的。”①人由“不可思议的力量”决定,转化成人由社会决定,进而转化成人是由“对世事有影响的人”决定的。

实践上,空想社会主义者都是要立志对人性加以改进的进化论者,而和谐社会的目的之一也是塑造新人。然而,“要求对人性加以‘科学的’控制的进化论者,没有认识到这个要求如何是自杀性的”②。人本身是能动的多样性存在,社会进步的主要动力正是在于发挥每个人的能力和人的多样性。然而,空想社会主义者根本没有看到人的能动性,没有看到自人类历史产生以来人的个性不断发展的状况。他们只是看到人的受动的一面,个人只是社会文化的复制品,个人不会超越自己的环境,他永远摆脱不了社会环境留在他身上的烙印(而这种环境的背后是统治者个人有利可图的谋划)。这样,空想社会主义者就只能够通过依靠偶然机遇得到天启的个别人运用所谓“标准”来评价环境、启蒙民众、改变环境。启蒙永远是外在启蒙,而不是人自身力量的发展。人类进步不过是从一个“圆形监狱”跳入另一个“圆形监狱”。

我们不禁要问,个人是否始终受制于规定的环境?或者个人是否有对其进行改变、超越的可能?现实生活中,当我们在追述自己行动结果的原因和条件时,似乎缺少哪一个条件都不能导致我们目前的行动。我们的每一行动甚至每一想法都有前提和原因。这些境况对个人自由存在似乎不妙。然而这正是马克思所批判的旧唯物主义的基本见解,也是空想社会主义社会理论的来源。与之相对,马克思从人的感性活动出发,批判了“从前一切唯物主义”,吸收了唯心主义有关人的主体性方面的理解,实现了哲学变革。对此马克思指出:“关于环境和教育起改变作用的唯物主义学说忘记了:环境是由人来改变的,而教育者本人一定是受教育的……环境的改变和人的活动或自我改变的一致,只能被看作是并合理地理解为革命的实践。”③马克思反对空泛地谈论个人的被决定性或受动性,尤其是反对把个人看成是环

① 《欧文选集》第1卷,柯象峰等译,商务印书馆1979年版,第14页。

② [英]卡尔·波普:《历史决定论的贫困》,杜汝楫等译,华夏出版社1987年版,第127页。

③ 《马克思恩格斯选集》第1卷,第55页。

境、教育决定的产物，而是把环境、教育等因素纳入人的存在中去理解，从现实的个人的自我改造、自我生成的过程出发去理解人的受制约性。每个人出生于一个或多或少的异化的具体世界中，但是“并非每个人都有绝对义务按其具体给定的存在而接受这个世界，并非每个人都是必然使自身同异化的态度认同”[①]。具有个性的个体，也就是“由于他同类本质价值的自觉关系”（这种关系也就是个人自由），每个人“真实的是，他会把自己特殊的潜能和禀赋，不仅当作将得以保存而且将得以发展的情境而加以利用”[②]。

从生存上讲，个人的被决定、受动性根源于个人存在，而不是相反。每个人的生存的确是从给定物出发的，但是给定物之所以是给定物，给定状态之所以制约人的存在，人之所以是受动的，正是源于每个人的谋划和选择。正是个人能谋划力图改变或忍受目前状态时，给定物才对他起作用，个人才真正意识到它的存在。比如，我正是用锤子钉东西，才发现它的不合用，它才构成对我工作的限制，我才意识到它的价值问题。也正是每个人充满期望，他才会认识到自己的窘境、痛苦，才会有改变目前境遇的动力。[③] 任何事态如果脱离了个人的存在本身，就不会引起他任何一项活动。因为个人的生存是自为向着可能的尚未存在的投射，给定的事态不可能规定不存在的东西。任何给定物都不能给个人自由划定范围，更不能规定个人的本质。个人的活动的原因和动机，不能在个人的过去、周围和心理中寻找，它们正是人在预定目标指引下，向此目的的谋划的限制下才是成为可能的。也就是说，个人的活动的原因和动机是对被规定事态的客观把握，而这些正是在目的指引下被揭示的，被规定的事态从而成为个人目的的工具。在这方面，卢卡奇的观点是对的。他认为，对给定的存在物来说，“它绝不构成‘人’的

---

① [匈]阿格妮丝·赫勒:《日常生活》，衣俊卿译，重庆出版社 1990 年版，第 22 页。

② [匈]阿格妮丝·赫勒;《日常生活》，衣俊卿译，重庆出版社 1990 年版，第 22 页。

③ 作为国际共运史的常识，我们知道，工人运动不可能自发地产生真正意义上的革命，而正是先进的革命知识分子用先进的理论和通过严密的组织，才使得工人意识到自身存在的问题和前进的方向。从民众能够设想美好社会那一天起，一束阳光就照在他们的苦难上，就决定了这些苦难的不堪忍受和对世界的变革。19 世纪 70—80 年代，许多欧洲工人把《资本论》奉为工人阶级的福音书。这不是没有道理的，如果没有马克思一类的人物，工人就会习惯自己的处境，甚至有可能把它当成是自然的。参见《卡尔·马克思的葬仪》中各国社会主义者给马克思致的挽词，《马克思恩格斯全集》第 19 卷，人民出版社 1965 年版，第 376—379 页。

自然环境，而只是一种现实的事物，它的实际权力必须加以考虑，然而它没有任何决定我们行动的固有权利”①。然后他用了一个形象的比喻说道：“正像驾驶帆船的人必须精确地注意风向，不让风决定他的航向，相反，他还与风向对抗并利用它，以便牢牢驶向原定的目标。”②个人在漫长的历史发展过程中逐渐从敌对的自然力量那里争取到了独立性，个人才逐渐获得解放，成为个性自由的存在正是对给定性的超越。

可见，个人面对给定的世界，始终有义务去改变它，使其成为他个人不断生成的前提和基础，个人也就必须对自己的选择、行动负责。空想社会主义者对人的存在维度的消解，使人放弃了个人的责任，从根本上否定个人自由，最终使他们走上在知性领域寻求某种必然性保证的奴役之路。

八、对个人与社会的知性理解

空想社会主义者对人的存在维度的消解，使得他们的和谐社会思想体现的不是人的生存向自然和历史突破，而是自然、历史侵占、吞噬人的生存。最终的结果就是，他们又回到了在知性领域中寻求和谐社会必然性、规律性的老路上来。知性思维的根本特征就是以个人与对象性世界的二元对立为基础，是个人对世界的抽象和分割。人们通过实证研究似乎获得了关于确实、可靠的客观事实的结论，但这恰恰是个人主观的投射。在知性领域中，唯心论与唯物论是一卵双生子。

资本主义初期的自由经济是一种个人主义，它主张个人是唯一的主体，个人的行为完全由私人动机（自私或仁爱）支配。个人自我决定，承担着自己的行为后果和责任。社会只是个人实现私人目标的工具，人们为此才从事社会合作。然而，空想社会主义却正好与之相反。

其实，个人主义与空想社会主义具有共同的精神实质，它们都以个人与社会分裂为前提。个人主义与人的外化、异化相关，它首先是把作为个人的存在的有机构成的部分即社会客观化、实体化，把社会理解为与个人相对抗

---

① [匈]乔治·卢卡奇：《历史与阶级意识》，杜章智等译，商务印书馆1999年版，第350页。

② [匈]乔治·卢卡奇：《历史与阶级意识》，杜章智等译，商务印书馆1999年版，第350页。

的整体,个人对自己进行孤立和自我肯定,企图把社会作为实现个人目的的手段。然而,这时的个人是最虚弱、最无能的,他总与周围环境发生冲突,然而他也总是很快就会沉入到异己的世界中,并接受普遍的命运。其中,典型的代表就是唯利是图的市侩。与之相对,空想社会主义主张的不是个人优先于社会(共同体),而是社会(共同体)优先于个人;不是独立的个人首先存在,然后出于私人动机结合成为社会共同体,而是每个人都出生于社会共同体之中,人们永远都无法脱离社会共同体。个人只是社会产物,社会对个人状况的好坏负有主要责任。因此,空想社会主义者把变革的重点放在了社会制度设计的改革和完善上,抛开对个人的确定和信仰,着力通过外在于个人的社会方案的设计、规划解决社会问题,因此走向了按照科学规律进行有组织、有计划的整体改造的社会化道路。

圣西门、傅里叶和欧文都反对当时自由放任的资本主义经济,他们根本拒绝了自由经济会导致社会和谐的主张和以此为基础的政治治理模式。当他们把社会认定为一种异乎个人的客体、实体时,总是认为社会自身存在着某种异于人为的神秘本质或是客观规律,具有人人都能够认可的客观属性和绝对的必然性。而在人类对象化领域中,在精神交往最低层次的自然科学中,由于其本身事实和规律最具客观性和自律性,自然科学就成为空想社会主义者研究社会效仿的范型。他们无疑意在继承、发挥自然科学思维方式,把社会问题作为一个客观事实进行考察,通过发现社会法则和规律并在此基础上建立"科学"的模式和制度,在政府帮助或是人们相互启发、示范下,推广自己的改革方案,企图一劳永逸地来解决当时人类面临的社会问题,卸下个人存在的负担。如果说自由主义经济学派从个人出发强调自发秩序的和谐效应,那么,空想社会主义就跳到了另一极,从社会、集体出发强调整体组织计划的和谐效应;如果说当时各种政治派别坚持从政治变革角度建立新的治理模式,那么,空想社会主义就跃到从社会生活变革的角度提出新的制度设计。无疑,这种思路有其合理的一面。但是,空想社会主义者却把社会当成一个与个人相对的实体存在,弱化或是否定个人存在的意义和价值,把存在于生存领域的超越性构想挪到自然历史时空中实施和建设,消解了人的生存维度,构建了一个易于调控、便于操作、规范他人的社会整体。

空想社会主义者始终停留在一种知性框架内，这种框架的核心就是对人的本性抽象的理解。他们总是把人类本质理解为一种给定状态（其实这种本质是他们主观的理想化的投射），与现实人的存在（人的不应然状态）对立起来，使和谐社会成为抽象价值悬设的逻辑结果。历史发展和社会进步仍然是落在了代表人的本性的“理性”要求上。这是因为空想社会主义者虽然把个人理解为社会的人，但是他们的社会不过是个体的复制和放大，“因此，社会理性的发展只能是个人理性发展在更大范围中的再现”[①]。他们总是从人本性所具有的特点和发展状态类推出社会应有的状态，认为社会状态和发展规律是由人的理性发展决定的。在圣西门历史哲学中，人的理性成长对社会历史进程起着印证作用；在欧文的社会性格理论中，存在着人的不变天性，“不可思议的神秘力量”；在傅里叶的情欲和谐中，我们看到人的情欲、本能的实在力量，这些都是对与社会相对的现实个人的实体化和物化。它具有先天的能动力量，个人不过是要体现这一本性；社会的发展不过是顺从、适应这一抽象本性的结果。人的本性成了个人、社会发展的标准。

在空想社会主义者那里，我们看不到现实的个人，看到的不过是人的本性在个人身上的不同体现，而它们的人、人的本性不过是一个现成、给定的存在物。它是不以个人意志为转移的自在，就是说其存在完全在其自身中，不包括任何关系。这种存在既不与他物也不与自己发生关系。它就是“是其所是”，它没有变化和发展，没有过去和未来、以前和以后。它没有时间性。这种存在只能是僵死的、无任何区别和变异的、绝对同一的形而上学的抽象。马克思说：“被抽象地理解的，自为的，被确定为与人分隔开来的自然界，对于人来说也是无。”[②]这种现成、给定的存在与马克思批判的“自然界”都是同等程度的抽象。这种与人无关的存在，本身没有任何意义。人不可能脱离自身可能，等同于僵死的抽象物。凡是注重给人的本质定性，进而把人的本质局限于与他物相区别的某种人类的特殊属性、特征的，都是把人变成现成的给定物。因为，这些特性、属性都是因个人存在状况的不同而不同

① ［俄］普列汉诺夫等：《论空想社会主义》上卷，中国人民大学编译室等译，商务印书馆1980年版，第5页。

② 《马克思恩格斯全集》第3卷，第335页。

的,它们根本就不具有先天的、固定的、永恒的性质。实质上,这不过是空想社会主义者为了得出他们想要的结论而进行的主观投射而已。

在《关于费尔巴哈的提纲》中,马克思说:"人的本质不是单个人所固有的抽象物,在其现实性上,它是一切社会关系的总和。"①这里的人的本质绝不是人固有的、给定的特性,而是指人的存在本身,是人的存在状态。从批判费尔巴哈哲学上讲,马克思是反对把人和物等同的,反对费尔巴哈对人进行对象性的直观和抽象,把人看成是单纯受动的给定物。他指出应当"对对象、现实、感性""把它们当作感性的人的活动,当作实践去理解",也就是"从主体方面去理解",因为要把"人的活动本身理解为对象性的……活动"②。这样我们就很容易得出人的存在就是他的活动本身,就是他的对象性活动,而不是他的给定的特性。因此,把人的本质固定在任何特性上,都是一种人为的抽象。空想社会主义者把人的本性归结为"爱""情欲""善"等,与费尔巴哈的人的本性论一样都是片面的、抽象的。

九、对社会的实体化

空想社会主义者通过把个人抽象化、还原为某一特定本性,进而消解个人的实在性,把个人存在降格到物的水平。与之相对,他们就把人的实在外化到社会中,把社会作为与个人相对的实体。这个社会不是人们能动地共同构建的发展产物,而是在按照某种每个人之外的符合天性的规律作用下形成的"神圣"。它是一个超越于每个人之上的绝对实体。社会规律、社会本质是在每个人之外的、常人无法触及的神秘。在现有状态下,社会是个人走出内在牢房的狱吏,在应有状态下,社会是控制个人生活的监护人。它始终外在于人,是个人无法企及的实体。空想社会主义和谐社会的确立是依赖于精密的自然科学法则,它是依照精英式人物揭示的合乎天性的规律而运行的,人们的活动是按照严格的规程和精细的分工确定的,它代表了人的"真正"存在,它规定了每个人的方向和各种可能。一切都不需个人担心、负

---

① 《马克思恩格斯选集》第1卷,第56页。

② 《马克思恩格斯选集》第1卷,第54页。

责，因为个人根本不具有实在性，他只是完成规定的任务和动作，风险和责任也就不必由个人承担。牺牲个人的自发性，换来的却是一切由他人为你规划，甚至你的私生活（饮食、婚配、娱乐）都由社会为你精心设定。和谐社会的方案太全面了、太完美了，社会占据了封建神学时代的“神”的位置，它就是“神”的化身。和谐社会，把人们从封建束缚下解放出来后获得的偶然性命运，又重新纳入神圣的必然性轨道。如果说自由主义把个人看作实体，社会只不过是单个人之和，并不具有实体性，那么，空想社会主义者与之相反，他们把社会看成是一个有机体，它是由一个普遍的超个人的神秘本质来控制的，普通的个人根本不担任什么角色，他们只不过是一些在组建“公社”时有用的个体、数字，只要达到一定的量，和谐社会的各项工作就会按照预定的模式运行。正像马克思在《德意志意识形态》中批判格律恩时说的那样，“我们的作者不是把社会、‘总合的生命’看作它赖以构成的‘单个的生命’之间的相互作用，而只是把它看作还同这些‘单个的生命’发生特殊的相互作用的一种特殊的存在。如果这种论断也有一点和现实关系的联系作为基础的话，那末这只是一种关于国家对于私人生活具有独立性的幻想，只是把这种表面的独立性看作某种绝对的东西的信念”①。

由此可以说，无论是个人还是社会本身都不具有实体性，它们根本就不存在什么目的，并与对方相分离。个人始终在社会中，社会不过是个人之间的相互关系，社会根本不具有脱离人的自在规定性，社会不过是由“个体的这种无目的的存在构成了一种质料，构成了一种基本交织网，在其中，人们编织进的是他们自身目的之交叉联系的各种形态”②。社会根本就不是一个有机体、整体，而是一个不断生成的复合关系，正如哈耶克所说：“社会复合体，亦即历史学家所讨论的社会集合体，与有机体（动物或植物）世界中的恒定结构不同，从来都不是给定的。”③社会和个人自身的本质和价值，不过是

① 《马克思恩格斯全集》第3卷，人民出版社1960年版，第562页。

② ［德］诺贝特·埃利亚斯：《个体的社会》，翟三江、陆兴华译，译林出版社2003年版，第12页。

③ ［英］弗里德利希·冯·哈耶克：《个人主义与经济秩序》，贾湛等译，北京经济学院出版社1989年版，第108页。

人们自己随着情境的不同而设定的。无论社会是终极价值意义所在,还是个人是终极目的,两者的意义在于它们都是特定情势下战斗的口号,是不同群体基于各自既得利益和情况的价值诉求,很大程度上具有强烈的意识形态性质。人们经常把社会比作一个"整体",个人是其中的"部分",然后论述它们的关系,其实这是一种"双重实体化"的形而上学思维方式。关于"整体"能够唤起某种自成一体的东西的想象,似乎社会具有一个明显的轮廓、可触摸的结构,然而社会并不具备这种直观的形态,它始终是人们不断相互作用的流动的关系,我们很难找到一个固定的平衡点。所谓的空想社会主义和谐社会不过是反映了一部分人对现有社会状态不满的主观期待的精心构想。它作为人的存在中的超越目标具有重要的生存意义。但是,我们必须认识到人类群体生存中始终充满了矛盾、敌对和冲突,和平时代战火绵延,经济发展中危机不断,社会本身不具有人为划分的绝对的平稳或危机时期,任何时代都是矛盾丛生的时代,任何时期都具有向相异方面转变的可能,和谐始终是相对于冲突才具有意义,和谐社会只有内在于社会矛盾发展,人的发展中才有意义。

空想社会主义和谐社会是从个人存在中抽离出来的神圣实体,这使它具有在人之外的规律性、必然性,人们用它保障着每个人的生存,解决所有社会问题,这样,它却成了个人的真正的主宰。可见,实体化和谐社会就是人的自身异化,并借助精英式人物的发明和"先知"的传道对这种异化关系的再确认。

总之,和谐社会的实体性实质上就是某些个人利用人们的社会关系客观化的事实,对其进行主观附会,视它为一种超凡入圣的实体结构。在这一过程中渗透着某些人的主观意图和旨趣。马克思说,这不过是令"一切人所共有的关系在这里成了'人的本质'的产物、人的本性的产物,而实际上,这些关系像对于平等的意识一样是历史的产物"①。空想社会主义理解的社会实际上是"一种'以内在人类本性的意识即理性为基础'的理想"的社会,"这种社会是以意识的意识、思维的思维为基础的"。他们忘记了:"不管是

① 《马克思恩格斯全集》第3卷,人民出版社1960年版,第566页。

人们的‘内在本性’,或是人们的对这种本性的‘意识’,‘即’他们的‘理性’,向来都是历史的产物”①。而历史不过是“个体发展的历史”②。

由此可以看出,空想社会主义和谐社会实体化最主要的后果就是其整体方案的不可能性及其可能包含的危害个人自由的因素。其中,实体化和谐社会方案建立和实施的不可能性,进一步导致了对个人的整合和对个性的消灭;对象化关系变成了凌驾于个人之上的神圣,这实质上却是少数精英对大众的专制。空想社会主义和谐社会理论的根本缺陷就在于其对个人存在维度的消解及其所导致的在知性中寻求确定性。空想社会主义首先是对个人的不信任,进而到知性领域寻求一种客观必然性以获得安全保障。他们把个人理解为一种“类”的体现,而不是相反。通过运用抽象的“类”的概念替换掉个人的丰富性、超越性,为其主观设定的社会方案的实体化奠定了人性论基础。正因为他们无视个人的自主性和创造性,进而通过社会整体规划,赋予社会以神圣价值和超人功能,片面强调社会决定个人,用给定性规划和总体控制替代个人生存的抉择和责任。总体性个人就变成了可以替换、任意安排的大众中的原子。其实,和谐与自由不在于个人之外的某种实体中,就在于现实的个人不断克服规定状态的不断超越活动中。

反思历史,预测未来,超越现存,是人类自身生存的进化机制。虽然我们无法确切地预设社会的未来,但是我们可以在前人的经验上学会避免已有的错误,寻求一种可能的途径,走出空想社会主义和谐社会的理论误区。显然,要到达此目的,我们就不能再从社会实体化的路线出发,用一种似乎更完备的社会方案取代空想社会主义和谐社会理论,而是应当从现实的个人出发,“在完全改变了的环境下继续从事所继承的活动”③,转变思想观念和行为方式,坚持以人为本构建社会主义和谐社会的原则,利用一切可能的条件,发挥个人的自主性,开启和谐社会的个人自由之维,以此不断地为每个人的自由发展创造共同条件。

① 《马克思恩格斯全集》第3卷,人民出版社1960年版,第567页。

② 《马克思恩格斯选集》第4卷,第532页。

③ 《马克思恩格斯选集》第1卷,第88页。

第十八章 建立基于个性的和谐社会

通过以上的分析，我们看出，正是把个人自由排除于和谐社会构建之外，才导致人们在知性领域寻求一种必然性的和谐规律或和谐模式，并把个人强行纳入这种必然性中，使得社会具有了一种超人的结构和意义，个人只是填充给定社会模式的元素。这就是和谐社会实体化及其后果。与之相对，对和谐社会实体化的克服，就必须从个人自由出发，把和谐社会构建纳入个人存在的结构中。这就是和谐社会"虚无化"。而这里的"虚无"不是一般意义上的"无""没有"，而是一种不断超越现实的"尚未"。和谐社会"虚无化"，就是和谐社会成为对个人存在来讲的一种"尚未"存在，也就是把和谐社会纳入个人自由中，彰显乌托邦精神。那么，在现实中，我们如何形成一种不断超越式的和谐社会呢？本章认为现实的和谐社会应当是"基于个性的和谐社会"，也就是"以人为本"的和谐社会。我们先考察一下什么是"基于个性的和谐社会"。

一、个性与和谐社会

个性是个革命性因素。我们知道，个人存在是个成长、不断实现其个性、创造性的过程。每个人都是一个例外，具有不可替代性。制度、法律适用于可替代的个体，但是不能适用于不断超越的具体的个人。相对于个性的人而言，群体的个性、组织的个性只是人们自身价值的主观投射，它们是个性外化的产物。没有给定的客观个性，只有主体的人的个性。群体的个性、组织的个性只是个人的个性的投射，是感性活动外化的结果。坚持群体、组织具有更高级的个性，就是把主体活动的外化、实体化，就是沉浸在给定状态之中，就是对个人自由的否定。个性只能是个人的。这样，超越群体和组织的个人，就是个性的人。我们所说的，个人的自由、发展的这种超越性，就是其个性存在。正是个性具有的这种革命性，成为打破一切给定状态和物化结构的动力。和谐社会要走出实体化取向，就应当构建一种有利于个性成长的社会结构，即基于个性的和谐社会。

正是基于对个性的认识，黑格尔在《精神现象学》中，通过“自我意识”对异化的克服，表述了一个重要的思想，即基于个性的和谐。个体（黑格尔又称为“法权的个人”）通过扬弃个人的抽象性，克服外在的实体和内容，“精神的自我或主体发现实体首先变为普遍意志而最终竟变成了它自己的财产或所有物”[①]。进而，个体成了克服个体与整体对立关系的“主人”，建立在这种“自我意识”基础上或是以“自我意识本身为终极目的”的和谐或和谐社会，就是“自为存在的形式下的和谐”。[②] 赫勒把这种和谐社会理解为“自为的”类本质对象化领域为主体的社会状态，这种社会是个人与人的类本质建立自觉关系，同时“按照自己的特殊规律而推进的发展能力”[③]，从而建立的个人与个人之间、个人与群体之间以及群体与群体之间的积极的合作关系，这种和谐社会“体现了人的自由，并表达了人性在给定时代所达到的自由的程度”[④]。我把它称为“基于个性的和谐社会”。由于个性成为社会的目的，和谐社会虽然以“自在的”对象化领域为基础，但是它总是与之保持距离，而且不断地向“自为的”对象化领域跃迁。真正的和谐社会就应是为个人自由发展不断创造条件的、提供基础的社会良性状态。

基于个性的和谐社会也是马克思阐释未来社会的初衷。前文[⑤]论述了马克思关于和谐社会的超越性和过程性的观点，在那里，我们可以看出马克思对个人和社会超越性的重视和强调。在现实批判中，马克思进一步阐发关于“基于个性的和谐社会”的理论思想。这种阐发是在批判资本主义制度基础上进行的。马克思认为，资本主义开启的历史进程中，个性解放、个人自由开始具有普遍的价值和意义。那么，和谐的价值就不应再具有超个人性，真正的价值也不应在人之外。但是，由于资本主义发展初期没有对每个个人的自由提供一个公平合理的环境和条件，和谐仍是“物的关系”整体整合个人的过程，是统治阶级的意识形态，是对个性的压制。所以，这种社会

① ［德］黑格尔：《精神现象学》（下），贺麟、王玖兴译，商务印书馆 1997 年版，第 124 页。
② ［德］黑格尔：《精神现象学》（下），贺麟、王玖兴译，商务印书馆 1997 年版，第 130 页。
③ ［匈］阿格妮丝·赫勒：《日常生活》，衣俊卿译，重庆出版社 1990 年版，第 127—128 页。
④ ［匈］阿格妮丝·赫勒：《日常生活》，衣俊卿译，重庆出版社 1990 年版，第 128 页。
⑤ 请参见第十五章第三节。

的和谐是以广大无产者的个性泯灭为代价的，这种和谐社会对于广大无产者来说是一种虚假的和谐，它和以前的和谐形式都是对广大人民的欺骗。马克思站在广大劳动人民的个性发展的立场上，坚决批判以往各种以社会集体名义整合个人个性的社会制度和社会形式，尽管统治者把它们美化成各种美好社会状态，但是马克思把它们一律都称为“虚构的集体”。他指出：“从前各个个人所结成的那种虚构的集体，总是作为某种独立的东西而使自己与各个个人对立起来……因此对于被支配的阶级说来，它不仅是完全虚构的集体，而且是新的桎梏。”①马克思因此要在资本主义开启的自由解放的基础上，实现社会的公平、正义，为每个人的自由发展创造条件。而这只有在共产主义社会中才会实现。共产主义作为和谐社会正是以个人自由为鹄的，它是真实的和谐社会，“在真实的集体条件下，各个个人在自己的联合中并通过这种联合获得自由”②。而这种自由就是个性发展，就是个人自由充分实现，可见，自由、个性不是未来的和谐社会即共产主义要消灭的对象，而是未来的和谐社会的目标和宗旨。列宁关于社会主义建设理论的重要一点，即强调社会主义就是要从根本上“破除一切旧的障碍，摧毁腐朽的桎梏，把劳动者引上独立创造新生活的道路”③，从而为每个人的自由发展打开一条通道。

在马克思看来，共产主义作为和谐社会是在扬弃以往社会发展成果的基础上，实现的个人和社会根本状态的改变。每个人都有发展自己潜能的可能性，社会为个人的个性发展自觉地创造条件，个体与整体的对立关系内在于个性的不断超越中，个人不再是一种通过占有来维持自身的存在物，他从拥有状态进入到了“存在状态”。于是，和谐社会的根本标志就在于社会各个领域成为以“自为”存在为主的领域，并“为个人超越其特性，形成自身与类的自觉关系，成为个体（个性）而提供机会”④。在这种社会中，每人会把

---

① 《马克思恩格斯全集》第3卷，人民出版社1960年版，第84页。

② 《马克思恩格斯全集》第3卷，人民出版社1960年版，第84页。

③ 《列宁选集》第3卷，第378页。

④ ［匈］阿格妮丝·赫勒：《日常生活》，衣俊卿译，重庆出版社1990年版，第22页。括号里的内容是引者加的。

自己特殊的潜能和禀赋“不仅当作将得以保存而且将得以发展的情境而加以利用”[1]。个人在自身综合了特性的偶然性和类的普遍性后而成为个性存在，每个人都可以塑造、表达他的世界，并以此塑造自身。马克思说，未来和谐社会的个人“不是在某一种规定性上再生产自己，而是生产出他的全面型；不是力求停留在某种已经变成的东西上，而是处在变易的绝对运动之中”[2]。它是个人自由的实现。

可见，基于个性的和谐社会，由于自身包含个性这一人自身最革命的动力，能始终保持社会不断地发展，并为个人自由和进一步发展提供条件和保证。我们认为，基于个性的和谐社会应是和谐社会发展的方向。和谐社会只有建立在个性基础上，才能保证社会发展的开放性，才能够不走出和谐社会实体化的理论误区。那么，怎样在现实中建立基于个性的和谐社会，从而最终克服和谐社会实体化的理论倾向呢？本章认为，这大体上可以从个人、社会两个方面着手：一方面要实现哲学观念的转换，确立构建和谐社会的“行动取向”；另一方面以人为本构建和谐社会，要开启和谐社会的个人自由之维。下面我们就分别考察这两个方面。

二、确立寻求和谐的行动取向

可以说，和谐社会始终是自人诞生以来人们不断追求的一种确定性或保证。在构建和谐社会时，人们有两种截然不同的确定性寻求取向：一种是前文所说的知性倾向[3]，就是试图同他们周围决定着他们命运的各种力量和解，建立一种依靠某种外在必然性来保证协调、稳定的社会。我们已经知道，这种知性倾向是导致和谐社会实体化的主要理论原因，因此，要超越和谐社会实体化，建立基于个性的和谐社会，就必须首先克服这种倾向。另一种“行动取向”，就是每个人依靠自己的不断努力，利用自然力量，发明创造，不断改变自己的生活境遇，并把和谐社会建立在通过个人的自主性不断超越现实的基础上。无疑，这种倾向是与和谐社会的超越性相适应的。“行动

① ［匈］阿格妮丝·赫勒：《日常生活》，衣俊卿译，重庆出版社 1990 年版，第 22 页。

② 《马克思恩格斯全集》第 46 卷（上），人民出版社 1979 年版，第 486 页。

③ 请参见本书第十五章第三节。

取向"也是马克思关于超越现实和建立和谐社会的基本观点。这也是为了建立基于个性的和谐社会,进行思维方式、行为方式转换的主要方向。

三、确定性寻求的方式转换

正由于靠单纯的认知去寻找绝对的确定性的办法只能导致社会封闭,而不能建成现代意义上的开放式的和谐社会。我们应当沿着新的思路,考虑如何把关于心灵、理性、概念的心理过程颠倒过来,把和谐社会的构建纳入人的存在中,使得社会发展靠个人的活动调节和人的超越性来获得和谐和保障,也就是以主体的人的变化获得安全,而不是从不变的东西中寻求绝对的确定性。在哲学史上,从寻求和谐社会的"知性倾向"向寻求和谐社会的"行动取向"转换最终是由马克思完成的。要实现对空想社会主义和谐社会实体化的超越,就必须坚持马克思哲学立场、观点和方法。只有坚持马克思哲学立场、观点和方法,我们才能实现思维方式、行动方式的彻底转换,确立革命性的"行动取向",走出空想社会主义在知性中寻求确定性导致和谐社会实体化的理论误区。

首先,我们必须认识到"行动取向"的确立是马克思超越以往旧哲学思维范式的理论关键,是马克思哲学观的体现。马克思哲学是伴随着对德国唯心主义哲学的批判发展起来的。德国唯心主义哲学的主要倾向就是在观念领域中寻求社会变革方案,实现其所谓的"和谐社会"。正是在对其的批判中,马克思逐步确立了从人们的现实感性活动领域寻求社会变革、实现和谐社会的"行动取向"。马克思在写作博士论文期间就非常关注对现实实体化超越的伊壁鸠鲁哲学。马克思赋予伊壁鸠鲁的原子偏斜理论革命性的意义,认为这是个人对现实给定性的超越的重要思想,只有在个人的这种超越活动中,才能冲出现实世界对个人自由束缚的一切罗网。他说,原子偏斜所表现的个别性"以其最高的自由和独立性,以其总体性表现出来的地方,那里被摆脱了的定在,就合乎逻辑地是全部的定在,因此众神也避开世界,对世界漠不关心,并且居住在世界之外"[①]。后来,马克思把这种个别性转换成

① 《马克思恩格斯全集》第1卷,第35页。

了市民社会中的个人,也就是个人的现实活动本身,由此,他反对黑格尔把具体自由规定为特殊利益与普遍利益的同一的说法,即把个人的存在理解为某种实体对其规定。黑格尔这一思想的具体化就是"国家决定家庭和市民社会"。相反,马克思认为不是国家实体决定市民社会的个人,而认为市民社会的个人是"国家的材料,'国家由他们构成'"①,通过一系列批判后,马克思最终在《关于费尔巴哈提纲》中明确地提出了具有革命意义的超越和谐社会实体化的行动原则,即从"感性的人的活动"出发理解社会和历史。在这里,我们可以清楚地看到马克思对西方哲学传统的超越。马克思不仅指出唯物主义的直观性,而且也指出了唯心主义的主观性,它们的共同点是不知道或忽视人的感性的活动,把理论与实践人为地分割开来,抬高理论而忽视实践。它们用这种理论认识代替社会实在,停留在理论领域中变革现实乃至构建理想社会,这就只能导致或是对现实的认同或是对"空想"的痴迷。这样的认识所得到的确定性,就是人停留在自身之内,不能对现实产生任何积极的影响和变革。相应的和谐社会确定性的寻求,不在于通过认识去发现某种不变的客观真理,把和谐社会建立在不变的真理上,而是通过人的存在、人的活动本身来保证和谐社会的稳定和发展。我们把这概括为"寻求和谐的行动取向"。后来,马克思在批判鲍威尔、施蒂纳、格律恩等人停留在观念领域寻求理想社会的做法时,进一步批判了寻求和谐的知性倾向,倡导建立"行动取向"。在马克思看来,在观念领域寻求理想社会的做法其实是一种"虚假观念"对人的统治,是由于人们自身存在片面性导致对他人确定的观念和保障的依附。而共产主义就是要把"他们从幻想、观念、教条和想像的存在物中解放出来,使他们不再在这些东西的枷锁下呻吟喘息"②。进而,未来的和谐社会就建立在这样一种现实的基础上,"它排除一切不依赖于个人而存在的东西,因为现存制度只不过是个人之间迄今所存在的交往的产物"③。从此,从人的生产活动和与之相适应的生产关系(它们首先是个人的活动的产物和体现)出发解释进而实现社会变革就一直贯穿于马克

① 《马克思恩格斯全集》第3卷,第12页。

② 《马克思恩格斯全集》第3卷,人民出版社1960年版,第15页。

③ 《马克思恩格斯全集》第3卷,人民出版社1960年版,第79页。

思哲学的理论与实践中。

其次，只有坚持和谐社会寻求的“行动取向”，才能彻底地转换思维方式和行为方式。“行动取向”确立的中心是人的存在，即现实个人的感性的活动。这种活动本身是能动的交互作用的自然活动进程，而这种自然进程始终是一种欠缺的生命过程，它不是固定和完善的，而是要通过个人不停的选择、有意的操作、不断的试错导向各种可能性的开放活动。这样，理念不再是思维静观的产物，不再是外在于人的自足，而是由于思维成为人的活动的一方面，内在于人的活动中，是人活动的产物。恩格斯认为：“由于人的活动，就建立起因果观念即一个运动是另一个运动的原因这样一种观念。”①客观的、自然的规律、法则不是外在于人的，而是只有对人才是存在的。我们所获得的理念、规律并不代表我们所经验的世界本身。人们的经验方式是多种多样的，世界也是以多种样态呈现的，知性领域所确定的理念只是世界的一种可能。更重要的是，理念、规律是人们历史活动的产物，它们作为人们认知的对象是经过人们有意或无意重新安排和重新处理过的事前的对象，是人为加工过的产物，而且它们只有被纳入个人的存在结构中才会有意义，它们始终是通过人们的活动来加以验证、修正的对象。世界是“人化的自然”。每个人就是在面对不确定的情形中，通过其活动本身对情境加以利用、控制，通过个人的活动赋予情境以意义和价值。认知以它的普遍化、抽象化等“类”的方式，去把握人的情境，使个人从外在束缚中解放出来。当境遇变化时只有不断变革他们的认知方式，才能更好地把握世界，重新获得确定性，一个情境问题解决后，另一个情境问题随之又起，每个人的存在都不可能获得一劳永逸的普遍解决，而只能是通过不断地超越、努力来丰富自身。

最后，只有坚持和谐社会寻求的“行动取向”，才能正确地理解和对待观念、规律的作用和意义。正是在人的活动中，有些行动、事物对人的情境产生了作用，具有了意义，而成为人们互相之间交流的记号，成为人们期望和回想的手段，有些成为人们普遍认可的美好的象征，这样有助于社会和谐的

① 《马克思恩格斯选集》第4卷，第328页。

观念形成。人们希望进一步运用这些观念，寻求、创造一个人们可以在其中安全生活的世界。但是，这种观念与其是认识的产物，还不如说是人的活动、情境的产物，这种观念与其说是永久的常驻，不如说是暂时的谋划。任何理念、规律都不具有本体论地位，它们不过是人们面对共同境遇的用具、手段。必然规律的确定和运用，都要依靠人的目的和选择。社会和谐的可靠性和范围则要依人们的谋划活动而定。因此，社会和谐与否不取决于人们对观念认识和规律的发现，而在于每个个人的自由创造活动本身。虽然和谐社会的构建离不开某种规律、法则，但是它们始终只有内在于每个人的存在中并成为人们反思批判的对象时才有意义。

因此，要实现对空想社会主义和谐社会实体化的超越，彻底转变思维方式、行为方式，就必须坚持马克思哲学所确立的寻求和谐社会的革命性的“行动取向”。只有这样，我们才能为建立基于个性的和谐社会奠定思维方式和行动基础。

四、发扬个人自主性和创造性

通过上面的分析，我们看到正是“行动取向”体现了个人超越性，才使得社会发展保持持续不断的状态。与之相应，要把马克思哲学的“行动取向”贯彻到底，就要坚持社会发展的过程性和开放性，把“行动取向”落实到发扬个人的自主性和创造性上来。

可以说，人的活动是个持续不断地超越过程，任何和谐社会都不具有一劳永逸的永固性，它是面对不同境遇而变化的、发展的开放状态。社会主义和谐社会与以往社会的根本不同在于：以往社会的和谐稳定不是建立在人民群众的自觉行动上的，而是一种由外在力量统治达到的自发或群众普遍无意识的结果，这样的和谐社会是被动地适应人们自发形成的社会生产力变化和外界变化，因此是根本上缺乏保障的；而社会主义和谐社会应当是建立在广大群众自觉行动上的自由发展的产物，它能够自主地创造社会生产力，通过联合的个人自主适应客观环境的变化，从而能够长期保持稳定。也就是说，社会主义和谐社会建立在个人的自主活动上，发展于人们对给定状态的不断超越和创造性活动中。历史上，伯恩斯坦曾经针对第二国际马克

思主义者把"和谐社会"的实现固定在某种必然性原则范围的观念和实践，进行过尖锐地批判，他强调发挥工人阶级的能动性，认为任何停留在知性领域并用必然规律来确定未来社会目标的做法，"总是会被迫导向乌托邦主义和主观愿望，有时会阻碍现实理论进步和行动的实际进步"①。他不是反对理想社会目标本身，而是反对对社会主义的僵化理解，强调理想社会是以人们行动为基础的，社会发展是开放的。②

可见，坚持和谐社会寻求的"行动取向"，保持和谐社会发展的开放性，必须落实到每个人的积极性和创造性发挥上。个人的积极性和创造性应当体现在个人批判精神的发扬上。只有充分发扬个人的批判精神，才能保持和谐社会持续不断地发展。我们所说的个人批判精神不能够只停留在观念领域，必须深入社会实际生活，沿着"以人为本"构建和谐社会的道路，促使现有社会状态不断改进。批判精神应当体现在：对于社会生活中的任何制度、规范，在不低估规范性法则的重要性前提下，强调规范、制度的人为性及可改变性。规范、制度的人为性是指人们对于这些规范、制度的接受、判定、改变、执行负有责任。无疑，在现实的社会中，我们不可以把自己的生活责任推卸给任何他人、自然、上帝、社会。如果我们发现这些规范制度压制了个人自由，我们的任务就是促使它们改变，最起码我们可以拒绝它们。也就是说，如果由规范、制度建立的和谐社会不再成为每个人自由的必要条件，每个人有义务进行质疑、批判进而重建新的和谐状态。我们说规范、制度能够被改进，这是说，我们把现存的规范同我们已经决定实现的某些标准的规范相比较，现存的规范都不是绝对的，也不是在我们之外的"铁"的必然，标准是人制定的。而我们赞同它们的决定是我们自己做的，并且只有我们为采用它们而承担责任。这些标准不会在自然中发现。虽然可以说自然是由事实和规律构成，但它本身不具有道德判断能力。事实上却是由于我们超

① Bernstein, *The Preconditions of Socialism*, Cambridge: Cambridge University Press, 1993, p. 192.

② 由此，我们可以深入理解伯恩斯坦的名言："That what is usually termed the final goal of socialism is nothing to me, the movement is everything"。（"最终目的是微不足道的，运动就是一切。"）这句话是针对上面提到的情形提出的，他不是要抛弃社会主义本身，而是说通过现实的行动来调整目的和任务的实现形式。

越了自然，同时把人的标准赋予自然，并通过这种方式把和谐的价值引入了自然。作为个体，我们是自然的一部分，但是，作为个性存在，自然内在于我们之中。每个人都具有改造世界、预见和规划的能动性，每个人都应对自己的决定负有责任。责任、义务是与每个人的存在和自由一道来到世界上的。

总之，通过对追求和谐社会的行动取向的探讨，我们认识到，和谐社会的构建实质是个人的存在问题。正是当问题涉及个人存在、个人自由时，我们无法把人自身置于一个给定的立足点上，无论这个立足点是神、天命，还是先知、必然规律。“因为这里所遇到的事件乃是他们自己所能造就的。”①一切需要每个人自我引导和决定。“我们知道至少饥饿、贫困等难以忍受的弱肉强食的不公正，是人为的，而不是上帝所为的。我们更知道，虽然我们不能够立刻一并消灭它们，但是我们可以通过逐步努力消灭它们。”②因此，今天，我们必须对任何给定性、必然性的决定和宣言进行反思，没有任何必然保证和历史拯救者能够预定一种和谐状态。面对任何风险和不确定状态，只有勇敢面对，而没有回头路。我们应始终充满希望，继承乌托邦精神，我们应当批判一切而又对一切负有责任，不断走向生存的新的可能。正如吉登斯所说：“历史偶然性以及风险中心性的恢复为出现反事实的乌托邦思想打开了空间。”③

五、开启和谐社会的个人自由之维

社会历史进程重新开启了人的不确定状态，为个人自由发展提供了可能的空间。这是人类面临的又一次机遇和挑战。对此，我们必须以空想社会主义和谐社会思想实体化的教训为戒，开启和谐社会的个人自由之维，把“以人为本，构建和谐社会”落实到个人自由发展上来。

我们知道，社会和谐与否可以用多种指标来衡量。但是，个人的自由程

① ［德］康德：《历史理性批判文集》，何兆武译，商务印书馆1990年版，第151页。

② Peter Worsley, *Marx and Marxism*, revised edition, published in the USA and Canada by Routledge, 1982, p. 109.

③ ［英］A. 吉登斯：《超越左与右》，李惠斌、杨雪冬译，社会科学文献出版社2000年版，第262页。

度和全面发展的程度是衡量社会发展的最高的、最根本的价值尺度。马克思主张从现实的个人活动来考察社会历史,他认为社会的发展进步就是建立"适应于更进步的个人自主活动类型的新的交往形式"[①]。个人自主活动即个人的自由发展是社会和谐和进步的尺度。那么,个人自由与生产力标准又是什么关系呢?这是我们实现对和谐社会实体化的超越、说明和谐社会最高尺度时,必须弄清的一个重要的关系问题。

一般认为,社会和谐与否的标准应当是生产关系与生产力发展相适应的社会状况和形式,发展生产力是和谐社会建立和发展的重要尺度。这是正确的。然而,无论是生产关系(交往形式)还是生产力都不是某物,是人的物质活动及其个人之间相互的关系。马克思说:"生产力与交往形式的关系就是交往形式与个人的行动或活动的关系。"[②]生产力无疑是最能够体现人的创造性力量的自主活动,它的实质应是现实的个人的自主性和创造性的发挥。生产力之所以成为与个人分离的物的力量并对个人进行统治,根源在于资本主义私有制所造成的个人的分散和彼此对立,使得本来是"他们的力量"的"生产力"具有了"物的形式",不再成为"个人的力量"。于是"个人丧失了一切现实的生活内容,成了抽象的个人"[③]。"物的形式"的生产力对个人乃至社会起决定的作用乃是私有制所造成的个人"异化"的产物。因此,未来社会必须消除这种物对个人的统治,"只有在这个阶段上,自主活动才同物质生活一致起来,而这又是同各个人向完全的个人的发展以及一切自发性的消除相适应的"[④]。和谐社会不过是建立在个人自主活动上的并为个人自由发展创造相适应条件的总体关系和环境。马克思说:"个人之间进行交往的条件是与他们的个性相适应的条件。"[⑤]和谐社会不是要把个人纳入给定的社会关系或形式中,而是这些关系和形式能够为每个人所用,成为每个人自主活动的条件。"这些条件对于他们说来不是什么外部的东西;它

① 《马克思恩格斯全集》第3卷,人民出版社1960年版,第81页。
② 《马克思恩格斯全集》第3卷,人民出版社1960年版,第80页。
③ 《马克思恩格斯选集》第1卷,第128页。
④ 《马克思恩格斯选集》第1卷,第130页。
⑤ 《马克思恩格斯全集》第3卷,人民出版社1960年版,第80页。

们是这样一些条件，在这些条件下，生存于一定关系中的一定的个人只能生产自己的物质生活以及与这种物质生活有关的东西，因而它们是个人自主活动的条件，而且是由这种自主活动创造出来的。"[①]于是，任何时代都有与个人自主状况相适应的阶段，任何社会都有与个人自主发展程度相适应的时期和方面。然而，随着人类活动的发展，起初是个人自主活动条件的社会关系和生产力总和，后来变成了它的桎梏。这样，已经与自主活动发展不和谐的社会形式被另一种新的相对和谐的社会形式所代替。整个社会历史发展过程就"构成一个有联系的交往形式的序列"[②]。由于社会历史发展的每一个阶段都应与一定时期社会的个人自主状况相适应，所以，社会历史也是个人自由发展的历史，即"个人本身力量发展的历史"[③]或"个体发展的历史"[④]。但是，以往的历史都是与人们的现实的局限状态和个人的片面存在相适应的，因此，过去一切所谓的和谐社会状态和形式都是具有片面性的。只有未来的共产主义社会才能实现个人自由发展的全面性，它是自觉地为个人自由发展创造条件的社会。"它排除一切不依赖于个人而存在的东西"[⑤]，一切都成为人们自身发展的条件，个人自由个性充分实现。这样的共产主义"因而是通过人并且为了人而对人的本质的真正占有；因此，它是人向自身、向社会的即合乎人性的人的复归……它是人和自然界之间、人和人之间的矛盾的真正解决，是存在和本质、对象化和自我确证、自由和必然、个体与类之间的斗争的真正解决"[⑥]。这就是真正的和谐社会。后来，马克思以个人自由发展为尺度，把人类发展划分为三个阶段，"人的依赖关系"为人的最初的社会形态；"以物的依赖性为基础的人的独立性"是第二大形态；"建立在个人全面发展和他们共同的社会生产能力成为他们的社会财富这一基础上的自由个性"[⑦]是第三阶段。共产主义实现了个人自由全面发展、

① 《马克思恩格斯全集》第3卷，人民出版社1960年版，第80页。

② 《马克思恩格斯全集》第3卷，人民出版社1960年版，第81页。

③ 《马克思恩格斯全集》第3卷，人民出版社1960年版，第81页。

④ 《马克思恩格斯选集》第4卷，第532页。

⑤ 《马克思恩格斯全集》第3卷，人民出版社1960年版，第79页。

⑥ 《马克思恩格斯全集》第3卷，第297页。

⑦ 《马克思恩格斯全集》第46卷(上)，人民出版社1979年版，第104页。

个性解放，成为真正的和谐社会。

可见，个人自由是社会发展乃至和谐社会构建的最高尺度。而和谐社会以发展生产为基础，是为个人自由发展创造更加有利的共同条件的前提。当前，在我们大力发展物质生产力，进行经济建设的同时，必须要时刻明确一切的发展都是为了人的发展，而人的发展不能停留在观念中和对"物的关系"的认同中，而是要在实践中真正促进每个现实的个人的自由发展。个人自由发展是社会进步的最高尺度，这对我们当前状况来说，似乎是有些不切实际。但是这一尺度对现实始终保持着批判的张力，它能够引导我们发挥自己的潜力和创造力，引导我们不断超越现实的给定状态，不断克服外在于人的"物的关系"对人统治的困境，从而有利于实现社会经济发展与个人发展相协调。作为以共产主义为目标的社会主义社会就应当以个人自由发展程度作为衡量社会发展的最根本的和最高的标准。

六、以人为本构建和谐社会

在当今，要把个人自由发展的尺度落到实处，就必须坚持"以人为本"构建社会主义和谐社会的伟大方略。"以人为本"正是个人自由发展这一最高尺度在社会主义建设中的贯彻和体现。只有坚持"以人为本"，我们才能最终开启和谐社会的个人自由之维。

首先，我们必须明确"以人为本"与个人及其自由的关系。说到人或个人，他始终离不开社会，为了理解人或个人，我们还要再次谈起个人与社会的关系。我们知道，社会作为"人们交互活动的产物"是个人获得发展的前提和基础，但是，社会作为人们交往的关系和产物，这些关系和产物"不过是他们的物质的和个体的活动所借以实现的必然形式罢了"[①]。正如"凡是有某种关系存在的地方，这种关系都是为我而存在的"[②]。个人必须把现有的社会关系纳入个人发展中才能获得自己真实的存在，否则，个人始终处于自然界的狭隘关系的制约中，就会蜕化为类似"纯粹畜群的意识"[③]的存在物。

① 《马克思恩格斯选集》第 4 卷，第 532 页。
② 《马克思恩格斯全集》第 3 卷，人民出版社 1960 年版，第 34 页。
③ 《马克思恩格斯全集》第 3 卷，人民出版社 1960 年版，第 35 页。

社会作为人与人之间的关系性存在是个人活动的结果,社会性是每个人的基本属性,但是每个人的个性形成却是对现有关系的超越过程。这样,社会本身不是人的目的,社会的目的却是个人,它就是为个人而存在的。可见,我们所说的“以人为本”中的人就不应当是某种抽象的规定物,而是现实的个人;而现实的个人也不是某种固定的实体,而是不断的生成;这种生成就是个人感性活动本身;而这种活动的核心就是个人自由。因此“以人为本”就应当以现实的个人为本,“以人为本”就是必须体现促进个人自由发展,也就是说:“以人为本”是以现实的个人自由发展为本。[①]

其次,只有坚持“以人为本”,社会真正的和谐发展才能确立起来。在怎样实现个人与社会真正的统一上,即建立“积极的人道主义”和谐社会问题上,我们还是应当回到马克思。马克思在批判德国“真正社会主义”的社会实体化错误理论时,谈到了和谐社会构建的基本观点。他认为,社会实体化是由于旧的分工以及由它产生的私有制决定的。要建立基于个人自由的和谐社会,就要改变个人与社会的根本关系,归根到底都要取决于分工的消灭。而分工和私有制的消灭则取决于两个相互关联的条件:一是交往和生产力发展到普遍的程度,以至于私有制和分工成为它们的桎梏;一是个人得到全面发展,能够占有发展了的交往形式和生产力。只有在这一基础上才能真正建立个人自由的联合体——和谐社会[②]。其中,个人全面发展也称为“个人的独创的和自由的发展”[③]。可见,和谐社会建立需要两个基本条件,就是发展生产和个人自由。而这两个条件不是各自独立的,而是与个人自主活动内在相关,并体现为两个不同方面。然而在马克思之后的社会主义理论和实践中,只是抓住了问题其中的一个方面即生产方式变革,而忽视了个人自由和全面发展问题。20 世纪许多国家的社会主义实践普遍存在无视个人差异、否定个人自由的倾向:一方面是社会上层形成的官僚主义、家长

① 此观点来源于张奎良先生关于马克思“以人为本”研究的相关成果,请参见张奎良《马克思的哲学思想及其当代意义》,黑龙江教育出版社 2002 年版,第 343—373 页,及其《以人为本:社会主义实践探索的归程》(《湖南社会科学》2004 年第 3 期)等。

② 有关内容参见《马克思恩格斯全集》第 3 卷,人民出版社 1960 年版,第 516 页。

③ 《马克思恩格斯全集》第 3 卷,人民出版社 1960 年版,第 516 页。

制作风,一方面是社会下层的“一切交给组织安排”“等靠要”。真正取决于“个人之间的联系”的产物——社会主义社会成了伟人、专家意志的产物。社会主义在东欧和苏联的挫折,不单单是社会生产力发展和生产方式转换发生了问题,还有一个如何处理个人与社会关系的问题,也就是个人自由的问题。其实,我们通过上面的分析得知,社会生产力和生产方式不是单纯的物质,它们从根本上说是每一个现实个人的活动和关系。社会主义核心是发展生产力,但是生产力是个人自由活动的表现,它是依靠个人的自主性和创造性发挥维系和发展的。同样,科学技术成就和已有的生产力成果只有得到个人自主的运用才能够变成现实的力量。物的关系对个人的统治是史前时代社会历史产物,它在资本主义社会达到了“最普遍的形式”,这是社会主义和谐社会所要超越的对象。我们的任务就是“确立个人对偶然性和关系的统治,以之代替关系和偶然性对个人的统治……这个由现代关系提出的任务和按共产主义原则组织社会的任务是一致的”[①]。这里的“偶然性”主要是指外在于个人“物的关系”和力量。因此,作为共产主义一个阶段的社会主义社会,只有坚持“以人为本”,才能充分发挥个人自主性和创造性,从而把握现有的现存的交往形式和生产力,使得它们变成社会进步的基础和条件,而不是个人进一步发展的障碍,即最终使得它们不再成为统治个人的异己力量。只有这样,我们才能逐步实现社会主义和谐社会及最终奋斗目标。

再次,只有坚持“以人为本”,才能建设和发展社会主义市场经济。我们知道市场经济对个人具有解放作用,发展社会主义市场经济是实现个人自由最好的形式。但是,我们还要清醒地认识到市场经济本身具有两面性。它既给人们提供了自主的空间,又始终伴随着个人分化甚至个人异化。在这一问题上,我们决不能像马克思所批判的蒲鲁东那样,只要市场好的一面,不要其坏的一面。马克思辩证法的一个重要思想就是,不是在社会原有的对立统一体内消灭矛盾,而是在更高的统一形式中解决矛盾,且矛盾的解

---

① 《马克思恩格斯全集》第3卷,人民出版社1960年版,第515页。

决要靠矛盾的自身发展。[1] 显然，这里的矛盾不是抽象的范畴，而是人自身生成过程中对给定性状态的克服的一种表达；相应地，从根本上讲，矛盾的解决要靠个人自主性、创造性来达到。[2] 因此，我们不是一味地适应市场经济的自发性，也不是一味地拒绝市场经济本身，而是探索一个更加有利于发挥个人自主性、积极性的有效形式，真正按照马克思所设想的"自觉地把一切自发产生的前提看作是先前世世代代的创造，消除这些前提的自发性，使它们受联合起来的个人的支配"[3]的目标前进。我们也必须认识到，社会主义市场经济与资本主义市场经济的根本不同在于，社会主义是在主动地、自觉地发挥个人能动性和创造性基础上建立发展起来的，而资本主义是伴随着市场经济自发性形成的。因此，社会主义在积极探索社会主义市场经济实现的有效形式时，要更加尊重个人自主活动的权利；政府对市场进行调控时，要以有利于各个经济主体自主活动为前提。因此，我们只有坚持"以人为本"，社会主义市场经济才能健康、稳定地发展，为每个人的自由发展创造共同条件。

最后，只有坚持"以人为本"，才能真正实现社会公平正义、安定有序发展。公平正义、安定有序是任何共同体存在和发展的基础和条件，是人们之间形成的社会秩序。对真正的和谐社会来说，稳定的秩序和环境不应是由外在于人的某种必然或保证确立的，它们应是由每个人积极参与不断构建的成果，而且作为人们交往产物的社会秩序，也应当成为每个人进一步发展的共同条件。马克思认为，以往社会是建立在"人的依赖关系"或"对物的依赖性"基础之上的，因此，社会发展和社会秩序是外在于普通个人的，并对他们呈现"自然规律""铁的必然性"等特点。[4] 尤其是在资本主义社会，一切关系（秩序）都成了经济自发性决定的，个人"只是经济范畴的人格化，是一

① 参见马克思《哲学贫困》中"第四个说明"有关内容（《马克思恩格斯选集》第 1 卷，第 143—145 页）。

② 参见马克思在《哲学贫困》"第五个说明"中阐发的"人们是历史剧作者又是剧中人思想"（《马克思恩格斯选集》第 1 卷，第 146—147 页）。

③ 《马克思恩格斯全集》第 3 卷，人民出版社 1960 年版，第 79 页。

④ 《资本论》第 1 卷，人民出版社 1975 年版，第 8 页。

定阶级关系和利益的承担者"[1]。所谓的"公平正义"只不过是对阶级利益的体现,个人不过是维护这一阶级秩序的手段和环节,他也只有归属或纳入一定阶级秩序才能获得自己的"生存条件"。马克思把这种外在于个人的社会(秩序)称为"偶然""偶然的桎梏"。无产阶级革命就是要打破这些压制"无产阶级的个性"发展的强加的社会(秩序),建立受自由发展的个人支配的社会秩序,实现"过去受制约的交往向个人本身的交往的转化"[2]。通过个人自主活动,使得社会秩序由自发走向自觉。这样,共产主义和谐社会所形成的公平正义、安定有序的秩序,不是依靠某种自然规律或是某些集团、精英建立起来的,而是依靠人民群众每个人自由创造而逐步确立起来的,而且这些秩序也只是在为个人进一步自由发展提供共同条件时才能得以维续。今天,社会和谐之所以能够成为中国特色社会主义的本质属性,根本原因在于改革开放以来我们始终从人民群众的根本利益出发,改变了以往"计划秩序"所导致的封闭落后的状态,不断地为人民群众的个人自由发展创造条件,充分发挥了人民群众的主动性和创造性。社会主义的社会和谐是广大人民群众积极参与和创造的结果。所以,未来社会发展也只有坚持"以人为本",才能实现"全体人民各尽其能、各得其所而又和谐相处的局面"[3]。总之,在理解与批判空想社会主义和谐社会思想后,要想超越空想社会主义和谐社会实体化困境,我们必须对和谐社会构建的一种可能趋势进行概略性展望。这里不是在预言某种东西,而是沿着对空想社会主义批判的思路,提出一种理论期待:基于个性的和谐社会。其实,和谐社会构建根本就是人自身的问题。我们不能指望任何他人和某种外在于人的必然性作为和谐社会存在和发展的保证,一切都在于我们自己。每个人必须自立,承受存在的重负,这是和谐社会存在和发展的希望所在。如今,社会历史进程再次把个人存在的不确定性凸显出来,个人再次面临生存抉择,这是人类经受的又一次挑战,也是人类奔向一种新的可能的机遇。我们必须用自身存在的唯一确定性来应对一切不确定的环境,使得个人自由真正成为和谐社会构建和发

---

① 《资本论》第1卷,人民出版社1975年版,第12页。

② 有关论述内容请参见《马克思恩格斯选集》第1卷,第118—131页。

③ 参见《中国共产党第十七次全国代表大会报告》。

展的根基。为此,我们要转变哲学观念,坚持马克思哲学立场,坚持“以人为本”构建和谐社会,努力开启和谐社会建设的个人自由之维。

下编结语 构建和谐社会是当代马克思主义哲学中国化的灵魂

我们在上编的结语中已经论述了当代马克思主义哲学中国化的基石是以人为本,以人为本带有本体论性质,主要是从唯物主义方面说明了在当代中国的具体情势下中国共产党人对马克思主义哲学的理解和推进。把人定位于思想和实践之本,表明对世界本原理解的深化,已由传统物质进入到实事求是,再进入到生成和改变世界的人。正因为人在科学发展观中已处于本的地位,所以以人为本能够成为唯物主义中国化的基石。但是光有基石是很不够的,列宁曾把辩证法特别是对立统一规律称作马克思主义活的灵魂,因为只有辩证法这一智慧之学才能进一步说明世界本原的状态和性质,赋予本体论以灵魂和生命。所以,本书的整体结构就需要在说明以人为本是唯物主义中国化的基石之后转到辩证法上来,进一步探讨辩证法是如何在建设中国特色社会主义中被中国化的。正是在这一背景下,构建社会主义和谐社会被召唤出来,成为辩证法中国化的灵魂和集中体现。

本体论已经由唯物进入到唯人,人又是什么样的人,他们之间的关系是怎样的呢?这是对以人为本的深层次的追问,构建社会主义和谐社会的宗旨回答了这个问题。和谐社会与以人为本关系密切,是流与源的关系。以人为本是双向互动的,既要庄重自强,首先要视自己为本,同时也要视别人如同自己一样,也要把别人当作本。大家都是本,彼此自然就是一种和谐的关系,以这种人皆为本的关系构建的社会自然就是和谐社会。在这个意义上,以人为本是和谐社会的思想前提,和谐社会是以人为本的自然结果,没有以人为本也就不会去构建和谐社会。所以,十六届三中全会提出以人为本在先,紧接着十六届四中全会提出构建社会主义和谐社会在后,和谐社会是对以人为本的科学发展观的很好的注解。

构建和谐社会从辩证法的意义上展示了马克思主义哲学中国化的另一条路径。构建和谐社会承接了邓小平改革开放中实际应用的辩证法,并使之更自觉化和理论化。十分自然,和谐社会就要有与之相适应的和谐思维,和谐思维的系统化就召唤和谐辩证法。而对这些问题的思考就直接导致对传统辩证法的反思,于是辩证法的中国化就在21世纪初中国改革开放的进一步深化中应运而生,与和谐社会建构相适应的和谐辩证法开始被纳入辩证法的中国化的研究历程。传统辩证法以黑格尔的形态做奠基,是以西欧反封建思潮为背景的否定辩证法。经过马克思改造的唯物辩证法以对资本主义的否定为背景,其本质是批判的和革命的。在阶级斗争是历史发展动力的条件下,辩证法对事物的肯定理解中包含着对事物的否定的理解,即对现存事物必然灭亡的理解。这种以批判和革命为主旨的辩证法完全适合马克思所面对的资本主义的大环境,体现了辩证法的精髓和功能。当然这绝不是说辩证法没有和谐维度,它实际上认为同一和统一就先天包含有对立面的共存、一致、协调与和谐之意,只不过在传统辩证法中它们处于潜伏状态,在现实中找不到实现的基础和园地。辩证法的中国化首先体现在毛泽东的《矛盾论》中承接了马克思、恩格斯和列宁的辩证法的宗旨,同时又从中国的实际出发,进一步发挥了矛盾的特殊性、主要矛盾与矛盾主要方面的思想,从辩证法的视角回应了实事求是的思想路线,是辩证法中国化的卓越体现。进入21世纪后,在全球化和中国以人为本的科学发展观的大背景下,辩证法的潜在形态即对立面的和谐和合作的需求与功能显现出来,辩证法由此而走向和谐,在保存传统的辩证法的革命与批判功能的同时,日益展示出强强联合、优势互补和互利共赢的必要性和重要性,有鉴于此,本书用较大的篇幅论述了和谐辩证法的方方面面,在新时期构建社会主义和谐社会的形势下勾勒出辩证法中国化的基本画面。但是,辩证法的中国化不能仅仅停留在和谐的说教上,与和谐相关联的还有另一个重要的维度,那就是和谐与自由的关系问题。和谐似乎是一个中介点,上与斗争相关,下与自由相关,破解了和谐与斗争性的关系以后,必须进入自由境界,剖析和谐与自由的内在关联,这也是现阶段辩证法中国化继续深化的一个重要方面。按照想当然的理解和谐必然是自由的,不自由还谈得上什么和谐。可是空想社会主义的理论和实践恰恰证明,把和谐社会实体化,当作一种给定的状态,必然丧失人的个性和自由,最终走向反面,和谐乌托邦变为一种专制和独裁。有鉴于此,本课题在提出和谐辩证法以后,立即转向对和谐社会与个人

自由的关系的研究，用较大的篇幅阐发了这个问题的各个方面，这也是辩证法中国化的内在要求和不可或缺的环节。至此，方觉本项目的两大重要板块唯物论和辩证法的中国化能告一段落了，以后更深入的研究只能寄托于新的项目了。

人概念的三层次
——解析以人为本的人

光阴荏苒，日月经年，不觉间，《求是学刊》已经发行200期，历经三十多年。这三十年正是黑龙江大学恢复和发展的关键时期，对我来说也是我开始从事哲学研究并跻身国内哲学研究队伍的关键年代。《求是学刊》是我成长的摇篮和阵地，在我科研起步之初，各方而都很稚嫩，《求是学刊》不嫌弃我，给我极大的关心和支持，几年时间发表我的几篇文章就使我迅速地走过了科研的“见习期”，增强了自信，摸清了门路，把我带入了玄奥的哲学领地。三十多年间，我在《求是学刊》上发表了近二十篇文章，光从数量上就足以见证对我的垂青和关爱。每想到这里，对《求是学刊》都充满了感激之情，感谢《求是学刊》不断发展和辉煌的同时，也把我的哲学思考引领出来。三十多年来，《求是学刊》秉承唯实求是和严谨创新的办刊精神，越办越好，取得了骄人的业绩，在国内同类刊物中一直居于前位。当此《求是学刊》发刊200期之际，就不过多溢美之词。转念又突发奇想，欲借此良机把我在该刊2006年第1期发表的《从民到人的历史切换》一文中未尽之意，重新表达，揭示人概念的二层次，权当对《求是学刊》发刊200期的恭贺和纪念。

——题记

人作为大地间最具有灵性和智慧的生物在不断追问外部世界的本质的同时，也经常反躬自问：人是什么？人和外部世界是什么关系？这是元问题，是终极追问，人类的全部思想和学问都包括在对这些问题的回答中。在马克思主义产生之前，由于实践和科学发展的局限，在人的问题上，虽然也不乏极有价值的科学探索，但是总的说来，人还欠缺对自己的深刻理解，人

的自我意识还处于童年和迷茫中。马克思的哲学革命冲破了唯心主义和宗教神学所散播的人学迷雾，掀开了人的自我认识的新篇章。综汇马克思的文本和时代精神的积淀，现在我们可以从两个层次上去揭示人的概念的真实内涵，借以回答直到现在还存疑的以人为本的人是什么人的问题。

首先，以人为本的人是类的人，是与动物根本区别的生命共同体。马克思曾说过："人是类存在物……自由的有意识的活动恰恰就是人的类特性"，正是这种类特性"把人同动物的生命活动直接区别开来"，所以"通过实践创造对象世界，改造无机界，人证明自己是有意识的类存在物"。[①] 马克思的这些话虽然颇令人费解，但意思却也明白：人以自由的有意识的对象化活动，即改变和创造世界的实践而与动物相区别，自成一类，也就是我们常说的有别于物类和动物类的人类。因此，人的类特性就是人之为人的最根本的属性，也是人最宽泛的边界线。以类特性为基础，还在人的长期生产和生活实践中衍生出人固有的自然本质、社会本质、意识本质、审美本质。它们都统一于人的类本质或类特性，是类特性的延长和分化。与此同时，人在共同体生活中也凝聚出与动物之兽性根本不同的勇敢、同情、友谊、怜悯等善良人性来。人作为一个类与人的类特性、人的本质和人性天然连接在一起，丧失了这些本质和特性，人就会异化，人也就不是人了。日常生活中说"你不是人"，"丧尽天良"，"灭绝人性"，"与禽兽无异"，等等，实际上都是在表达人是类存在物的道理。

其次，以人为本的人是群体的人，是类分化的基本层次。类虽然划清了人与动物的界限，但对人本身来说，类只是反映了一种共同性，揭示了人类共同体的存在基础。类太空泛和一般，只能圈定人类整体存在的外延，而不能区别人自身，因而作为类的人是笼统的，甚至可以说是虚幻和不现实的，不具具体性和可指认性。现实中谁都不能说人是张三，动物是老虎，而只能说人和动物只有通过张张三和老虎而存在，人和动物大致地包括了张三和老虎的特性，抛弃了它们偶然的和特殊的因素。人要摆脱这种类的抽象性和虚幻性而走向现实和具体，就必须通过实践进行分化。实践是分化的基

① 《马克思恩格斯全集》第 3 卷，第 272—273 页。

础，依据生产和生活实践的不同特性和多次往复，人分化为不同的群体，出现了职业和阶级的区分。工人和农民已经扬弃了类的一般性，是人的具体化和现实化的第一个阶梯。作为群体而存在的工人和农民打上了实践铸就的烙印，新增添了超越类特性的阶级属性。工人和农民不仅是人，具有自由的有意识活动的类特性，而且他们因各自从事不同的具体活动而分开，成为不同群体的现实人。这是作为类的人迈向现实的第一步，群体性也就因此而成为标志人的分化进程的第一个里程碑。马克思说，唯物史观考察历史不是没有前提的，"它的前提是人，但不是处在某种虚幻的离群索居和固定不变状态中的人，而是处在现实的、可以通过经验观察到的、在一定条件下进行的发展过程中的人"①。在原始社会，由于实践水平不高，人的分化不明显，还没有形成特征鲜明、较为固定的群体，人基本上以自然人的身份出现。从奴隶社会起，随着生产力的发展和私有制的出现，逐渐形成了奴隶主、平民和奴隶阶级群体，群体的阶级性构成人的第一身份和基本属性。在整个私有制社会中，无论是封建社会的领主和农奴，还是资本主义社会的资本家和工人，凡是人都以群体特质作为对"你是什么人"的首要回答，如我是平民、工人、农民等。至此，人完成了从类的虚幻性到现实性的过渡，人在实践基础上形成的社会关系中，也就是在阶级和群体中获得了自己的真实社会身份。这正如马克思所说："人的本质不是单个人所固有的抽象物，在其现实性上，它是一切社会关系的总和。"②

最后，以人为本的人是个体的人，是现实人的最终归结。类经过实践而分化为群体迈出了人的现实化的关键的一步，但这一步还不是最后的一步，实际上群体还可以继续分化和细化为更小的群体。更小的群体还可以继续分化，直至细化为个体的人，人的分化和现实化才最后终止。所以，认识人既不能停留在类特性上，也不能停留在群体性上，只有对构成类和群体的个体的人也有一个明确的社会认同和自我意识，才算最终摆脱了人的虚幻性和抽象性，彻底实现了人的现实化。理解人的个体也是唯物史观考察历史

① 《马克思恩格斯选集》第1卷，第73页
② 《马克思恩格斯选集》第1卷，第60页。

的前提,马克思说:“全部人类历史的第一个前提无疑是有生命的个人存在。因此第一个需要确认的事实就是这些个人的肉体组织以及由此产生的个人对其他自然的关系。”①个人的自然和社会属性确立了个人成其为自己而与他人相区别的根据,正是这些千差万别的个人构成了人的特定群体,而许许多多的群体又构成整个人类。在这个意义上,认识你自己,关心每一个人是历史和现实的终极底蕴。在历史上,阶级群体曾经长期主宰历史,为了阶级的利益和使命牺牲个体的人是屡见不鲜和天经地义的,实际上这种牺牲往往是与构成阶级群体的个体的人素质不高、能力不强相伴随。强大的个体以一当十,可以弥补数量上的缺欠,乌合之众即使再多也无济于事。所以历史的进程归根结蒂取决于个体的人的素质和能力。

当今,历史已进入了和平和发展成为世界主题的时代,伴随着科技革命的新成果,人的能力和价值空前提高。如果说历史上曾经有过以阶级为本的时代,那么,今大历史已翻过了一页,进入了以人为本的新纪元。以人为本的人兼具类特性和群体特性,但更强调的是个体的人,要把每一个人都视为本,把对本的重视与关怀落实到每一个人的头上。特别要关爱个体的生命,把生存权置于至高无上的地位,发展固然重要,但是生命更重要,生命陨灭了,发展还有什么意义?

总之,以人为本的人是类、群体和个体二者的统一。人内涵的这两个层次对每一个人都是一种鞭策。(原载《求是学刊》2011 年第 1 期)

① 《马克思恩格斯选集》第 1 卷,第 67 页。

关于唯物史观与历史唯物主义的概念辨析

长期以来,我国学界一直把唯物史观概念与历史唯物主义概念混淆并用:几乎所有的哲学辞典或哲学教科书都无例外地宣称:“唯物史观即历史唯物主义”或“历史唯物主义即唯物史观”。但事实上,无论是提出的时间、背景、初衷、内涵还是实际的运用,二者都不尽相同,因而有必要做一定的分辨。

一、唯物史观与历史唯物主义概念的提出及其历史沿革

在马克思主义发展史上,马克思、恩格斯在《德意志意识形态》中最先系统地表述了唯物史观的基本思想,但未直接提出唯物史观概念,他们只是说:“这种历史观与唯心主义历史观不同。”[①]按照通常理解,“这种历史观”当然就是指唯物主义历史观,简称唯物史观。此后马克思,更多的是恩格斯,在许多场合下都一直沿用唯物主义历史观概念。在1859年的《卡尔·马克思〈政治经济学批判。第一分册〉》中,恩格斯直接说德国无产阶级的政治经济学是“建立在唯物主义历史观的基础上的”[②]。在1870年《德国农民战争》第二版序言中,恩格斯声明:“这个唯一唯物主义的历史观不是由我,而是由马克思发现的。”[③]1877年恩格斯在《反杜林论》引论中说:“一种唯物主义的历史观被提出来了,用人们的存在说明他们的意识,……”[④]1888年恩格斯还在致考茨基的信中说:“摩尔根在他自己的研究领域内独立地重新

① 《马克思恩格斯选集》第1卷,第92页。
② 《马克思恩格斯选集》第2卷,第38页。
③ 《马克思恩格斯选集》第2卷,第623页。
④ 《马克思恩格斯选集》第3卷,第365页。

发现了马克思的唯物主义的历史观。"[1]可是到了 1890 年,恩格斯在致康·施米特的信中突然提出历史唯物主义的术语,用来批评当时的德国青年不热心于艰苦的研究工作,而只是把历史唯物主义当作套语,来掩饰自己历史知识的贫乏。[2] 接着,恩格斯在 1892 年的《社会主义从空想到科学的发展》英文版导言中,再次提出历史唯物主义概念,希望不可知论者和英国的庸人不要对这个名词过分感到吃惊。[3] 不过在该书正文中,恩格斯还是把唯物主义历史观与剩余价值学说称为马克思的两大发现。[4] 1893 年,恩格斯在致友人的信中又探讨了"历史唯物主义的起源"问题。[5]

从上述唯物史观和历史唯物主义概念提出的过程可以看出,在接近半个世纪的时间内,恩格斯与马克思一样只是用唯物主义历史观概念,而没有用历史唯物主义概念。恩格斯直到晚年才开始启用历史唯物主义概念。在他的心目中,唯物史观与历史唯物主义确实是同义语,所以他才在《社会主义从空想到科学的发展》的序言和正文中,同时使用唯物主义历史观和历史唯物主义概念。不仅如此,恩格斯在提出历史唯物主义之后,仍然继续沿用唯物史观的称呼。1894 年,他在致瓦·博尔吉乌斯的信中说:"马克思发现了唯物史观。"[6]这样,到了 19 世纪末,唯物史观与历史唯物主义的用法被融合在一起,并广泛地传播开来,拉布里奥拉、普列汉诺夫等一大批 20 世纪之交的马克思主义者都普遍使用历史唯物主义概念。直到列宁,才把历史唯物主义与唯物史观分开,赋予历史唯物主义以新的内涵:"把唯物主义对自然界的认识推广到对人类社会的认识。"[7]斯大林则给历史唯物主义下了一个广泛流行的定义:"历史唯物主义是把辩证唯物主义的原理推广去研究社会生活,……应用于研究社会历史。"[8]从此,历史唯物主义就转而与辩证唯

① 《马克思恩格斯选集》第 4 卷,第 661 页。
② 《马克思恩格斯选集》第 4 卷,第 692 页。
③ 《马克思恩格斯选集》第 3 卷,第 698,704 页。
④ 《马克思恩格斯选集》第 3 卷,第 740 页。
⑤ 《马克思恩格斯选集》第 4 卷,第 721 页。
⑥ 《马克思恩格斯选集》第 4 卷,第 733 页。
⑦ 《列宁选集》第 3 卷,人民出版社 1972 年版,第 443 页。
⑧ 《斯大林选集》下卷,人民出版社 1979 年版,第 424 页。

物主义有机地连接在一起，构成马克思主义或无产阶级的完整的世界观。由于斯大林的《证唯物主义与历史唯物主义》小册子的巨大影响，历史唯物主义的地位逐渐凸显：除了在马克思主义哲学史等特定领域中还出现唯物史观的表述外，在一般场合中历史唯物主义已经有取代唯物史观的趋势了。

二、唯物史观与历史唯物主义的区别

从学术研究的角度看，这两个概念并非完全等同，而是有各自独特的内涵，所以不加区分、混淆使用是对历史和文献的背离。

首先，唯物史观和历史唯物主义的内容指向不同。

唯物史观的底蕴是历史观，是与唯心主义相对立的唯物主义的历史理念。按其本意来说，唯物史观并非一般意义上的哲学，它只是遵循唯物主义哲学的基本原则观察和理解历史的结果。恩格斯说："这种历史观结束了历史领域内的哲学，正如辩证的自然观使一切自然哲学都成为不必要的和不可能的一样。"[①]唯物史观不是哲学思辨，它应当归结为"描述人们实践活动和实际发展过程的真正的实证科学"[②]。正是在这个意义上，列宁称唯物史观为"唯一科学的历史观"，也称它为"科学的社会学"。[③] 所以唯物史观与作为意识形态的哲学不同，它指向经验事实，"按照事物的真实面目来理解事物"[④]。

历史唯物主义的底蕴则是唯物主义，是历史领域的唯物主义。作为一种唯物主义，历史唯物主义是纯粹的部门哲学，是辩证唯物主义的世界观运用和推广于社会历史领域的结果。因此，历史唯物主义不过是众多唯物主义中的一种，与它相对应的还有辩证唯物主义、实践唯物主义、直观唯物主义、纯粹的唯物主义、经济唯物主义，等等。

唯物史观属于科学范畴，历史唯物主义属于哲学范畴，二者有着不同的研究范式和方法，它们的区别在于：一个是描述人类历史演进的实证科学，

① 《马克思恩格斯选集》第4卷，第257页。

② 《马克思恩格斯选集》第1卷，第73页。

③ 《列宁选集》第1卷，人民出版社1972年版，第10页。

④ 《马克思恩格斯选集》第1卷，第76页。

一个是概括社会历史发展及其规律的历史哲学，其间的关系就像物理学中的世界物质形态论与哲学中的世界物质本体论的关系一样。但是，历史的相关性又把它们连接起来：唯物史观是唯物主义视野下的历史观，以唯心史观为对立面；历史唯物主义是历史领域中的唯物论，以自然唯物主义为参照系。因此，唯物史观与历史唯物主义之间出现内容的交叉也就不足为奇了。

其次，唯物史观与历史唯物主义确立的前提不同。

《德意志意识形态》是马克思、恩格斯最先集中表述唯物史观的著作，他们在其中阐述唯物史观的时候，曾多次强调人类历史的前提，把它放在唯物史观的源头地位："全部人类历史的第一个前提无疑是有生命的个人的存在，因此，第一个需要确认的事实就是这些个人的肉体组织以及由此产生的个人对其他自然的关系。"①这里首先把个人的生命需求放在人类历史前提的第一个层次。接着，他们又对所说的"个人"加以澄清："我们不是……从口头说的、思考出来的、设想出来的、想象出来的人出发，去理解有血有肉的人，我们的出发点是从事实际活动的人，……这种考察方法不是没有前提的，它从现实前提出发，一刻也离不开这种前提。它的前提是人，是处在现实的、可以通过经验观察到的、在一定条件下进行的发展过程中的人。"②于是，人、特别是现实的人就成为历史前提的第二个层次。最后，他们又进一步引申指出："我们首先应当确定一切人类生存的第一个前提，也就是一切历史的第一个前提，这个前提是：人们为了能够'创造历史'必须能够生活。但是为了生活，首先就需要吃喝住穿以及其他一些东西。因此第一个历史活动就是生产满足这些需要的资料，即生产物质生活本身。"③这就把人类历史的前提由生命需求转向现实的人，最后落实到物质资料生产上，完整地表述了唯物史观确立的前提。

历史唯物主义作为人类社会发展规律的学说，其确立的前提则是辩证唯物主义及其在社会历史领域的推广和运用：辩证唯物主义是种子，历史不过是土壤，最终生成的是历史领域的辩证唯物主义，即历史唯物主义。所以

① 《马克思恩格斯选集》第1卷，第67页。
② 《马克思恩格斯选集》第1卷，第73页。
③ 《马克思恩格斯选集》第1卷，第78—79页。

历史唯物主义确立的前提与唯物史观不同，不是人及其生命需求和满足需求的物质生产劳动，而是唯物主义与辩证法相结合的辩证唯物主义。这是两种不同的确立前提：唯物史观的历史主体是人，而历史唯物主义以社会意识与社会存在的关系为主体，以生产力与生产关系和经济基础与上层建筑的矛盾运动为动力和规律，视人及其生命需求与劳动生产为既成的东西，根本无须重述。所以，一切历史唯物主义教科书都绕过人的前提，直接进入到社会意识与社会存在以及社会基本矛盾运动等章节。

第三，唯物史观与历史唯物主义的基本问题不同。

自从恩格斯在《费尔巴哈论》中提出哲学基本问题之后，人们广泛采用基本问题概念，用以表达对重大的、具有决定意义之问题的理解。唯物史观作为马克思的两大发现之一，博大精深，体系严整，其基本问题也十分鲜明突出。马克思在深刻总结人类历史观及其演变的基础上，针对以黑格尔为代表的唯心史观的特点，带着自己实践唯物主义的最新成果，指出："这种历史观和唯心主义历史观不同，它不是在每个时代中寻找某种范畴，而是始终站在现实历史的基础上，不是从观念出发来解释实践，而是从物质实践出发来解释观念的形成。"[①]在这里，相互对立的范畴已经不是意识和存在或社会意识和社会存在，而是观念和物质实践。观念相当于意识，而物质实践寓意深刻：实践不仅超越了存在，它还是经过对象化活动而创生的物化的存在，是对对象、现实和感性的实践和主体的理解。由于黑格尔只承认抽象的精神劳动和实践，所以马克思又在"实践"之前加上"物质"二字，用以表明只有人的现实的感性活动才是决定历史和观念的现实基础，并且意识和观念不仅只有以物质实践为底蕴才能生成，而且"不是可以通过精神的批判来消灭的，……只有通过实际地推翻这一切唯心主义谬论所由产生的现实的社会关系，才能把它们消灭"[②]。用观念和物质实践的关系来表述唯物史观的基本问题不仅起点高，没有忽视黑格尔的实践观的成果，而且站在时代高度，完全进入了马克思的实践唯物主义境界，是对唯物史观基本问题的精确

① 《马克思恩格斯选集》第1卷，第92页。
② 《马克思恩格斯选集》第1卷，第92页。

表述。

历史唯物主义的基本问题则是由辩证唯物主义给定的。由于历史唯物主义是辩证唯物主义在社会历史领域的推广和运用,所以辩证唯物主义的基本问题即思维与存在的关系问题,自然也就以社会思维与社会存在的关系的形式而成为历史唯物主义的基本问题。这个逻辑在斯大林的《辩证唯物主义和历史唯物主义》中表现得最为清晰。他说:"既然自然界、存在、物质是第一性的,而意识、思维是第二性的,是派生的;既然物质世界是不依赖人们意识而存在的客观实在,而意识是这一客观实在的反映,那么由此应该得出结论:社会物质生活、社会的存在,也是第一性的,而社会的精神生活是第二性的,是派生的;社会物质生活是不依赖于人们意志而存在的客观实在,而社会的精神生活是这一客观实在的反映,是存在的反映。"①

人们都承认,社会意识和社会存在的关系问题是历史唯物主义的基本问题。那么,它与唯物史观确认的基本问题即物质实践与观念的关系问题有什么不同呢?必须确认,唯物史观提出的物质实践与观念的关系问题在先,它是在马克思早期哲学革命变革的大背景下提出来的,因此在相当大的程度上反映了马克思的实践哲学的构想。实践唯物主义把一切现实的存在都看成是人的对象化活动的结果:感性活动或物质实践既是存在的源头,又是观念形成的根源。无论是前者或是后者,凸显的都是人自身,实际上是人的对象化活动(物质实践)与人的对象化产物(观念)之间的关系。而历史唯物主义提出在后:由于当时离开马克思哲学革命变革的背景已经很远,人们在概括历史唯物主义的基本问题的时候,更多的是从社会发展规律问题入手,强调的是与现实斗争关系密切的经济政治关系以及阶级斗争等等;相对而言,人及实践等前提问题对历史唯物主义来说已经不那么紧迫和重要了。所以,马克思在提出了历史唯物主义经典表述的《〈政治经济学批判〉序言》中,不仅肯定了"人们的社会存在决定人们的意识"这一历史唯物主义的基本问题,而且只字不谈现实的个人及其实践问题。② 恩格斯后来在首次解释

① 《斯大林选集》下卷,人民出版社 1979 年版,第 436 页。

② 《马克思恩格斯选集》第 2 卷,第 31—35 页。

历史唯物主义的概念含义时也沿着这个思路，明确指出，历史唯物主义的主要观点是“一切重要历史事件的终极原因和伟大动力是社会的经济发展，是生产方式和交换方式的改变，是由此产生的社会之划分为不同的阶级，是这些阶级彼此之间的斗争”①。可见，是坚持物质实践对观念的决定作用，还是一般地坚持社会存在对社会意识的决定作用，构成唯物史观与历史唯物主义在基本问题上的重要区别。

三、唯物史观与历史唯物主义的总体倾向与适用域

唯物史观与历史唯物主义的内容指向、确立前提和基本问题的不同，使得它们各自分别形成了独立的形态，但是二者之间在相当长的时间内又以隐蔽的形式而相互连接、交叉并趋于融合。《德意志意识形态》是唯物史观与历史唯物主义相互交织的第一个样板：它在论述唯物史观的生成前提和基本问题的同时，又以揭示人类社会生活构成的几大板块为历史唯物主义搭建了基本框架。马克思说：“这种历史观就在于：从直接生活的物质生产出发阐述现实的生产过程，把同这种生产方式相联系的、它所产生的交往形式即各个不同阶段上的市民社会理解为整个历史的基础，从市民社会作为国家的活动描述市民社会，同时从市民社会出发阐明意识的所有各种不同理论的产物和形式，如宗教、哲学、道德等等，而且追溯它们产生的过程。”②这里的物质生产、交往方式、市民社会、社会意识形态等，构成了生产力与生产关系和经济基础与上层建筑等社会基本矛盾运动的基石。历史唯物主义的基础部分正是由这些内容演绎出来的，所以唯物史观与历史唯物主义从一开始就表现出它们之间的共性。

但是，恩格斯内心深处总有一个挥之不去的情结，那就是希望将历史观提升为哲学，成为更大的总体哲学的一部分，即社会历史哲学。恩格斯虽然说过唯物史观结束了历史哲学，但那只是为了反对“以哲学家头脑中臆造的联系来代替应当在事变中去证实的现实的联系，把全部历史及其各个部分

① 《马克思恩格斯选集》第3卷，第704—705页。

② 《马克思恩格斯选集》第1卷，第92页。

都看作观念的逐渐实现,而且当然始终只是哲学家本人所喜爱的那些观念的逐渐实现"[①]。这种彻头彻尾的唯心主义历史哲学当然是应该从历史观中驱逐出去的。在历史领域"也完全像在自然领域里一样,应该通过发现现实的联系来清除这种臆造的人为的联系;这一任务归根到底就是发现那些作为支配规律在人类社会的历史上起作用的一般运动规律"[②]。这一任务恰恰召唤着历史哲学,因为只有哲学而不是历史观,才能完成从纷繁复杂的历史万花筒中抽象出一般运动规律的使命。

唯物主义历史观虽然正确地反映了历史运动的真实,但是单纯的历史观不加提升就只能是认识历史的工具和手段,甚至有陷入就事论事的危险。所以,凡是有科学立足的地方,恩格斯总想从中提炼出哲学,使之和先进阶级的命运连接在一起。《反杜林论》和《自然辩证法》提供了这方面的光辉例证。尤其是历经1848年革命、第一国际领导下蓬勃开展的工人运动和巴黎公社革命以后,阶级、革命、专政等现实问题凸显出来,侧重于面向人类历史演进的科学历史观对此已经显得很不适应。正是在这种情况下,恩格斯才由唯物史观和历史唯物主义并用转向主要使用历史唯物主义。以后经过普列汉诺夫、列宁和斯大林的一再修琢,历史唯物主义最终成为马克思主义总体世界观的构成部分。

为了更准确地把握唯物史观与历史唯物主义之间的关系,现在从总体倾向上描述它们的各自特征和适用域。

首先,唯物史观作为唯一科学的历史观,唯物主义是它思想上的指导,历史是它耕耘的土壤和概括总结的对象及思想资料。唯物史观是在唯物主义指导下观察和总结人类社会历史所形成的总的观点。唯物史观的这种定位决定了它主要是关照过去,面向历史,格外重视人类历史的发生、演进的源头、机制、道路、条件、动力、方式等等。在这个意义上,唯物史观是探索人类自身发展奥秘的实证科学,其基本使命是如实地反映历史的真实,一般性、客观性、全面性、普适性、非意识形态性是它的突出特点。唯物史观所涉

① 《马克思恩格斯选集》第4卷,第246页。

② 《马克思恩格斯选集》,第247页。

及的消除异化和实现人的全面发展的结论，并不是马克思事先的有意追求，其初衷也不是要提供一种符合无产阶级利益和要求的历史观，正像马克思自己所说："我的见解，不管人们对它怎样评论，不管它多么不合乎统治阶级的自私的偏见，却是多年诚实研究的结果。"①这个结果恰恰与无产阶级的利益与要求相符合，这一点只能说明历史的真理性与无产阶级的阶级性的统一。唯物史观的科学定性，决定了它以探索历史的真实面目及其历史要素之间的本质联系为主旨，是从未知到已知的探索方式。唯物史观的对象多是人类历史演进中未经研究或研究得很不充分或研究的结论基本错误的事物——这就要求唯物史观不能沿袭前人的模式，而要有创新思维，其研究成果一般都带有前所未见或拨乱反正的性质。人类思想史中存在的这些问题主要集中在唯心史观所盘踞的历史领域，在此，马克思以自己哲学革命变革的实践成果，既摧毁了黑格尔式的精神实践主导历史的唯心史观，又颠覆了费尔巴哈式的不理解实践本原地位的旧唯物主义。马克思以人及其实践为起点，认为历史只是追求着自己目的的人的活动，这就驱散了蒙在历史上空的种种阴霾，把历史真正置于人的现实活动基础上。由此我们可以确认，《1844 年经济学哲学手稿》《德意志意识形态》、晚年人类学笔记等都是唯物史观的经典之作。

与之相比，历史唯物主义虽然也关注人类历史的发展及其规律，但它更多的是面向现实，注重当下发生的事件，是从已知确定的对象出发探索未知的原因、本质和规律的学问。具体性、现实性、意识形态性是它的突出特点。历史唯物主义虽然与唯物史观长期混淆在一起，但它们的区别一直潜在着，故后人仍可以区分。比如，《共产党宣言》和马克思为总结历史经验而写作的《1848 年至 1850 年的法兰西阶级斗争》《路易 · 波拿巴的雾月十八日》等就属于历史唯物主义著作。

其次，从写作的时间上也能区分出唯物史观与历史唯物主义的各自特征。唯物史观主要阐发于马克思思想发展的早、晚期，是与实践唯物主义的提出和唯物史观的自身完善密切相关的。它是马克思哲学革命变革的产

① 《马克思恩格斯选集》第 2 卷，第 35 页。

物:当马克思确认有生命的个人存在是人类历史的第一个前提,因而满足生命需求的物质生活资料的生产是一切观念生成的现实基础的时候,已经将把感性理解为实践活动的实践唯物主义与主张物质实践决定观念形态的唯物史观连接起来。逻辑上似乎是实践哲学在先,唯物史观在后,实际上它们是同时伴生的。这一点已经得到恩格斯的确认。1893 年他在致弗·雅·施穆伊洛夫的信中提到:“关于历史唯物主义的起源,在我看来,您在我的《费尔巴哈》中就可以找到足够的东西马克思的附录其实就是它的起源!”[①]这个附录就是《关于费尔巴哈的提纲》,那里正是实践唯物主义的诞生地。所以,唯物史观生成的时间特别集中在早期哲学革命变革的时代:马克思哲学革命变革的标志性著作《1844 年经济学哲学手稿》和《德意志意识形态》等虽然也是哲学著作,但它们首先是唯物史观的辉煌成果。

晚期,当巴黎公社革命失败,欧洲进入和平发展的阶段以后,马克思又重新回到书房,开始思索如何完善已经发现的唯物史观。唯物史观虽然是马克思的两大发现之一,但却是没有最终完成的,这主要体现在唯物史观的源头即人类的原生形态始终还处于假说状态。马克思在《德意志意识形态》中曾把原始社会设想为部落所有制,认为它是家庭关系的扩大,内部还隐蔽地存在着阶级对立的关系,由此才导致《共产党宣言》一开头就说迄今人类社会的历史都是阶级斗争的历史。此后,马克思在《1857—1858 年经济学手稿》中虽曾接触到原始社会史问题,但都是借助“人体解剖是猴体解剖的一把钥匙”的功用,从资本主义现实往前追溯,对原始社会做一种逻辑推断。1877 年美国人类学家摩尔根的《古代社会》一书发表,这本书以亲身的实际调查为基础,发现了人类原生形态的社会结构,证明了母系氏族是原始社会的基本单位,用已消失的远古社会的活化石提供了对人类原生形态的科学理解。马克思高度评价这本书的积极意义,立即写下了《古代社会》一书摘要,对摩尔根的观点进行评述,并指出了其缺陷和不足之处。以这本书为契机,马克思一下子写了五本读书笔记的摘要;恩格斯为了执行马克思的遗言,又写出《家庭、私有制和国家的起源》,进一步发挥了马克思《古代社会》

---

① 《马克思恩格斯选集》第 4 卷,第 721 页。

一书摘要的思想，并指出：“摩尔根在美国，以他自己的方式，重新发现了40年前马克思所发现的唯物主义历史观。”[①]由此可见，马克思对摩尔根《古代社会》一书所做的摘要及恩格斯在此基础上写出的《家庭、私有制和国家的起源》，都是唯物史观的经典之作。所有这些著作都以科学的探索的态度，力求揭开唯物史观源头的奥秘。

而历史唯物主义作为辩证唯物主义的推广和应用，其生成的时间就表现出较为复杂的情况。马克思的早晚期的唯物史观的著作许多都与历史唯物主义重合：既是唯物史观的著作，也可看成是历史唯物主义的著作，比如《1844年经济学哲学手稿》和《德意志意识形态》等等。但马克思典型的历史唯物主义专著却主要写于中期：从《共产党宣言》起始，《1848年至1850年的法兰西阶级斗争》，《路易·波拿巴的雾月18日》，《资本论》的序、导言和跋，《法兰西内战》以及《哥达纲领批判》等，都是马克思在特定的现实领域运用辩证唯物主义世界观分析具体历史事件的产物。这些著作不是为了厘清事实，而是对已经发生的事实进行哲学分析，具有鲜明的意识形态性；虽然也不乏科学性，但主要不是历史观，而是历史哲学和科学社会主义的成果。（原载《哲学研究》2011年第2期）

① 《马克思恩格斯选集》第4卷，第1页。

界定封建制:马克思廓清多维历史走向的最后努力

摘要

马克思的《马·柯瓦列夫斯基的〈公社土地占有制,其解体的原因、进程和结果〉一书摘要》以其对封建制的界定而著称于世,但在我国还鲜为人知。这本书的深远意义早已超越其内容本身,是对唯物史观多维历史走向的最终论证和完成。本文通过对不同时期马克思关于历史统一性与多样性思想的比较分析,力图证明,二者的契合与互动是马克思主义发展史上的一个合理进程。了解马克思的封建制理论和他终生探寻的多维历史走向,对于我们开阔视野、深刻体悟马克思主义的博大精深具有重要意义。

就像达尔文揭示有机界的发展规律一样,唯物史观以其对社会发展规律的科学阐释而成为马克思著名的两大发现之一。规律作为本质联系的范畴主要是揭示事物之间的共同性和统一性,但也并不排斥多样性和特殊性,正是在多样性中才能显示共同性,在特殊性中生成统一性,没有多样性和特殊性,也就不可能有共同性和统一性。这个道理完全适应于人类历史,历史发展道路既是统一和单线的,又是特殊和多线的,要在统一性与多样性的互动中来把握历史。

能够取得这样的共识,首先是挖掘马克思的思想资源、深刻解读马克思文本的结果。其中,作为马克思晚年人类学笔记之一的《马·柯瓦列夫斯基的〈公社土地占有制,其解体的原因、进程和结果〉一书摘要》(以下简称《摘要》)贡献最大。这本书承接马克思一生唯物史观的思想积淀,将从前还没有机会澄清的前资本主义社会形态的多样性问题彻底解决,从而与跨越资本主义卡夫丁峡谷的设想相接轨，完整地打开了人类历史演进的多样性通道，这是马克思生前为完善唯物史观所做的最后努力，也展示了马克思打通多维历史走向的生花妙笔。

马克思的《摘要》一书在我国已出版20多年，至今学术界还无人问津，这不能不说是一件憾事。当此正值世界走向多极化的时代，以马克思在本书中对封建制的界定为机缘，领略马克思多维历史演进的精湛思想，无疑具有重要的理论意义和实践意义。

一、多维历史走向的初显

马克思从来不是真正意义上的历史演进的单线论者，他一走上哲学舞台就面对黑格尔的《历史哲学》，在这本书中，黑格尔以绝对理念为主体，杜撰了人类历史从东向西的单一走向。马克思尖锐地批判了黑格尔的唯心主义世界理念，为历史的多样性演进开辟了广阔的空间。但是，在马克思主义产生的年代，西方人视野中的人类实践足迹和历史知识主要局限于欧洲，广大的非欧世界都在他们的眼球之外，而欧洲恰恰是以私有制为中心的单向度的自然历史过程的诞生地。欧洲自古以来奴隶、封建和资本主义前后相继的演进过程，激发了维科、康德和黑格尔等哲人的灵感。他们都从中敏锐地捕捉到冥冥历史演进中某种超验的共同性和规律性，并各自做了不同的归结。维科认为这种共同性是觉醒、繁荣、衰落和灭亡的历史循环；康德把这种共同性归结为世界主义，认为只有走出狭隘的民族和地域的圈子，从世界历史的角度解释历史，才能使狂妄、虚荣和残忍转化为历史进步的条件和动力；黑格尔在前人历史共同性的基础上直接提出了历史的单线走向，他把人类对自由的追求，看作是历史的驱动力，正是依据对自由的认同度，人类历史才从东方“不含诗意的中国”起始，经过中亚至希腊、罗马，最后到达普鲁士王国。“绝对理念”走过的这个途程就是全人类必经的历史轨迹。这些先哲们的思想交织成浓重的历史单一走向的大背景，它束缚同时代的人，也不能不熏陶和感染马克思，他创立的唯物史观最初也秉承了历史的单一共同走向。

本来意义上的唯物史观以欧洲社会为依托，以生产力与生产关系和经

济基础与上层建筑的互动机制为动力，描述了财产私有制度下社会形态的更迭。作为第一次系统表述唯物史观的经典原著《德意志意识形态》，就是以所有制的变革为线索，复制了欧洲历经部落所有制、古代的公社和国家所有制、封建的或等级的所有制及资本主义所有制的全过程。在《德意志意识形态》中，马克思还把这个过程在理论上加以升华，赋予其普遍的适应性，凝聚为著名的"世界历史思想"。所谓"世界历史思想"主要是指由于生产力的发展和交往的普遍化，打破了民族和地域的壁空，不同民族和人民的生活和需要逐渐趋同和划一，从而使民族和地域的历史融为世界的历史。资本主义大工业首开世界历史的先河，引导了全球发展的大趋势。而"工业较发达的国家向工业较不发达的国家所显示的，只是后者一未来的景象"[①]，因此"世界历史思想"实际上是对前资本主义民族走向资本主义途程的理论规范，反映了马克思主义创立时一期历史理论的特点。

自 19 世纪 50 年代以来，伴随着殖民化进程的加深和一大批传教士与探险家涌入东方非欧世界，人们的视野空前开阔了，卷帙浩繁的考察游记和风土见闻，把一个前所未闻的光怪陆离的东方异国推到了欧洲人面前。人们发现，欧洲不过是大千世界的一隅，远不是地球的中心，广大的东方蛮域的许多情景都令他们拍案称奇。最大的一点莫过于那里竟然存在着土地公有制，这对千百年来惯常于私有制下生活的欧洲人来说，实在是大感意外。相比之下，马克思在惊诧的同时力求理解东方公有制，他在 1853 年 6 月致恩格斯的信中说："贝尔尼埃完全正确地看到，东方（……）一切现象的基础是不存在土地私有制。这甚至是了解东方天国的一把真正的钥匙。"[②]恩格斯回信完全赞同马克思的见解。并进一步深入思考："东方民族为什么没有达到土地私有制，甚至没有达到封建的土地所有制呢？"[③]他认为："这主要是由于气候和土壤的性质，特别是由于大沙漠地带，这个地带从撒哈拉经过阿拉伯、波斯、印度和鞑靼直到亚洲高原的最高地区。在这里，农业的第一个条

---

① 《马克思恩格斯全集》第 1 版，第 23 卷，第 8 页。
② 《马克思恩格斯全集》第 1 版，第 28 卷，第 256 页。
③ 《马克思恩格斯全集》第 1 版，第 28 卷，第 260 页。

件是人工灌溉,而这是村社、省或中央政府的事。”[①]马克思在同时一期写作的《不列颠在印度的统治》一文中进一步发挥了恩格斯的思想,指出:“节省用水和共同用水是基本的要求,这种要求,在西方,例如在佛兰德和意大利,曾促使私人企业结成自愿的联合;但是在东方,由于文明程度太低,幅员太大,不能产生自愿的联合,因而需要中央集权的政府进行干预。所以亚洲的一切政府都不能不执行一种经济职能,即举办公共工程的职能。”[②]兴修水利和农业灌溉是连接千家万户耕地的超大工程,是人民和国家赖以生存的命脉,这项任务本身就排除了土地私有的可能,同时也促成了中央集权的专制政府的建立。而广大的农业人口“又散处于全国各地,通过农业和制造业的家庭结合而聚居在各个很小的中心地点”[③],这就是所谓的村社。土地名义上属于国家,实际上归村社所有,分配给社员耕种。这就形成了东方社会特有的土地公有、农村公社和专制国家三位一体的生产方式。

发现广大非欧地区独特的社会经济形态,极大地撼动了传统的单线历史观。越来越多的发现和事实表明,东西方首先是两个截然不同的世界,西方一直以私有制为主导,私有制和私有观念根深蒂固,天经地义。而东方一直是公有制的天国,如马克思所说:“在亚细亚的形式中,不存在个人所有,只有个人占有;公社是真正的实际所有者;所以,财产只是作为公共的土地财产而存在。”[④]其次,东西方在历史发展道路上根本不同,当西方沿着私有制的内在矛盾,先后历经奴隶、封建和资本主义的自然历史过程时,东方却从原始农业公社时起,一直持续着以亚细亚社会固有的三位一体的公有制形态。最后,东西方在社会演进的机制上也不相同,欧洲自有文字的历史以来,主宰社会运行的是生产力与生产关系和经济基础与上层建筑的矛盾运动,按照《共产党宣言》的说法,这时一期的历史都是阶级斗争的历史。而东方世界自古以来就建立在血缘亲属关系基础上,村社作为社会基本细胞与“农业和制造业的家庭结合”体,以血缘亲属关系为纽带,组织起“手织业、手

① 《马克思恩格斯全集》第1版,第28卷,第260—263页。
② 《马克思恩格斯选集》第2版,第1卷,第762页。
③ 《马克思恩格斯选集》第2版,第1卷,第764页。
④ 《马克思恩格斯全集》第1版,第46卷(上),第481页。

纺业和手耕农业的特殊结合"的家庭公社。公社内部财产和收入差别不大，阶级分化不明显，而宗法关系和亲情、人情却大行其道。特别是由于道路缺少，交通不便，村社之间很少往来，一直处于孤立状态，是个典型的经济、政治和文化都发育不足的社会。

马克思越来越多地接触到东方社会的历史与现实资料，并在关于印度的两篇文章及《1857—1858 年经济学手稿》中进行了初步的研究，在理论上肯定了作为西方异质与对立面的东方社会的存在，这就冲破了单线历史观的藩篱，迈出了走向多线史观的重要一步，是唯物史观自我修琢、自我完善的典范。但是也要看到，光有对东方社会的首肯而缺乏与欧洲的奴隶、封建、资本主义相比较，就难以对东方社会具体定位，这只能说是一种没有经过提升的表象意识，远还没有达到多线史观的境界。这种认识是零散的，也是不稳固的，一离开东方社会的具体条件，就有可能反复，仍回到单线史观的老路上去。所以我们看到，在关于印度的两篇文章中，一涉及印度的未来，马克思仍然坚持资本主义历史取向，认为不列颠在印度负有"重建的使命"，即"在亚洲为西方式的社会奠定物质基础"①，这与后来的跨越资本主义卡夫丁峡谷的多维历史发展道路形成鲜明的对照。1859 年马克思在其著名的《〈政治经济学批判〉序言》中再次重申了单线的历史取向，指出："大体说来，亚细亚的、古代的、封建的和现代资产阶级的生产方式可以看作是经济的社会形态演进的几个时代。资产阶级的生产关系是社会生产过程的最后一个对抗形式……人类社会的史前时期就以这种社会形态而告终。"②这个表述与 13 年前《德意志意识形态》用所有制对人类历史发展的单线描述没有质的区别，只是用生产方式的变革取代了所有制的更迭，表述得更确切。同时用"大体说来"使表述内容留有余地，避免绝对化，其中就包含了对东方以公有制为基础的三位一体的社会形态的认同，正是在这里，多维历史取向已经得到初显。

① 《马克思恩格斯选集》第 2 版，第 1 卷，第 768 页。

② 《马克思恩格斯选集》第 2 版，第 2 卷，第 33 页。

二、跨越卡夫丁峡谷设想对未来多维历史走向的突破

确立多维历史走向对马克思来说并非易事，它既包含理论上的变革和创新，又涉及对先前业已形成的见解的反思和突破，没有理论上的勇气和缜密求实的科学态度是根本做不到的。当然，适当的机缘也不可缺少。19 世纪 70 年代中期以后世界形势的骤变，为否定资本主义这个史前单一走向链条的最后形态提供了现实可能。

巴黎公社革命失败以后，西方资本主义世界相对稳定，进入了和平发展的新时期。而同时代的东方特别是俄国则危机重重，自农奴制改革后，俄国社会阶级矛盾日趋尖锐，民粹派及其民意党人的密谋活动使沙皇东躲西藏，不得安身。而在国外，1877 年 4 月又爆发了俄土战争，沙皇俄国四面楚歌，内外交困。当时，马克思恩格斯对俄国革命形势估计得十分乐观，他们认为“推翻沙皇制度似乎指日可待”，“在俄国事态几个月内就会发展到决定性的关头”，“俄国革命可能在今年爆发”。马克思甚至说：“这一次，革命将从一向是反革命安然无恙的堡垒和后备军的东方开始”，“要是老天爷不特别苛待我们，我们该能活到这个胜利的日子吧。”①正是在对即将到来的革命的热切期盼中，马克思开始思考革命胜利后俄国向何处去的问题。

本来按照马克思的世界历史思想，一切没有进入世界历史的民族都应该经过资本主义经济和政治的洗礼融入世界历史的洪流中，俄国未来的前途只能是资本主义。1859 年马克思在评论即将开始的农奴制改革时说：如果俄国发生农民起义，那么，“俄国的 1793 年就会来到；这些半亚洲式农奴的恐怖统治……最终将以真正的普遍的文明来代替彼得大帝所推行的虚假的文明”②。俄国农奴制改革实际上已经开辟了资本主义发展的现实前景。但是俄国即将爆发的革命将是民粹派领导的人民革命，民粹派一向陶醉与俄国的公社土地公有制，认为俄罗斯人是“天选的社会主义民族”，俄国农民是“天生的共产主义者”，斯拉夫民族流淌的公有制血液，就可以使他们避免

① 《马克思恩格斯全集》第 1 版，第 34 卷，第 275 页。

② 《马克思恩格斯全集》第 1 版，第 12 卷，第 725 页。

资本主义的灾难,直接走向社会主义。对于民粹派的这种背离唯物史观的空想主义论调,马克思一向不买账,早在 1855 年 2 月 3 日致恩格斯的信中就明确表态:"我不赞成这样的意见:似乎旧欧洲要用俄罗斯的血液来更新。"[①]针对夸大公社作用的神话,马克思直截了当地说:"对于这种共产主义的黄金国,我从来不抱乐观的看法。"[②]

然而现在情况变了,倘若俄国真的发生了一直与马克思保持友好关系的民粹派领导的人民革命,这将首先考验革命和理论在马克思心中的位置和分量:是革命第一,使理论服从革命,为革命修正理论?还是理论优先,不顾革命的需要,固守理论的坚定不变?正是在这个严肃的拷问面前,马克思表现了一个革命家的坚定品格,守护了作为无产阶级革命导师的最基本底线。恩格斯说过,马克思身负科学家和革命家的双重使命,作为科学家,他在许多领域都有"独到的发现","但是这在他身上远不是主要的"[③],"马克思首先是一个革命家。他毕生的真正使命,就是以这种或那种方式参加推翻资本主义社会及其所建立的国家设施的事业的,参加现代无产阶级的解放事业"[④]。面对这个使命,革命和生活实践是至高无上的长青之树,而单纯的理论是灰色的,必须在革命实践的雨露滋润中才能润人心田。在他终生渴望的革命呼唤下,马克思系统地审视眼前即将发生的事变与自己以往理论的碰撞与关联。按照《〈政治经济学批判〉序言》的逻辑,人类史前时期必将以资本主义这一最后的对抗形态告终,把这一论断运用到当前的俄国革命,就必然得出马克思极不愿意看到的结论:革命胜利后的俄国只能投入资本主义的怀抱,然后再去经历资本主义的漫长发展之路。在这个结论面前,马克思终生为之奋斗的消灭资本主义制度的理想彻底泡汤,广大的劳动阶级又重新被抛入资本主义苦海,俄国本来没有的土地私有制又不可思议地被扶植起来。革命是历史的趋势,永远是正确的,问题出在革命的遭遇上,先前设计的单线历史发展道路,尤其是那个人类必须经历资本主义时一期

---

① 《马克思恩格斯全集》第 1 版,第 28 卷,第 433 页。
② 《马克思恩格斯全集》第 1 版,第 32 卷,第 421 页。
③ 《马克思恩格斯选集》第 2 版,第 3 卷,第 777 页。
④ 《马克思恩格斯选集》第 2 版,第 3 卷,第 777 页。

的历史格局与革命撞了车。

怎么办?可以设想将资本主义一笔勾销,彻底否定。但这很不明智,资本主义作为当下存在的铁一般的事实,显然不能简单否定。马克思用理性的态度和高超的手法,首先肯定了资本主义的历史必然性,但紧接着又指出,这种必然性仅仅局限于西欧。他在《给维·伊·查苏利奇的信》中引证了《资本论》的原文:资本主义“整个发展的基础就是对农民的剥夺。这种剥夺只是在英国才彻底完成了……西欧其他一切国家都正在经历着同样的运动”。马克思由此得出结论:“可见,这一运动的历史必然性明确地限于西欧各国。”[①]把资本主义定位于西欧,否定其对全世界的普遍适应性和有效性,这就迈出了多维历史通道的第一步。这一步十分高明和重要,既关照了先前的理论和当下的现实,肯定了其对西欧的存在意义,又蕴含着西欧以外地区不存在和不经历资本主义的可能性,为跨越资本主义卡夫丁峡谷埋下了伏笔:既然资本主义对包括东方在内的广大的非欧世界没有历史必然性的东西,那么就没有什么理由强迫东方非得去接受资本主义,于是也就可以设想在未来的发展中绕过资本主义阶段,这样,一条无论在历史上或未来发展中都不经过资本主义的另类社会发展道路就开辟出来了。

但是,与西欧不同的东方社会特殊的发展道路绝非单纯的逻辑推论和构想,只凭把资本主义“限于西欧”这一句话显然不够,它还不能自动说明广大东方世界就可以避开资本主义发展阶段。东方处于前资本主义形态已无须论证,关键在于向后延伸,要把未来非资本主义化从可能变为定论,并赋予确定的史实为佐证。最佳的方案是以一国的现实为例,具体落实非资本主义的未来诉求,在个性中凸显共性。俄国恰好处在革命前夜,它的独特国情为马克思提供了良好的素材,马克思在1877—1881年间所写的《给〈祖国纪事〉杂志编辑部的信》和《给维·伊·查苏利奇的信》中精辟地阐发了俄国跨越资本主义发展阶段的根据和可能。其要点概括起来大致如下:

(1)俄国是“在全国范围内把‘农业公社’保存到今天的欧洲唯一的国

① 《马克思恩格斯全集》第1版,第19卷,第268页。

家"[1]。公社及其土地公有制"是俄国社会复兴的因素和俄国比其他还处在资本主义制度压迫下的国家优越的因素"[2]。革命胜利后,"如果俄国继续走它在1861年所开始走的道路,那它将会失去当时历史所能提供给一个民族的最好的机会,而遭受资本主义制度所带来的一切极端不幸的灾难"[3]。"只要把'农村公社'放在正常的条件之下,就是说,只要把压在它肩上的重担去除掉"[4],"那么现今的俄国土地公有制便能成为共产主义发展的起点"[5]。(2)共产主义不仅要以土地公有制为基础,还必须有社会化的生产力为依托。俄国生产力水平不高,但它"和控制着世界市场的西方生产同时存在,使俄国可以不通过资本主义制度的卡夫丁峡谷,而把资本主义制度的一切肯定成就用到公社中来"。(3)跨越卡夫丁峡谷是个极其艰巨的系统工程,需要各方面的支持和条件。马克思没有陷入幻觉,深刻地意识到当时最大的障碍是俄国公社"正处于危险境地",面临着来自国家、地主和商人、高利贷者的盘剥和破坏,"公社的现状不能继续维持下去了"。"要挽救俄国公社,就必须有俄国革命"[6],而俄国革命又必须与欧洲革命互相呼应和补充。在各方面条件都具备的情况下,跨越卡夫丁峡谷的设想就有可能变为现实。

至此,经过马克思的严密论证,一副清晰的理论画卷已经呈现在人们面前:俄国和东方作为西欧以外的世界,在历史上从未产生和经历过资本主义,在未来向共产主义的发展中也可以跨越资本主义的卡夫丁峡谷,于是,一条完整的非资本主义道路彻底贯通了,人类历史的多维取向从中绽露出来。本来在西欧的自然历史演进的链条中,资本主义是个极其重要的、不可或缺的环节。马克思说:"资产阶级历史时期负有为新世界创造物质基础的使命:一方面要造成以全人类互相依赖为基础的普遍交往,以及进行这种交往的工具,另一方面要发展人的生产力,把物质生产变成对自然力的科学统

① 《马克思恩格斯全集》第1版,第19卷,第435页。
② 《马克思恩格斯全集》第1版,第19卷,第431—432页。
③ 《马克思恩格斯全集》第1版,第19卷,第438页。
④ 《马克思恩格斯全集》第1版,第19卷,第435—436页。
⑤ 《马克思恩格斯选集》第2版,第1卷,第251页。
⑥ 《马克思恩格斯全集》第1版,第19卷,第441页。

治。"[①]现在由于资本主义的不在场,这项庄严而伟大的使命就只能由新社会的主人——广大的无产阶级和劳动群众自己在人民的政权下,去为自己奠定新社会的物质基础。这就要以经济建设为中心,聚精会神发展生产力。中国共产党正是在没有等待资本主义充分发展的情况下,首先夺取政权,大力发展经济,这就是邓小平理论所开辟的中国特色社会主义事业。

三、消解东方封建制是开辟多维历史通道的关键步骤

按照马克思的界定,西欧经历的以私有制为中心的自然历史过程,是人类社会发展的基本维度。这个过程线索清晰,机制严整,对整个人类历史演进做出过重要贡献,长时期被当作世界的中心和历史的坐标。东方非欧世界的发现打破了欧洲大一统的格局,在人们习以为常的私有制生活空间之外,还看到了一个以公有制为中心的三位一体的古老世界。亚细亚生产方式作为东方现实的理论表达,以其欧洲无法比拟的广大地域和久远的社会历史内涵,向世人表明它与欧洲的深刻不同,尤其是马克思关于俄国等东方国家跨越卡夫丁峡谷的设想,将欧洲历史和现实中的私有制的最高形态——资本主义剔除东方世界之外,这就在一度与深度上极大地扩展了与欧洲的差别,在亚细亚生产方式的基础上进一步给历史单线性撕开了一个大裂口。但是,仔细探寻可以发现,东西方史前时期的历史分野还不甚清晰,光说东方的亚细亚生产方式涵盖了欧洲的原始、奴隶和封建形态,还很笼统,只有把东西方的差别具体落实到每一个社会形态上,才能证明世界历史发展道路真正是多线的。

东西方从人类社会的原生形态就显露出不同的特点。马克思在《1857—1858 年经济学手稿》和《资本论》中把原生形态分为前农业公社和农业公社两个时期:在农业公社时期,人们不但按照血缘关系定居下来,从事农业生产,而且房屋和宅旁园地已为社员私有,土地虽然公有,但定期在社员之间重新分配,社员以家庭为劳动单位,劳动产品归社员所有。马克思根据农业公社中公私财产的比例关系和组织形式,又把农业公社分为三种

① 《马克思恩格斯选集》第2版,第1卷,第773页。

不同的类型。首先是亚细亚所有制形式，这是农业公社中公有制程度较高的公社所有制，在这里，土地作为最基本的生产资料归国家或君主，而占有权归公社，使用权归个人，实际上"每一个单个的人在事实上失去了财产，或者说，财产对这单个的人来说是间接的财产"①。19世纪俄国和印度的村社土地公有制就是由这种亚细亚所有制形式演化来的，它们作为次生形态已经出现了房屋和宅旁园地的小私有权。但其前身公有制程度较高，这成为东方原生形态的突出特点。其次是欧洲的原生形态属农业公社的第二、三种形式，即古代所有制形式和日耳曼所有制形式，这两种形式的公有制程度较低，个人已经拥有自己的独立财产。在日耳曼形式中，私有制程度更高，农民已经成为土地的实际所有者和占有者。欧洲后来的奴隶制和封建制就是由农业公社中的古代所有制和日耳曼所有制衍生出来的。所以，东西方社会还在娘胎的原生形态中就已经大相径庭了。

奴隶社会作为第一个私有制的阶级社会，在古希腊和罗马得到了充分的发展。虽然它结束了原始的野蛮状态，开启了人类文明，但总的来说，文明程度还较低，特别在人与人的关系上，动物性原则还很通行，出现了包括拥有奴隶在内的动产私有制。一个刚刚从带有自然平等的原生形态脱胎出来的社会，竟然把人当作会说话的动物来支配，实在是不可理解，马克思也称其为"反常的"形式。② 奴隶制从财产私有到人身的完全依附关系，再到后来作为资本主义历史借鉴的工场手工业与奴隶民主制，像一副怪胎一样，与东方亚细亚生产方式格格不入，二者之间在各方面的差别是巨大而明显的。一直到这里，多样性的历史通道仍在平行地延续着，而且再往后，从资本主义直至共产主义的发展中，东西方历史道路的分野已经被充分证明。现在仅剩下一个封建制，是否它就与众不同，能够单挑独奏，把东西方连接和统一起来呢？正是在这个问题上，学术界出现了严重的思想混乱。

近代伴随着殖民侵略的节节胜利，资本主义的发祥地欧洲也从地缘中心变为思想中心，形成了一股来势汹涌的欧洲中心论思潮。这股思潮用欧

---

① 《马克思恩格斯全集》第1版，第46卷，第473页。
② 《马克思恩格斯选集》第2版，第1卷，第63页。

洲人的眼光来审视一切,资本主义不仅要在现实中征服全球,就是欧洲历史上的所有事变,包括封建制,也要在其他国家重演。柯瓦列夫斯基的《公社土地占有制》一书就反映了这种思潮的影响。

柯瓦列夫斯基是19世纪俄国进步思想家,他不仅对广泛存在于东方的土地公有制有精深的研究,而且关心广大公社农民的命运,反对西方殖民者对公社土地的侵占和掠夺,坚持进步和正义的立场,受到马克思的敬重和称赞。但是柯瓦列夫斯基又是一个欧洲中心论者,倾心于用欧洲的历史来裁剪东方的现实。他特别关注东方的封建制问题,认为全世界所有地区的公社都在不同程度上经历了与西欧相同的封建化过程。他把印度和北非曾经试行过的军功田、包税制和军事移民区等统统称为封建化或封建制。他在该书的序言中声称,证明封建制具有超越西欧的普遍世界性,就是他的著作的使命之一。

马克思高度评价柯瓦列夫斯基《公社土地占有制》一书的积极意义,但不赞成他关于东方存在封建制的论点。这种看法是以西欧封建制为基准对东方历史和现实的强制,是在千百年来自然延续的亚细亚生产方式中人为地打入一个极不协调的封建制楔子。其结果,东西方原本平行的历史轨道硬是在封建制上出现了交叉点,堵塞了多维历史通道。马克思在《摘要》中逐条批驳了柯瓦列夫斯基关于东方存在封建制的论点。为了论证封建制的普适化,柯瓦列夫斯基挖空心思,把东方国家历史上存在过的许多看似带有分封意味的举措都说成是封建化或封建制。印度曾经试行过军功田,对作战有功的人员以土地进行分封,柯瓦列夫斯基认为这就是封建化,“他们的占有也由对自主地的占有变为封建的占有”[①]。马克思批驳说,军功田并不是真正的分封,它只有占有权而没有所有权,是国家随时可以收回的。历史上军功田的占有者为了把军功田变成世袭所有,曾经同王朝进行了长期的斗争。至于说军功田改变了纳税关系,土地耕作“不是向国库,而是向由国库授予权力的人缴纳实物税或货币税”[②],这一点如马克思所说:“纳地亩税

① 《马克思恩格斯全集》第1版,第45卷,第269页。

② 《马克思恩格斯全集》第1版,第45卷,第269页。

并没有把他们的财产变为封建财产,正如法国的地亩税不曾把法国的地产变为封建的地产一样,柯瓦列夫斯基整个这一段都写得非常笨拙。"①

柯瓦列夫斯基还抓住印度历史上曾经实行过的公职承包制和荫庇制,认为这也是封建化的表现。马克思不同意这种观点,认为公职承包制并不是封建制独有的,早在西欧奴隶制时期就曾实行过这种制度。荫庇制表面上类似西欧封建主对农民的保护,但它在印度"所起的作用是很少的"②,不足以说明问题。

马克思在《摘要》中还批评了柯瓦列夫斯基对土耳其人在阿尔及利亚建立军事移民区的看法,认为他"把这种军事移民区命名为'封建的',理由不足:他认为在某情况下会从那里发展出某种类似印度的札吉的东西"③。马克思的这段话表明,他既不同意阿尔及利亚的军事移民区是封建性质的,也反对柯瓦列夫斯基把札吉(印度的军功田)看成是封建的,因为这些田产最后还是属于国家所有和由国家支配的。如果说马克思在这里对柯瓦列夫斯基的批评还比较温和的话,那么对另一位人类学家菲尔关于印度农村柴明达尔(包税人)的观点的批评就毫不客气了,他气愤地斥责"菲尔这个蠢驴把农村的结构叫做封建的结构"④。

上述可见,马克思对整个东方世界都持有与欧洲中心论不同的看法,认为不可将西欧中世纪经历的封建化过程简单地移植到东方来。无论是中国、印度或北非,在广大的非欧世界,封建制都是不可复制和承载的舶来品。欧洲中心论实质上是资本主义中心论,马克思一生都在与资本主义进行不懈的斗争,埋葬资本主义和确证共产主义是批判欧洲中心论的主战场,否定东方世界封建制的存在是他批判欧洲中心论的重要一翼。过去中国学术界很少接触到马克思的这份思想遗产,在封建制的问题上出现了许多错位和失衡,现在似乎应该认真地厘清了。

---

① 《马克思恩格斯全集》第 1 版,第 45 卷,第 269 页。

② 《马克思恩格斯全集》第 1 版,第 45 卷,第 284 页。

③ 《马克思恩格斯全集》第 1 版,第 45 卷,第 312 页。

④ L. Krader, *The Ethnological Notebooks of Karl Marx*, Asen: Van Gorcum, 1972, p. 256.

四、马克思所理解的封建制

柯瓦列夫斯基作为一个进步学者，在封建制问题上栽跟头，主要原因在于他观察问题表面化，不了解封建制的本质规定，一看到东方某些现象与分封沾点边，就断言是封建化。封建制顾名思义，首先是指基本生产资料即土地的分封，由此形成领主和贵族的封建土地私有制。问题在十东方存不存在土地私有制，如果土地不是私有，而是归公共所有，那么任何人都无权对土地进行分封，因而也就不可能存在封建的土地所有制。正是这一点暴露了柯瓦列夫斯基不了解亚细亚生产方式的土地公有、农村公社和专制国家三位一体的事实，对东方土地制度的真实情况不甚了了。所以，柯瓦列夫斯基在他的《公社土地占有制》一书中除了把军功田、公职承包制、荫庇制和军事移民区误认为是土地分封外，他拿不出任何土地分封的事实。针对柯瓦列夫斯基的局限性，也为了纠正以往学术界普遍存在的弊病，马克思在《摘要》中破天荒第一次从人的生存视角论述了封建制的三个不可或缺的基本规定。

首先，农奴制是封建制的必要条件。马克思认为，农奴制的存在凸现了封建社会人的状态，领主与农奴在人的依赖性基础上形成的人身依附关系集合了封建社会的土地分封制和等级制的一切特点。土地连带着人，没有人去耕作的土地只能是荒地，分封也没有意义，必须把土地上的生产者连同土地一起分封，才能体现出分封的价值。所以，分封不仅限于土地，首要的是分封人，使领主能够直接支配生产者，在这个意义上，不把生产者变为农奴就等于不存在土地分封制，离开农奴制的封建制是不可思议的。马克思在《摘要》中说："由于在印度有'采邑制'、'公职承包制'（后者根本不是封建主义的，罗马就是证明）和荫庇制，所以柯瓦列夫斯基就认为这是西欧意义上的封建主义。别的不说，科瓦列夫斯基忘记了农奴制，这种制度并不存在于印度，而且它是一个基本因素。"[1]由此就可以得此一个确定的结论：没有农奴制也就不会有封建制。

① 《马克思恩格斯全集》第1版，第45卷，第283—284页。

其次,土地为贵族领主所垄断,不得自由买卖,这是封建制的又一重要特征。土地是人类生存之母,在封建时代的自然经济条件下,土地尤显得格外重要,几乎是人类一切生产和生活的资料来源。在西欧,就像封建主本人的高贵身份一样,土地本身也十分高贵,只能为身份高贵的贵族领主所有,绝对不许转让给平民,更不能让农奴染指。这是西欧中世纪的传统,也是封建制得以存在和延续的保障,有了这个规定,封建主就可以对自己的统治和特权永葆无虞了,因此土地不得自由买卖这个政治和法律上的具体规定才能成为封建制的一面旗帜。但是这项举措在东方行不通,出于耕作的方便,社员之间可以转让土地的占有权和使用权,但不改变所有权的性质。所以马克思在《摘要》中说:"罗马——日耳曼封建主义所固有的对土地的崇高颂歌……在印度正如在罗马一样少见。土地在印度的任何地方都不是贵族性质的,就是说,土地并非不得转让给平民!"①

第三,贵族领主拥有司法审判权是封建制的重要特点,也是农奴对领主的人身依附关系和领主权力过大的集中体现。人身依附关系是封建制的政治基础,它是由奴隶制的完全人身依附关系转化而来。在封建制度下,领主虽然不再拥有对农奴的生杀予夺大权,但农奴不得拥有土地,不可离开领主的土地,农奴一旦逃脱或犯有罪过,领主就可以对农奴实施司法审判。封建制下的司法本来就形同虚设,现在再由领主来履行审判权力,就更加带有随意性,加剧了领主的恣意专横。从另一方面来看,司法审判权又折射出领主权力过大和皇权弱小的事实,把本应国家独具的司法专权泛化为领主普遍享有的权力了。所以,司法审判权看似局部问题,实则牵涉根本,是封建社会的分封制、农奴制、等级制和分权制等一系列重要体制的聚焦点。因此马克思在《摘要》中把领主的司法审判权作为封建制的一条重要标准,并批评柯瓦列夫斯基忽视印度不存在这一权力的事实,随意乱用封建化。马克思说:"不过柯瓦列夫斯基自己也看到一个基本差别:在大莫卧尔帝国特别是在民法方面没有世袭司法权。"②在印度,司法审判权仍然属于国家,不许权

---

① 《马克思恩格斯全集》第1版,第45卷,第284页。

② 《马克思恩格斯全集》第1版,第45卷,第284页。

贵私设公堂。而西欧恰恰存在这种世袭的司法审判权，这就使封建的西欧与印度形成“一个基本差别”。

五、结语

封建制作为早已逝去了的现实，尘封许久，已成为历史的陈迹。今天我们又回首封建制问题完全是着眼于马克思，希望通过对他的封建制的独到见解的分析，引申出一些有益的启示。其中，马克思对多样性历史发展道路的探寻，无疑具有极大的魅力。

马克思一生的哲学历程都伴随着多维历史道路的探索和所付出的努力，这个过程绝非神话般地刻意追求和主观设计，实际上也是一个自然历史过程。最初为了击破纷乱芜杂的唯心史观，马克思承接康德和黑格尔的历史统一性的传统，用自己哲学革命变革的最新成果，即实践哲学和唯物史观，对历史统一性进行了全新的揭示和说明，不是形形色色的意志和怪影，而是生产力与生产关系和经济基础与上层建筑的矛盾运动成为历史统一性的主宰。当马克思的视野还不可能超出西欧的时候，这就是最高的成果和无人企及的水平。马克思的伟大和朴实还在于当他接触到东方非欧世界后，不仅正面承认而且力求给予理解和说明，在西欧私有制的大一统中留给东方土地公有制一角空间。尤其是当形势发展到革命后的俄国将向何处去的时候，作为革命家的马克思义无反顾地否定了资本主义前景，设想了跨越卡夫丁峡谷的可能性。这就彻底割断了资本主义与东方的纠葛，把东西方两条不同的社会发展道路彻底劈开了。至此应该说马克思构建多线史观的使命已经完成，重担已经卸下了。但是当马克思发现，像柯瓦列夫斯基这样进步的思想家对封建制问题都一塌糊涂，竟然把东方社会归入西欧的封建制范畴，说明从前的单线史观的影响还很深，欧洲中心论的流毒还有待进一步清除。正是在这种情势下，马克思才写作《摘要》，对人们似乎都已明了的封建制进行启蒙式的界说，消解了东方封建制观念，重建了东西方不同的历史演进模式。（原载《马克思主义与现实》2011 年第 2 期）

人生治学两相济

张奎良,1937 年 6 月生,辽宁省新民市人。1956 年考入中国人民大学国际共产主义运动史专业,1960 年毕业被分配至黑龙江大学哲学系任助教,从事马克思主义哲学教学工作。1986 年被评为教授,1996 年任博士生导师。现为中国马克思主义哲学史学会顾问,黑龙江省哲学学会名誉会长。著有《马克思的哲学历程》《马克思的哲学思想及其当代意义》《时代呼唤的哲学回响》《当代中国的马克思主义》《跨世纪的回响》《唯物主义:社会主义的思想来源与实践指引》《实践人学与以人为本》《张奎良集》等。

光阴荏苒,不经意就过了古稀之年。人之老至,不再像年轻时那样耽于幻想,反倒经常回首往事,盘桓于逝去的岁月间。每忆及此,五味杂陈,感慨良多,既为些许成绩而暗自窃喜,也为曾发生的失误而倍感汗颜。这里不想拷问自己往日的是非功过,倒想以一个老年理论工作者的身份,倾诉我学术研究最真切的感悟。

我纯粹出于偶然于 1956 年考入了中国人民大学国际共产主义运动史专业,当时这类学科具有强烈的意识形态性质。不过这也倒使我有机会从专业的高度更多地接触到马克思、恩格斯和列宁的著作,正是在对经典作家文本的研读中,我感受到了革命理论征服人心的巨大力量。像许多革命先辈通过学习《共产党宣言》而走上革命道路一样,我也在专业的学习中确立了为共产主义事业奋斗终生的志向,马克思主义的世界观和人生观成为我终生不渝的信仰。讲马克思主义,行马克思主义,我就是伴随着这个信念留下了半个世纪的人生和治学的足迹,主要反映在以下几个方面的研究课题和成果上:

人学和以人为本

十一届三中全会以后，反思十年“文革”造成的人的价值灾难是全民关注的热点。马克思是古往今来最伟大的人学大师，他的哲学革命变革提供了对人的最科学的理解和说明。我抱着重新学习的态度，系统地研读了马克思的相关文本，相继在人性、人的本质、人的价值、人的异化、人化自然、人的自由个性、人的全面发展等问题上发表一系列文章，旨在光大马克思的人学理想，说明只有人的现代化才能实现国家现代化。当时众多的学者几乎不约而同地站到马克思的人学大旗下，一方面挖掘和阐发马克思的实践人学的机理，借以回应十年文革所泛起的种种难题，同时也在为国家今后的发展探寻理论上的导向。1994 年我在《哲学研究》上发表一篇论文，题为《试论马克思以人为本的哲学发展轨迹》。这篇文章试图突破哲学上长期以来以物为本的藩篱，把人置于本的基础上，从而为生活和现实提供新的哲学奠基。但是文章一发表就引起争议，甚至被指责为是对公认的唯物主义以物为本原则的冒犯，是对马克思唯物史观的曲解。当时我虽然没有退让，写出《唯物史观的人学意蕴》予以回答，但总的来说，由于形势还不成熟，还是显得人单势孤。

党的十六届三中全会提出以人为本的科学发展观，既是我国社会发展思路的新的跃进，也是学术上人能否为本的争论的解决。但是总的前提确定了并不等于许多具体疑惑的消解，人何以为本？以人为本的人是什么人？以人为本的意义何在？这些问题仍然缠绕着人的头脑，影响着对以人为本的认同。鉴此，我先后发表《物本、人本和以人为本》《人与民的历史切换》《以人为本的哲学意义》《以人为本的世界历史意义》等 8 篇论文，尽我所能，力图为宣传科学发展观扫清理论上的障碍。

邓小平理论与马克思的跨越卡夫丁峡谷设想

像我这个年龄段的人，亲身经历了十年文革和改革开放前后的巨大变

化,对邓小平和他的建设中国特色社会主义理论抱有十分亲切的情感,深知只有邓小平理论才引领中国走出僵化的社会主义模式,开创中国健康发展、强大繁荣的新纪元。但是由于长期的“左”的思潮影响,人们对这一理论还需要一个消化和认同的过程。我在广泛阅读文本的基础上发现,马克思的东方社会理论,特别是其中的跨越资本主义卡夫丁峡谷的设想是对中国特色社会主义理论的有力支撑。中国特色社会主义理论不仅与马克思主义一脉相承,而且是创造性的发展。我把我的这些研究成果以《马克思的东方社会理论》和《马克思晚年的设想与邓小平的特色理论》为题,相继发表在1988年和1994年的《中国社会科学》上,起到了链接马克思主义与邓小平理论的作用。

唯物主义与社会主义

选择具有中国特色的社会主义道路,具体的政策决策固然重要,但指导思想的转换更为重要。书本的原则和苏联的模式都不应成为社会主义的出发点,只有中国的实际才是我们选择社会主义道路的唯一根据。邓小平花了很大精力一再强调解放思想、实事求是,就是为了把立足点转移到中国国情上来。为了论证和支持这个新时代的实事求是原则,我再次到马克思那里去寻求资源,在《神圣家族》一书中找到了过去从未引起学界关注的唯物主义与社会主义的关系的论述。马克思指出,18世纪的法国唯物主义是现代社会主义思想的发源地,它们的社会政治伦理思想“同共产主义和社会主义之间有着必然的联系”,但是这种联系被轻视实践的空想社会主义者承袭了。抛弃空想,付诸实践,就会得出马克思在《德意志意识形态》中的著名结论:实践的唯物主义及共产主义。这里启示我们,社会主义既然来源于唯物主义,那么它在实践中就应该遵循唯物主义,向唯物主义回归。因此社会主义必须实事求是,一切从国情出发,社会主义必须重在实践,在实践中而不是书本中探寻社会主义的真谛,中国特色的社会主义就是实践探索的伟大成果。我把这些见解先后以“唯物主义的社会主义内蕴”和“社会主义向唯物主义的回归”为题发表在《中国社会科学》与《马克思主义研究》上,引起学界的关注,最后获得国家社科基金重点项目的资助,并由人民出版社结集出书。

和谐社会与和谐辩证法

党的十六届四中全会在以人为本的基础上进一步提出了构建社会主义和谐社会的伟大纲领,这在历经了以阶级斗争为纲和斗争哲学纷扰的我们这一代人心中引起的震撼,是可想而知的。我最感兴趣的是一种逻辑关联:构建和谐社会就要有和谐思维,在不相容的无止境的对抗思维中不可能建立起和谐社会,而和谐思维必将提升为和谐辩证法,这是对斗争哲学的彻底清算,是对一种全新的发展路径的开启。按着这个逻辑,我专攻和谐辩证法问题。和谐辩证法是对过去过分强调的斗争辩证法的超越,既包含矛盾斗争的发展维度,又包含对立面的和谐合作的维度,是真正克服了片面性弊病的全面的发展学说,当今的互利共赢、优势互补、强强联合就是和谐辩证法的新概念。我把这些想法写成系列文章发表出来,被《北京日报》理论周刊概括为"和谐辩证法:凝聚改革开放以来的新思维"。与此同时我又把以人为本与和谐辩证法升格,视为马克思主义哲学中国化的新里程,申报并获得国家社科基金项目,于去年结项,被评为优。

回顾我的治学道路深有所感,哲学作为形上之学,必须保持自己的高贵品格,对现实不能亦步亦趋,要有批判性和超越性。但是,哲学必定是来自生活,源于现实,又不能成为不食人间烟火的象牙塔。在高层次和深刻性的意义上关注现实,回应社会生活需要,体现了马克思主义哲学的实践本性。多年来我一直以中国特色社会主义的理论和实践作为哲学研究的对象,其目的只有一个,就是提升当下我们正在从事的伟大事业的理论品位,深化对它的认识和理解。(原载《光明日报》2011 年 3 月 29 日)

马克思主义哲学中国化的历史轨迹与当代的规范表达

摘要

马克思主义哲学作为全部马克思主义的思想基础,其中国化是整个马克思主义中国化的前提和重中之重,而唯物论和辩证法是马克思主义哲学的精粹,马克思主义哲学的中国化主要就体现在唯物论和辩证法的中国化上。在民主革命时期,毛泽东以其实事求是和对矛盾的全面解说开唯物论与辩证法中国化的先河。在改革开放的新时期,邓小平以解放思想实事求是和对对立面和谐合作关系的阐发开创了马克思主义哲学中国化的新阶段。新一代中央领导集体提出的以人为本和构建和谐社会把唯物论和辩证法的中国化推进到一个新的制高点。伴随着时代和任务的转换,马克思主义中国化在新时期被表述为马克思主义中国化 时代化、大众化。中国化是主题或称一体,其内涵仍是马克思主义与中国具体实际相结合,而在其结合过程中,要特别关注时代化和大众化,这是两翼。一体两翼就是马克思主义中国化在当代的规范表达。

马克思主义是中国共产党的根本指导思想,中国共产党90年前仆后继、英勇奋斗的历史就是不断探索、推进马克思主义中国化的历史。马克思主义中国化是我国思想理论建设的最高纲领,也是学术界的普遍共识。当下,只有哲学界单挑独奏,提出了马克思主义哲学中国化概念,并作为重大课题专门加以研究。2008年,在武汉大学召开的第8届全国马克思哲学论坛就是以此为主题,正式打出了马克思哲学中国化的旗帜,国家社会科学基金也接受这方面的申报,在报刊上也发表了许多关于马克思主义哲学中国化的文章不知不觉间就消除了是否还有“马克思主义经济学中国化”等疑惑，马克思主义哲学中国化的合法性逐渐被认同。其实，马克思主义哲学中国化并非哲学界的自拉自唱，马克思主义哲学作为科学的世界观和方法论，是全部马克思学说的思想基础和指导实践的锐利武器。马克思哲学的中国化是整个马克思主义中国化的前提和重中之重，没有马克思主义哲学的中国化也就不会有马克思主义的中国化，半个多世纪的历史实践已无可辩驳地证明了马克思主义中国化首先就体现在马克思主义哲学的中国化上。因此，深刻理解马克思主义哲学中国化的内涵，厘清马克思主义哲学中国化的轨迹，探索马克思主义哲学中国化的当代课题和规范表达，不仅是马克思主义哲学自身的责任和使命，同时也是马克思主义中国化的内在需要。

一、毛泽东对马克思主义哲学中国化的开创性贡献

马克思主义哲学从本质上说是一种西方的哲学形态，它的直接思想来源就是德国古典哲学，特别是黑格尔哲学和费尔巴哈哲学。马克思经过哲学革命变革批判性地继承和改造了其前驱者的哲学思想，创立了“把感性理解为实践活动”的“新唯物主义”①即实践唯物主义哲学。马克思的实践唯物主义就内容来说，已经摆脱了先前哲学的民族、地域和哲学家个人所具有的局限性，它所开启的是哲学共性，创立的是放之四海而皆准的实践哲学。但就实践唯物主义的现成形式和表述方式来说，它又不能不具有西欧和德国文化的特点。马克思一生都没有写出系统阐发自己思想的哲学专著，最能表明他哲学革命变革实质的《1844 年经济学哲学手稿》和《德意志意识形态》又一直没能出版，他的学生和弟子们很难准确地把握他的哲学观点。就是在这种背景下，苏联二三十年代的哲学教科书，特别是斯大林的《辩证唯物主义和历史唯物主义》被确定为马克思哲学思想的模本。这些有着严重缺点的著作被冠以马克思主义哲学经典的称号，以第一个社会主义国家的意识形态的力量推到了中国的面前，考验着中国共产党人的思想风范和理论水准。

① 任凯:《“生态学马克思主义”辨义》,《马克思主义研究》,2000 年第 4 期。

以毛泽东为代表的早期中共领导者们,大多都是文化水准很高且又忧国忧民的革命志士。他们为了救生民于水火,既有对马克思主义哲学真理的诚挚渴求,但又深知来自西方的马克思主义哲学必须和中国实际相结合,经过自己的消化和咀嚼,才会成为中国老百姓喜闻乐见的东西,才能真正发挥它指导实践的巨大功用。所以中国共产党经过短暂的磨合,很快就打出马克思主义和中国实际相结合的旗帜,坚决反对各种言必称希腊和德国的洋教条。毛泽东对马克思主义中国化有深切的了解,他对各种食洋不化的思想贩子的浅薄行径进行了深刻的揭露。他说:"有些人对于自己的东西既无知识,于是就剩下了希腊和外国故事,也是可怜得很,从外国故纸堆中零星地捡来的。几十年来,很多留学生都犯过这种毛病。他们从欧美日本回来,只知生吞活剥地谈外国他们起了留声机的作用。"①在毛泽东看来,以欧洲文化形态出现的现成的马克思主义哲学与中国的现实存在较大的距离,只有经过自己的消化和理解,变成人民大众都能明白的东西,才能谈到理论结合实际。如毛泽东在《整顿党的作风》一文中所说:"中国共产党人只有在他们善于应用马克思列宁主义的立场、观点和方法,善于应用列宁斯大林关于中国革命的学说,进一步地从中国的历史实际和革命实际的认真研究中,在各方面做出合乎中国需要的理论性的创造,这才叫做理论和实际相联系。"②"对于马克思主义理论要能够精通它,应用它,精通的目的全在于应用。"③但是要应用就必须"在各方面做出合乎中国需要的理论性的创造",这是能否理论联系实际的前提。正是在"理论性的创造"上,毛泽东显示了自己对马克思主义的精湛的理解,并成为马克思主义哲学中国化的开天辟地第一人。

马克思哲学本来是实践唯物主义,但是传到中国来的马克思主义哲学的权威版本只是苏联二三十年代的哲学教科书和斯大林的《辩证唯物主义和历史唯物主义》。在这种情况下,马克思主义哲学的中国化就确实需要从中国革命的实际需要出发,在理论上进行重新的解读和创造。中国革命面

① 《毛泽东选集》第3卷,人民出版社1953年版,第798页。
② 《毛泽东选集》第3卷,人民出版社,1953年版,第822页。
③ 《毛泽东选集》第3卷,人民出版社1953年版,第816页。

临的问题成堆,各种矛盾性质不同,互相交错,最需要的是一个能够统揽全局的总的指导思想,这是任何具体的原理都不能取代的。毛泽东凭着他的超人智慧,首先对马克思哲学的唯物主义的精神和实质进行了新的理解和整合。在毛泽东看来,不论对马克思主义哲学怎样界说,它的唯物主义基础是不可动摇的,而唯物主义的精华和基本精神并不一定非得归纳成世界的物质统一性,这对自然科学和一般哲学也许是必要的,而对于中国革命来说,最切合实际的归纳就是能够应对一切的实事求是原则。为了阐发实事求是,毛泽东专门写了《改造我们的学习》和《实践论》,从认识论的视角强调了一切从实际出发和按客观规律办事的重要性,以此来表达自己对唯物主义的理解。恩格斯也曾说:“原则不是要研究的出发点,而是它的最终结果;这些原则不是被应用于自然界和人类历史,而是从它们中抽象出来的;不是自然界和人类去适应原则,而是原则只有在符合自然界和历史的情况下才是正确的。这是对事物的唯一唯物主义观点。”[①]实事求是就是对这种原则的精妙的概括 。

对于马克思哲学来说,除了唯物主义之外最重要的就是辩证法了,辩证法是马克思哲学的发祥地,马克思就是从黑格尔的辩证法出发,借助费尔巴哈的唯物主义对黑格尔唯心辩证法的批判,然后对费尔巴哈的直观唯物主义进行再批判,才走向实践唯物主义的。因此,实践唯物主义本身就具有辩证法的性质,马克思的历史唯物主义也就是历史的辩证法,因为唯物史观立足社会基本矛盾的运动和转化,带有鲜明的辩证法特征。所以,毛泽东的马克思主义哲学中国化的历程绕不过辩证法,必须结合中国革命的实际,对带有黑格尔印记的唯物辩证法进行新的理解与整合,毛泽东为此而专门写作的《矛盾论》就是中国共产党人对辩证法的伟大创新,也是马克思主义哲学中国化的标志性成果。

《矛盾论》作为辩证法的专著,没有一般地谈论辩证法的唯物主义基础和三大规律与五大范畴,而是专门选取矛盾的视角,对辩证法作了非同寻常的阐述。《矛盾论》适应中国革命夺取政权斗争的需要,在论述矛盾的普遍

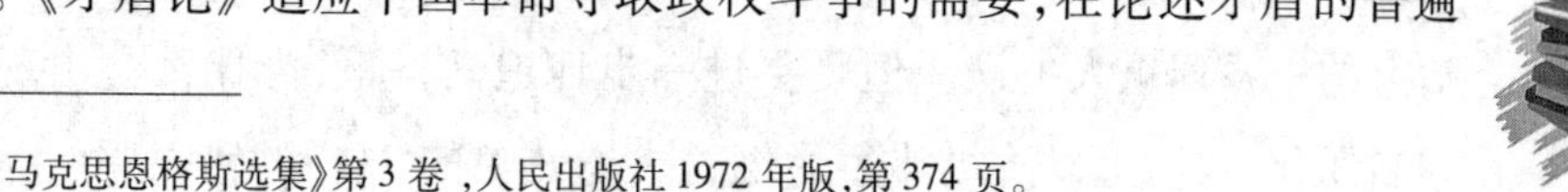

① 《马克思恩格斯选集》第3卷,人民出版社1972年版,第374页。

性和同一性的同时，格外地强调了对立面的斗争性和特殊性，尤其是对主要矛盾和矛盾的主要方面的论述开了辩证法矛盾理论的先河，是对唯物辩证法的卓越贡献。没有《矛盾论》，马克思和列宁的矛盾辩证法就不会是今天的样子，毛泽东思想作为马克思主义与中国实际相结合的第一次历史性的飞跃就包含着《矛盾论》对辩证法的贡献。

二、邓小平开启的马克思主义哲学中国化的新征程

马克思主义哲学中国化的进程并不是一帆风顺的，如果说在民主革命中马克思主义哲学中国化的进展还比较顺利的话，那么在新中国成立后由于“左”的思潮的影响，这个进程就颇为坎坷了。在中国，马克思主义哲学的中国化始终是和党的思想路线与事业的进取并行不悖的。当革命和建设事业蓬勃发展，指导思想比较端正的时候，马克思主义哲学就能从中汲取不竭的思想资源，从而丰富和加快中国化的进程。而当“左”的思潮泛滥，党的思想路线被扭曲的时候，马克思主义哲学中国化的进程也会相应地受到损害。从 1957 年“反右”时起，我国建设进程开始偏离正常轨道，进入新的认识误区，特别表现为逐渐淡化了经济建设的主旋律，在过分强调原有的阶级斗争的同时，又突出了政治思想上的阶级斗争，并过分地渲染到关系党和国家前途命运的地步。这种“左”的思潮的进一步发展就是在各条战线上全面落实“以阶级斗争为纲”和长达 10 年之久的“文化大革命”。本来这一切都与马克思主义哲学背道而驰，可是在相当长的一段时期内，它却打着发展马克思主义哲学的旗号，被纳入中国化的范畴之内。

邓小平在中国社会转折的关键时期以第二代领导集体核心的强有力的地位推出了改革开放的伟大创举。中国的改革开放是一个全方位的系统工程，其核心是建设中国特色的社会主义。苏联和改革开放前的中国虽然进行了长期的社会主义建设，并且也取得了可圈可点的成就，但是总体说来并不十分成功，苏联最后以剧变解体而告终，中国的“文化大革命”也把国家弄到经济破产的边缘。造成这种悲剧性后果的原因固然可以归结为经济和政治上的一系列重大失误。但是更进一步地追问一下，为什么会出现经济上体制僵化、政治上以阶级斗争为纲这类清一色的“左”的错误呢？思维至此不难发现,支撑这种僵化的社会主义模式的是一系列扭曲了的哲学理念,尤其是不从实际出发,脱离具体国情,过分看重矛盾斗争性的意义等等,起了关键性的作用。正是有鉴于此,邓小平的改革开放首先是从变革思想观念出发,以解放思想、实事求是为先导,在破除旧的僵化社会主义观念的基础上,逐步确立中国特色的社会主义理念。邓小平以其社会主义初级阶段发展战略论等大力倡导了实事求是和一切从国情出发的唯物主义原则,与毛泽东时代不同的是,邓小平在"实事求是"之前又加上了"解放思想"四个大字,并把它提升为马克思主义的精髓和灵魂,用以表明实事求是与解放思想的互动关系。邓小平力主的经济上的多种所有制成分共同发展、按劳分配与非按劳分配相结合,政治上的多党合作制度以及一国两制论、当代世界的和平发展主题论等等,实际上是在倡导一种新的发展理念,构建一种新型的对立面的关系,力求在与对立面的合作、联合中求得自身的发展。这是一场深刻的哲学革命,是不用哲学语言进行的一次划时代的哲学变革,这场革命性变革的使命就是适应时代精神的转换,确立向对立面同一性倾斜并以互利共赢为目标的新的辩证法。虽然邓小平没有写出任何哲学著作,使用的哲学话语也不多,但是在我国改革开放的实践中人人都可以感受到来自哲学的心灵震撼,没有一种强有力的恒久的哲学支撑和由此引发的巨大的观念变革,就不会有今日的有中国特色的社会主义的宏基伟业。现在,经过邓小平理论的熏陶,人们的哲学观念已发生了巨大变化,表明对立面的新型关系的一些话语如优势互补、强强联合、互利双赢等已经深入人心,运用如常。与毛泽东的马克思主义哲学中国化相比,这是新时代以辩证法的同一性转向为特征的马克思主义哲学中国化的新征程。

毛泽东开创的马克思主义中国化进程是在民主革命时期以夺取政权为背景,其主题是应对各种复杂矛盾所必需的实事求是原则和确立符合中国革命斗争需要的矛盾辩证法,强调的是从中国国情出发,向矛盾的特殊性和对立面的斗争性倾斜。邓小平继续深化的马克思主义哲学中国化进程是在社会主义实践经验教训深刻积淀的背景下,为了更新社会主义观念而向哲学深入的一种合理的探寻和延伸,其主题是如何建设和发展中国特色的社会主义,强调的是解放思想、实事求是和在全球化的趋势下对新型的对立面

关系的全面理解和确认。

从毛泽东和邓小平对马克思主义哲学中国化所做出的贡献中可以看出，我们所说的马克思主义哲学中国化其实就是马克思主义哲学的现代性和时代化，是站在时代的高度对马克思主义哲学的一种提升，它真正体现了时代精神的精华。毛泽东在他所处的年代，以中国革命的实际需要为大背景，从唯物论和辩证法两个视角，对马克思主义哲学进行了别开生面的阐释。邓小平也是在全球化和信息化的大背景下，充分考虑到对立面广泛合作的可能性，才在国内和国外两个方面同时提出了一系列旨在加强联合和合作的路线和政策。但是马克思主义哲学的这种现代性和时代化必须与中国传统文化相结合，反映中国思维方式和话语表述的特点，才能为中国老百姓所理解和接受，真正体现出的是一种中国化的马克思主义哲学。毛泽东用"实事求是"这一《汉书》上的成语来表达他对唯物主义的理解，比起用烦琐的语言所表示的客观性原则要鲜明、确切和透彻得多。他用中国革命和历史上的许多事例来解说矛盾理论，特别是对矛盾的特殊性与主要矛盾思想的阐发，实际上已经把辩证法彻底时代化和中国化了。邓小平虽然哲学话语不多，但他的"摸石头过河"和"一国两制"等提法已经尽显中国语言和文化的风采。当然马克思主义哲学的中国化还包含有向马克思文本回归的责任，目的在于纠正过去对马克思哲学扭曲化的理解，是真正的马克思主义哲学的中国化，而不是被歪曲理解的苏联哲学的中国化。

三、以人为本与构建和谐社会是现时代马克思主义哲学中国化的新起点

当今的中国，人的问题凸显出来，而这首先是由人的概念的逐渐确立开始的。在中国，由于商品经济发展的滞后，长期以来一直没有形成以平等性为基础的人的概念，如果说"人"字到处都在使用的话，那么它绝不是在马克思所说的以自由有意识活动而与动物相区别的类概念的意义上来使用的，而主要指的是"民"，即与"官"相对立并构成人口绝大多数的平民百姓。中国自古以来抽象思维水平不高，人们从直观表象出发，最容易看到的就是官与民的区分，而官又分为君和臣，与君相对应的是广大臣民。这个金字塔形的社会结构的基础就是民，民是人的主体。由于意识到民作为基础和主体

对社会长治久安的极端重要性，所以中国民本思想源远流长，春秋战国时管仲就提出过“以人为本”的口号，可见人与民在多数场合下是通用的。

但是在本来的意义上，人与民是不同的，这不仅是因为他们的外延不同，人是指所有的人类，民是指被官治理下的百姓，而且其内涵也不同，人之间都是生而平等的，而民本身就以和官的不平等为前提。说到底，民首先是官的一种意识，如果说民也意识到自己是民，并安于自己的小民和草民的地位，则正说明了民之不觉醒。中国共产党坚持人类平等和解放全人类的伟大理想，但同时又必须首先面对广大民众被压迫和被剥削的现实，既要承认马克思所坚持的作为类的相互之间平等的人，又要依靠和解放被压迫的民，于是就破天荒地把人与民结合起来，推出了人民这一崭新的概念。人民是个政治范畴，是中国共产党所依靠和为之服务的唯一的力量，人民享有法定的各种权利，依靠人民对敌人实行专政。而敌人则被排除在人民之外，是实行专政的对象。

经过20多年的改革开放，中国社会已经发生了深刻的变化，随着剥削阶级的消灭和社会共同利益空间的扩展，人民作为一个历史上长期起作用的政治概念已经完成了自己的历史使命，并在新的基础上向马克思的作为类概念的人回归。正是基于我国社会日益凸显的人的全面平等和全面发展的迫切要求，党的十六届三、四中全会才适时地提出以人为本和构建社会主义和谐社会的基本纲领 。

以人为本与构建和谐社会具有无比深远的哲学意义，它掀开了马克思主义哲学中国化的新篇章，是毛泽东和邓小平的马克思主义哲学中国化进程在新的条件下的继续。如果说过去的马克思主义哲学的中国化是以夺取政权和改革开放为背景，主要是围绕实事求是和矛盾辩证法以及对立面的联合和合作为中心进行的话，那么，今后的马克思主义哲学中国化就要以以人为本和构建和谐社会为永恒的大背景，继往开来，谋划马克思主义哲学中国化的新思路和新天地。

人本来就是马克思哲学关注的中心，在马克思看来，人的存在有三个维度，即个体的人、群体的人和类的人，坚持以人为本就要把对人的关注落实在这三个维度上。没有对于个人的关心以人为本就是一句空话，关注不同

群体的人是实施以人为本的侧重点,以人为本的最终目标是解放全人类。从这三个维度上全面实施以人为本就必然要营造出和谐的社会关系,即每一个人不仅把自己视为本,而且也把别人看成和自己一样的本,这样的社会就是社会主义和谐社会,如同马克思在《共产党宣言》中所说:"代替那存在着阶级和阶级对立的资产阶级旧社会的,将是这样一个联合体,在那里,每一个人的自由发展是一切人的自由发展的条件。"①所以,以人为本与和谐社会相互规定,以人为本的人是和谐社会中的人,和谐社会是以人为本的社会,二者的结合与互动成为今后建设中国特色社会主义的基本取向,也为马克思主义哲学的中国化提供了新的致思思路。

面对以人为本和构建和谐社会的长远目标,马克思主义哲学的中国化当下只能是规划一个蓝图,勾勒出基本的走向。显然,以人为本为中国化的马克思主义哲学奠定了本体论和价值论的基础,从时代的新视角多方面触动了传统的唯物论,使唯物主义哲学逐步向马克思文本中内蕴的唯人和唯实践的方向发展。与此相对应,物质论也应该向属人性和人的实践创生性倾斜,时空不仅是物质存在的基本形式,更应该是人的实践活动的基本形式,在物质时空的基础上应更加关注实践时空和信息时空。

辩证法显然还是马克思主义哲学中国化的重点,构建和谐社会给辩证法的存在形态提供了新的生长空间。过去在以私有制为基础的阶级对立的社会里,通行着解决对立面斗争的矛盾辩证法,现在,在社会主义和谐社会里自然要求产生指导人们和谐生活与和谐相处的和谐辩证法。在中国传统文化中包含有丰富的和谐辩证法的要素,"天人合一、中庸之道、和为贵、忍为高"等一系列儒家信条,在批判地改造其保守性的基础上,都能够为构建和谐辩证法提供可资借鉴的思想资源。邓小平理论已经为和谐辩证法奠定了合法性的基础,中国社会主义改革开放实践的伟大成功,特别是共同富裕论、一国两制论、多种经济共同发展论等对立面联合和合作的思想和实践,呼唤我们承前启后,逐步建立和完善真正反映时代精神精华的和谐辩证法。

---

① 《马克思恩格斯选集》第1卷,人民出版社1972年版,第294页。

四、现当代马克思主义哲学中国化的规范表达

自十六届三、四中全会提出以人为本的科学发展观和构建和谐社会的伟大纲领至今已将近10年，这期间中国特色社会主义事业飞速发展，经济、政治、文化和社会各方面都有新的进步，同时原有的潜在的矛盾和问题也逐渐显现出来。尤其是伴随着我国成为世界第二大经济实体，民生问题压力增大，从中央领导层和舆论界都提出生活质变的要求，要关注幸福指数，给予人民以尊严的生活。作为已初步建成小康社会的中国，这些要求是理所当然的，但运作起来也是十分艰巨和困难的。更不可忽视的是随着中国国际地位的提升，来自世界的压力也空前增大 。在这种充满险恶和变数的国际和国内环境下，要求我们的头脑必须清醒，决策必须稳健和正确，归根到底要提高马克思主义中国化的水平，从根本源头上为我国社会的科学发展提供思想和理论的保证。正是在这种形势下，2009 年 12 月召开的党的十七届四中全会提出了不断推进马克思主义中国化、时代化、大众化，首次把这“三化”结合在一起，作为党的思想理论建设的根本任务。这“三化”既是多年来马克思主义中国化成功经验的总结，也进一步指明了今后思想理论建设的方向，同时又是新时代马克思主义中国化的规范表达。

十七届四中全会以后，理论界对“三化”研究颇多，并分别赋予核心、基础、目的、精髓、灵魂等头衔，似有越来越深奥、玄秘之势，这是很值得警惕的。“三化”特别是其中的大众化本来就是要求通俗普及，为广大群众所理解和接受。现在名目繁多，书卷气十足，离群众越来越远，这就违背了马克思主义中国化的初衷。十七届四中全会推出“三化”并没有超出常规理解的特殊含义，不过是传统的马克思主义中国化内涵在今天新形势下的全面系统的表达。这种表达是规范的，也是简约的，是对原有的马克思主义中国化概念内涵的明确无误的规范和提示。

具体说来，马克思主义中国化自从 20 世纪 30 年代最初提出以来，其基本内涵就已确定，即马克思主义和中国具体实践相结合。由于中国在时间和空间上都与 19 世纪产生于德国的原生形态的马克思主义不同，因此这种结合本身就必须适合 20 世纪的新时代，适合与德国不同的中国国情，时代和

国情的不同就要求马克思主义本身改变原有的形态,生成一系列适合东方中国的新的理论原理,如统一战线和农村包围城市的革命道路等等。所以马克思主义中国化并不缺少时代性,只不过在那个年代没有明确的规范而已。至于大众化的内容早已为人所熟知,当时提出的马克思主义必须具有中国风格和中国气派,成为老百姓所喜闻乐见的东西等说法都是大众化要求的体现。但这只是思想上的内蕴,半个多世纪马克思主义中国化的时间一直没有把大众化的口号提出来,这也是不可否认的事实。

在中国实施科学发展和构建和谐社会的新的背景下,一方面马克思主义中国化越来越显示其极端重要性,而过去长时期又没有能对马克思主义中国化的内涵简约地加以规范,这才促成了"三化"的提出。当然,今天的"三化"绝非是旧话重提,不仅过去没有时代化和大众化概念,就是原有的中国化与时代化和大众化相结合,也与时俱进,具有新的哲学意义 。

在"三化"的视野中,马克思主义哲学中国化的内涵仍然是遵循唯物主义的原则,从实际出发,实事求是,实现马克思主义与中国实际相结合,但今天中国的实际已与过去有质的区别。今日的中国已不是一穷二白,而是有相当雄厚的经济基础,奋斗目标也不是解决温饱,是要奔小康,使人民能过上幸福和尊严的生活。这个高起点和高目标是中国人民多少年来梦寐以求的,是改革开放30多年积淀的伟大成果。马克思主义特别是马克思主义哲学如何与中国这个新的从未有过的实际相结合,给中国特色社会主义的实践提供哲学上的指导,这是马克思主义哲学中国化面临的核心问题,也可以说是马克思主义哲学中国化的"一体"。十七届四中全会在回答如何实现马克思主义中国化时又辅之以时代化和大众化,也可以说是"两翼"(原载《嘉兴学院学报》2011年第4期)。

关于马克思人的本质问题的再思考

对人的本质的探究是人最深层次的自我意识,其抽象性、思辨性和深邃性内蕴和呈现了广阔的思考空间,以致无论给出什么样的答案都很难证实或证伪。因此,过去虽然有许多人涉猎过此研究领域,但直到今天它仍然是哲学史上的"老大难"问题。在当下的中国,"人"已被提升到"本"的地位,"以人为本"已成为科学发展观和执政治国的基本理念;在这种情况下,重新追问和思考"人"和"人的本质"对于我们深刻理解和贯彻"以人为本"无疑会起到某种理论和学术奠基的作用。马克思是科学阐释人的本质内涵的第一人,伴随着哲学变革的曲折历程,他先后提出了"人是人的最高本质""人的类本质"和"人的社会关系本质",这三重规定在今天仍具有巨大的理论和实践意义。

一、人是人的最高本质

本质是隐匿于现象背后的内在特性,是无法经由实验而只能通过思维才能把握的范畴,因此,严格地说,人的本质不是一个科学(自然科学意义上的科学)问题,在很大程度上它是一种思维的概括和抽象。但是,若要这种概括和抽象能够有说服力并最终得到广泛的认可,却一刻也不离开科学的思维和逻辑,离不开人类的进化和发展史,只有从人类历史演进的科学研究中才可能抽象出人的本质来。

在马克思主义产生以前,尤其在宗教哲学和德国古典哲学中,不乏关于人的本质的各种表述:宗教神学把人的本质推向神,认为上帝创造了人也就最终地赋予和决定了人的本质是"彰显神的形象和样式";黑格尔推崇理性,认为人是绝对精神认识自身的工具和手段,因此,神圣的理性就是人的本质

和目的。无论是宗教神学或黑格尔哲学都有一个共同点,就是将人的本质外在化,在超人的神和超人的绝对理性中去寻求人的本质。这就提出一个问题:人的本质是内在于人的还是由某种外部精神实体赋予的?如果答案是后者,那么人的本质问题不仅远离科学并被神秘化,而且其主观随意性也将被无限放大。

费尔巴哈可以说是马克思的人的本质观的引路人,他在《基督教的本质》等著作中提出的"人是人的本质"的命题,直接把马克思带入了正确思考人的本质的切入口。费尔巴哈作为人本学唯物主义者,在人的本质问题上,他既不求助于神,也不理会黑格尔的绝对精神或理念;他一向强调人的本体地位,提出了"人的本质是人自身"的观点。费尔巴哈设定了一个逻辑和推导模式:人由对象而意识到自己,对对象的意识就是人的自我意识;人的本质在对象中显现出来,而对象就是他真正客观的"我",所以,"我"即人本身,就成了人的本质的显示。费尔巴哈断言:"人所认为绝对的本质,就是人自己"[①],"人的绝对本质、上帝,其实就是他自己的本质"[②]。由此,费尔巴哈与宗教神学和黑格尔的绝对理念划清了界限,迈出了在人本身中探求人的本质的关键性的一步。费尔巴哈的这个思想和他的"宗教是人的本质异化"的论断完全一致,他既把神的本质归结为人的本质,又把人的本质归结为人本身,这对于当时德国的宗教批判具有重要的引领作用。宗教就其实质而言,不过是"人的本质在幻想中的实现"[③];费尔巴哈则另辟蹊径,在宗教批判中抛却幻想,给人的本质注入现实性,指出人的本质就是人本身。这就把宗教批判变为尘世批判,把对天国的批判变为现实的批判,把对神学的批判变为政治批判。

马克思充分肯定费尔巴哈关于"人是人的本质"命题的重大意义,1843年的马克思还处在费尔巴哈光环的笼罩下,因此他就不可避免地要借用费尔巴哈的概念和思想来表达自己对人的本质的理解。所以马克思在《黑格尔法哲学批判》导言中谈到未来德国革命将要达到的"人的高度"时,立即触

① 《费尔巴哈哲学著作选集》(下),商务印书馆 1984 年版,第 555 页。
② 《费尔巴哈哲学著作选集》(下),商务印书馆 1984 年版,第 30 页。
③ 《马克思恩格斯选集》第 1 卷,人民出版社 1995 年版,第 1—2 页。

及到人的根本,即人的本质,当时的马克思说了一句至理名言:“人的根本就是人本身。”①这句话不仅重述了费尔巴哈的“人是人的本质”的思想,而且还进一步地明确了德国宗教批判的人学意义。马克思说:“德国理论是从坚决积极废除宗教出发的。对宗教的批判最后归结为人是人的最高本质这样一个学说。”②这个学说首先是由费尔巴哈在《基督教的本质》等著作中揭示的,其目的和宗旨是揭穿宗教的神秘性,把宗教的本质归结为人的本质,而人的本质就在于人本身,即人的“世俗基础的自我分裂和自我矛盾”③,宗教不过是这种分裂和矛盾在幻想中的解决。把这种幻想引向现实,就是要求实现社会平等,使人成为人,马克思将此进一步引申并归结为:“这样的绝对命令:必须推翻那些使人成为被侮辱、被奴役、被遗弃和被蔑视的东西的一切关系。”④显然,这个要求直接指向封建的等级制度,还没有超出资产阶级革命的界限,这和当时马克思的整个思想状况是相适应的。1843 年马克思写作《黑格尔法哲学批判》导言时,思想正处在向唯物主义和共产主义的转变过程中,科学的共产主义思想还没有最终确立起来,资产阶级的革命对德国来说还是新生事物,具有积极意义。由此,费尔巴哈宗教批判所展示的唯物主义内核与内蕴的“人的高度”,恰恰也是马克思当时内心境界的真实写照。

总之,“人是人的最高本质”的命题,尽管立意还不算高远、表述也不甚精准,但在当时宗教批判的背景下,不仅是正确的、必要的,也是一切刚刚接触到人的本质问题所不能绕过的门槛。在一般的意义上,自然、意识、社会、审美都可以成为人的本质的要素,但不能成为人的最高本质,因为这些要素并非人所独有,某些动物在浅层次上也具备这些要素。因此人的最高本质不可能存在于自然、精神或审美中,马克思说:“人不是抽象的蛰居于世界之外的存在物,人就是人的世界,就是国家,社会。”⑤人的最高本质只能是潜藏

① 《马克思恩格斯选集》第 1 卷,人民出版社 1995 年版,第 9 页。
② 《马克思恩格斯选集》第 1 卷,人民出版社 1995 年版,第 9 页。
③ 《马克思恩格斯选集》第 1 卷,人民出版社 1995 年版,第 59 页。
④ 《马克思恩格斯选集》第 1 卷,人民出版社 1995 年版,第 9—10 页。
⑤ 《马克思恩格斯选集》第 1 卷,人民出版社 1995 年版,第 1 页。

着丰富内涵的总体性的人本身。

二、人的类本质

费尔巴哈关于“人是人的本质”和马克思关于“人是人的最高本质”的论断,迈出了科学理解人的本质的第一步,但也具有明显的缺陷,它只是确定了人的本质的居所和出处,并未回答人的本质是什么。费尔巴哈最先意识到这一点,所以他在确立了“人是人的本质”的大方向之后,立即就转向人的本质的具体研究。费尔巴哈在人类思想史上第一个提出人的类本质思想,把人的本质首先定位于“类”。“类”并不神秘,不过是对世界存在物的种属划分。最大的、包含一切的“类”是物类,指全部客观存在物,物类又可以分为有生命和无生命两类,有生命的存在物又进化出天地间唯一具有智慧和灵性的人类。费尔巴哈所说的类本质就是指人之为人而与动物相区别的共同特性。那么,到哪里去寻找这种共同性呢?有两条道路可供选择:第一条道路是从人的进化和发展史中去寻找,马克思后来走的就是这条道路。马克思指出,人是有生命的存在物,人一旦开始生产自己生命所需要的生活资料时就把自己与动物区别开来。费尔巴哈不理解生产和实践对世界和人的生成的决定意义,于是,他选取了另一条简单化的道路,这就是把类理解为单个人的相加,在孤立的个体中找出既能把所有人纯粹自然地联系起来又能与动物根本区别的普遍性。这时费尔巴哈首先想到了意识,他说:“究竟什么是人跟动物的本质区别呢?对这个问题的最简单、最一般、最通俗的回答是:意识。”①不过他对意识附加了一个条件,特指严格意义上的意识。他认为,如果意识仅仅是指感性的识别能力或对外界事物的知觉和判断,那么,这样的意识很难说动物就不具备。由此,费尔巴哈强调:“只有将自己的类、自己的本质性当作对象的那种生物才具有最严格意义上的意识。”②根据这个标准,费尔巴哈认为:“动物固然将个体当作对象,因此它有自我感,但是它不能将类当作对象,因此它没有那种由知识得名的意识。科学就是对

① 《费尔巴哈哲学著作选集》(下),商务印书馆1984年版,第26页。
② 《费尔巴哈哲学著作选集》(下),商务印书馆1984年版,第26页。

类的意识。在生活中我们跟个体打交道,而在科学中,我们是跟类打交道。"[①]人就是通过科学意识而把"类"当作对象,从而与动物根本区别开来。费尔巴哈不仅把人的类本质归结为意识,他还进一步将意识扩展和升华,他问道:"人自己意识到的本质究竟是什么呢?或者,在人里面形成类、即形成本来的人性的东西究竟是什么呢?就是理性、意志、心、理性、爱、意志力这就是完善性,这就是最高的力,这就是作为人的人的绝对本质,就是人生存的目的。"[②]

此外,费尔巴哈对人的类本质还提出过其他一些说法,有时他十分重视人的自然本质,如"自然是人的根据"[③];有时又强调社会性对于人的类本质的重要性,如"只有社会的人才是人"[④],"人的本质只是包含在团体中,包含在人与人的统一中"[⑤]。但这些说法在他那里都不占主要地位,他的类本质思想主要还是凸显"感情范围内""单个的、肉体的人"的爱和友情[⑥],认为除了这种"观念化的爱与友情以外",人与人之间没有任何"其他的人的关系"[⑦]。

费尔巴哈关于人的类本质的说教有其合理之处。他把类本质定位于人与动物的根本区别是正确的,所谓本质就是指与他物根本区别的特性,人的本质自然也要在与动物相比照中才能显现出来。但是,他把意识、理性、意志和爱当作类本质,这无疑缺乏严格的根据和论证。因为意识和理性本身并不具有始初性和第一性,倘若进一步认真研究就可以发现,还有产生和决定意识与理性的更根本性的源头,费尔巴哈没有去追寻这个根本性的源头,这正是他的类本质学说的不彻底之处。

费尔巴哈关于人的类本质的说教有其合理之处。他把类本质定位于人与动物的根本区别是正确的,所谓本质就是指与他物根本区别的特性,人的

① 《费尔巴哈哲学著作选集》(下),商务印书馆 1984 年版,第 26 页。
② 《费尔巴哈哲学著作选集》(下),商务印书馆 1984 年版,第 27—28 页。
③ 《十八世纪末一十九世纪初德国哲学》,商务印书馆 1975 版,第 600 页。
④ 《费尔巴哈哲学著作选集》(下),商务印书馆 1984 年版,第 571 页。
⑤ 《费尔巴哈哲学著作选集》(下),商务印书馆 1984 年版,第 185 页。
⑥ 《马克思恩格斯选集》第 1 卷,人民出版社 1995 年版,第 78 页。
⑦ 《马克思恩格斯选集》第 1 卷,人民出版社 1995 年版,第 78 页。

本质自然也要在与动物相比照中才能显现出来。但是,他把意识、理性、意志和爱当作类本质,这无疑缺乏严格的根据和论证。因为意识和理性本身并不具有始初性和第一性,倘若进一步认真研究就可以发现,还有产生和决定意识与理性的更根本性的源头,费尔巴哈没有去追寻这个根本性的源头,这正是他的类本质学说的不彻底之处。

马克思不同意费尔巴哈对人的类本质命题的抽象理解,但为了把人的本质推向人与动物根本区别的境界,他认为仍可借助费尔巴哈的类概念。不过,在《手稿》中,马克思不是直奔类本质概念,而是通过“人是类存在物”的命题渐次介入类本质本身的。在马克思看来,人具有类本质是因为人是类存在物,而人之所以是类存在物,主要源于人与动物相互区别的两个方面:其一,人不仅把外部世界当作自己认识和活动的对象,而且把自身及其“类”也当作同样的对象,这一点是人所独有,而动物是不可能具有的。动物不仅不把自身当作对象,就是对外部世界,动物也没有从中分化出来,而是紧密地与之融合在一起,根本谈不到对象化。其二,更重要的是:“人把自身当作现有的、有生命的类来对待,当作普遍的因而也是自由的存在物来对待。”[①]人作为一个“类”和其他物的“类”的最大的不同在于,人有生命,这就与无机界的“类”区别开来;但是动物也有生命,人与动物的不同恰恰在于人比动物更具普遍性。所谓普遍性表现在,人和动物虽然都靠无机界生活,但人赖以生活的无机界的范围要比动物广阔得多。从思想领域来说,植物、动物、石头、空气和阳光等既是自然科学研究的对象,又是艺术塑造的对象,因此“都是人的意识的一部分,是人的精神的无机界,是人必须事先进行加工以便享用和消化的精神食粮”[②]。从实践领域来说,“这些东西也是人的生活和人的活动的一部分。人在肉体上只有靠这些自然产品才能生活”[③],同时,人又把它们当作自己的活动的资料和工具,“变成人的无机的身体”[④]。人在自然界面前所表现出的这种普遍性表明,人虽然靠自然界生活,但不像动物

① 《马克思恩格斯全集》第3卷,人民出版社2002年版,第272页。
② 《马克思恩格斯全集》第3卷,人民出版社2002年版,第272页。
③ 《马克思恩格斯全集》第3卷,人民出版社2002年版,第272页。
④ 《马克思恩格斯全集》第3卷,人民出版社2002年版,第272页。

那样依附于自然界,而是处处以自然界作为自己的精神食粮、生活食粮和无机的身体。因此,人和动物不同,人在自然界面前为自己争得了自由,这就是马克思在《手稿》中所说的“人把自身当作普遍的也是自由的存在物来对待。”[①]动物虽然也有生命,但它紧紧依附于自然,受制于自然界,因而不是自由的存在物。

人的自由和动物的不自由都体现在生命活动中,人的生命活动首先是劳动,人的生活首先是生产生活。马克思说:“生产生活就是类生活,这是产生生命的生活。”[②]人“使自己的生命活动本身变成自己意志和自己意识的对象。它具有有意识的生命活动”[③],而“动物和自己的生命活动是直接同一的。动物不把自己同自己的生命活动区别开来”[④]。动物的这种生命活动缺少意识环节,一切全凭本能,因而与人的生命活动不同,是无意识的生命活动。由此,马克思不仅揭示了人的生命活动的自由属性,而且又进一步将自由向前探伸到意识。正因为动物的生命活动是无意识的,所以是不自由的;而人的生命活动是有意识的,所以才是自由的。由此马克思得出结论:“自由的有意识的活动恰恰就是人的类特性,有意识的生命活动把人同动物的生命活动直接区别开来。正是由于这一点,人才是类存在物。”[⑤]

有史以来,人面对自然界,在认识和改变自然界的同时,总是不断地反观人自身,提出人为何物的问题。马克思在哲学史上第一次清晰地回应:人是类存在物,自由的有意识的活动是人的类特性,人凭借这种类特性而与动物区别开来。这里的“自由的有意识的活动”其实就是指人的实践,实践恰恰具有自由和有意识的特性,所以马克思才说:“通过实践创造对象世界,改造无机界,人证明自己是有意识的类存在物,它把类看作自己的本质。”[⑥]这里,马克思把类、类特性、类本质都归结为实践,认为实践是产生生命的活动,是创造对象世界的活动,人与动物的根本区别就在于人通过实践肯定

① 《马克思恩格斯全集》第3卷,人民出版社2002年版,第272页。
② 《马克思恩格斯全集》第3卷,人民出版社2002年版,第272页。
③ 《马克思恩格斯全集》第3卷,人民出版社2002年版,第272页。
④ 《马克思恩格斯全集》第3卷,人民出版社2002年版,第272页。
⑤ 《马克思恩格斯全集》第3卷,人民出版社2002年版,第273页。
⑥ 《马克思恩格斯全集》第3卷,人民出版社2002年版,第273页。

自身。

马克思在《手稿》中提出了自己所理解的人的类本质思想，尽管与费尔巴哈的类本质思想相平行，却没有对费尔巴哈展开批判。因为这时在马克思内心深处还存在着对费尔巴哈的崇拜，认为只有费尔巴哈才“真正克服了旧哲学”，费尔巴哈的著作是“包含着真正理论革命的唯一著作”[①]。但是《手稿》中喷薄欲出的人化自然等实践唯物主义思想，又鲜明地与费尔巴哈带有唯心主义色彩的“类”概念相对立，时刻酝酿着对费尔巴哈思想的决裂和批判。1845 年春，马克思在《提纲》中实现了立场的转变，开始着手批判费尔巴哈的类本质概念。

首先，马克思从人生存的实践基础出发指出，费尔巴哈的类本质的内涵是浅层的、第二性的，没有抓住人之为人的根本。费尔巴哈把意识、理性、情感和爱视为人的类本质，以为用这种纯粹感情范围内的抽象物就能把人联系起来，使人成为与动物不同的类。马克思说，无论是费尔巴哈所诉诸的感性直观还是他一再拔高的感情、意志和爱都脱离了现实的根基，没有把它们“看作是实践的、感性活动”[②]的产物。与费尔巴哈相反，马克思用科学的态度面对人的类本质问题，先把人定义为有生命的存在物，因而必须进行生活资料的生产，而人的生产活动具有自由和有意识的特性，正是这种自由的、有意识的活动才从根本和源头上把人与动物区别开来。所谓意识、理性、感情和爱不过是人在长期的生产实践中形成和发展起来的，这才真正地触及问题的根本。马克思在《黑格尔法哲学批判》导言中说过，理论只有彻底才能说服人，所谓彻底就是抓住事物的根本，而人的根本就是人本身。费尔巴哈关于人的类本质说之所以软弱无力不能说服人，就是因为他没有抓住生产实践这个人之根本，人正是以此为本，才形成与动物根本不同的类。

其次，与不理解实践密切相关，费尔巴哈关于人的类本质的承担者不是进行实践活动的现实的人，而是他假定的“抽象的——孤立的——人的个体”[③]，意志、友情和爱就是从中抽象出来的“一种内在的、无声的、把许多个

① 《马克思恩格斯全集》第 3 卷，人民出版社 2002 年版，第 314，220 页。

② 《马克思恩格斯选集》第 1 卷，人民出版社 1995 年版，第 60 页。

③ 《马克思恩格斯选集》第 1 卷，人民出版社 1995 年版，第 60 页。

人纯粹自然地联系起来的普遍性”[①]。费尔巴哈口头上承认人的社会性，但他并不理解人的社会性是由实践铸就的，而不理解实践就永远也看不到社会性的人；因此在他的视野中人只能是单个的、孤立的个体，而社会不过是这些同质单个人的累积和相加。而且，对于单个人的认识，费尔巴哈又只能做到表面、直观的理解，他看到每一个个人都有友情、意志和爱，这些纯粹感情上的抽象物很自然地把人连接起来，最终成为费尔巴哈所理解的“类”。如果费尔巴哈理解实践，那么在他视野中的人就绝不是孤立的个体，连接他们的普遍性也就不会是感情、意志和爱，而只能是生成它们的实践活动。所以，在《手稿》中，马克思对于费尔巴哈立足基础的单个人做了强有力的回应：“他所分析的抽象的个人，实际上是属于一定的社会形式。”后来马克思在，《德意志意识形态》中又进一步发挥了这个思想，他指出，费尔巴哈之所以一再强调单个人，是因为他不理解实践，“把人只看作是感性对象，而不是感性活动，没有从人们现有的社会联系、从那些使人们成为现在这种样子的周围生活条件来观察人们”[②]。看不见感性对象背后的感性活动，自然就不理解实践活动的社会性，呈现在他面前的只是一个个孤立的感性对象。因此，从孤立的个体中抽象出来的感情、意志和爱只能表征单个人的特性，而不可能升华为类的本质。人的类本质与人的社会性相比较，只能是作为社会的人所具有的自由的、有意识的活动。

最后，马克思通过对费尔巴哈“宗教感情”的分析批判，进一步揭露了与其相通的类本质的虚幻实质。费尔巴哈认为：“人的依赖感是宗教的基础”[③]，不仅是对自然的“无知和畏怖”，还有“欢乐、感恩、热爱和崇敬这样一些积极的感情”[④]也是宗教产生的“心理根源和主观根源”。马克思批评说，费尔巴哈不是从人的生命活动入手、在人的生存实践中探讨宗教产生的机理，而是“撇开历史进程，把宗教感情固定为独立的东西”[⑤]。依赖感作为一

① 《马克思恩格斯选集》第1卷，人民出版社1995年版，第60页。
② 《马克思恩格斯选集》第1卷，人民出版社1995年版，第70—78页。
③ 《费尔巴哈哲学著作选集》(下)，商务印书馆1984年版，第436页。
④ 《费尔巴哈哲学著作选集》(下)，商务印书馆1984年版，第532页。
⑤ 《马克思恩格斯选集》第1卷，人民出版社1995年版，第60页。

种宗教感情,实际上与被费尔巴哈当作类本质的感情、友谊和爱是完全一致的,它们的形成绝非平白无故,其深刻根源只能到社会实践和社会环境中去寻找。费尔巴哈把宗教感情与生活实践和历史进程相脱离,并使其独立化,但最终他还是不理解"社会生活在本质上是实践的。凡是把理论导致神秘主义的神秘东西,都能在人的实践中以及对这个实践的理解中得到合理的解决"①。

这样,马克思就通过对费尔巴哈关于人的类本质思想的借鉴和批判,在《手稿》和《提纲》中排除各种干扰和歧见,为我们留下了宝贵的关于人的类本质思想遗产。今天,在《手稿》和《提纲》写作一个半多世纪之后,重新研读马克思关于人的类本质学说,仍然感慨良多。马克思写《手稿》时不过 26 岁,一个未经尘世沧桑的青年,却能对人的本质和类本质这样旷古的哲学难题提出颠覆俗见的精湛见解,我们除了感叹其天赋以外,只能为马克思的博览古今、勤奋多思而折服。

马克思关于自由的有意识活动的类本质规定,对于今天以人为本大背景下的中国人也颇多启示和激励。作为"本"的人,应该是什么样的人?怎样才能不愧对崇高的"本"的地位?马克思的自由的有意识活动的类本质规定告诉我们,人作为一个"类"的人,必须具备的品格就是要勤于实践活动,勇于不断探索,不能怠惰成性,无所事事,随波逐流,得过且过。而人的实践探求必须是放开手脚,增强自由度和选择度,为此必须努力学习,把握必然,真正体现人的生命活动区别于动物生命活动的自由特点。人的实践活动时刻要有意识和追求,要拒绝盲目,远离本能,确立起远大的生活目标和正确的生活态度。总之,人之为人要有一个不枉一遭人生、不负人间一世的高尚活法。如果不把马克思的类本质思想带给我们的这些启示当作说教,而是视为理应激发的感悟,我相信,这也正是作为"千年伟人"的马克思当年的真诚祈望。

---

① 《马克思恩格斯选集》第 1 卷,人民出版社 1995 年版,第 60 页。

三、人的社会关系本质

自由的有意识的活动作为人的类本质,其功能在于把人与动物区别开来,这是人走出动物王国迈向人类世界的第一道门槛,也是人之为人的最根本的依据。但是,人的类本质对人的本质的全面揭示是初步的和有限的,它只是圈定了人的外延,划了一道人与动物的分界线,而对于人本身固有的本质则毫无涉及,没有提供任何具体的确认。人的本质作为人与他物的根本区别要划清两个界限,除了用类本质划清人与动物的界限之外,还要划清人与人之间的界限,把人的个体本质和个性凸显出来,这也是人的本质的内在要求。

费尔巴哈对人的本质的"类"概括,已经达到了他所能及的最高点,由于他不理解人在生命需求基础上进行的实践活动,所以他总也找不到人的本质的科学源头,不能在人的实践和进化中进一步揭示人的深层本质,至此费尔巴哈的资源已经枯竭了。马克思在《提纲》中用自己的类本质概念与费尔巴哈分道扬镳的同时,立即开始转向对人自身的本质探究。在马克思看来,揭示人的自身本质首先必须走出类本质的一般性和虚幻性,向具体的人(泛指一切人的根本属性)的现实性靠拢。自由的有意识的活动虽然是人的类特性,但这是所有人之为人的底线,它抛开具体的人,因此类特性不能区分人,只能认定某人被囊括于自由的有意识的活动中,因而是人;而仅仅确立某人是人还远远不够,至于他们是什么样的人,他们之间有什么样的区别,类本质就无能为力了。在这个意义上,类本质只是对人的总体属性的概括,对个别的和具体的人,类本质太宽泛、太笼统、太虚幻,不具现实性。人的本质走向现实的唯一出路就是在人的生存和发展中实现人的分化、细化和具体化,以便找出人与人的区别,确认不同人的个性本质。实践是这一过程的唯一的源泉、动力和起点,这正如马克思所说:"个人怎样表现自己的生活,他们自己就是怎样。因此,他们是什么样的,这同他们的生产是一致的,既和他们生产什么一致,又和他们怎样生产一致。因而个人是什么样的,这取

决于他们进行生产的物质条件。”①

实践作为哲学的根本的、总体性的范畴，不仅是生成人和创造世界的活动，也是发展人、分化人、区别人的根本途径。古代人的生产和实践水平低下，分工不发达，人主要是作为自然人，彼此之间区别不大。随着三次社会大分工和由渔猎文明进到农业文明再进到工业文明，人类历史在生产实践和科学启蒙中大幅度跃迁。伴随着这个过程，能够把人区别开来的人的现实本质也随之生成，这就是人的社会关系本质。马克思说：“人的本质不是单个人所固有的抽象物，在其现实性上，它是一切社会关系的总和。”②马克思的这个论断，既是对费尔巴哈的理性、意志和感情的类本质的否定，又是人的新的社会关系本质的确立和开启。

社会关系是基于生产实践而形成的人际间经济、政治和思想交往的关系，社会实践水平对社会关系具有决定性的作用。人类童年时代，科学落后，生产力水平低下，社会关系也非常简单。马克思说：“男人对妇女的关系是人对人最自然的关系”③，因此，婚姻和家庭也就成为最自然和最早的社会关系。鉴于原始社会人类实践水平极度低下，马克思曾一度把整个原始的社会关系视为家庭关系的扩大。随着科学和生产力的发展、分工的细化，人的社会关系越来越复杂，在家庭关系的基础上又产生了民族、国家及经济、政治、文化关系。现代社会更是通过社群和网络把人们的社会关系和社会交往推到极致。社会关系好比一张大网，任何人都在网上布下了自己的社会活动和社会关系的经纬线，这些线条的交叉和集合形成了凸显自己特色的纽结，本质作为自身与他物相区别的根本特性就在这些纽结中体现出来。无论任何时代，人都是社会关系总和的大网中的一个纽结，正是这些不同的纽结既反映了人与人之间的本质的区别，又标注了人在社会关系中所承担的责任和扮演的角色。人在社会关系上的具体定位，一方面突破了类本质的局限性，将人的本质追问由人与动物的区别引入到个体人的境界，同时又以社会关系的总和具体地再现了人的实实在在的区别，从而将人的本质现

① 《马克思恩格斯选集》第1卷，人民出版社1995年版，第67—68页。
② 《马克思恩格斯选集》第1卷，人民出版社1995年版，第60页。
③ 《马克思恩格斯全集》第3卷，人民出版社2002年版，第296页。

实化，实现了由人的类本质到人的社会关系本质的过渡。所以马克思才强调，在其现实性上，人的本质是一切社会关系的总和。如果不在现实性上，类本质就足够了；如果在理想意义上，人的本质又可以推广到无限完美至善的地步，那时人类将有类而无差别，用来标识人的根本区别的本质概念也就失去了意义。

《提纲》以其鲜明的实践唯物主义思想标志着马克思哲学划时代革命的完成，与此相适应，在人的本质问题上马克思也将立足点转移到实践上来，用实践及其所形成的社会关系把人区别开来。马克思的实践唯物主义实现了哲学发展的革命性变革，他的"人的本质是社会关系总和"的论断首次将人的本质现实化，是从人的进化和发展的科学视角对人的本质的深层拷问和回答。至此，人的本质问题终于驱散了笼罩其上的神秘和思辨的迷雾，而成为一个可以理解和把握的人生态度的现实课题。

人作为社会关系总和的承担者，实际上肩负着具体使命，扮演着多重社会角色，正是这些角色的集合把不同的人区别开来，使人成为具体的、历史的、现实的人。不管人们主观意识到与否，人都是在社会关系中演出一幕幕生活大剧，历史也"不过是追求着自己目的的人的活动而已"[①]。马克思对人的社会关系本质的揭示，深刻启发着人的意志和良知。人不能对自己所处的社会关系和社会环境无动于衷，社会关系是一种处所、联系、角色和责任，人作为共同体的一员，只有理解自己的处境，扮好自己的角色，履行好自己的责任，共同体才能兴旺发达。如果对自己的境遇和角色一知半解、浑浑噩噩，对自己的工作敷衍塞责、消极怠工，那么人皆如此就真要天诛地灭了。我们的社会之所以还能发展前进，并不代表百分之百的人都能奋发努力，尽职尽责，实际的情况是一些人在为另一些人无偿地工作，只是那些人还不能自觉罢了。所以，每一个人都应该反思自己作为社会关系总和中的一员，应该如何凸显自己的本质和个性，在各种角色中称职合格，人皆如此，社会就会出现百花齐放、万马奔腾的活跃局面。

马克思从青年时代起就立下了为全人类幸福而献身的崇高志向，关心

① 《马克思恩格斯选集》第2卷，人民出版社1957年版，第118页。

人和人的本质对他来说是理所当然的。尤其是在费尔巴哈的“哲学上的最高的东西是人的本质”[①]见解的影响下,马克思也力图对人的本质问题有所突破。马克思的卓越贡献在于他将人的本质研究与自己的哲学革命变革的步伐相协调,走出了一条从“人是人的最高本质”到“人的自由有意识活动的类本质”再到“人的社会关系的现实本质”的科学演绎之路。历史已经走过了超过一个半世纪,许多人在马克思主义旗帜下继续研究人的本质问题,提出的见解也层出不穷。卢卡奇的总体性、弗洛伊德的自然、马尔库塞的爱欲、萨特的存在先于本质、东欧新马克思主义者的实践,以及其他诸如劳动、意志等都曾被视为人的本质。这些看法虽然各有其长,但比较起来,都未超出马克思的视野,直到今天我们仍然能够强烈感受到马克思的人的本质思想的巨大穿透力。当此以人为本的时代,作为“本”的人,要为人格的提升而自豪,更要为履行人的使命和责任而充分自觉,马克思关于人的本质思想是永恒的呼唤和不竭的动力。[②](原载《哲学动态》2011 年第 8 期)

① 《十八世纪末—十九世纪初德国哲学》,商务印书馆 1975 年版,第 536 页。
② 《十八世纪末—十九世纪初德国哲学》,商务印书馆 1975 年版,第 536 页。

一体两翼
——马克思主义“三化”的关系

从1938年毛泽东提出马克思主义中国化的命题起，马克思主义与中国具体实际相结合就一直成为中国共产党人思想理论上努力追寻的境界。经过半个多世纪的成功探索和经验积淀，至党的十七届四中全会提出不断推进马克思主义中国化、时代化、大众化，首次把“三化”结合在一起，作为党的思想理论建设的根本任务。怎样理解马克思主义中国化、时代化和大众化？这“三化”和马克思主义中国化是什么关系？在时代和任务根本转换，马克思主义中国化的重要性充分凸显的大背景下，有必要对这些问题进行深入探究。

其实无论是马克思主义中国化，还是现在重申的“三化”，其内涵就是马克思主义与中国具体实际相结合，这是马克思主义中国化的主题，而在马克思主义与中国实际相结合过程中要特别关注时代化和大众化，凸显二者的地位和意义。由此，“三化”构成“一体两翼”关系，中国化是“一体”，时代化和大众化为“两翼”。“一体两翼”能够简约、清晰地表达马克思主义中国化的全部精粹。

马克思主义之所以要中国化，从根本上来说，是由于产生于19世纪40年代欧洲的原生形态的马克思主义与20世纪中国的国情存在着较大的时空差距。恩格斯说过，唯物主义也要随着科学的发展而不断改变自己的形式，当原本西方文化形态的马克思主义运用于20世纪的中国的时候，由于时代和国情的不同，同样也要求马克思主义改变自身的存在形式，生成一系列适合中国需要的新思想和新原理，正如马克思所说：“理论在一个国家实现的程度，总是决定于理论满足这个国家的需要的程度。”20世纪中国的最

大实际是人口众多，经济文化落后，处于三座大山的压迫和奴役之下，最大的需要是把马克思主义运用于指导中国实际，产生能够引领中国人民解放事业不断取得胜利的中国化的马克思主义。这就不能对马克思主义生吞活剥，而需要中国人自己的消化和咀嚼。毛泽东思想作为马克思主义与中国具体实践相结合的第一次历史性飞跃，体现了马克思主义中国化的巨大成果，毛泽东思想中的许多内容，如统一战线、农村包围城市、根据地建设等都突破了传统的无产阶级革命道路的格局，是马克思主义发展史上的伟大创新。

马克思主义与中国实际相结合作为马克思主义中国化的一体或总题目，立意高远，博大精深，内涵丰富，其中包括什么是马克思主义和怎样认识中国实际这两个前提性的追问。如果我们对马克思主义的理解扭曲化，对中国的实际若明若暗，那么，马克思主义与中国实际相结合也就无从谈起。类似问题还有许多，如马克思主义怎样与中国实际相结合，这种结合的途径和方式是什么？但是在所有马克思主义与中国实际相结合的要素中，最重要的是它的时代性和大众性。没有时代性，就缺乏历史感，就不能站在历史的制高点，反映时代精神和现实的观照。没有大众性，马克思主义就不可能具有中国风格、中国气派，成为老百姓喜闻乐见的东西。所以，马克思主义中国在应然意义上必须具有时代性和大众性这两个维度。

在当下中国实施科学发展和构建和谐社会的大背景下，面对光荣而艰巨的使命和来自国际国内的各方面的压力，马克思主义中国化越来越显示出其极端的重要性。只有努力提高马克思主义中国化的水平，才能从根本和源头上为科学发展提供思想和理论上的保证。今天提出“三化”绝非旧话重提。原有的马克思主义中国化与新提出的时代化和大众化相结合，也体现了与时俱进的新境界。在马克思主义中国化、时代化、大众化的视野中，中国化作为一体，其内涵仍然是马克思主义与中国具体实际相结合。但是，今天中国的实际已与过去有很大的区别：国际上，中国已成为一个自立于世界民族之林的负责任的大国；在国内，以人为本奔小康，使人民能过上幸福和有尊严的生活是当今中国的奋斗目标。马克思主义如何与这个实际相结合，生成一系列新思想和新原理，就是这个一体的崭新使命。目前，我们已经在马克思主义中国化方面迈出了坚实的步伐,科学发展观和构建社会主义和谐社会战略思想谱写了马克思主义中国化新篇章,也是进一步推进马克思主义与中国实践相结合不断发展和创新的又一起点。

时代化作为马克思主义中国化的一翼,要求马克思主义在与中国实际结合中必须充分关注时代的特点和走向,反映时代精神的精华。当今的时代是和平发展、政治多极和经济全球化深入发展的时代,这个时代以变革和创新为特征,以知识和人才为社会进步的第一资源,创新能力成为综合国力的核心要素。这种历史上从来没有过的全新的现实背景,就要求马克思主义注重思维方式的变革和创新,倡导立体式思维和多样思维,克服经验思维,正确对待异质思维,用新时代的新思维和前瞻意识来思考和决策。

大众化作为马克思主义中国化的另一翼,事关马克思主义与中国实际相结合的结果。我们的目的归根到底是要把马克思主义中国化、时代化的成果为人民大众掌握,使之成为他们认识世界和改变世界的精神武器。从前大众化主要体现在马克思主义的言说和表达方式上,基本要求就是通俗易懂。现在大众化更注重代表大众利益,倾听大众声音,了解大众要求,回应大众关切,解答大众疑惑。只有这样,马克思主义中国化和时代化才能入脑入耳,真正为大众所理解和接受。为此在继续关注马克思主义通俗化的同时,要利用现代网络和传媒手段,发挥社区和社会组织在宣教方面的作用。

总之,时代在前进,事业在发展,马克思主义中国化也要在不断的探索中开拓创新。在马克思主义中国化、时代化、大众化的旗帜指引下,马克思主义一定会获得新的发展。(原载《光明日报》2011 年 11 月 21 日)